Helmut Geller, Karl Gabriel

Ambulante Pflege zwischen Familie, Staat und Markt

Helmut Geller, Karl Gabriel

Ambulante Pflege zwischen
Familie, Staat und Markt

Lambertus

ISBN 3-7841-1564-0

Alle Rechte vorbehalten
© 2004, Lambertus-Verlag, Freiburg im Breisgau
Umschlag: Christa Berger, Solingen
Herstellung: Jungbluth digital + print, Freiburg

Bibliografische Information Der Deutschen Bibliothek

Die Deutsche Bibliothek verzeichnet diese Publikation in der
Deutschen Nationalbibliografie; detaillierte bibliografische Daten
sind im Internet über http://dnb.ddb.de abrufbar.

Inhalt

0	Vorwort	7
1	Problemstellung	9
1.1	Pflege zwischen Familie, Staat und Markt	9
1.1.1	Markt	11
1.1.2	Staat	12
1.1.3	Familie	14
1.2	Wohlfahrtsverbände	20
1.2.1	Vorrang sozialer Nähe	20
1.2.2	Wirtschaftsferne der Wohlfahrtsverbände	21
1.2.3	Input- versus Outputorientierung sozialer Dienste	23
1.3	Pflege als familiale oder religiöse Aufgabe	30
1.3.1	Pflege als familiale Aufgabe	30
1.3.2	Außerfamiliale Pflege	34
1.4	Pflegeversicherung	36
1.5	Zusammenfassung	40
2	Zur Bezeichnung der zu Pflegenden in den Pflegediensten	41
2.1	Verhältnisbestimmung der zu Pflegenden in der Wahrnehmung der Pflegenden	42
2.2	Rückwirkungen auf das Selbstverständnis der Dienste	44
2.3	Argumente für den Kundenbegriff	44
2.4	Argumente für den Begriff "Patient"	49
2.5	Kombination der Begriffe	51
3	Planung in der ambulanten Pflege	59
3.1	Planungsgesichtspunkte	59
Exkurs		67
3.2	Planungsinstanzen	98
3.2.1	Beteiligung der Patienten an der Pflegeplanung	98
3.2.2	Bedeutung des Vertrauens des Patienten zur Pflegeperson	107
3.2.3	Intimität des Pflegeverhältnisses	126

3.3	Bedarfserhebung	134
3.4	Umfang der Pflegeplanung	159
3.5	Pflegedokumentation	164
3.5.1	Motivations- und Schulungsbedarf für die Dokumentation	165
3.5.2	Dokumentation als Tätigkeitsnachweis	168
3.5.3	Dokumentation als Informationsmedium	173
3.5.4	Bedeutung der Dokumentation für die MDK-Begutachtung des Patienten	178
3.5.5	Bedeutung der Dokumentation für die Qualität der Pflege	180
3.5.6	Kritik an den Dokumentationsanforderungen der Kassen	190
3.5.7	Beeinträchtigung der Intimsphäre durch Dokumentation	198
3.5.8	Schriftliche Übergabe	201
3.5.9	Qualitätsmanagement	202
3.6	Spezifische Probleme im Arbeitsfeld "ambulante Pflege"	215
3.6.1	Unregelmäßiger Arbeitsanfall	215
3.6.2	Grad der Gewährleistung von Pflege	218
3.6.3	Kostendruck durch Kassen	220
3.6.4	Weitergabe des Kostendrucks an die Mitarbeiter	228
3.6.4.1	Flexibilität der Arbeitsverhältnisse	228
3.6.4.2	Zeitvorgaben für einzelne Patienten	241
3.6.4.3	Bezahlung und soziale Sicherung	243
3.7	Einsatzplanung	248
4	Markt oder Wettbewerb	257
5	Zurückdrängung solidarischer Steuerung	273
6	Probleme der „Vermarktlichung" ambulanter Pflege und der Umstellung auf die kapitalistische Produktionsweise	293
Literatur		305

Vorwort

Durch die Einführung der Pflegeversicherung im Jahre 1995 haben sich die Finanzierungsbedingungen für Pflegeeinrichtungen entscheidend verändert. Das Kostenerstattungs- oder Verlustabdeckungsprinzip wurde ersetzt durch wettbewerbsfördernde Ausschreibungsverfahren und vertragsförmig vereinbarte Leistungsentgelte. Der Pflegebereich hat sich von einem anbieterorientierten Bedarfs- zu einem nachfrageorientierten Sektor entwickelt, in dem alle Anbieter gleich gestellt sind, während vorher die Wohlfahrtsverbände quasi ein Kartell darstellten. Damit sind die bisherigen Privilegien der Wohlfahrtsverbände aufgehoben worden. Die Umstellung sollte die Konkurrenz zwischen den Anbietern erhöhen und so deren Leistungsfähigkeit steigern. Erstrebt wird damit gleichzeitig eine Kostensenkung. Von den Anbietern wird darüber hinaus eine intensivere Outputorientierung verlangt. Sie müssen also ihre Ziele definieren und von diesen Zielen her ihre Arbeit organisieren.

Aufgabe der Untersuchung ist es zu erkunden, wie sich der Ökonomisierungsdruck auf das Selbstverständnis von Einrichtungen der ambulanten Pflege, die konkrete Pflege und die Beurteilung durch die Kunden auswirkt.

Ziel des Projektes sind also nicht Evaluierungen oder Zertifizierungen der beteiligten Pflegestationen. Vielmehr soll ermittelt werden, wie sie in Auseinandersetzung mit den Rahmenbedingungen ihre Konzepte entwickeln und wie sie diese Konzepte in die Pflegepraxis umsetzen. So sollen Perspektiven sichtbar werden, unter denen die Beteiligten Pflege organisieren und wahrnehmen, in Kontexte einordnen und bewerten.

Um dieses Ziel zu erreichen, wurde die Untersuchung in drei Erhebungsschritten durchgeführt.

Zuerst stellten die Leiter/innen der Pflegestationen in unterschiedlicher Trägerschaft ihre Einrichtung vor. Sie reflektierten Stärken und Schwächen der Pflegeversicherung aus ihrer Sicht und erörterten die Auswirkungen der Pflegeversicherung auf das Selbstverständnis und die Arbeitsweise der Einrichtung.

Im zweiten Untersuchungsschritt stellten Pfleger/innen ihren Pflegealltag dar und erörterten, welche Kriterien sie bei der Aufstellung von Pflegeplänen berücksichtigen, wie sie diese Pläne in ihre Pflegepraxis umsetzen und welche Probleme aus ihrer Sicht dabei auftreten.

Im dritten Untersuchungsschritt wurden Patienten der Einrichtung oder deren Angehörige mittels eines standardisierten Fragebogens darüber befragt, wie sie ihren Alltag organisieren, welche Probleme bei der Integration der Pflege in ihre Lebenswelt auftreten, auf welche Weise sie Leistungen der Pflegeversicherung in Anspruch nehmen und wie sie die Pflege und deren Rahmenbedingungen insgesamt beurteilen.

Die Untersuchung wurde in den Städten Münster und Essen durchgeführt. Insgesamt wurden 20 Pflegestationen in verschiedener Trägerschaft einbezogen.

Wir danken allen Beteiligten für ihre aufgebrachte Mühe und die Offenheit, mit der sie unsere Fragen beantworteten und der Deutschen Forschungsgemeinschaft für die Förderung der Untersuchung.

1 Problemstellung

1.1 Pflege zwischen Markt, Staat und Familie

Ambulante Pflege steht im Spannungsverhältnis dreier Bezugsgrößen, die über verschiedene Medien gesteuert werden. Ambulante Pflege findet im Familienhaushalt statt. Dominantes Steuerungsmedium in der Familie ist "Solidarität". In dem Maße, wie das öffentliche Bewusstsein zunahm, Familie werde durch Pflege überlastet, wurde Pflege auch als öffentliche, und damit als Staatsaufgabe definiert. Staatsaufgaben werden überwiegend bürokratisch über Konditionalprogramme gesteuert. Schließlich sollten Pflegeaufgaben wirtschaftlich ausgeführt werden, nicht nur die Anlässe für ambulante Pflege sollten für ihre Beurteilung maßgebend sein, sondern auch ihre Ziele und deren Erreichung sollten definiert und kontrolliert werden, um Pflege erfolgreich zu gestalten. Pflege sollte marktwirtschaftlich organisiert werden. In der konkreten Pflege muss also eine Kombination von Steuerungsmechanismen entwickelt werden, die bisher in keinem System so realisiert worden ist. Es ist daher zu erwarten, dass hier ein großes Experimentierfeld vorliegt. Da die Steuerungsmedien nur begrenzt substituierbar und nur begrenzt kompatibel sind, muss nach einer angemessenen Kombination gesucht werden.

Um die Problemstellung zu konkretisieren, sollen zunächst die Bereiche, für die sich die genannten Steuerungsmedien ausdifferenziert haben, kurz dargestellt werden.

1.1.1 Markt

Adam Smith unterscheidet (1776) zwischen produktiver und nicht produktiver Arbeit. Unter produktiver Arbeit versteht er die Arbeit, die materielle Produkte erstellt, deren Produktion vom Konsum getrennt werden kann, die speicherbar sind und beliebig mobilisiert werden können. Nur solche Produkte können auf einem Markt gehandelt werden, sind somit marktfähig. Das von Smith entwickelte Marktmodell bezieht sich nur auf den Handel mit solchen Produkten. Seine Hauptthese besagt, dass bei freiem Zugang aller Anbieter und aller Nachfrager nach bestimmten Gütern zum Markt sich ein Gleichgewichtspreis herausbilden wird, der dem natürlichen Preis, d.h. dem realen Wert des Gutes, entspricht. Ist das Angebot größer als die Nachfrage, dann muss der Preis sinken, damit alle Güter verkauft werden können, ist die Nachfrage größer als das Angebot, dann steigt der Preis. Allerdings drängen dann aufgrund der höheren Gewinnerwartungen neue Anbieter auf den Markt, um die Nachfrage zu befriedigen, so dass sich der Preis wieder auf den natürlichen Preis zu bewegt. Dieser Mechanismus der Konkurrenz bei freier Preisbildung sorgt nach Smith für eine optimale Steuerung des wirtschaftlichen Geschehens. Er bewirkt die bestmögliche Versorgung der Bevölkerung und trägt damit zum allgemeinen Wirtschaftswachstum bei.

Der Mechanismus kann allerdings durch staatliche Eingriffe gestört werden. Als solche Eingriffe sieht er alle Zugangsbeschränkungen zum Markt an, wie sie z.B. durch Zunftordnungen oder Verleihung von Privilegien zum Monopolhandel gegeben seien. Dadurch würden sich die Machtverhältnisse zwischen Anbieter und Nachfrager verschieben, wodurch die Gewinne der Anbieter von auf solchen Märkten gehandelten Gütern erhöht würden. Insgesamt würde aber dadurch das Wachstum der Wirtschaft verlangsamt. Zu hohe Gewinne schadeten dem Wirtschaftswachstum mehr als zu hohe Löhne.

Für den Markt gelten typische steuerungstheoretische Implikationen. (Kaufmann 2002, 171) Der Markt-Preis-Mechanismus ermöglicht es unabhängigen Wirtschaftssubjekten Entscheidungen dezentral zu koordinieren. Er bewirkt einen Selbststeuerungsprozess, der die Verhaltenskonsequenzen der ihre Priorität selbst setzenden Subjekte miteinander in einer Weise verknüpft, dass ihnen Erfolg bzw. Mißerfolg unmittelbar plausibel erscheint. Er ermöglicht so Lern- und Anpassungsfähigkeiten und veranlasst die Wirtschaftssubjekte , durch die Verfolgung ihrer Eigeninteressen gleichzeitig die Bedürfnisse anderer Wirtschaftssubjekte zu befriedigen. Der Markt-Preis-Mechanismus eröffnet den Wirtschaftssubjekten eine Reihe von Vorteilen.

"Preise informieren über Knappheitsrelationen, über Gewinnaussichten und Kosten, so daß die Folgen alternativer Entscheidungen in Geldeinheiten gemessen und verglichen werden können. Zweitens ist zu berücksichtigen, daß mit abnehmenden Selbstversorgungsmöglichkeiten jedermann zunehmend auf die Erzielung von Geldeinkommen und auf den Kauf von Gütern lebensnotwendig angewiesen ist. Es besteht von daher eine hohe *Motivation zur Teilnahme* an Marktprozessen, sei es als Verkäufer von Arbeitskraft, als gewinnorientierter Unternehmer, als Eigentümer oder als Konsument. Damit werden die Lebensverhältnisse unmittelbar von der verfügbaren Kaufkraft abhängig und ein marktkonformes Verhalten 'belohnt', ein marktinkonformes Verhalten dagegen 'bestraft'. Der Markt-Preis-Mechanismus wirkt also *gleichzeitig als Informations- und als Sanktionsinstrument*, er verbindet die drei wesentlichen Aspekte sozialer Steuerung – Normierung der Bedarfe, Motivation zu 'koordiniertem' Verhalten und die Ermöglichung von Lernen an Erfolg und Mißerfolg." (Kaufmann 2002, 171f)

Der Markt-Preismechanismus ist der das Wirtschaftssystem legitimierende Steuerungsmechanismus. Er gilt insbesondere für Interaktionen zwischen Wirtschaftssubjekten, weniger innerhalb einzelner Wirtschaftssubjekte. Sein Vorteil liegt darin, durch Neutralisierung anderer Gesichtspunkte Situationsdefinitionen so zu begrenzen, dass die Alternativen Entscheidungen ermöglichen. Dementsprechend orientieren sich betriebswirtschaftliche Entscheidungsmodelle überwiegend am Zweck-Mittel-Schema. Ausgehend von den Gewinnerwartungen (Zweck) sollte die Organisation der Produktion (Mittel) so gestaltet werden, dass die Gewinne auch realisiert werden.

1.1.2 Staat

Dienstleistungen aller Art definiert Smith als unproduktive Arbeit. Sie können zwar von großem Nutzen sein, sind aber nicht marktgängig. Dazu rechnet er alle öffentlichen Leistungen wie Abwehr von Gewalttätigkeit und Angriff anderer, Schutz vor Ungerechtigkeit und Unterdrückung durch Mitbürger, Gründung und Unterhaltung öffentlicher Anstalten und Einrichtungen, die kein Privatmann unterhalten kann. (582) Darunter versteht er z.B. Infrastrukturmaßnahmen, Seuchenbekämpfung, Bildungssysteme, religiöse Unterweisung, Repräsentationsaufgaben des Staates usw. Zu den unproduktiven Arbeiten rechnet er auch private Dienstleistungen wie z.B. Hausboten.

Smith nimmt an, dass die Rahmenbedingungen, unter denen solche Arbeit geleistet wird, deren Qualität beeinflussen. Das Entlohnungssystem soll so gestaltet sein, dass es besondere Leistungen honoriert, damit das persönliche Interesse des Erbringers an seiner Arbeit gesteigert wird. Smith demonstriert diesen Zusammenhang am Bildungssystem: Bildung definiert er als öffentliche Aufgabe, doch ohne finanzielle leistungsbezogene Anreize für die Lehrenden würden die Bildungssysteme in ihrer Entwicklung stagnieren. Auch wenn im Bildungssystem kein Markt existiere, müssten die Einkommen z.B. über Hörergebühren zumindest teilweise abhängig vom Interesse der Auszubildenden sein, um die Lehrenden einem Wettbewerb auszusetzen. Wettbewerb gibt es danach auch ohne Markt.

Zur Koordination solcher Tätigkeiten ist im Staatsbereich ein eigenes Steuerungssystem entwickelt worden, die Bürokratie. Bürokratien sind hierarchisch organisiert. Ihre Steuerungsmechanismen beruhen auf dem strukturellen Machtgefälle der Spitze gegenüber der Basis. Die übergeordneten Stellen können die Ziele und Erfolgsbedingungen der nachgeordneten Ebenen in der Form von Regeln formulieren. Sie haben die Möglichkeit, den Organisationsmitgliedern Vor- und Nachteile zuzuweisen und verfügen damit über ein Sanktionsinstrument, über das die Mitglieder Erfolg und Misserfolg beurteilen können, das ihnen also Lernen ermöglicht. (vgl. Kaufmann 2002, 172)

Auf dieser Basis wurde die Bürokratie systematisch ausdifferenziert Daher sind die meisten sozialpolitischen Initiativen nach dem bürokratischen Modell installiert worden. Das bürokratische Steuerungssystem ist konditional programmiert.

"Rechtmäßigkeit des Staatshandelns ist heute nur noch als 'konditionale Programmierung' vorstellbar. Die Rechtsnorm nimmt die Form einer Wenn/dann Regel an. Sie verbindet Tatbestand und

Rechtsfolge zu einer invarianten Korrelation. Sie regelt auf diese Weise die spezifischen Bedingungen, unter denen ein Verwaltungsakt zulässig bzw. geboten ist." (Luhmann 1973, 99)

Beim Eintreten bestimmter Informationen reagiert die Bürokratie, indem sie Bearbeitungsnormen festlegt, die der Sachbearbeiter einzuhalten hat.

"Das Konditionalprogramm fixiert den Eingang des Systems, die Art der Umweltinformationen, die als Ursache die Entscheidung auslösen sollen; das Zweckprogramm regelt den Ausstoß des Systems, die Wirkung in der Umwelt, die das System bewirken will. Natürlich setzt ein Zweckprogramm auch Anlässe des Tätigwerdens in der Umwelt voraus, stellt aber das System in dieser Hinsicht relativ frei. Und natürlich führt auch das Konditionalprogramm zu Entscheidungen, die in der Umwelt Wirkungen bewirken, stellt aber in dieser Hinsicht das System frei – was heißt, dass das System zu seiner Rechtfertigung nicht darauf angewiesen ist, dass spezifische Umweltwirkungen erzielt, spezifische Zustände geändert oder konstant gehalten werden; es genügt, dass normgerecht entschieden worden ist." (Luhmann 1973, 101f)

Mit der Bürokratisierung trat eine Rationalisierung insofern ein, als Hilfe nicht mehr als zwischenmenschliches Verhältnis personalisiert bleiben konnte, sondern in institutionell objektivierbare Regulierungen zu überführen war. Im Feld des Helfens werden daher Leistungsansprüche und Leistungspflichten immer mehr über Recht regulierbar und über Geld verrechenbar. Mit der sozialstaatlichen Regulierung von Armut wurde Armutspolitik zu einem Instrumentarium ordnungspolitischer Systemintegration. Als Bezugsproblem der sozialstaatlichen Regulierungen erschien nun nicht mehr die Motivation des Helfens, sondern die Stabilisierung der vorgegebenen Struktur gesellschaftlicher Differenziertheit. (Simmel 1908, 459f) Entsprechend verlor Armut den Charakter einer moralischen Kategorie und wurde zum sozialrechtlichen Status. (Pankoke 1999, 9)

Der Ausrichtung der Bürokratie auf die Eingangsgrenze führte zur Definition immer neuer Situationen, auf die Bürokratie reagieren musste. So wurde z.B. der Krankheitsbegriff immer weiter ausgedehnt oder es werden neue Problemlagen entdeckt, wie z.B. Gewalt in Familien oder Pflegebedürftigkeit, die die Sozialpolitik aufgreifen muss. Folge ist ein enormes Anschwellen des Normbestandes im öffentlichen Recht, die auch darin begründet ist, dass das Zweck/Mittel-Verhältnis nicht iuridizierbar ist.

Mit der Entscheidung für konditionale oder Zweckprogrammierung werden auch die Einflusschancen unterschiedlich geregelt. Im Konditionalprogramm ist eine Rechtsfolge fest an einen Tatbestand gekoppelt. Entschieden wird nach universellen Kriterien, die unabhängig von den Beziehungen der Beteiligten sind. Konditionalprogramme sind unabhängig davon, wer entscheidet. Sie definieren klare Rechtsansprüche und begünstigen daher die jeweils interessierten Angehörigen des Publikums. Daraus ergeben sich wesentliche Vorteile. Der wichtigste ist, dass auf diese Weise die Handlungen der Bürokratie berechen- und prognostizierbar werden. Die Leistungen sind allein davon abhängig, ob die Bedingungen für ihre Gewährung vorliegen. Die weiteren Lebensumstände bleiben unberücksichtigt. So bleibt die soziale Kontrolle auf ein Mindestmaß begrenzt. Die Autonomie des Klienten wird kaum eingeschränkt, da die Leistungshöhe unabhängig von persönlichen Beziehungen wird.

Dieser Sachverhalt, der ein hohes Maß an Erwartungs- und Rechtssicherheit verleiht, bewährte sich insbesondere bei Formen des Marktversagens: Invalidität, Krankheit, Alter, die den Marktzugang begrenzten oder ausschlossen, konnten in ihren finanziellen Wirkungen durch Geldleistungen, deren Gewährung an bestimmte Konditionen geknüpft sind, kompensiert werden.

1.1.3 Familie

Das dritte Bezugssystem für die ambulante Pflege ist die Familie. Auch sie ist in der modernen Form erst durch die Differenzierung der Gesellschaft entstanden. Die Herauslösung der Produktionsfunktion aus der Familie ermöglichte die Intimisierung der familialen Beziehungen. Mit der Durchsetzung der abhängigen Lohnarbeit und deren Anerkennung als ausreichendes Mittel der Existenzsicherung fielen die Heiratsschranken, die durch die Verknüpfung der Eheschließung mit dem Besitz von Produktionsmitteln gegeben waren. Dann erst konnte sich die Vorstellung von Heirat als allgemeinem Bürgerrecht durchsetzen, während die Eheschließung vorher als Privileg betrachtet wurde. So führte die Deregulierung des Zugangs zur Ehe in der zweiten Hälfte des 19. Jh. bis in die 1960er Jahre allmählich zu einer Verallgemeinerung der Eheschließung und zu einem Sinken des Heiratsalters.

Im Laufe dieser Zeit wurde die Geburtenregelung durch Heiratsbeschränkung und Diskriminierung der nichtehelichen Geburt ersetzt durch die innereheliche Geburtenplanung. Ab 1890 sinken in Deutschland die Geburtenzahlen.

Das Heiratsalter wurde abhängig vom beruflichen Aspirationsniveau und von der Sicherheit des Arbeitsplatzes. Je höher das berufliche Aspirationsniveau war, desto später wurde geheiratet, je sicherer der Arbeitsplatz war, desto früher konnte man eine Ehe schließen.

In beiden Dimensionen haben sich seit den 1960er Jahren wesentliche Veränderungen ergeben. Der Strukturwandel der Wirtschaft hat die Bedrohung durch Arbeitslosigkeit erhöht. Branchen, die lange Zeit als sicher galten, sind existenzbedroht. Die Voraussehbarkeit und Planbarkeit der Zukunft hat abgenommen. Daher wird es auch riskanter, langfristige Bindungen einzugehen. Dies betrifft sowohl die Eheschließung wie auch die Entscheidung für Kinder.

Der Erfolg der in den 1960er Jahren einsetzenden Bildungswerbung hat die Ausbildungszeiten verlängert und das berufliche Aspirationsniveau ansteigen lassen. Auch dadurch erhöhte sich wieder das Heiratsalter. Gleichzeitig erhöhte der steigende Wohlstand die Wahlmöglichkeiten auch der Jugendlichen und jungen Erwachsenen. Z. T. ausbildungsbedingt, z.T. auch freiwillig gründen sie schon vor ihrer eigenen Eheschließung einen eigenen Hausstand. Diese Entwicklungen führten zur Reduzierung der in einem Haushalt zusammenlebenden Zahl der Familienmitglieder.

Die Bildungswerbung hatte insbesondere Erfolg bei Frauen. Sie investieren intensiver als früher in ihre Bildung und Ausbildung. Schon dadurch erhält die Berufstätigkeit für ihre Lebensplanung eine höhere Bedeutung. Gleichzeitig wurde ihre Berufstätigkeit und die mit ihr verknüpfte finanzielle Unabhängigkeit zum Indikator für Frauenemanzipation, wodurch ihre Bedeutung weiter gesteigert wurde. So geben auch Mütter in immer stärkerem Maße ihre Berufstätigkeit nicht auf.

Jetzt wurde die Rollenverteilung in der Familie problematisch; Frauen drängten auf eine Umverteilung der innerfamilialen Aufgaben. So folgte der Deregulierung der Zugangsbedingungen zur Ehe politisch eine Deregulierung der Rollenverteilung zwischen den Ehepartnern. Rechtlich wurden die Frauen den Männern gleichgestellt. Das Hierarchieprinzip in der Ehe wurde nach und nach normativ zurückgedrängt. Damit wurde die Rollenverteilung in der Familie zum Verhandlungsobjekt zwischen den Partnern. Dies erhöhte die Anforderungen an den Konsensbedarf für den Paarbildungsprozess. Was früher gesellschaftlich vorgegeben war, muss jetzt selbst konstruiert werden.

In Verbindung mit den verbesserten Methoden der Empfängnisverhütung kam es zu neuen Formen des Paarbildungsprozesses. Sexualität und Ehe wurden ebenso partiell entkoppelt wie gemeinsames Zusammenwohnen und Ehe. So kam es wieder zu einer Pluralisierung der Lebensformen in der frühen Erwachsenenphase. Diese Pluralisierung bezieht sich im wesentlichen auf Kinderlose. Tritt ein Kinderwunsch oder eine Schwangerschaft ein, so stellt sich in vielen Fällen auch die Heiratsfrage. Tritt aber eine Schwangerschaft in einem zu frühen Zeitpunkt des Paarbildungsprozesses ein, also bevor die Partner wissen, ob sie zusammen passen und zusammen bleiben wollen, dann kann die Schwangerschaft zur Auflösung der Partnerschaft führen. Dies würde dann auch z.T. die Zunahme der nichtehelichen Geburten erklären.

Die Durchsetzung des Verbotes der Kinderarbeit und die Entwicklung des Schulsystems führten zur Herausbildung der Kindheit als eigener Lebensphase. Dem einher ging eine Erhöhung der Verantwortung der Eltern für ihre Kinder. Die Verknüpfung von Zeugung und Geburt auf der einen Seite mit der Sorge für das Überleben, die Erziehung und die Zukunft der Kinder andererseits ist immer enger geworden. Dieser Verantwortung darf sich keiner, besonders aber nicht die Mutter, entziehen. Die Sorge für das Kind und der Erfolg bzw. Misserfolg des Kindes wird der Qualität, ja sogar der Integrität der Eltern zugeschrieben. Andererseits identifizieren sich die Eltern so mit dieser Aufgabe, dass Abweichungen von diesem Standard von ihnen als Schuld erlebt werden.

Zu dieser immensen Verantwortung für das Kind konnte es erst kommen, seitdem Kinder nicht mehr als Schicksal erlebt werden, sondern ihre Existenz einer bewussten Entscheidung der Eltern verdanken. Die Übernahme der Elternverantwortung wird also als Entscheidung betrachtet, die auch anders hätte ausfallen können. Diese Einschätzung, nach der die Kinderzahl selbst bestimmt wird und in die Verantwortung der Eltern fällt, wird durch die medizinische Entwicklung gefördert. Die Senkung der Kindersterblichkeit ist die Voraussetzung für die Berechenbarkeit der Zahl der Kinder, für die auf Dauer gesorgt werden muss. Die Bereitstellung von Verhütungsmitteln kann ungeplante Schwangerschaften verhindern. Die Reproduktionsmedizin eröffnet Möglichkeiten, Schwangerschaften herbeizuführen.

In der Ausbildungszeit verursachen die Kinder, da sie vom Erwerbsleben ausgeschlossen sind, für die Eltern ökonomisch gesehen Kosten, die um so größer sind, je länger die Ausbildung dauert.

Da auf der anderen Seite die Alterssicherung der Sozialversicherung übertragen wurde, entfiel auch der unmittelbare ökonomische Nutzen für die Altersversorgung. So haben Kinder heute keinen ökonomischen Nutzen für die Eltern mehr, sondern einen immateriellen Wert. Doch auch die immateriellen Anstrengungen, das emotionale, intellektuelle und zeitliche Engagement der Eltern für ihre Kinder ist erheblich gesteigert worden. Psychisch, sozial und wirtschaftlich wird die Leistungsgrenze der Familie eher erreicht als früher. Die erhöhte Verantwortung führte zur Begrenzung der Kinderzahl.

Die angeführten Entwicklungen: verstärkte Mobilität auch über die Gemeindegrenzen hinaus, Konzentration der Haushalte auf die Kernfamilie, erhöhte Frauenerwerbsarbeit und Verringerung der Kinderzahl pro Familie werden immer wieder als Gründe für eine abnehmende Pflegebereitschaft oder -fähigkeit der Familie angeführt.

Die Entwicklung führte dazu, dass normativ die Familie immer stärker auf das Steuerungsmedium 'Solidarität' verpflichtet wurde.

"Im idealtypischen Sinne operieren Markt und Hierarchie bekanntlich unter der Prämisse, daß die beteiligten Akteure primär ihre eigenen Interessen verfolgen und nur durch systemspezifisch generierte Informationen und Sanktionen zu einem Verhalten gebracht werden, das auch Dritten nützt. Unter den Bedingungen der Solidarität dagegen gilt gerade diese primär auf eigene Interessen bezogene Disposition als aufgehoben, das Verhalten orientiert sich spontan an angenommenen gemeinsamen Interessen, Normen und Wertorientierungen der sich solidarisch Fühlenden; dementsprechend stellt sich das in den beiden vorangehenden Typen prekäre Problem der Vermittlung von Zielgrößen und individuellen Bedürfnissen hier nur sehr abgemildert."(Kaufmann 2002, 173)

Durchsetzungsfähigkeit über das Medium "Solidarität" erhält man durch die Berufung, auf die Hinnahme einer gemeinsam anerkannten Ordnung von Interessen, Werten und Normen.

Nach Schüller (Schüller 1980, 15-33) stellt die Sprache dazu eine eigene Art von Rede zur Verfügung, die Paränese. Paränese zielt auf das Tun dessen ab, was als Forderung schon erkannt und anerkannt ist. Ihr Ziel ist es nicht, Einsichten zu vermitteln. Diese werden bereits vorausgesetzt. Die Geltung der Verhaltensregeln wird nicht begründet, sondern als von keinem in Zweifel zu ziehen angenommen. Paränese versucht also den Angesprochenen dazu zu bewegen, sich seiner eigenen Ansicht entsprechend zu verhalten. Sie mahnt und fordert auf. Unter dem Gesichtspunkt der Wissensvermittlung sind paränetische Sätze in der Gestalt von Leerformeln oder Tautologien konstruiert nach dem Schema "Tue das, was Du zu tun hast." Information ist aber gerade nicht das Ziel der Paränese, sondern sie soll wirken, eingreifen, bewegen und zum angestrebten Erfolg führen.

"Paränese kann nur gelingen, wenn ihre Voraussetzung erfüllt ist, wenn das Einverständnis aller Beteiligten über das, was sittlich und/ oder rechtlich gefordert ist, tatsächlich besteht."(Schüller 1980, 23) Ist diese Voraussetzung nicht gegeben, so muss entweder argumentiert werden oder aber es müssen andere Steuerungsmedien eingesetzt werden. Auch dadurch kann wieder Konsens hergestellt und daraufhin wieder pränetisch kommuniziert werden.

Paränese ist das typische Mittel der solidarischen Steuerung. Solidarisches Verhalten orientiert sich spontan an gemeinsamen Interessen, Normen und Werthaltungen der sich solidarisch fühlenden Gemeinschaft. (Kaufmann 1982, 483) Solidarität mildert eine mögliche Differenz zwischen gemeinschaftlichen Zielgrößen und individuellen Interessen ab. Sie gelingt vor allem dann, wenn Selbstinteressen und Gruppeninteressen zusammenfallen. Die Verfolgung individueller Interessen nutzt dann gleichzeitig der Gruppe, die Vertretung von Gruppeninteressen stützt die eigenen.

Wichtige Voraussetzungen für die Steuerung und Koordination von Handlungen durch Solidarität sind ein normativer Konsens der Beteiligten und eine gemeinsame Situationsdefinition. Das Informationsproblem solidarischen Verhaltens wird durch spontane Kommunikation gelöst. In diesen Kommunikationen werden Probleme definiert und Ursachen zugeschrieben.

Solidarische Steuerung ist dann besonders erfolgreich, wenn die Beteiligten ein Problem so zuschreiben, dass es nicht als durch Handeln der Beteiligten verursacht erscheint, wenn sie das Problem als auferlegt erleben, es also als außenverursacht betrachten, so dass sie vor einem gemeinsamen Gegenüber stehen.

Solidarische Kommunikation ist Kommunikation in direkten Interaktionen. Sie ist an Interpersonalität gebunden und setzt als solche Ich-Du-Beziehungen voraus, d.h. ein Ernstnehmen des Anderen in seiner Eigenart als Person, was wiederum voraussetzt, dass man sich gegenseitig kennt.

Von hier aus bestimmen sich dann auch die Kriterien, nach denen Situationen und Vorgaben zur Lösung von Problemen ausgelegt werden sollen. In der Familie entwickeln sich Traditionen. Traditionen werden anders ausgelegt als bürokratische Gesetze. Sollen Gesetze sine ira et studio unter Absehung der Person ausgelegt werden, d.h. dass Personen nicht als Personen, sondern als Handlungstypen oder -träger betrachtet werden, so ist für die Anwendung des Steuerungsmediums Solidarität gerade das Ansehen der Person von entscheidender Bedeutung. Die Beziehungen der Familienmitglieder untereinander sind persönlicher Art. Diese Beziehung lässt sich als Pietätsbindung charakterisieren, als wechselseitiges Treueverhältnis. Entscheidungen sind nicht sach-, sondern personorientiert.

Von besonderer Bedeutung ist in diesem Zusammenhang das in den Anderen gesetzte Vertrauen. Vertrauen wird demjenigen entgegengebracht, der als zuverlässig wirkt. Der Vertrauende macht dem Anderen ein Angebot einer gemeinsamen Zukunft. Doch ist Vertrauen riskant und wird nicht blind gewährt, wenn auch die Vertrauensperson einen Kredit genießt, in dessen Rahmen auch Enttäuschungen ertragen werden. Dieser Rahmen ist aber nicht beliebig groß, sondern er legt Schwellen fest, jenseits derer Vertrauen entzogen wird. (Luhmann 1968). An diesen Schwellen genügt der berühmte Tropfen, um das Fass zum Überlaufen zu bringen. Wird das Vertrauen enttäuscht, wird auch die Erwartung, der andere handele aus Wohlwollen gegenüber einem selbst, aufgegeben. Auf diese Weise wird die weitere Zusammenarbeit und damit die Beziehung selbst gefährdet.

1.2 Wohlfahrtsverbände

1.2.1 Vorrang der sozialen Nähe

Die öffentliche Verantwortung eines aktiven Staates für die "Cultur und Wohlfahrtszwecke" führte zum "Gesetz der wachsenden Staatstätigkeit", was nicht nur eine explosive Quantität der Staatsausgaben bedeuten musste, sondern auch eine kritische Qualität öffentlicher Macht (Wagner 1879). Durch die kontrollierende Intervention in Lebenszusammenhänge mussten die Instanzen staatlicher Macht den in ihrer Hilfsbedürftigkeit abhängigen Bürgern allzu nahe kommen. In der nun problematischen "Bürgernähe" der staatlichen Sozialkontrolle erkannte Adolph Wagner eine neue "Gefahr des Centralismus".

Um nun aber einem staatlichen Zentralismus in Hilfeangelegenheiten entgegenzusteuern, wurde in Deutschland eine Ordnung des Helfens geschaffen, die auf dem Vorrang sozialer Nähe gründete (Subsidiarität). Nähe versprach man sich von sozialräumlicher Verbundenheit auf der Ebene der örtlichen Gemeinschaft (Kommunalität) bzw. über den gemeinsamen Sinn moralischer und soziokultureller Milieus (Konfessionalität, Pluralität). Dies sollte sich verbinden mit der Nähe gleicher Betroffenheit (Solidarität). Schließlich sollte auch die Suche nach Helfern und Helferinnen, die darin geschult und berufen waren, in der bewussten Spannung von Nähe und Distanz wirksame Hilfen zur Selbsthilfe zu vermitteln, auf das Problem der sozialen Nähe eingehen. Über diese – vor allem im Reichsjugendwohlfahrtsgesetz von 1922 – gesellschaftspolitisch institutionalisierten Balancen von "öffentlicher und privater Wohlfahrtspflege", von beruflicher Sozialarbeit und sozial engagiertem Ehrenamt sollten sich im Sinne der

Solidarität, der Subsidiarität, der Kommunalität und der Konfessionalität, aber auch der Professionalität gegenüber den Gefahren des Zentralismus institutionelle Gegengewichte entwickeln. (Pankoke 2000)

In diesem institutionellen Rahmen entwickelten sich die Wohlfahrtsverbände zu den größten privaten Hilfsorganisationen in der Bundesrepublik. Sie positionierten sich im "Dritten Sektor zwischen Markt und Staat. Als Non-Profit-Organisationen verstehen sie sich als Alternativen zu den Mechanismen des Marktes. Als "Non-Goverment-Organisationen" stehen sie in mehr oder weniger kritischer Spannung zu staatlich verwalteter Macht. Auch im Hinblick zur Professionalität des Wissens stehen wertorientiertes Engagement und selbstorganisierte Solidarität in Spannung. "Non-Professional" bedeutet aber gerade nicht "unprofessioneller Dilettantismus", eher ein kritisches Korrektiv zu den blinden Flecken des Professionalismus. (Pankoke 2000)

In ihrer Positionierung zwischen Staat und Markt greifen Wohlfahrtsverbände insbesondere solche Probleme auf, die aus verschiedenen Formen des Marktversagens resultieren, die andererseits vom Staat nicht kompensiert werden können bzw. für deren Bearbeitung das institutionelle Arrangement der Wohlfahrtsverbände Vorteile gegenüber Markt- oder Staatsangeboten aufweist. In diesem Spannungsfeld zwischen Markt und Staat können sich die Wohlfahrtsverbände näher zum Staat oder zum Markt hin positionieren.

1.2.2 Wirtschaftsferne der Wohlfahrtsverbände

Für viele soziale Dienstleistungen haben die Kommunen eine Gewährleistungspflicht. Da Dienstleistungen nicht lagerfähig sind, müssen Kapazitäten vorgehalten werden, die nicht kontinuierlich genutzt werden. Die Kommunen müssen die Dienstleistungen nicht selber erbringen, doch müssen sie gewährleisten, dass Träger für sie bereitstehen. Aus dieser Gewährleistungspflicht werden auch Finanzierungsansprüche der Träger abgeleitet. Aufgrund der Finanzierungsart durch öffentliche Refinanzierung mussten die Wohlfahrtsverbände ihre Interessen auf alle föderalen Ebenen des politischen Systems abstimmen. Hinzu kam, dass sie öffentlich definierte, finanzierte und kontrollierte Dienstleistungen übernahmen, so dass sie sich im Laufe der Zeit stark an der Bürokratie orientierten. Unter diesen Bedingungen spielten Aspekte ökonomischer Rationalisierung für die Wohlfahrtsverbände lange Zeit nur eine untergeordnete Rolle.

Sowohl die Aufgabendefinition wie auch die Finanzierungsart führten zu einer "Ökonomiedistanz" (Wiemeyer) der Wohlfahrtsverbände. Zum einen sind viele Probleme, die in Wohlfahrtsverbänden aufgegriffen werden, Folgeprobleme und Nebenwirkungen ökonomischer Modernisierungsprozesse, die von wirtschaftsliberalen Ökonomen häufig ignoriert werden. Dieser Sachverhalt fördert die Ökonomiedistanz in den Wohlfahrtsverbänden. Zum anderen war ökonomisches Denken aufgrund der Finanzierung über Kostenerstattungs- oder Verlustabdeckungsverfahren nicht dazu geeignet, wirtschaftliches Denken zu fordern bzw. fördern.

Darüber hinaus sind in den Wohlfahrtsverbänden noch vormoderne Denkmuster wirksam, "die die Umstellung der Moderne von der motivationalen Steuerung auf institutionelle Regelungen (Staat und Markt), die in ihren Folgen abgewogen werden, nicht realisiert hatten." (Wiemeyer 2000) Damit verknüpft ist eine spezifische Sichtweise des Klienten. Die Beziehung zwischen Helfer und Klient gestaltet sich anders als in der Bürokratie unter Ansehung der Person als Pietätsbindung. Daher wird auch dem Beziehungsaspekt eine hohe Relevanz zugeschrieben:

"Dieser Wichtigkeit des Beziehungsaspektes menschlicher Kommunikation und Interaktion korreliert ein Spezifikum des christlichen Glaubens: Er richtet sich in erster Linie nicht auf eine Lehre, sondern auf die erlösende Kraft einer Beziehung: der Beziehung von Menschen zu Jesus Christus und damit zu Gott. Der befreiende und helfende Glaube der Christen/innen ist wesentlich personaler Natur." (Pompey/ Roß 1998, 165)

Da Konditionalprogramme vor allem die Anlässe für bürokratisches Handeln regeln, sind sie mit traditionalen Modellen leichter kompatibel als outputorientierte Programme. Wird der Beziehungsaspekt, die Einbeziehung der ganzen Person in die Kommunikation, wie im vorliegenden Zitat, zum Definitionsmerkmal christlich motivierter Hilfe, was besagt, dass alles, was die Teilnehmer an der Kommunikation betrifft, potentiell für die Kommunikation im System relevant ist, dann tritt christlich motivierte Hilfe in einen prinzipiellen Gegensatz auch zur Ökonomie, die Interaktionspartner auf dem Markt unter Absehung der Person als Anbieter bzw. Kunden definiert. So stellte schon M. Weber fest:

"Die Marktgemeinschaft als solche ist die unpersönlichste praktische Lebensbeziehung, in welche Menschen miteinander treten können. ... Wo der Markt seinen Eigengesetzlichkeiten überlassen ist, kennt er nur Ansehen der Sache, kein Ansehen der Person, keine Brüderlichkeits- und Pietätspflichten, keine urwüchsigen, von den persönlichen Gemeinschaften getragenen menschlichen Beziehungen." (Weber 1976, 328f)

1.2.3 Input - versus Outputorientierung sozialer Dienste

Den Vorteilen konditionaler Entscheidungsprogramme, die mit einem Sachverhalt eine bestimmte Rechtsfolge fest verknüpfen, können auch gewichtige Nachteile gegenüberstehen. Auch konditional ausgelöste Entscheidungen intendieren bestimmte Wirkungen. Mit allen konditional ausgerichteten Programmen des Sozialstaates ist zumindest intendiert, den Zuwendungsempfängern ein menschenwürdiges Leben zu ermöglichen. In einer Reihe von Fällen führen Konditionalprogramme aber dazu, die Wirkungen völlig auszublenden.

Die Kritik an der konditional programmierten Ausrichtung der Hilfeprogramme der Wohlfahrtsverbände wuchs in dem Maße, wie die Finanzierung des Sozialstaates problematisiert wurde. Bei wachsenden Ausgaben (z. B durch Arbeitslosigkeit, demographische Entwicklung, sozialkulturellen Wandel) kam es zu einer Stagnation, z.T. sogar zum Rückgang der Mittel, die zur Bearbeitung sozialer Probleme eingesetzt werden konnten. Hinzu kam in den 80er und 90er Jahren des 20. Jahrhunderts die Forderung nach dem schlanken Staat, die ein "New Public Management" durch outputorientierte Steuerung, Qualitätssicherung und Kundenorientierung verlangte. Da die Dienste der Wohlfahrtsverbände öffentlich mitfinanziert werden, wirkten sich diese Änderungen auch auf deren Arbeit aus.

Die Politik reagierte darauf mit der Entwicklung neuer Steuerungs- und Finanzierungsmodalitäten, die auch im sozialen Bereich marktwirtschaftliche Steuerung präferiert: wettbewerbsförmige Ausschreibungsverfahren, vertragsförmig vereinbarte Leistungsentgelte usw. sollen die Anbieter sozialer Hilfen zu ökonomischerem Handeln zwingen. Die Leistungsanbieter sollen sich auch stärker von den Zielen ihrer Arbeit her organisieren.

Für die Umstellung der Arbeit im sozialen Bereich auf Output-Orientierung war die Einführung der Pflegeversicherung im Jahre 1995 von entscheidender Bedeutung. Pankoke und Nokielski glauben, mit der Einführung der Pflegeversicherung hätten sich die Bedingungen für die Realisierung des lebensraumorientierten Konzeptes der Pflege unter entscheidenden Gesichtspunkten verändert. Auf der einen Seite eröffnet es Wahl- und Kombinationsleistungen zwischen Geld- und Sachleistungen. Die Anspruchsberechtigten können wählen, ob Angehörige die Pflegeleistungen ganz oder teilweise erbringen oder ob sie Pflegedienste damit beauftragen. Über die Geldleistungen wird ihnen der Zugang zum Pflegemarkt eröffnet, sie erhalten die Möglichkeit, das Pflegearrangement selber zu gestalten. Somit trägt die Wahlmöglichkeit zur Entwicklung einer größeren Vielfalt der Hilfeformen bei. Damit wandelte sich der Pflegebereich von einem anbieter- zu einem nachfragebestimmten Markt.

Andererseits verengen sich dadurch die Gestaltungsmöglichkeiten der Dienste, insbesondere dann, wenn sie sich auf abrechenbare Leistungen konzentrieren. Die Konkurrenz privater Pflegedienste, ungünstigere Verträge mit den Kassen und die Reduzierung der Bezuschussung aus Kirchensteuermitteln können diese Tendenz verstärken.

Verbessert sich durch die Pflegeversicherung die Stellung des Leistungsberechtigten auf dem Markt, so muss darüber hinaus sichergestellt werden, dass die sie in Anspruch Nehmenden vor den Risiken geschützt werden, die sich aus der Angewiesenheit auf Hilfe von anderen ergeben, dass sie den Pflegebedürftigen trotz ihres Hilfebedarfs ermöglichen, ein möglichst selbständiges und möglichst selbstbestimmtes Leben zu führen. Wiemeyer verweist darauf, dass funktionsfähige Märkte voraus setzen, dass die Konsumenten kompetente

Entscheider sind. Im sozialen Bereich sind aber häufig Personen anzutreffen, die noch nicht (Kinder), vorübergehend nicht (Kranke), nicht mehr (Pflegebedürftige) oder noch nie (manche Behinderte) beurteilungs- und entscheidungsfähig sind bzw. waren. Insbesondere im Bereich von Vertrauensgütern, zu deren Erzielung sich der Klient in einem besonderen Maße offenbaren müsse, wodurch er leicht ausbeutbar würde, müssten Marktregulierungen durch Preisvorgaben, strafrechtlich sanktionierte berufsspezifische Normen und berufsethische Normen den Missbrauchsmöglichkeiten entgegenwirken. Wiemeyer fordert solche Regeln auch für den Pflegebereich.

Durch das Pflegeversicherungsgesetz sollten Angehörige zusätzlich zur moralischen Verpflichtung motiviert werden, Pflegeleistungen zu erbringen. Die Verpflichtung zur Beratungspflege soll auch hier der Qualitätssicherung der Pflege dienen und dem Missbrauch eines Pflegegeldbezuges ohne adäquate Gegenleistung entgegenwirken. Gerade in der Vermittlung von Pflegekompetenzen sehen Pankoke und Nokielski eine besondere Aufgabe für kirchliche Wohlfahrtsverbände. Sie fordern, die Pflege nicht als Anhängsel medizinischer Versorgung, sondern als eigenständiges Handlungsfeld mit spezifischen Methoden anzusehen.

Die Leistungsfähigkeit der sozialen Arbeit wird wesentlich von der Kompatiblität des Sinnverstehens zwischen den Handelnden beeinflusst. Je weiter die Sinndeutungen auseinanderfallen, desto weniger sind die Klienten bereit, dem Mitarbeiter der sozialen Arbeit einen Vertrauensvorschuss zu gewähren, desto mehr Abwehrängste wird der Klient aufbringen. Dadurch werden die Interaktionen belastet. Der Sachbearbeiter muss, da er auf die Mitwirkung des Klienten angewiesen ist, große Anstrengungen unternehmen, um die Widerstände zu überwinden. Dieser Vorgang erfordert viel Zeit und Kosten, die die Leistungsfähigkeit reduzieren.

Solange in der Gesellschaft feste soziale Milieus, die die Mentalität ihrer Mitglieder wesentlich prägen und mit denen sich deren Angehörige identifizierten, gab, war es funktional, Hilfeorganisationen aus diesen Milieus aufzubauen und deren Arbeit speziell auf die Milieuangehörigen auszurichten, da auf diese Weise ein Vertrauensverhältnis zwischen Sachbearbeiter und Klient leichter hergestellt werden konnte. Die Milieueinbindung der Wohlfahrtsverbände diente der Sicherstellung des Vertrauensverhältnisses zwischen Sachbearbeiter und Klient. Da sich die Milieus über Wertorientierungen definierten, und da Werte Prioritäten bestimmen, ist bei gleicher Milieuzugehörigkeit von Sachbearbeiter und Klient leichter Konsens über die Ziele voraussetzbar.

Nun kann sich Sinnverstehen im Laufe der Zeit entwickeln und verändern. Die hohe Akzeptanz der bürokratischen Hilfeform erklärt Mannheim mit einem Mentalitätswandel hinsichtlich des Hilfeverständnisses:

"Der moderne Mensch zieht jetzt klar definierte Rechte und Pflichten einer persönlichen Begünstigung vor. Wir haben lieber eine Krankenschwester, die ihre Sympathie durch ihre Fürsorge zeigt, als eine Krankenschwester, die uns allzu nahe tritt und uns bemuttern will. So hat das Aufkommen der Bürokratie ein früher nie gekanntes Bedürfnis geschaffen – den Wunsch, dass viele unserer persönlichen Dinge und Angelegenheiten dennoch unpersönlich behandelt werden." (Mannheim 1958, 375)

Hat sich ein solcher Mentalitätswandel zur Bereitschaft, persönliche Angelegenheiten unpersönlich zu behandeln, durchgesetzt, dann wird eine Outputorientierung sozialer Dienste erleichtert, insbesondere dann, wenn sich die Auffassung verbreitet, der Körper sei ein reparierbarer Gegenstand, eine Art physiochemische Maschine, der in einer Weise behandelt werden könne, "als wäre der Patient als soziales Wesen gar nicht vorhanden, sondern lediglich ein von jemandem deponierter Gegenstand." (Goffman 1973). Müller (Müller 2000) glaubt, dass der Prozess der Vernaturwissenschaftlichung und Technisierung der Biomedizin zur Zeit einen sehr starken neuen Impuls erhalten hat. Dadurch werde der interpretative, zu deutende subjektive Anteil an der Erkrankung und im Heilungs- und Rehabilitationsprozess immer stärker an den Rand gedrängt. In dem Ausmaße, wie sich eine solche Sichtweise des Körpers durchsetzt, kann Hilfe auch "verstofflicht" werden. (Grunow 2000) Outputorientierte Hilfe ist um so leichter zu realisieren, je klarer die Hilfeleistung ausschließlich auf den Körper bezogen werden kann.

Dennoch stehen einer solchen Umorientierung weiterhin einige Probleme entgegen: Zweckformulierung kann die Entscheidung in sozialen Systemen dann erfolgreich steuern, wenn die Zwecke genügend spezifiziert sind, um operationalisiert werden zu können. Doch gibt es Zwecke, die trotz hoher Präzision nicht genügend Umweltkomplexität reduzieren, um das Handeln im System einfach zu gestalten, da die Zwecke Mittel erfordern, die schwer zu organisieren und in bürokratische Routinen zu übersetzen sind. Luhmann erläutert diese Konstellation an Einrichtungen, die darauf abzielen, ihre Kunden selbst zu ändern, also Einrichtungen, die auf die Mitwirkung ihrer Klienten für die Zielerreichung angewiesen sind. Hier sei die Umweltkomplexität nicht mehr durch Organisation und Entscheidungsprogramme sondern überwiegend nur durch persönlich engagiertes Handeln absorbierbar.

"Entsprechend hoch ist die Belastung derjenigen, die handeln müssen. Sie müssen sich gleichsam selbst einen persönlichen Rollenstil schaffen und geraten dadurch zueinander in Konflikt. Solche Belastungen und Konflikte, und nicht etwa nur Fragen der Zuteilung und des Einsatzes knapper Mittel, sind dann die Sekundärprobleme, durch deren Lösung im täglichen Betrieb das System sich bewährt." (Luhmann 1973, 226)

Diese Feststellung ist inzwischen in der Forschung allgemein anerkannt. Wie Loose/Sydow (1994) am Beispiel der Versicherungswirtschaft zeigen, stellen »Herstellung« und »Vertrieb« von Dienstleistungen höhere Ansprüche an die Organisation als Güterproduktion und Warenverkauf. Und bei sozialen und gesundheitlichen Dienstleistungen ist der Komplexitätsgrad nochmals höher. Bestimmend für die Qualität derart persönlicher Dienstleistungen wie Erziehung, Beratung und Pflegearbeit ist, inwieweit es gelingt »produktive Interaktionen« (Offe) und Vertrauensbeziehungen zwischen den Beteiligten aufzubauen. Die Arbeit, die Pflegedienste leisten, wird in der amerikanischen Literatur kurz als people work bezeichnet – als Arbeit von, mit und an Menschen (vgl. Hasenfeld 1983, Hasenfeld 1992): Kern der organisatorischen Aktivitäten sind die Personal-Klient-Relationen. Der Leistungserfolg ist abhängig von der Interaktion zwischen dem Anbieter und dem Nachfrager. (Pankoke/Nokielski 1995) Daher ist insbesondere der Aufbau eines Vertrauensverhältnisses zwischen den Interaktionspartnern eine wesentliche Voraussetzung für den Erfolg. Denn der Klient muss seine persönlichen Probleme offenbaren, weil sonst die erforderliche Leistung nicht erbracht werden kann. (Wiemeyer 2000, 12)

Die Organisationen sind deshalb hochgradig abhängig von ihrem professionellen Personal, zumal Zieldefinitionen von Dienstleistungsarbeit zumeist mehrdeutig, die angewandten Methoden vielfältig (nicht selten auch unbestimmt) sind und Dienstleistungseffektivität sich zuverlässig und gültig allenfalls mit erheblichem Aufwand messen lässt.

Um diese Problematik zu lösen, stellen die Organisationen überwiegend professionelles Personal ein, d.h. Personen, die über ein systematisches Wissen verfügen und die Standards der Ausbildung und Berufsausübung selbst kontrollieren. Dieses Wissen beinhaltet mehr oder minder abstrakte Kategorien, die in je unterschiedlichen Situationen konkretisiert werden. Professionen sind dann zuständig, wenn es sich um Probleme von einzelnen Menschen in einem konkreten Lebenszusammenhang handelt, die ohne spezialisiertes Wissen nicht mehr zu bewältigen sind. Sie setzen kulturelle Traditionen (Wissens- und Deutungsmuster sowie Problemperspektiven) handlungsmäßig und interpretativ für die Bewältigung von individuellen Krisen und die Wiederherstellung bzw. Erhaltung der physischen, psychischen und sozialen Integrität sowie Identität von Personen ein. Professionen zeichnen sich ferner durch eine am Gemeinwohl ausgerichtete Handlungsorientierung aus und handhaben die jeweilige Berufsidee reflexiv. (Krech 2000, 10)

Der im sozialen Bereich beobachtbare Wandel von der anbieterbestimmten Bedarfs- zur nachfragerbestimmten Marktwirtschaft hat ohne Zweifel dazu geführt, dass die Anbieter gezwungen sind, effizienter zu arbeiten. Damit aber verengen sich die Handlungsmöglichkeiten und Gestaltungsspielräume der Dienste in doppelter Hinsicht: Sie müssen sich auf abrechenbare Leistungen konzentrieren und bei der Erbringung des so bereits reduzierten Programms nochmals Rationalisierungen vornehmen. Die Managementsprache beschreibt dies als 'Verschlankung'. Dabei geht es nicht nur darum, durch flachere Hierarchien organisationsstrukturelle Aufblähungen zu vermeiden; mit der Streichung von 'Extraleistungen', die sich kaufmännisch nicht rechnen, wird auch der Dienstleistungsprozess auf Stromlinienförmigkeit getrimmt. Erbracht wird, was abrechenbar ist. Aus einem streng ökonomischen Blickwinkel können bereits zu lange Gespräche mit Betreuten und ihren Angehörigen bedenklich sein, sofern sie nicht der 'Kundenpflege' dienen. (Pankoke/Nokielski 1995)

Weitere Rationalisierungsmöglichkeiten ergeben sich durch Vermeidung von Überqualifikation beim Personaleinsatz und durch höhere Arbeitsteilung. Dazu sind die Arbeitsprozesse so zu gestalten, dass möglichst viele Aufgaben von einem nicht oder niedrig qualifizierten Personal wahrgenommen werden können. Dem allgemeinen Trend einer durch den Kostendruck scheinbar notwendig gewordenen 'Industrialisierung sozialer Dienstleistungen' folgend, würde die Taylorisierung der Pflege nach dem Krankenhausbereich (dazu Elkeles 1991) nun auch den ambulanten Sektor erfassen. (Pankoke/Nokielski 1995)

Schließlich wird befürchtet, dass sich aufgrund der neuen Steuerungsmodelle der Dritte Sektor in drei Segmente aufgliedere:

"Ein privater Sozial-, Gesundheits- und Bildungsmarkt kann auf die hohe Kaufkraft der Höherverdienenden und ein qualifiziertes Personal, das angemessen entlohnt wird, zurückgreifen. Die breite Bevölkerungsschicht darf mit einem öffentlichen Dienst rechnen, in dem halbwegs qualifizierte und entsprechend entlohnte Angestellte Standardleistungen anbieten, deren Niveau allerdings tendenziell absinkt. Und für die Ausgegrenzten und Armen steht eine ehrenamtliche Betreuung durch Familie, Nachbarschaft und Wohnumfeld bereit. Den kirchlichen Verbänden wird die Nahtstelle zwischen dem zweiten und dem dritten Segment überlassen." (Hengsbach)

Schwierigkeiten im Gesundheits- und Pflegebereich ergeben sich aufgrund der Komplexität des Feldes, Gesichtspunkte zu finden, welche und damit wessen Ziele erreicht und optimiert und welche Folgen vernachlässigt werden können und wie sich Kompetenzen übersichtlich, konsensfähig und praktikabel voneinander abgrenzen lassen. Somit stellt sich die Frage, wer die Zielsetzung der Pflege bestimmt.

1.3 Pflege als familiale oder religiöse Aufgabe

1.3.1 Pflege als familiale Aufgabe

Bezogen sich die bisherigen Ausführungen zur Familie auf intragenerative Beziehungen oder die Beziehungen zwischen Eltern und zu erziehenden Kindern, so tritt mit der Pflegebedürftigkeit meist die inner- oder intergenerative Beziehung zwischen alten Ehepaaren oder zwischen Eltern und ihren erwachsenen Kindern in den Blickpunkt. Die alltagsweltlich eingespielte Normalität dieser Beziehung wird durch die zunehmende Hilfsbedürftigkeit eines Ehepartners oder Elternteils in Frage gestellt und muss auf einem neuen Niveau stabilisiert werden ((Zeman, 2000, 165).

Pflege wird primär als familiale Aufgabe definiert. Wenn auch das Pflegeversicherungsgesetz die durch die oben dargestellte Entwicklung der Familie gegebene hohe Belastung der Familie durch gesteigerte Anforderungen und die Verkleinerung der Familiengröße sieht, versucht es dennoch, die Pflegefähigkeit und -bereitschaft der Familie zu fördern. Diese normative Einordnung der Pflege in den familialen Zusammenhang bestimmt auch die Erwartungen der Patienten an eine angemessene Pflege. Entscheidungen im Pflegefall sollen solidarisch gesteuert sein. Sie sollen unter Ansehung der Person getroffen werden, d.h. der/die Pflegende muss sich den Bedürfnissen und Zeitrhythmen der Lebensäußerungen des zu Pflegenden unterordnen, will er/sie die Arbeit angemessen bewältigen. Pflegearbeit ist somit naturgebundene Arbeit.

"Sie setzt Geduld voraus, da der Rhythmus natürlicher Abläufe von den jeweiligen Individuen vorgegeben wird und vom Arbeitenden nicht im Sinne gesteigerter Effektivität zeitökonomisch rationalisiert werden kann, ohne dass die Qualität gefühlsmäßiger Befriedung darunter leidet." (Bögemann-Großheim 2002, 42)

Pflege setzt ein Vertrauensverhältnis zwischen dem Pflegenden und dem Gepflegten voraus, da der Erfolg der Pflege auch vom Mitwirken des Patienten abhängt. Im familialen Bereich ist ein solches Vertrauensverhältnis schon allein aufgrund der Vertrautheit der Interaktionspartner durch dauerhafte direkte Interaktion sehr wahrscheinlich. Schon aufgrund dieser Sachverhalte ergeben sich Schwierigkeiten, den Pflegeprozess über bürokratische oder Marktmechanismen zu steuern, die idealtypisch gerade unter Absehung von der Person erfolgen sollen.

Da, wie dargestellt, in der Familie Solidarität als dominantes Steuerungssystem angesetzt wird, sind um der Aufrechterhaltung der Fiktion solidarischer Steuerung bestimmte Themen nicht diskutierbar.

"In innerfamilialen Beziehungen sind Entwürfe personaler Identität auch dann in Einklang zu bringen, wenn sie konkurrieren, um nicht die Beziehung an sich zu gefährden, Die besondere Qualität solcherart gesicherter Intimität ist rollentheoretisch argumentiert (im Sinne der 'pattern variables' von Talcott Parsons, 1951) affektiv, partikularistisch und funktional diffus. Nicht primär Leistungen, sondern Eigenschaften bestimmen den Status im Familiensystem und ein emotionaler Gleichgewichtszustand wird dadurch erreicht, daß die Diffusität der Rollenbeziehungen die wechselseitige Signalisierung und Bestätigung personaler Identitatsentwürfe zuläßt.

Die Erfüllung dieses Anspruchs ist andererseits gerade wegen der diffusen Rollenbeziehung stets gefährdet: Es fehlen situationale Rollendefinitionen und Handlungsvorschriften. Innerfamiliale Beziehungen sind damit strukturell konfliktanfällig. Ihre konstante Mehrdeutigkeit schafft Unsicherheit, bewirkt Mißverständnisse, führt zu Frustrationen, die sich in Konflikten hochschaukeln können. Es gibt keine institutionalisierten Normen, wie Spannungen kommunikativ reduziert werden könnten und keine beziehungsexternen Stützen, die beim Überschreiten bestimmter Schwellenwerte das aufgeheizte System im Sinne einer 'Neukalibrierung' (Watzlawick et al. 1967) abkühlen könnten." (Zeman 2000, 173)

Verschärft wird dieses Problem beim Auftreten von Demenz:

"Vom Umgang mit dementen Alterspatienten ist bekannt, daß die Verständigung auf der parasprachlichen Ebene des 'analogen', mehr die Gefühle sichtbar machenden Austauschs auch dann noch möglich ist, wenn ihnen die Bedeutung von Worten schon verschwimmt. Besonders belastend wird der Austausch für die Betreuer allerdings, wenn der Personenbezug als Beziehungsqualität verloren geht und sie feststellen müssen, daß sie von den Menschen, die ihnen am nächsten stehen und für die sie sich emotional am meisten engagieren, als Fremde wahrgenommen werden und ihnen also eine zentral wichtige Bestätigung ihrer personalen Identität entzogen wird. In Situationen dieser Art der familialen Altenpflege wird die Doppelstruktur von Interaktion in ihren instrumentellen und expressiven Anteilen besonders deutlich, und wir erkennen, daß es möglich ist, Barrieren der Verständigung über Inhalte durch besondere Bemühungen um Einverständnis auf der expressiven Ebene bis zu einem gewissen Grad zu kompensieren. Deutlich wird aber auch, in welchem Maße sich die personale Identität der Beteiligten darauf stützt, daß die expressive Kommunikation in der familialen Intimität an ihre Individualität gebunden ist.

Diese in den extremen Pflegesituationen ja besonders auffällige Verschränkung des Inhalts- und Beziehungsaspektes, der wechselseitigen Durchdringung von Instrumentalität und Expressivität der Beziehungen und die unterschiedliche Kommunizierbarkeit dieser Dimensionen der Interaktion ist aber ein Strukturelement aller lebensweltlichen Pflegearrangements." (Zeman 2000, 175)

Zeman erörtert die Frage, unter welchen Bedingungen familial organisierte ambulante Pflege den sich daraus ergebenden Belastungen gewachsen ist. Er geht davon aus, dass nicht alle familialen Netze als Unterstützungsnetzwerke geeignet sind, da auch familiale Netzwerke als Geflechte sozialer Interaktionen zu betrachten sind, die sich im Austausch sozialer Leistungen objektivieren und von einer Reziprozität der Erwartungen geprägt sind, wobei beide Seiten jeweils den mit dem Austausch verbundenen Kosten-Nutzen-Aspekt in Betracht ziehen. Die Kosten-Nutzen-Relation wird allerdings nicht nur auf Geldleistungen bezogen, sondern auch auf emotionale Belastungen, den Aufwand an Kraft und Zeit sowie die mögliche Verschlechterung der Beziehungen. Der Nutzen des Helfers kann auch in der Hebung seines Selbstwertgefühls als gebrauchte, kompetente Person, im Vertrauen auf den Empfang ähnlicher Leistungen in der Zukunft oder auch im Zufriedenheitsgefühl bestehen, das solidarische Hilfe bei ihm selbst bewirkt.(Zeman 2000, 179) Die Reziprozität braucht auch nicht unbedingt vom Hilfeempfänger selbst hergestellt zu werden, sie kann auch von Dritten erbracht werden. Umgekehrt können Dritte geleistete Hilfe oder deren Gegenleistung aber auch entwerten. Die Reziprozität von Leistung und Gegenleistung muss nicht zeitgleich gegeben sein. Der Ausgleich kann auch zeitlich versetzt erfolgen oder durch andere Steuerungsmechanismen (wie affektive Solidarität) umgewichtet werden.

Charakteristisch für die Reziprozität familialer Beziehungen ist weiter, dass die Beziehungen keinem externen Ziel dienen, sondern dass die Beziehung selbst ihr Zweck ist. So werden die Mitglieder normativ darauf verpflichtet, die Interessen des gesamten Netzwerkes zu achten und solche Egoismen einzudämmen, die den Bestand des Netzwerkes gefährden könnten. Die Reziprozität besteht demnach in der Erhaltung des Netzwerkes selbst. Allerdings können auch solche Netzwerke für andere Zwecke instrumentalisiert werden.

Sind die Beziehungen dicht genug, kann ergänzend eine Art Reziprozitätspuffer auftreten. Er sichert auch dann noch Zusammenhalt und schafft einen Toleranzraum, wenn der Austausch von Leistung und Gegenleistung aus dem Gleichgewicht gerät, weil z.B. ein hilfs- oder pflegebedürftiges Mitglied seinen Teil zur Aufrechterhaltung des Netzwerkes nicht mehr übernehmen kann. In diesem Fall wird die Kosten-Nutzen-Kalkulation (vorläufig) außer Kraft gesetzt, so dass Vorleistungen oder Mehrleistungen erbracht werden können, ohne dass auf unmittelbaren Ausgleich gedrängt wird. Auf Dauer jedoch unterliegt auch affektive Solidarität der Anforderung nach Ausgleich von Symbolen der Anerkennung, Wertschätzung und Zuwendung. Der Austausch solcher Symbole bedarf der angemessenen Interpretation, um ihren Sinn zu realisieren.

Erhöht solidarische Handlungssteuerung die Bereitschaft zur Erbringung von Pflegeleistungen in der Familie, so kann sie auch zur Überlastung der Leistungserbringer führen. Denn je prekärer die Reziprozität wird, desto mehr Bedeutung erlangt die affektive Solidarität. Daher wird auch bei schweren Langzeitpflegen das Netzwerk der Helfer oft kleiner und auf die engsten Bezugspersonen reduziert, wodurch die Leistungsanforderungen an diese noch erhöht wird. Hinzu kommt, dass soziale Netzwerke zwar dazu beitragen, Stress zu reduzieren, dass sie aber gleichzeitig die größten Stressfaktoren sein können, nämlich dann, wenn negative Vorkommnisse in diesen Netzwerken die aktuellen Kapazitäten und Ressourcen des Individuums überschreiten, wobei die Hauptursache Konflikte in den Beziehungen zu wichtigen Bezugspersonen wie dem Ehepartner oder den Eltern bzw. Kindern darstellt. Pflegesituationen sind daher oft stressauslösend entweder aufgrund der Belastungen, die sich aus den Veränderungen der Beziehungen zwischen den Bezugspersonen selbst ergeben, oder durch Unvereinbarkeiten der Anforderungen aus anderen Beziehungen, wie denen zur eigenen Kernfamilie oder zur Arbeitswelt, zumal dann, wenn die Pflegetätigkeit einen solchen Einsatz erfordert, dass sie zu einer berufsähnlichen Tätigkeit wird, ohne gleichzeitig Rückzugs- und Abgrenzungsmöglichkeiten zu eröffnen, wie sie in Arbeitsverhältnissen gegeben sind. So kann es zu einer chronischen Diffusion von beziehungsdefinierenden und instrumentellen Aspekten im Handeln der lebensweltlichen Helfer kommen. (Zeman 2000, 184)

Stress kann auch die Tatsache auslösen, dass instrumentelle Handlungen gleichzeitig im Lichte der Beziehungsdimension interpretiert werden, so dass instrumentelles Handeln als Ausdruck von Beziehungsqualität wahrgenommen werden kann. Wenn nun Ambivalenzen in der Beziehungsdimension auftreten, können sie bis in die einfachsten instrumentellen Verrichtungen ausstrahlen. Das gleiche gilt für den Umgang mit aversiven Gefühlen wie z.B. Ekel. Belastender als das Gefühl selbst kann es sein, diese Gefühle nicht ausdrücken zu dürfen. Der Umgang mit solchen Sachverhalten bedarf hoher psychosozialer Anstrengungen. Häufig müssen sie verschleiert oder überspielt werden. Auch dadurch können sich Überforderungen ergeben.

1.3.2 Außerfamiliale Pflege

Die Ausführungen zeigen, dass ambulante Pflege als familiale Aufgabe verstanden wird, dass aber das Familiensystem mit der Wahrnehmung dieser Aufgabe auch überfordert werden kann, so dass außerfamiliale Hilfen erforderlich werden. Eine solche außerfamiliale Hilfe, die im privaten Haushalt erfolgt, bedarf der Koordination mit dem familialen Pflegenetz, da sie die familiale Hilfe im allgemeinen nicht ersetzt, sondern ergänzt.

Außerfamiliale Pflege wurde zunächst durch christliche Liebestätigkeit motiviert. Seit je her gehörte die Armenpflege zur Aufgabe der

Bischöfe. Seit dem Mittelalter entstanden Orden, Hospitäler und Bruderschaften, die sich die Sorge um Kranke und Notleidende zur Aufgabe machten. In diesem Fall wurde das notwendige Vertrauen über ein Systemvertrauen hergestellt, das sich aus der Zugehörigkeit des Pflegenden zum Orden oder der religiösen Gemeinschaft, der der Pflegende angehörte, ergab. Damit sich dieses Systemvertrauen auf die nur oberflächlich bekannte Person des Leistungserbringers überträgt, musste die Institution dafür sorgen, dass der Pflegende mit genügenden altruistischen Motivationen und mit einem Sonderwissen ausgestattet war, das ihm Autorität verlieh (Professionalisierung). Gleichzeitig musste sie durch soziale Kontrolle der Ordensdisziplin garantieren, dass möglicher Machtmissbrauch ausgeschlossen war.

Ähnlich wurden auch die ersten säkularen Krankenschwestern z.B. durch das Rote Kreuz ordensähnlich organisiert.

Im Verlaufe der Modernisierung ersetzten Berufsausbildung und Professionalisierung teilweise die religiösen Motivationen zum Helfen. Für die Dienste stellt sich dasselbe Problem wie für die Orden, das ihnen entgegengebrachte Systemvertrauen auf die Mitarbeiter zu übertragen. (vgl. Kaufmann 2002b, 56)

"Im Aufgabenprofil der Gemeindeschwester (zumeist eine Diakonisse oder Ordensschwester) waren seelsorgerische und gesundheitspflegerische Hilfen vereinigt; sie arbeitete ohne tarifliche Festlegung von Arbeitszeit oder Vergütung; Grundlage ihrer beruflichen Orientierung war ein breit angelegtes Verständnis vom 'Dienst am Nächsten'. Mit Ausscheiden vieler älterer Ordensschwestern und erheblichen Nachwuchsproblemen, ergab sich für die Kirchen das Problem, Arbeitsplätze und Berufsprofile zu schaffen, für die sich auch ein anders motiviertes 'weltliches' Personal gewinnen ließ (vgl. u.a. Hegner 1980). Dazu wurden mit der Gründung von Sozial- bzw. Pflegestationen die organisatorischen Voraussetzungen geschaffen." (Pankoke/Nokielski 1995, 64)

"Organisationsbildung erfolgt nicht in der Absicht der Zweckerreichung, Herrschaftssicherung oder Disziplinierung – dies die üblichen Annahmen der Organisationstheorie, sondern im Interesse einer Verbesserung der Rekrutierungschancen. 'Organisation' ermöglicht es den Beteiligten, ihren Beruf innerhalb klar definierter Sinn- und Zeitgrenzen auszuüben. Die Organisation konstituiert die Möglichkeit geregelter Arbeitsbeziehungen und als Organisationsrollen gefaßter Sozialbeziehungen – gerade auch zum Klienten." (Pankoke/Nokielski 1995, 67)

Pankoke und Nokielski konstatieren für die Zeit unmittelbar nach der Gründung der Sozialstationen und vor Inkrafttreten der Pflegeversicherung einen Erfolg dieser Strategie. Die Sozialstationen hätten zu dieser Zeit [1995] keine Probleme mit der Personalrekrutierung gehabt. Gerade die Überschaubarkeit des zeitlichen Einsatzes hätte die Sozialstationen zu beliebten Arbeitsstätten gemacht. Abwerbungsversuche hätten selten Erfolg gehabt. Durch die Formalisierung der Arbeitsverhältnisse und die Anwendungen der Tarifverträge des Öffentlichen Dienstes seien sichere und stabile Arbeitsregelungen geschaffen worden. Aufgrund festgelegter Arbeitszeiten konnte das Personal die Erwerbsarbeit mit seiner Lebenswelt relativ problemlos koordinieren. Die durch die Tarifverträge gewährte Arbeitsplatzsicherheit ermöglichte eine langfristige Lebensplanung. Die Arbeitsorganisation beeinflusst die Arbeitsmotivation in hohem Grade.

1.4 Pflegeversicherung

Da immer wieder darauf verwiesen wird, dass die Pflegeversicherung die Bedingungen, unter denen die Einrichtungen der ambulanten Pflege arbeiten, entscheidend verändert hätten, sollen zunächst deren Vorschriften referiert werden. Zunächst sei festgestellt, dass mit der Einführung der Pflegeversicherung die Gewährleistungspflicht von den Kommunen auf die Pflege- und Krankenversicherungen übertragen worden ist. Ihnen wird eine hervorragende Stellung im Pflegeprozess zugewiesen. So schreibt das Pflegeversicherungsgesetz den Ärzten der Medizinischen Dienste der Krankenkassen die Definitionsvollmacht zu:

Ärzte der medizinischen Dienste der Krankenkassen müssen

- die Pflegebedürftigkeit: den Bedarf an körperbezogener Verrichtungshilfe in den Bereichen Körperpflege, Ernährung und Mobilität und den Hilfsbedarf bei der hauswirtschaftlichen Versorgung, ermitteln,

- den ursächlichen Zusammenhang des Hilfebedarfs mit einer Krankheit oder Behinderung feststellen,
- die Pflegestufe bestimmen und geeignete therapeutische bzw. rehabilitative Maßnahmen aufzeigen,
- zusammen mit den Pflegefachkräften der medizinischen Dienste der Krankenkassen einen Pflegeplan erstellen,
- Qualitätsprüfungen der Pflegeleistungen durchführen. Die Leistungserbringer müssen den allgemein anerkannten Stand medizinischpflegerischer Erkenntnisse wahren und Qualitätsprüfungen durch den medizinischen Dienst in ihrem Bereich zulassen.

In diesen Rahmen ist die Forderung an wirtschaftlicher Ausrichtung integriert. Schon die Abgrenzung der Pflegestufen orientiert sich am erforderlichen Mindestzeitaufwand für die konkret notwendigen Hilfeleistungen. Die Leistungen müssen wirksam im Sinne der aktivierenden Pflege und wirtschaftlich sein, also mit dem geringsten Kostenaufwand erbracht werden. Das Maß des Notwendigen darf nicht überschritten werden, d.h. die Leistungen müssen zur Erreichung des Zieles unentbehrlich aber ausreichend sein. Somit besteht kein Anspruch auf ausreichende bedarfsdeckende Leistungen wie in denr Krakenversicherung (Klie/Krahmer 1998), sondern nur auf eine Grundversorgung. Darüber hinaus gehende Leistungen dürfen der Pflegeversicherung nicht in Rechnung gestellt werden.

Weiterhin sollen die Leistungen dem pflegebedürftigen Versicherten helfen, trotz des Hilfebedarfs ein möglichst selbständiges Leben zu führen, das der Würde des Menschen entspricht. Die Leistungen sollen die familiäre, nachbarschaftliche oder sonstige ehrenamtliche Pflege und Betreuung unterstützen und ergänzen. (§4) Zum anderen eröffnet das Pflegegesetz Wahl- und Kombinationsmöglichkeiten zwischen Geld- und Sachleistungen. Die Anspruchsberechtigten bzw. deren Angehörige können demnach wählen, ob sie die Pflegeleistungen selbst erbringen oder/und entsprechende Pflegedienste beauftragen wollen. Evers (Evers 1995) wertet die Pflegeversicherung als eine ganz wesentliche sozialpolitische Innovation und Anzeichen einer Neuorientierung, weil die Geldleistung das Selbstbestimmungsrecht stärkt. Er sieht in der Wahlmöglichkeit "eine der wichtigsten Neuerungen im Pflegebereich", die zur "Herstellung normaler Produzenten-Konsumentenbeziehungen auch im Pflegebereich« beitragen könnte."

(Evers 1995:24) Die Betroffenen und ihre Angehörigen erhalten die Chance, ihr Pflegearrangement selbst zu gestalten. Die Wahlmöglichkeit trägt zu einer größeren Vielfalt der Hilfeformen und zur Entwicklung bedarfs- und situationsgerechter Hilfearrangements bei.

Zur Erreichung dieser Ziele müssen die Pflegekassen eine bedarfsgerechte und gleichmäßige Versorgung sicherstellen. Zu diesem Zweck schließen sie Versorgungsverträge und Vergütungsvereinbarungen mit den Trägern von Pflegeeinrichtungen oder sonstigen Leistungserbringern. Dabei sind die Vielfalt, die Unabhängigkeit und Selbständigkeit sowie das Selbstverständnis der Träger von Pflegeeinrichtungen in Zielsetzung und Durchführung ihrer Aufgaben zu achten. (§ 69 SGB XI) Wenn diese Einrichtungen den gesetzlich geforderten qualitativen Anforderungen und dem Wirtschaftlichkeitsgebot entsprechen und sich der Qualitätssicherungskontrolle unterwerfen, besteht für die Pflegekassen ein Kontrahierungszwang (§72). Grundlage dieser Verträge sind die Rahmenverträge über die pflegerische Versorgung zwischen den Krankenkassen und den Vereinigungen der Träger von Pflegeeinrichtungen (§75), die

- die Pflegeleistungen von anderen Bereichen abgrenzen,
- allgemeine Bedingungen der Pflege einschließlich der Kostenübernahme und der Abrechnung der Entgelte festlegen,
- Grundsätze für eine wirtschaftliche und leistungsbezogene personelle Ausstattung der Pflegeeinrichtung regeln,
- die Überprüfung der Notwendigkeit und Dauer der Pflege einschließen
- und den Zugang des Medizinischen Dienstes und anderer von den Kassen bestimmter Prüfer in die Einrichtungen sowie Verfahren und Prüfungsgrundsätze für Wirtschaftlichkeitsprüfungen regeln.
- Schließlich definieren sie Grundsätze zur Festlegung der regionalen Einzugsbereiche.

Auch wenn die Trägervielfalt gesichert und damit der Stellung der frei gemeinnützigen Träger Rechnung getragen werden soll, erhalten diese aufgrund des mittels des Kontrahierungszwanges vom Gesetzgeber erstrebten Überangebotes an Pflegeeinrichtungen keine Privilegien, da die Standards für alle gelten und die Versicherten ein Wahlrecht hinsichtlich der von ihnen gewünschten Einrichtung zusteht. Gerade die Vorhaltung von Überkapazitäten soll den Wettbewerb zwischen den Einrichtungen fördern und Innovationen beschleunigen.

(Klie/Krahmer 1998) Diesem Ziel dient auch die Vorschrift (§72 Abs. 5), nach der die Pflegekasse mit dem Bescheid über die Bewilligung des Pflegeantrages dem Pflegebedürftigen eine Preisvergleichsliste über die Leistungen und Vergütungen der zugelassenen Pflegeeinrichtungen im Einzugsbereich zu übermitteln und ihm eine Beratung darüber anzubieten hat, welche Pflegeleistungen für ihn in Betracht kommen.

Die Pflegekassen können Verträge nur mit zugelassenen Pflegeeinrichtungen abschließen. Für die Zulassung definiert §71 SGB XI die Voraussetzungen. Danach sind ambulante Pflegeeinrichtungen selbständig wirtschaftende Einrichtungen, die unter ständiger Verantwortung einer Pflegefachkraft Pflegebedürftige in ihrer Wohnung pflegen und hauswirtschaftlich versorgen. Diese der Qualitätssicherung dienenden Voraussetzungen definieren inhaltliche und formale Kriterien, die eine zuzulassende Einrichtung erfüllen muss. Die Einrichtungen müssen eine gleichmäßige und konstante pflegerische Versorgung rund um die Uhr mit entsprechenden Früh-, Spät , Wochenend- und Feiertagsdiensten leisten können. (Klie/Krahmer)

Die Pflegefachkraft ist für die Pflegeorganisation und -durchführung letztverantwortlich. Sie übernimmt Steuerungsaufgaben (Pflegeanamnese, Pflegeplanung, Pflegeevaluation) und ist verantwortlich für die Pflegeplanung.

Die vom Pflegebedürftigen ausgewählte Pflegeeinrichtung schließt mit der Pflegekasse einen Versorgungsvertrag ab, in dem der Versorgungsauftrag der Einrichtung definiert wird. Dieser Vertrag beinhaltet Art, Inhalt und Umfang der Pflegeleistungen, die für die Dauer des Vertrages von der Einrichtung zu erbringen sind. Hat der Pflegebedürftige eine Einrichtung ausgewählt, so ist diese zum Vertragsabschluss verpflichtet, soweit es ihre räumliche und personelle Ausstattung erlaubt. Damit soll dem Problem der 'Rosinenpickerei' entgegengewirkt werden.

Die Pflege-Buchführungsverordnung der Bundesregierung vom 19.11.1995 verpflichtet die Pflegeeinrichtungen zur kaufmännischen doppelten Buchführung. Insgesamt wird deutlich, dass der Gesetzgeber den Wettbewerb zwischen den Anbietern anregen will und stark auf Wirtschaftlichkeit setzt.

1.5 Zusammenfassung

Ist oben festgestellt worden, dass Entscheidungen nach dem Marktmodell zweckprogrammiert sind, sich also an der Ausgangsgrenze des Systems orientieren und damit die Anlässe für das Handeln legitimatorisch freistellen, während Staatshandeln konditional programmiert ist, und damit die Anlässe des Handelns regelt, ohne auf die Erzielung bestimmter Wirkungen festgelegt zu sein, so ergibt sich über das Pflegegesetz, dass sich Pflegeeinrichtungen sowohl an der Eingangs- wie auch an der Ausgangsgrenze ihres Systems orientieren müssen. Ihre Organisation kann sich also weder allein am Marktmodell noch am Bürokratiemodell orientieren. Da Pflege bisher überwiegend als familiale oder religiöse Aufgabe definiert wurde, orientieren sich die Patienten oder Kunden zudem weitgehend am Steuerungsmodell "Solidarität". Daher muss beruflich organisierte Pflege zunächst entscheiden, an welchem Steuerungsmodell sie sich primär ausrichtet. Es ist zu erwarten, dass sich die Kunden oder Patienten vorwiegend am Steuerungsmodell "Solidarität" orientieren, d.h. Entscheidungen unter Ansehung der Person erwarten, während die beiden anderen Steuerungssysteme gerade davon ausgehen, Entscheidungen unter Absehung der Person treffen zu können oder gar müssen. Da dieses Problem sehr neuartig ist, ist zu erwarten, dass es von verschiedenen Pflegediensten unterschiedlich zu lösen versucht wird.

2 Zur Bezeichnung der zu Pflegenden in den Pflegediensten

Auf einem Markt begegnen sich Anbieter und Kunden. Oben ist darauf hingewiesen worden, dass der Markt durch unpersönliche anonyme Beziehungen gekennzeichnet ist, dass auf ihm sachliche Gesichtspunkte im Vordergrund stehen sollen, während Beziehungsaspekte keine Rolle spielen sollen. Funktionsfähige Märkte setzen entscheidungsfähige Konsumenten mit einer großen Marktübersicht voraus. Trifft eine solche Charakterisierung auch auf das Verhältnis zwischen Pflegendem und zu Pflegenden zu?

Die Verhältnisbestimmung lässt sich gut an der Diskussion um die Bezeichnung der zu Pflegenden in den Pflegediensten aufzeigen. An dieser Diskussion wird auch die Mehrdimensionalität dieses Verhältnisses deutlich. Am häufigsten werden die zu Pflegenden als "Patienten" oder als "Kunden" bezeichnet. Mit diesen Bezeichnungen sollen auch programmatische Aussagen über den Pflegedienst gemacht werden. Gleichzeitig ist fast allen Befragten bewusst, dass keiner dieser Begriffe das Verhältnis vollständig ausdrückt.

Für diejenigen, die zu Pflegende als Patienten bezeichnen, steht der Hilfebedarf der zu Pflegenden im Vordergrund, dagegen soll mit dem Ausdruck Kunde die Selbstbestimmung des zu Pflegenden besonders betont werden. Da auf die zu Pflegenden in mehr oder weniger großem Ausmaß beide Gesichtspunkte zutreffen können, werden bei der Präferierung eines dieser Begriffe gleichzeitig auch immer Einschränkungen gemacht oder Differenzierungen vorgenommen.

Das Verhältnis zwischen Pflegendem und zu Pflegendem ist wechselseitig. Daher kann es von beiden Seiten auch unterschiedlich definiert werden. Häufig wird von den Pfleger/innen ein Mentalitätswandel bei den zu Pflegenden registriert.

2.1 Verhältnisbestimmung der zu Pflegenden in der Wahrnehmung der Pflegenden

"Die zu Pflegenden sind Patienten, früher waren es Patienten. Das sind sie immer noch, aber sie haben schon ein Kundenverhalten: Sie wissen ganz genau, was sie wollen. Da sind auch oftmals Angehörige, die dahinter stecken, die auch vergleichen, sich verschiedene Pflegedienste angucken, Preise vergleichen, Leistungen vergleichen. Und wenn irgend etwas nicht in Ordnung ist, haben wir sowohl unseren Patienten, der sich beschwert oder auch gute Dinge sagt, wie auch die Angehörigen. Für uns sind es Patienten, aber ich denke, vom Verhalten her werden sie doch schon zu Kunden."

"Am Anfang Hilfe, jetzt wird nach dem Preis gefragt, dann: wer kommt? Qualifikation? Wieviel Zeit hat der Mitarbeiter? Was ist alles in diesem Modul inbegriffen? Und ich sage mal, wenn das nicht genauso erfüllt wird, mittlerweile haben Pflegekunden eine ganz klare Vorstellung, dann führt das schon zu Beschwerden. Und diese Beschwerden haben zugenommen. ... Die zu Pflegenden fühlen sich stärker als Kunden. Daher werden sie auch als Kunden bezeichnet. Die Abhängigkeit der Patienten von den Pflegepersonen hat nachgelassen. Auch Angehörige sind sehr stark. Sie haben sich im Vorfeld sehr viel mehr informiert. Das war früher anders. Es gibt heute sehr viel mehr Möglichkeiten, sich zu informieren. ... Wenn man die Kunden als Patienten anspricht, ist es schon vorgekommen, dass diese gesagt haben: Ich bin doch kein Patient, ich bin doch nicht im Krankenhaus."

Zum Arzt kommt der Patient als Laie. Welche Krankheit er hat und welche Therapie eingesetzt werden soll, stellt der Arzt fest. Der Arzt definiert die Situation, er hat – oder beansprucht – das Recht, Anweisungen zu geben. Von dieser Situation unterscheidet sich die der Pflege. Die Patienten wollen die zu erbringenden Leistungen selber bestimmen. Sie wissen, was ihnen fehlt, und wo sie Hilfe brauchen.

"Der Patient sagt dann: er hat bei uns das und das bestellt. Entschuldigen Sie, ich habe heute die Pflegekraft bestellt, wo bleibt die denn? Es ist schon so, dass sie sich sehr bewusst sind, dass sie das bezahlen."

"Zum Beispiel sind ganz viele Leute, die sagen, sie möchten nicht mittags um 12 fertig gemacht werden, sondern sie sind unsere Kunden und als Kunde habe ich das Recht, auch Wünsche zu äußern. Wenn ich nach Leffers gehe oder wenn ich nach Boecker oder wohin auch gehe, dann will ich als Kunde auch das kriegen, was ich bestellt habe oder was ich mir vorgestellt habe."

"Wir erleben unsere Patienten tatsächlich auch als Kunden mit einem gewissen Anspruchsdenken, dass sie sagen: das habe ich bei Ihnen bestellt, und zu den Bedingungen will ich das auch haben. Und wenn es da mal Abweichungen gibt, dass die das dann auch durchaus selbstbewusst anmelden. Und da haben wir eigentlich auch so das Gefühl: Aha, ja, natürlich, das ist unser Kunde. Da erleben wir das auch so."

Auffällig ist die Beschreibung des Mentalitätswandels der zu Pflegenden. Nach diesen Aussagen sind die zu Pflegenden oder ihre Angehörigen im Vergleich zu früher selbstbewusster geworden. Im Gegensatz zu früher sollen sie heute genau wissen, was sie wollen. Das unterscheidet das Verhältnis der zu Pflegenden zu den Pflegepersonen von ihrem Verhältnis zum Arzt. Früher sei das Verhältnis zwischen Pflegekraft und zu Pflegenden ähnlich wie das Verhältnis Arzt - Patient gewesen. Kann erst der Arzt die Situation des kranken Patienten beschreiben und muss der Patient diese Situationsdefinition hinnehmen, so definiert nach den Aussagen der Befragten heute der zu Pflegende in der Pflege seine Situation selbst. Die zu Pflegenden sind unabhängig, wissen, was sie wollen, haben sich über Leistungen und Preise informiert, haben also eine Übersicht über das Angebot. Ihre Position hat sich gegenüber früher verändert, weil sie wissen, dass sie die erbrachten Leistungen bezahlen. Sie sehen somit die Pflegedienste als Konkurrenten auf einem Markt an. Als Kunden kennen sie ihre Rechte und bestehen auf deren Beachtung und Einhaltung. Sie sind daher auch eher bereit, sich zu beschweren. Pflege wird als Dienstleistung definiert, die sich der Kunde einkaufen kann. Dadurch ändert sich die Beziehung zwischen Pflegendem und zu Pflegendem. Wurde früher Pflege eher als Abhängigkeit von den Pflegekräften verstanden, so hat sich das Machtverhältnis zu Gunsten der zu Pflegenden verschoben. Da die Leistung bezahlt wird, kann sie auch durch den zu Pflegenden bestimmt und bewertet werden.

2.2 Rückwirkungen auf das Selbstverständnis der Pflegedienste

Einen solchen Mentalitätswandel registrieren insbesondere schon länger in der Pflege tätige Mitarbeiter/innen. Allgemein wird aus diesem Mentalitätswandel geschlossen, dass die Pflegedienste heute stärker kundenorientiert arbeiten müssten:

"Damals [bei der Gründung des Pflegedienstes] haben wir sehr kundenorientiert gearbeitet. Das hat sich herumgesprochen. Die Leute waren sehr zufrieden damit. So kamen immer mehr Kunden. ... Um jeden Kunden muss gekämpft werden."

Diese Entwicklung hat Rückwirkungen auf das Selbstverständnis der Pflegedienste. Sie definieren sich in immer stärkerem Maße als Dienstleistungsbetriebe:

"Der Patient nimmt Leistungen von uns ab. Wir leben von dem. Also hat er einen Anspruch darauf, entsprechend behandelt zu werden, neben der fachlichen Behandlung aber auch von der menschlichen Behandlung, eben zuvorkommend, freundlich, so wie man sich das auch wünscht, wenn man irgendwo zum Bäcker geht. ... Ich möchte, dass immer irgendwie deutlich wird: ich habe dich entsprechend zu behandeln, weil dadurch, dass ich dich behandle und freundlich zu dir bin, ist mein Arbeitsplatz gesichert. Wir sind hier ein Dienstleister, wir sind davon abhängig, dass wir unsere Kunden gut behandeln und versorgen, ansonsten kommen nämlich keine neuen zu uns."

Hier tritt der Aspekt des Äquivalententauschs deutlich in den Vordergrund. Die für die Pflege erbrachte Gegenleistung ist die durch Bezahlung gewährleistete Sicherheit des Arbeitsplatzes für die Pflegekraft.

2.3 Argumente für den Kundenbegriff

Mit der Bezeichnung der zu Pflegenden als "Kunden" wird programmatisch die Unterordnung der Pflegekräfte unter den zu Pflegenden gefordert:

"Wir haben uns auf Kunden geeinigt: Der Begriff drückt das Verhältnis zum Kunden aus: man kann auch sagen: Leistungsnehmer – Leistungsgeber, Die Betroffenen müssen die Möglichkeit haben, Dienstleistungen einkaufen zu dürfen, zu können, zu sollen, auf der anderen Seite: Beratungsaspekt muss auch da sein als Leistung, wichtig: Kunden können ihre Leistungen bei uns einkaufen."

"Patient hat etwas mit Passivität zu tun, der Patient muss versorgt werden, betreut, behandelt werden. Der Kunde erhält selbstgewählte Leistungen."

"Das hat viele Aspekte, z.B. allein die Tatsache, dass man als Schwester in Weiß auftritt und damit irgendwie Macht ausübt, oder dadurch, dass der eine Schwester oder Pfleger ist und der andere Patient, bildet man eine gewisse Hierarchieebene."

Die Zitate verdeutlichen die Differenz zwischen den Begriffen Kunde und Patient. Diese wird vorwiegend im Verhältnis zwischen der Schwester oder dem Pfleger und dem zu Pflegendem gesehen. Mit dem Begriff "Patient" wird Passivität verknüpft, der Patient nimmt die Pflegeleistung hin, während der Kunde aktiv bestimmt, welche Leistung er erhalten will. Damit soll sich das Machtverhältnis zwischen den Beteiligten umkehren. Der Patient muss sich dem Pfleger oder der Schwester unterordnen. Dieser Anspruch werde noch durch den weißen Kittel betont, während der Kunde die Leistungen des Leistungserbringers selbst auswählt. So muss sich der Leistungsgeber dem Leistungsnehmer unterordnen.

Was eine solche Umorientierung bewirkt, beschreibt eine Pflegedienstleiterin so:

"Ich komme aus der Krankenpflege, mein Blickwinkel kollidiert oft mit dem Blickwinkel anderer, das ist eine gute Sache, für mich ist diese Diskussion [um das Pflegedienstleitbild] auch Orientierungshilfe, zu gucken, was tue ich eigentlich, wie weit darf ich gehen. Früher bin ich mit Scheuklappen durch die Welt gelaufen, Beispiel: Galle von Zimmer 17, heute: ganzer Mensch steht im Blickpunkt. Rückblickend habe ich das Gefühl, nur einen kleinen Teil der Welt mitbekommen zu haben, das hat sich geändert in den letzten fünf Jahren, Ich habe gelernt, durch die Brille anderer Menschen zu sehen. In der Krankenpflege wird diese Begabung nicht gefördert. Hier [in diesem Pflegedienst] setzen wir Laienkräfte ein. Die Mitarbeiter tun das, was pflegende Angehörige auch tun, nicht aus Sparsamkeit, das hat einen tiefen Sinn: Die Betroffenen sagen, wir wollen nicht von Pflegefachkräften die Hilfen haben, die sind zu sehr gepolt, die haben zu viel Erfahrung, die sind oft nicht in der Lage, einen Menschen so anzunehmen, wertneutral und ohne irgend etwas zu beurteilen. Das können Pflegefachkräfte einfach nicht mehr, in der Beziehung sind die verdorben. Durch die neue Begrifflichkeit bin ich empfindlich geworden. Jetzt schaffe ich es eher, meine eigene Brille draußen vor zu lassen und die des Kunden aufzusetzen. Ich habe gelernt, belastende Situationen, z.B. bei Selbstgefährdung der Kunden, zu ertragen, zumindest zu gucken, warum ist die Situation so, ist die Situation tolerabel. Früher habe ich schneller Vorgaben gemacht. Als Krankenschwester haben Sie die Lobby, auch etwas gegen den Willen anderer durchzusetzen. Unsere Laienhelfer haben diese Lobby nicht in dem Ausmaß, das kann auch für die gelegentlich zum Nachteil werden, aber das ist in jedem Fall ein kunden-orientierter Ansatz, oder ein menschenorientierter Ansatz. Unser Uranliegen ist: Jeder Kunde ist Experte in eigener Sache, niemand weiß so gut wie er selber, was er braucht, also arbeitet im Idealfall der Kunde seine Assistenten selber ein."

Die Pflegedienstleiterin weist darauf hin, dass Pflegende und zu Pflegende die jeweiligen Situationen unterschiedlich wahrnehmen und dass sie unterschiedliche Interessen haben können und zum Teil auch verfolgen müssen. Die Ausbildung schult eine bestimmte Wahrnehmungsweise, die insbesondere die Krankheit des Patienten in den Vordergrund stellt. Aus der Kenntnis von Krankheitsbildern und von Verlaufsformen der Krankheiten werden Handlungs- und Therapieformen abgeleitet, die dann das Handeln am Patienten bestimmen. Im Gesundheitssystem, insbesondere im Krankenhaus, stehen den Pflegenden Mittel zur Verfügung, diese Handlungsweisen auch gegen den Willen des Patienten durchzusetzen. Dabei kann die Sichtweise des Patienten mehr oder weniger unberücksichtigt bleiben. Mit der kundenorientierten Sichtweise treten aber die Interessen des Patienten in den Vordergrund. Er ist Experte in eigener Sache. Die Pflegeperson soll sich mit Vorgaben zurückhalten. Zumindest soll sie die Sichtweisen der Kunden wahrnehmen und berücksichtigen. Im Idealfall ist aber die Pflegeperson Assistentin des Kunden.

In demselben Sinne fordert eine andere Pflegedienstleiterin:

"Für die Qualitätsmaßstäbe ist der Kundenwille ausschlaggebend. Die Fachkräfte sehen die Probleme punktuell. Bei abweichenden Vorstellungen der Kunden muss von vorgegebenen Standards abgewichen werden. Die Verknüpfung von Standards mit den Vorstellungen der Kunden ergibt Qualität. Die Qualitätsmanagerin muss solche Probleme in der Moderation aufgreifen."

Ähnlich stellt eine Altenpflegerin fest:

"Jeder Kunde muss nach seinen eigenen Wünschen gepflegt werden. Diese werden respektiert, z.B. wird auf die gewünschte Pflegezeit Rücksicht genommen. Man kann den Menschen nicht nach einem vorgefertigten Plan versorgen. Jeder Mensch ist eine individuelle Einheit aus Körper und Geist. Jeder Kunde wird individuell gepflegt. ... Der Kunde ist König."

Pflege wird als Serviceleistung definiert:

"Im ambulanten Bereich geht es noch mehr in Richtung Serviceleistung. Man schließt einen Behandlungsvertrag mit dem Kunden ab, und da wird vorher ganz klar gesagt, was soll gemacht werden, soll eine Grundpflege gemacht werden, eine Behandlungspflege. Das sind Sachen, die entweder über die Pflegestufe laufen oder vom Hausarzt verordnet werden, von den Krankenkassen dann letztendlich genehmigt werden, oder es geht in Richtung hauswirtschaftliche Versorgung, Blumen gießen, mal nach der Oma schauen, Frühstück richten, das sind Sachen, die werden vorher vor Ort im Erstgespräch mit dem Kunden oder den Angehörigen besprochen."

"Ein Kunde hat eine andere Einstellung zu dem, was er einkauft, er stellt Forderungen, und das finde ich durchaus legitim, damit kann ich persönlich sehr gut umgehen, weil wir auf dieser Ebene ganz klare Absprachen haben, auf die ich mich berufen kann, aber auch der Kunde."

"Ich denke, das ist eigentlich schon ein Dienstleistungsgewerbe und das sind unsere Kunden. Und die müssen sich nicht nach uns strecken, sondern wir nach denen."

Mit den Kunden wird ein Kaufvertrag geschlossen. Dieser Vertrag ist dem Parteiwillen beider Beteiligten unterworfen. Beide zusammen können Art und Umfang des Leistungsspektrums im Rahmen eines persönlichen Handlungsspielraums beeinflussen. Der Vertragsabschluss ist von Seiten des zu Pflegenden freiwillig. Über diesen Vertrag gewinnen beide Seiten Rechtssicherheit. Beide Vertragspartner wissen, was der andere von ihm legitim erwarten und verlangen kann. Mittels des Vertrags erlangen beide Seiten die Möglichkeit, die Vertragseinhaltung zu kontrollieren bzw. unvereinbarte Leistungsanforderungen abzuwehren.

Die Befragten sind sich bewusst, dass sie mit der Bezeichnung der zu Pflegenden als Kunden ein Idealbild beschreiben, das Voraussetzungen impliziert, die nicht immer gegeben sind.

"Zu Beginn [Jahr] war unser Ziel nur auf Menschen mit Behinderung gerichtet. Wir waren selbst Betroffene. Es hat sich aber schnell herausgestellt, dass der Bedarf im Bereich der Alten hoch war. Es geht auch in der inhaltlichen Arbeit an diesen beiden Polen ein Stück weit auseinander, dass sich die Begrifflichkeit Kunde – Patient an diesen beiden Bereichen teilt. Von unserer Warte aus konnten wir Leute, die persönliche Assistenz benötigen eher als Kunden betrachten als das im Bereich bei altersverwirrten Menschen ist, wir fahren diese Zweigleisigkeit, das belebt das Geschäft. Es gibt Grenzbereiche: Besonders bei geronto-psychiatrischen Erkrankungen oder bei Kunden, die unter gesetzlicher Betreuung stehen, bei Kunden, bei denen Beratung scheitert, bei Selbstgefährdung in der Hilfe oder Pflege, dann kann man nicht mehr von Käufer und Verkäufer reden. Daher ist die Leitbilddiskussion wichtig, wichtig für Qualitätsprüfung der Hilfen."

Der Kundenbegriff wird hier beschränkt auf Personen, die geistig voll zurechnungsfähig sind. Eine ähnliche Einschränkung erfolgt auch in den folgenden Zitaten:

"Manche Kunden brauchen auch einfach Anleitung, weil sie sich zwar Waschen können, aber dann vor dem Waschbecken stehen und vergessen haben, was sie tun sollen."

"Also die Betroffenen selbst, die Patienten, sag ich mal, sind ja oft nicht in der Lage, auch als Kunde aufzutreten, sondern das übernehmen dann eben Angehörige für sie."

Kunden müssen also entscheidungsfähige Personen sein. Nur sie können verantwortungsbewusst selbständig handeln und das für sie Notwendige auswählen.

2.4 Argumente für den Begriff "Patient"

Für diejenigen, die den Begriff "Patient" bevorzugen, tritt die Hilfsbedürftigkeit des zu Pflegenden in den Vordergrund. Die Hilfsbedürftigkeit sehen sie als Bedingung an, unter der sich der Patient an den Pflegedienst wendet. Hilfsbedürftigkeit verlangt Beistand, Unterstützung und Förderung. In diesem Sinne meinte der Begriff ursprünglich die spontane menschliche Zuwendung innerhalb einer sozialen Gruppe angesichts des Zustandes körperlicher Gebrechen eines ihrer Mitglieder (vgl. BMFSFJ, Arbeitspapier Nr. 3, R. Bauer, Soziale Dienste und spezifische Zielgruppen, Frankfurt/M. 2001)

"I: Es gibt ja auch viele Bezeichnungen, wie man jetzt die zu Pflegenden anredet. Welchen Begriff bevorzugen Sie da, Patient, Kunde, Nutzer?
B: Patient.
I: Hat das für Ihr Verhalten dann auch einen Einfluss, dass Sie jetzt sagen: Gegenüber einem Patienten verhalte ich mich anders als gegenüber einem Kunden?
B: Oh ja, ein Kunde wäre für mich nicht hilfebedürftig, so. Aber wir haben Patienten, ich denke, ja, da verhalte ich mich anders gegenüber.
I: Dann verstehen Sie sich als Helfer gegenüber den Patienten?
B: Ja, sonst könnten sie es ja auch alleine."

"Menschen, die Hilfe benötigen, sind keine Kunden. Ich fühle mich nicht als Kunde, wenn ich ins Krankenhaus gehe, sondern ich brauche Hilfe vom Krankenhaus."

"Patienten bekommen eine Leistung, weil sie krank sind."

"Natürlich sind das Kunden, das ist klar. Aber für mich sind es weiterhin Patienten, Menschen, die ich betreue, weil sie einen entsprechenden Hilfsbedarf, Betreuungsbedarf benötigen, sei es bei normalen pflegerischen Tätigkeiten, bei Hygienebedarf wie Waschen, Bett säubern und der hygienische Bereich, sei es Behandlungspflege, wie dass Verbände gewechselt werden, der Blutzucker regelmäßig kontrolliert werden muss und solche Sachen. Ja, für mich steht der Begriff Mensch oder Patient im Vordergrund."

"Mir ist wichtig, dass der Patient mich als helfende Hand sieht, mich als verständnisvoll für Erkrankung oder Gebrechen erlebt, Vertrauen hat auch zu meiner professionellen Qualität."

Auch unter einem weiteren Gesichtspunkt wird der Begriff "Patient" bevorzugt, Damit soll auch die Nähe zum Patienten bezeichnet werden. Mit dem Begriff "Kunde" wird häufig Anonymität angenommen. In anonymen Beziehungen wird der Interaktionspartner weniger als Person, sondern als Typ behandelt. Eine solche Behandlung wird aber von allen Befragten abgelehnt. Pflege bedarf eines Vertrauensverhältnisses zwischen Pflegendem und zu Pflegenden. Aus diesem Grunde lehnen einige den Begriff "Kunde" als Bezeichnung für ihr Verhältnis zu den zu Pflegenden ab:

"Es ist etwas anderes als hinter der Ladentheke zu stehen und ihm Brot zu verkaufen. Das Menschliche steht im Kontakt zu den Patienten im Vordergrund."

Hervorgehoben wird, der Begriff "Patient" drücke eine größere Nähe aus als der Begriff "Kunde".

"Durch den Begriff "Patient" wird größere Nähe ausgedrückt. Patient bedeutet auch etwas Intimes. Wir leisten sehr viele intime Tätigkeiten, und 'Kunde' ist für mich nicht so intim, ist anonymer. Wenn ich zu einem Patienten gehe, dann bin ich in einer Position, wo ich ziemlich oben stehe, er liegt oder steht, ganz egal, nackt und bloß vor mir. Er muss sehr viel abgeben. Und da denke ich, man muss sehr sensibel sein als der, der da oben steht, um dem anderen nicht das Gefühl zu geben: wie ein Würmchen. Das gelingt, indem ich eine Beziehung aufbaue. Also Pflege ohne Beziehung geht nicht, denke ich. Es würde meines Erachtens nicht mal gehen, wenn ich nur einmal dahin gehe."

Wird mit der Bezeichnung "Kunde" ein Machtgefälle zwischen Pflegendem und zu Pflegenden ausdrücklich normativ abgelehnt, so wird mit der Bezeichnung "Patient" postuliert, das durch die Situation bedingte Machtgefälle zu akzeptieren, diese Situation aber für den zu Pflegenden erträglich zu gestalten.

"Da ist irgendwie eine Hemmschwelle, wenn man Kunde sagt, das finde ich einfach persönlich nicht schön, zu anonym. Und mir ist dieses Menschliche einfach unheimlich wichtig, dass man auch einen Kontakt aufbaut zu den einzelnen Patienten."

"Patienten sind für mich die Hilfsbedürftigen, die auf die Hilfe anderer angewiesen sind, das sind für mich Patienten, und ich biete durch meine Tätigkeit Hilfe an. Kunde ist ja nicht immer so ein direkter Kontakt, sondern auch ein indirekter Kontakt. Kunde ist für mich: Ich kaufe Zigaretten und Tschüss. Beim Patienten bin ich länger da, ich kenne dann auch die Angehörigen, die Ärzte, ich weiß bei welchem Arzt sie ist, dann hat man ja auch Kontakt zu den Ärzten, und das ist ja auch sehr wichtig."

2.5 Kombinationen der Begriffe

In vielen Antworten werden die Begriffe "Kunde" und "Patient für verschiedene Beziehungen verwandt: Im Hinblick auf die Geschäftsführung der Pflegedienste werden sie als Kunden, im Verhältnis zu den Pflegenden als "Patienten" betrachtet.

"Als Patienten, vom Verband her Fortbildung: der Kunde ist König, sicherlich erfüllen wir alle Ansprüche des Patienten, so ist er im Effekt ein Kunde. Aber für uns sind das Patienten, weil das hier in der Pflege ist. Ein Kunde ist für mich eher im Geschäftsbereich. Ich sehe das nicht so sehr als Geschäft, das sieht sicherlich der Arbeitgeber so, aber für uns, die wir hier arbeiten, hat das nicht so viel mit Geschäft zu tun, sondern mit, dem Patienten zu helfen und ihm in seiner Lage, in der er ist, das beste Gefühl zu geben, ihm zu helfen, wo er nicht kann, dass er soweit selbständig bleibt, dass wir ihn unterstützen und ein bisschen Freude bringen."

Für die Geschäftsführung und den Verband steht danach der Aspekt der Wirtschaftlichkeit im Vordergrund, während im Verhältnis Pflegender – Patient die Hilfsbedürftigkeit des Patienten die Beziehung dominiert. Dagegen tritt der Gesichtspunkt des Äquivalententauschs hier in den Hintergrund. Hilfe und Geschäft werden als schwer miteinander vereinbar betrachtet. Daher darf in der konkreten Pflege das Geschäftliche nicht aufscheinen.

"Ich sage natürlich immer Patienten noch, aber es soll der Kunde sein und ich habe mich, da wir ja gerade MDK-Prüfung hatten, habe ich mich auch darüber belehren lassen, dass das jetzt auch wieder im Rechtsstreit steht mit dem Kunden und Patienten. Vielleicht wird es dann der Klient oder der Bedürftige. Wie gesagt, wenn ich mit den Mitarbeitern spreche oder den Patienten, spreche ich sie als Patienten an, sind es offizielle Stellen oder sonst irgendwas, dann spreche ich vom Kunden. Für den Ausdruck des Verhältnisses halte ich den Begriff 'Patient' besser, wesentlich besser, weil der Patient in dem Moment ist ja pflegebedürftig, er ist ja wirklich ein kranker Mensch, wenn jetzt die Krankheit auch nur Altersgebrechlichkeit ist. Aber er ist ein Mensch, der Hilfe braucht und ist somit auch für mich ein Patient. Und Kunde, ja er ist irgendwo auch Kunde, weil er ja Leistungen bezahlt, er gibt Leistungen vor und bezahlt sie auch. Das ist dann praktisch dieses Dienstleistungsverhältnis, aber für mich ist der Begriff 'Patient' angenehmer und für die Patienten ist er schöner. Ja, ich habe einen Pflegedienst aufgetan, die reden nur von Kunden, das hört sich so wie ein Geschäft an, wie so ein Warengeschäft oder wie so eine Versicherung, so das passt irgendwie nicht zu unserem Leitbild, wir schreiben hier was von menschenwürdigem Pflegen und was weiß ich."

Hier wird ein weiterer Gesichtspunkt deutlich, nach dem sich die Pflegetätigkeit von einer Geschäftätigkeit unterscheidet. Bei einem Warengeschäft sind allein sachliche Aspekte relevant. In der Pflege spielen aber persönliche Beziehungen zwischen den Beteiligten eine wesentliche Rolle. Daher wird der Kundenbegriff von vielen auch abgelehnt, weil er anonyme Beziehungen charakterisiert:

"Beim Begriff 'Kunde' fehlt das Persönliche, das Menschliche. Da ist irgendwie eine Hemmschwelle, wenn man Kunde sagt. Das finde ich einfach persönlich nicht schön. Das ist zu anonym. Und mir ist dieses Menschliche einfach unheimlich wichtig, dass man auch einen Kontakt aufbaut zu den einzelnen Patienten."

Das "Menschliche" wird als wichtig für den Pflegeerfolg angesehen. Es unterstützt die Psyche des Patienten. Diese fühlen sich dann eher angenommem und verstanden.

Einige integrieren auch Elemente, die oben als charakteristisch für den Kundenbegriff bezeichnet wurden, in den Begriff des Patienten:

"Also für mich ist es mein Patient, aber unser Kunde, würde ich sagen. Für mich ist es kein Unterschied. Natürlich sind wir darauf angewiesen. Also ist das mein Kunde. Aber wenn ich eingesetzt werde, ist das meine Patientin, ich weiß nicht, ob das o.k. ist. Für mich ist wichtig, dass die Patienten aktivierend gut versorgt werden, so wie es vorgegeben ist, was wir da machen mussen, dass ich auf die Wünsche eingehe, dass die Patienten einfach zufrieden sind, auch z.B. bei den Patienten, die sich nicht äußern können. Ich habe eine feste Tour, und da kann ich schon beurteilen, auch bei meiner Qualifikation, wenn sich da was verändert hat, dass ich das auch erkenne bei denen, die sich nicht äußern können, dass ich merke, da ist irgend etwas, hake mal nach oder versuche mal was zu locken, dass die nachher auch zufrieden sind."

"Normalerweise sagt man Kunden. Aber ich kann mich da nicht so umstellen, für mich sind das immer nur Patienten. Kunde bin ich im Laden. Ich sag immer zu meinen Patienten: Passt auf, Ihr kauft eine Leistung ein, wenn was nicht in Ordnung ist, müsst Ihr Euch beschweren. Ihr geht ins Restaurant und bestellt Euch ein Schnitzel, und wenn das zäh ist, beschwert Ihr Euch auch. Aber viele haben da auch so eine Hemmschwelle, die wollen sich einfach nicht über andere beschweren, oder mit dem Kollegen selber reden, das kriegt man auch nicht in deren Köpfe rein. Aber die ist ja ganz lieb, heißt es dann, die ist ja so lieb. Ja, aber dafür haben Sie einen offenen Hintern, sage ich dann, so lieb und nett. Ja, das kann es nicht sein. Die Patienten müssen einfach lernen, sich zu beschweren."

Die Pflegerin betrachten die zu Pflegenden eher als Patienten denn als Kunden. Wenn von Kunden gesprochen wird, bedeutet das, dass der Patient nicht dem Pflegedienst und den Pflegerkräften ausgeliefert ist, sondern der Patient hat Rechte, die akzeptiert werden. Was der Patient nicht möchte, darf nicht gemacht werden. Falls etwas dringend notwendig erscheint, wird versucht, den Patienten zu überreden, "weil wir ja auch gute Pflege machen wollen".

"Patient, das liegt an meiner Ausbildung. Ich habe immer von Patienten gesprochen, im Altenheim: Bewohner, dieser Wortschatz 'Kunden', weiß ich auch nicht, das hört sich so an, als wenn, ich meine das ist letztendlich so, wir fahren dahin, machen was, kriegen das Geld und fahren wieder, das hört sich beim Kunden halt einfach so an. Und Patient ist immer noch was anderes, ich möchte nicht immer mit dem Hintergedanken beim Patienten das Gesicht waschen und denken, da kriege ich jetzt wieder 50 Cent für, weil es mein Kunde ist. Wenn ich den 'Kunden' 'Patient' nenne, dann denke ich nicht an die 50 Cent beim Waschen, für mich ist es angenehmer, den 'Patient' zu nennen, für mich persönlich ist Patient angemessener als Kunde, letztendlich ist es für uns ein Kunde, für mich hört es sich besser an, wenn ich Patient sage."

Die im nächsten Zitat Zitierte präferiert den Begriff "Patient". Dennoch führt sie aus:

"Beim Einkauf möchte man auch wählen können, Mitbestimmung beim Preis, sich wohlfühlen beim Kauf, möchte gut behandelt werden. Kunde drückt aus, dass wir uns darauf konzentrieren müssen, ein Dienstleister zu sein."

Schließlich gibt es den Versuch, die beiden Begriffe zu vereinen, um sowohl die ökonomischen wie die menschlichen Aspekte zu integrieren:

"Es ist ja zum Geschäft geworden, diese ganze Pflegesache. Es ist also wirklich ein Geschäft, wir verdienen unser Geld damit und die Leute wissen es auch. Aber einfach jetzt als Kunde da zu stehen, das ist mein Kunde, ist einfach auf sachlicher Basis irgendwie so sehr distanziert. Und mit 'Pflegekunde' verbinde ich, also so kommt das bei mir einfach an, es war aber bei uns ein fester Begriff, den habe ich nicht erfunden. Der ist von unseren Pflegedienstleitungen so reingebracht worden. Und 'Pflegekunde' ist auf der einen Seite, ich pflege jemanden und der ist trotzdem mein Kunde. Es sind also zwei Sachen in einem. Und darum fand ich den Begriff sehr schön. Es ist ein Geschäft, aber ein Geschäft mit Menschen."

Die Diskussion um die Begriffe "Kunde" oder "Patient" beinhaltet mehrere Dimensionen. Einmal geht es um das Machtverhältnis, die Frage wessen Willen in der Pflegesituation durchgesetzt werden soll. Hier zeigt sich, dass mit der Bezeichnung des zu Pflegenden als Kunde dessen Willen als ausschlaggebend definiert werden soll. Der Kunde soll in der Beziehung dominant sein. Diese Aussage wird jedoch auf geistig voll zurechnungsfähige Personen begrenzt. Mit ihnen wird ein Vertrag abgeschlossen, dem Pflegedienst und zu Pflegender als gleichberechtigte Partner zustimmen müssen.

Darüber hinaus wird eine weitere Einschränkung gemacht: Das Eingehen auf die Wünsche des Kunden darf nicht dazu führen, den Versorgungsauftrag zu gefährden. Die Wünsche der Patienten dürfen nicht befolgt werden, wenn dies zu gefährlicher Pflege führen würde. Diese Forderung ergibt sich auch aus den Versorgungsverträgen der Pflegedienste mit den Krankenkassen. Die Pflegekräfte haben in ihrem Zuständigkeitsbereich Verantwortung für den Kunden. Daher müssen sie in bestimmten Situationen sich auch gegen den Kunden durchsetzen.

Soll mit dem Begriff "Kunde" die Entscheidungsfreiheit des zu Pflegenden betont werden, so stellt der Begriff "Patient" die Hilfsbedürftigkeit des zu Pflegenden in den Vordergrund. Ohne eine solche Hilfsbedürftigkeit würde sich der zu Pflegende erst gar nicht an den Pflegedienst gewandt haben. Aus der Hilfsbedürftigkeit ergibt sich ein Abhängigkeitsverhältnis vom Pflegepersonal, das ein Machtgefälle zu Gunsten des Pflegers konstituiert. Der Pfleger darf aber seine Machtposition nicht ausnutzen. Er muss ein "menschliches Verhältnis" zum Patienten aufbauen, damit dieser seine Position akzeptieren kann. Ein solches menschliches Verhältnis bedarf einer großen Nähe zum Patienten. Die Pflegeperson berührt u.U. den ganzen Körper des Patienten, hat Zugang zu intimen Orten und intimen Informationen, von denen andere ausgeschlossen sind. Sie darf diese intimen Kenntnisse nicht ausnutzen. Daher ist das Verhältnis auf großes Vertrauen der zu Pflegenden angewiesen. In dieser Hinsicht unterscheidet sich ein Patient von einem Kunden, zu dem die Beziehung als anonym betrachtet wird, von dem man solche Informationen nicht erhält. Für solche Verhältnisse gelten andere Regeln als die Marktgesetze.

Durch die Diskussion um die Begriffe 'Kunde' oder 'Patient' sind auch Elemente des Kundenbegriffs in den Begriff 'Patient' übernommen worden. So heißt es im Artikel Patientenrecht (LThK, Bd. 7, Freiburg [3]1998):

"Der Patient ist nicht bloß Objekt der Behandlung durch den Arzt, sondern auch Subjekt. Jeder Kranke hat – wie in den Gesetzen des Sozialstaates festgelegt – das Recht auf die erforderliche medizinische Versorgung. Die Rechte des Kranken umfassen die freie Arztwahl, Aufklärung und Selbstbestimmung sowie angemessene und ausreichende medizinische Behandlung.

Mit der einvernehmlichen Übernahme der Behandlung entsteht ein zivilrechtliches Vertragsverhältnis zwischen Arzt und Patient, das die gegenseitigen Rechte und Pflichten bestimmt. Da es gegenseitiges Vertrauen voraussetzt, kann sich der Patient bei einer Störung des Vertrauens ohne weitere Begründung und ohne Fristen aus dem Vertrag lösen.

Jeder Patient hat Anspruch auf hinreichende Aufklärung über den medizinischen Befund, Art und Umfang des beabsichtigten Eingriffs und damit verbundene Gefahren und mögliche Nebenfolgen. Auf der Grundlage solcher Informationen bedarf es bei Vorhandensein der Einsichts- und Urteilsfähigkeit einer Einwilligung zur Durchführung des Eingriffs. Der Wille des Patienten ist dafür letztlich entscheidend, auch wenn es nach ärztlichem Bemühen um Einwilligung bei einer medizinisch unvernünftigen Ablehnung bleibt.

Ist der Patient nicht willensfähig, so kann die Einwilligung durch die des gesetzlichen Vertreters ersetzt werden, das heißt bei Minderjährigen in der Regel durch die Eltern, bei Volljährigen durch den Betreuer, ggf. ist die Mitwirkung des Vormundschaftsgerichts erforderlich (vgl. § 1904 BGB). Unter besonderen Umständen kommt eine mutmaßliche Einwilligung in Betracht."

Durch die Bezahlung der Leistungen durch den Patienten wird das Verständnis von Hilfe in Frage gestellt. Neben das persönliche Verhältnis tritt ein Dienstleistungsverhältnis, das durch einen Vertrag konstituiert wird. Der Vertrag begrenzt die zu erbringenden Leistungen und bindet das Entgelt an bestimmte Leistungen. Die situativen Freiheiten sowohl des Patienten wie auch des Pflegers werden begrenzt. Einige vermuten, der Aspekt des Äquivalententausches würde die Beziehung zu den Patienten gefährden. Daher müsse der Aspekt der Bezahlung in der konkreten Pflegesituation ausgeklammert werden.

Wie die Ausführungen zur Wahrnehmung der zu Pflegenden zeigen, wird bei ihnen eine zunehmende Marktmentalität registriert. Sie kaufen Leistungen ein und bestehen auf der korrekten Einhaltung der geschlossenen Verträge. Marktsteuerung gewinnt bei den Kunden an Akzeptanz. Die Vorbehalte, die insbesondere von den die Pflege ausführenden Personen vorgebracht werden, zeigen aber auf, dass sie die Marktsteuerung als die Pflege belastend erleben, dass sie sich auch an anderen Steuerungsmedien orientieren. Daher sollen im Folgenden die Beurteilungen der Steuerungsmedien näher untersucht werden.

3 Planung in der ambulanten Pflege

3.1 Planungsgesichtspunkte

Wie schon im ersten Kapitel festgestellt wurde, erstreckt sich die Marktsteuerung vorwiegend auf die Beziehungen zwischen verschiedenen Wirtschaftssubjekten, während die Beziehungen innerhalb der Wirtschaftssubjekte eher durch andere Steuerungsmedien erfolgt. In immer stärkerem Ausmaß werden die Pflegedienste durch die Gesetzgebung auf Steuerung durch Planung verpflichtet.

Planung geht idealtypisch aus von einem Zustand, der herbeigeführt oder vermieden werden soll. Aus den vielen möglichen Zukunftszuständen wird einer ausgewählt, eine Zukunft wird sozusagen festgelegt und herbeizuführen versucht. Von diesem Zustand her werden die Schritte, die im voraus liegen müssen, bestimmt. Das, was getan werden muss, ist dadurch motiviert, wofür es zu tun ist.

"Das letztere ist für das erstere motivationsmäßig relevant. Eine Kette von untereinander verbundenen Motivationsrelevanzen führt zur Entscheidung, wie ich handeln muß." (Schütz 1971a, 80)

Anders ausgedrückt, das Handeln wird von einem Ziel bestimmt. Um das Ziel zu erreichen muss zuvor das getan werden, um das zu erreichen wiederum das, und um das zu bewirken wiederum das.

"Die motivationsmäßige Wichtigkeit besteht in den Handlungsentscheidungen, die im Sinnzusammenhang von Planhierarchien stehen. Das heißt, Motivationsrelevanz setzt das Verhalten in der aktuellen Situation in Sinnbezug zu Lebensplänen und Tagesplänen, und zwar sowohl bei routinemäßigen Vorentscheidungen als auch bei 'außerordentlichen' Entscheidungen" (Schütz/Luckmann, 211)

Jedes Um-zu-Glied stellt eine Motivation in einer Kette von Motivationen dar. Diese Motivkette führt jeweils vom Späteren zum Früheren, vom Handlungsziel über die Handlungsmittel zum Handlungsansatz. Das Handlungsziel motiviert also die Handlung in ihren Ablaufphasen. Die Zeitstruktur dieser Motive, die Schütz "Um-zu-Motive" nennt, lässt sich also als "modo-futuri exacti" angeben. Es wird ausgegangen von einem in die Zukunft projektierten Zustand. Von diesem aus werden die Schritte, die im voraus liegen müssen, bestimmt. Der Handelnde bestimmt den Sinn seines Handelns aus der Beziehung zu seinem Handlungsziel. Der Sinn der Handlung ist für den Handelnden also abhängig von der Spannweite seines Entwurfs. Der Sinn des Handelns konstituiert sich für den Handelnden aus seinen "Um-zu-Motiven". Da der in die Zukunft projektierte Entwurf, 'das Ziel des Handelns' zeitlich gesehen vor dem Handeln entworfen wurde, kann jeder "Um-zu-Satz" in einen "Weil-Satz" umgewandelt werden. Man kann sagen: Ich tue das, um jenes zu erreichen. Dieser Satz ist sinnäquivalent dem Satz: Weil ich jenes erreichen will, tue ich das. Schütz nennt solche "Weil-Sätze", die in sinnäquivalente "Um-zu-Sätze" transformiert werden können, "unechte Weil-Sätze".

Betrachten wir ein Beispiel aus der Pflege: Ein Patient hat einen Dekubitus. Ziel ist die Wiederherstellung eines intakten Hautmilieus. Dieser Zustand soll durch das Handeln erreicht werden. Um zu einem intakten Hautmilieu zu kommen, muss die Wunde kleiner werden. Um ein Kleinerwerden der Wunde zu erreichen, muss die Granulation einsetzen. Um die Granulation zu ermöglichen, muss die Wunde rein sein. Hier liegt dann der Handlungsansatz. Die Wunde muss gereinigt werden.

Die Zielausrichtung einer Handlung kann routiniert und vorbewusst oder explizit sein. So berichtete eine Krankenschwester auf die Frage nach der Zielausrichtung:

"Da arbeite ich gar nicht so bewusst dran, dass ich immer wieder denke, du musst jetzt mit ihm üben, dass er wieder sitzen kann. Das mache ich einfach, ohne darüber großartig nachzudenken. Mal eben kurz hoch setzen zum Rückenwaschen, wenn das möglich ist, und dann wieder hinlegen. ... Das ist einfach im Arbeitsablauf so drin, möglichst alles das, was machbar ist, auch zu machen, aber ohne im Kopf zu haben: ach ja, mein Ziel ist ja, dass er auf der Bettkante sitzen kann. Da denke ich bewusst nicht dran ... Es ist für mich schwierig - ich mache fast 30 Jahre Krankenpflege ohne Pflegeplanung – das so in Worte zu fassen und das so hinzuschreiben, das ist etwas, was wir immer gemacht haben, aber nie aufgeschrieben."

Ihre Handlungsplanung ist habitualisiert. Sie handelt im Sinne aktivierender Pflege, sie weiß aus Erfahrung, was zu tun ist. Jeder Beobachter würde ihr Handeln als richtig bezeichnen. Da ihr Handeln sich immer wieder bewährt hat, braucht sie es nicht mehr zu thematisieren, sie handelt routinemäßig. Sicher geht sie davon aus, mit ihrem Handeln das Ziel zu erreichen, ohne es explizit zu formulieren. Die Zielausrichtung bleibt implizit. Ihre Handlungsplanung ist habitualisiert. Eine habitualisierte Handlungsausrichtung liegt dann vor, wenn bestimmte Wissenselemente und an sie geknüpfte Handlungsplanungen zu selbstverständlichen und vertrauten Routinen geronnen sind. Als solche haben sie den Charakter der Wohlumschriebenheit verloren; sie stellen bewährte Lösungen für Probleme dar, die in den Erlebnisablauf eingeordnet sind, ohne dass ihnen Aufmerksamkeit geschenkt wird. Die Lösungen dieses Wissens können einem Erfahrungsschema und einer vorherrschenden Handlung bei- oder untergeordnet werden. (Schütz/Luckmann 1976, 119)

Da die Ziel-Mittel-Ketten nicht explizit sind, bleibt dieses Wissen allerdings privat. Es ist nur schwer anderen zu vermitteln, es sei denn durch Beobachtung der Abläufe. Solche impliziten Theorien hat jede Pflegekraft. Daher ist beim Einsatz verschiedener Kräfte bei nur impliziter Ausrichtung der Pflege auf ein Pflegeziel eine Koordination der Abläufe nur schwer erreichbar, jeder handelt nach seinen eigenen Theorien, zumal dann, wenn die Thematisierung der Theorien schwer fällt.

Andererseits stellt die gerade zitierte Schwester auch fest:

"Man macht sich viel mehr Gedanken über den Patienten, wenn man sitzt und die Planung schreibt. Aber es ist eine reine Übungssache."

So wird von fast allen die vorgeschriebene explizite Pflegeplanung als ein Mittel angesehen, die Pflege bewusster zu gestalten.

Vom Ziel her lassen sich die Mittel und Handlungsanweisungen legitimieren. Pflegeplanung dient dann auch als Instrument der Motivation und Koordination der Pflegehandlungen verschiedener Pflegepersonen:

"Wenn ich kein Ziel formulieren kann, ist es nicht möglich, das gesamte Team in einen Schritt zu bringen. Dann tut jeder, was er will und keiner, was er soll. Dann ist das Chaos vorprogrammiert. Im Grunde geht es nicht ohne Zielsetzung. Wenn nur Anweisungen chronologisch aufgelistet werden, verstehen die Mitarbeiter nicht den Sinn des Tuns. Wenn Mitarbeiter unterschiedlich arbeiten, kommt es zu Spannungen im Team."

"Planung und Dokumentation haben die Funktion des Leistungsnachweises, der Überprüfung der Zielvereinbarung. Sie sind Instrumente zur Verdeutlichung des Pflegehandelns für alle Beteiligten."

"Die Pflegeplanung ist in der Akte zur Orientierung der Mitarbeiter. In der Planung ist der Ablauf beschrieben. Das sind ganz konkrete Maßnahmen, z.B. Unterkörperpflege im Bett, Mobilisation auf der Bettkante, Transfer in den Rollstuhl, Oberkörperpflege übernimmt die Kundin selber am Waschbecken, Rückenwäsche muss übernommen werden, Unterstützung beim Ankleiden."

"Da [in der Planung] wird der ganze Pflegeprozess erfasst, so dass praktisch jeder Pfleger oder jede Schwester, die dahin kommt, sich aufgrund der Pflegeplanung zurechtfinden kann."

"Das wird dann auch so aufgeschrieben. Es wird sehr ausführlich aufgeschrieben, wie der Pflegeprozess abläuft. Und jeder, der da neu hinkommt, der bekommt zwar auch eine Übergabe hier von der PDL, aber so die Einzelheiten, dass man auch weiß, wo die frische Wäsche liegt, in welchem Schrank in welchem Zimmer, oder welche Salbe zur Hautpflege eingesetzt wird, oder wo dies und das in der Wohnung zu finden ist, das ist eigentlich da, und ob der Patient rausgesetzt wird oder nicht, manchmal sogar, wie man ihn anzieht, welchen Arm zuerst. Es wird schon ziemlich ausführlich aufgeschrieben, so dass jeder sich zurecht finden kann."

Nur über eine Vereinheitlichung des Pflegehandelns der verschiedenen Pflegekräfte ist darüber hinaus eine Evaluation einzelner Maßnahmen im Hinblick auf den Pflegeerfolg zu ermöglichen:

"Sie können natürlich nur dann eine wirkliche Überprüfung durchführen, wenn jeder Mitarbeiter den Verbandswechsel genau so durchführt, wie er einmal geplant wurde, weil, wenn es jeder anders macht, dann wissen Sie nie, welche Maßnahme hat denn nun einen Nutzen gebracht."

"Der Plan ist verbindlich für alle Mitarbeiter - wobei ich muss natürlich vor Ort den Pflegeplan kurzfristig ändern können. Es kommt immer auf den Gesundheitszustand des Patienten an – aber wenn alles normal verläuft, gilt natürlich der Pflegeplan."

Voraussetzung für einen festen Pflegeplan ist die Standardisierbarkeit von Situationen: was in der Einschränkung auf den Normalfall zum Ausdruck kommt. Insgesamt aber wird die Planung als Instrument zur Standardisierung der Pflege, zur Evaluierbarkeit der Pflege und der Handlungskoordination verschiedener Pflegepersonen sowie für die Legitimation einzelner Pflegehandlungen gegenüber den Beteiligten als besonders wichtig betrachtet, auch wenn der Aufwand für die Pflegeplanung im Einzelfall als sehr hoch betrachtet wird. Explizite Planung wird allgemein als Qualitätsmerkmal für angemessene Pflege eingestuft.

Wie kann man aber zu einer Zielbestimmung pflegerischen Handelns kommen? Oben ist dargestellt worden, dass Planung von einem Ziel, einem Zustand, der herbeigeführt werden soll, ausgeht und von diesem Zustand her die Mittel ableitet, die zur Herbeiführung dieses Zustandes erforderlich sind. Planung muss also Ziel-Mittel-Ketten bestimmen und bis zum Handlungsansatz ableiten. Dazu müssen Modelle für solche Ziel-Mittel-Ketten konstruiert werden.

Das Entwerfen der Pläne ist wieder biographisch bestimmt. Betrachtet man diesen Zusammenhang, so kommt man zu einer anderen Art von Motivationsrelevanzen, die Schütz "(echte)-Weil-Motive" nennt. Während die Um-zu-Motive teleologischen Charakter haben, haben die Weil-Motive kausalen Charakter. Bei der Analyse der Weil-Motive wird das Handeln auf vergangene Erlebnisse bezogen. Der Entwurf selbst verweist auf bereits vorausgegangene, der entworfenen Handlung gleichartige Handlungen zurück. Diese sind in den Erfahrungszusammenhang im Zeitpunkt des Enwurfs eingegangen. Um einen Entwurf zu setzen, muss man bereits ein Vorwissen vom Verlauf des Handelns haben. Man kann also sagen: Weil ich ein bestimmtes Vorwissen habe, entwerfe ich dieses Handeln. Während also die Um-zu-Relevanzen motivationsmäßig aus dem schon vorliegenden ausgezeichneten Entwurf entstehen, befassen sich die Weil-Relevanzen mit der Motivation des ausgezeichneten Entwurfs selbst.(Schütz 1971a, 84) Als Sinnzusammenhang ist also das "Um-zu-Motiv" auf dem jeweiligen Erfahrungszusammenhang fundiert. Ebenso konstituiert sich die Ziel-Mittel-Abfolge aus dem Zusammenhang vorhergehender gleichartiger Erlebnisketten. Diese Erlebnisketten disponieren den Betroffenen zum Entwurf dieses Planes. Die Zeitstruktur des "(echten)Weil-Motivs" ist anders als die des "Um-zu-Motivs".

"Bei jeder echten Weil-Motivation trägt sowohl das Motivierende als auch das Motivierte den Zeitcharakter der Vergangenheit. Die Fragestellung eines echten Warum ist überhaupt erst nach Ablauf des motivierten Erlebens möglich, auf welches als abgelaufenes und fertiges hingeblickt wird. Das motivierende Erlebnis ist gegenüber dem motivierten ein Vorvergangenes, und wir können deshalb die Rückwendung auf dieses Vorvergangene Erlebnis als ein 'Denken modo plusquamperfecti' bezeichnen."(Schütz 1974, 125)

Im Gegensatz zum Um-zu-Motiv ist das Weil-Motiv nicht im Bewusstsein des Handelnden. Es kommt nur im rückschauenden Blick ins Bewusstsein. Aus den vergangenen Erfahrungen resultierten die Annahmen über die Regelhaftigkeit von Ereignisabläufen und von Gestaltgesetzen, aus denen Schlussfolgerungen über das Eintreten künftiger Ereignisse gezogen werden. Aus vergangenen Erfahrungen wird der Grad von Routinisierungen und Habitualisierungen von Handlungsabläufen abgeleitet, durch die sich Handlungsgeschehen repetitiv vollzieht und damit erwartbar wird.

Solche Erfahrungen brauchen nicht unbedingt selbst gemacht zu sein. Der Erwerb der Kenntnisse vollzieht sich in Form eines Lernprozesses. In diesem Lernprozess können die Menschen kumulativ ihr Wissen in die Zusammenhänge tradieren und anwenden, neue Fähigkeiten und Geschicklichkeiten entwickeln, neue Arbeitsmittel (Werkzeuge, Maschinen) einsetzen, um die Produktivität ihrer Arbeit zu steigern. (vgl. Wachtler, 15).

Mit der Entwicklung überlebenssichernder Formen der Arbeit bilden die Menschen gleichzeitig ein Bewusstsein ihres eigenen Tuns aus. Sie erwerben in Interaktionen mit anderen Wissen darüber, was getan werden muss. So sind die Formen der Arbeit gesellschaftlich und geschichtlich bedingt.

Aus der Erfahrung oder durch die Ausbildung lernt die Pflegekraft typische Abläufe zu erkennen und zu prognostizieren:

"Denn in dem Moment, wo ich ihm das abnehme und er den Arm nicht mehr braucht, weil er sagt, das wird ja gemacht, beginnt die Schulter einzusteifen, dann kommen die Kontrakturen, dann kommen die Schmerzen, dann kommen die Schmerzmittel, und dann gibt derjenige auf oder er will nicht mehr, und irgendwann liegt er im Bett."

Den Verlaufsplan der Erkrankung kennt die Pflegeperson aus ihrer Ausbildung oder aus eigener Erfahrung. Ihr Ziel ist, einen solchen Krankheitsverlauf zu verhindern. Sie weiß, dass Bewegung des Armes die Muskulatur stärkt und ein Einsteifen der Schulter erschwert. Daraus zieht sie den Schluss, der Patient solle möglichst das, was er noch kann, selber ausführen.

Sind also Krankheitsverläufe und Therapiemöglichkeiten bekannt, dann können aus der Verlaufsform der Krankheit der Zustand des Patienten bestimmt und vom Ziel her Handlungsketten bis zum Handlungsansatz erschlossen werden.

Außerdem kann aus dem Vorliegen von Symptomen auf das Auftreten anderer Probleme geschlossen werden:

"Wir haben eine Patientin, da müssen wir [der Pflegedienst] nur hin, um ihr die Hose hochzuziehen, weil sie sich einfach nicht mehr bücken kann, und dann schwindelig wird. Sie sagt sofort, mein Gleichgewichtsorgan ist gestört. Ich kann mich komplett alleine waschen. Im Sitzen kann ich mir auch die Füße waschen, aber ich schaffe es nachher nicht, meine Hose hochzuziehen, weil mir dann schwindelig wird. Und wenn ich jetzt zu der Patientin komme, dann brauche ich nicht nach einer Grundpflege zu fragen. Aber dann sind vielleicht andere Sachen, wo man dann fragt: 'Wie machen Sie es denn mit dem Staubsaugen?', weil man ja weiß, das macht man so, also schon mal kopfüber. Oder man fragt: Haben Sie da jemanden für?"

Die Patientin führt ihr Schwindelgefühl auf eine Störung des Gleichgewichtsorgans zurück. Die Pflegeperson fragt sich nun, in welchen anderen Situationen diese Störung relevant sein kann, um von daher den Pflegebedarf der Patientin zu ermitteln. Aus ihrer Erfahrung weiß sie, dass Schwindelgefühle auch beim Staubsaugen auftreten und zu

Stürzen führen können. Daher sucht sie nach Möglichkeiten, das Auftreten solcher Situationen zu vermeiden und stellt entsprechende Hilfemaßnahmen vor.

Die Kenntnis von Krankheitsbildern ist eine wichtige Voraussetzung für die Pflegeplanung. Daher betonen eine Reihe Träger die Bedeutung der fachlichen Qualifikation des Pflegepersonals für die Pflegeplanung:

"Ich schätze die Notwendigkeit viel größer ein, dass die Fachlichkeit der Mitarbeiter so weit geht, dass bei ihrer täglichen Versorgung der Patienten ihnen etwas auffällt, dass da etwas nicht o.k. ist, oder dass da vielleicht etwas mit der Tablettengabe nicht so stimmt oder dass die Versorgung sonst der Frau nicht in Ordnung ist, vielleicht beginnende Altersverwirrtheit oder psychische Veränderungen passieren. Es sind keine Angehörigen da, was sich gar nicht so dokumentieren lässt im einzelnen, aber diese Sensibilität der Schwester zu gucken und auch zu notieren."

"Also das ist zum Beispiel auch ein Grund, warum ich denke, dass man eigentlich nicht ausgebildetes Personal überhaupt nicht in der ambulanten Pflege einsetzen darf, weil ein wesentlicher Aspekt unserer Arbeit ist die Krankenbeobachtung. Wenn Sie nicht geschult worden sind darauf, zu erkennen, ob jemand einen leichten Schlaganfall hatte, dann werden Sie das auch nicht sehen, wenn das so war. So was kann aber riesige Folgen nach sich ziehen. Das ist der Grund, wir setzen also auch für SGB XI nur ausgebildetes Personal ein."

Grundlage einer angemessenen Pflegeplanung ist also eine genaue Beobachtung der Patienten. Eine solche Beobachtung muss geschult sein und bedarf der Erfahrung, um pflegerelevante Merkmale zu registrieren und einordnen zu können. Wichtig ist, Erfahrungen so abzugrenzen, dass sie für das Pflegehandeln relevante Informationen ermöglichen. Dazu muss eine Beziehung zwischen früheren Erfahrungen und der derzeitigen Situation hergestellt werden. Diese Beziehung ist interdependent. Einerseits beeinflussen die früheren Erfahrungen die Definition der derzeitigen Situation. Andererseits bestimmt die derzeitige Situation die Auswahl und Beurteilung der Erfahrungen in der Vergangenheit, an die sich das Individuum erinnert, um in der gegenwärtigen Situation zu handeln.

Exkurs

Wie aber können frühere Erlebnisse auf neue Situationen übertragen werden? Damit ein Erlebnis auf andere Erlebnisse übertragbar im Gedächtnis sedimentiert werden kann, muss es zunächst in eine Erfahrung transformiert werden. Es muss zunächst einmal von den es umgebenden Erlebnissen abgegrenzt werden. Erst durch eine solche Abgrenzung werden Erlebnisse erinnerbar. (Schütz GA I, 241). Schütz unterscheidet solche abgegrenzten Erlebnisse von den "wesentlich aktuellen Erlebnissen" (ebd., 241) Solche wesentlich aktuellen Erlebnisse

"unwillkürlicher Spontaneität werden in ihrem Ablauf erfahren, doch ohne eine Spur in unserer Erinnerung zu hinterlassen; ... Unbeständig und von den sie umgebenden Erlebnissen untrennbar, können sie weder umrissen noch in die Erinnerung gerufen werden ... sie bestehen lediglich in der Aktualität des Erfahrenwerdens und können nicht in reflektierter Einstellung erfaßt werden." (ebd., 241)

Die Abgrenzung eines bestimmten Erlebnisses im Erlebnisstrom ist also eine wichtige Voraussetzung dafür, dass diese Erfahrung erinnert werden kann. Ein Lernprozess muss es ermöglichen, Erlebnisse im Bewusstsein einzugrenzen, um sie in einen erinnerbaren Zustand zu überführen.

Doch reicht die Abgrenzung der Erlebnisse nicht aus, um sie auf andere Erlebnisse übertragen zu können. Dazu muss vielmehr ein erlebter Gegenstand, ein erlebtes Geschehnis oder eine erlebte Handlung als Beispiel eines Allgemeinen und zugleich als Vorbild für Modifikationen durch eine Reihe von freien Variationen in der Phantasie genommen werden. (Schütz GA 3, 143)

"Alle diese Variationen haben konkrete Ähnlichkeiten mit demselben Vorbild, und die mannigfaltigen neu in der Phantasie produzierten Bilder werden von einem unveränderlichen, identischen Inhalt durchwaltet, in Bezug auf den alle willkürlich ausgeführten Variationen kongruieren, während ihre Differenzen irrelevant bleiben. Dieses invariante Element schreibt allen möglichen Variationen desselben Vorbilds ihre Grenzen vor." (Schütz, GA 3, 143)

Dieser Prozess der Variation führt zur Entwicklung von Typen. So kann ich z.B. zum Typ Rechteck kommen, indem ich bei einem Viereck alle Winkel invariant als rechte Winkel festlege, die Seitenlängen aber variiere. Typen ordnen einen Bereich von Sachverhalten nach bestimmten Vergleichsgesichtspunkten. Die Vergleichsgesichtspunkte, die Elemente, die invariant gehalten werden, grenzen die Erlebnisse ein (Schütz GA 1, 131) Durch den Bezug auf den Ausgangssachverhalt der Variation beinhaltet der Typ eine Reihe von Retentionen und Erinnerungen. Durch die Variation im Bewusstsein wird durch die Typisierung eine Vielzahl von Protentionen und Erwartungen geweckt. In dieser Form von Typen speichert das Bewusstsein vorausgegangene Erlebnisse. Diese Typen gehören zum habituellen Besitz. Die habituellen Wissenselemente sind latent, können aber aktualisiert werden. (Schütz GA 1, 131)

Diese Aktualisierung erfolgt assoziativ, d.h. dass etwas an etwas anderes erinnert, sich auf etwas anderes bezieht. So wird im Bewusstsein ein Paar konstituiert. Die Konstitution des einen Teiles "weckt" den anderen. "Ähnliche Erlebnisse werden von ähnlichen hervorgerufen und kontrastieren mit unähnlichen." (Schütz GA 1, 131)

Zusammenfassend lässt sich sagen: Was als Typ erfasst wird, erinnert an ähnliche Dinge in der Vergangenheit und ist in dem Ausmaß vertraut. Darüber hinaus trägt das, was als typisch erfasst wird, den Horizont möglicher weiterer Erfahrungen in der Form einer vorgezeichneten Typik von noch unerlebten aber erwarteten oder erwartbaren Gegenstandscharakteristiken mit sich.

In der Alltagswelt haben Typen pragmatischen Charakter. Sie fördern die Kompetenz in bestimmten Handlungsfeldern. Typenbildung erfolgt in Auslegungsprozessen.

Solche Auslegungsprozesse bedürfen eines Anlasses. Häufig setzen sie ein, wenn ein unerwartetes Ereignis eintritt, das man nicht in seinen "Wissensvorrat" einordnen kann. Dies ist dann Anlass, sich mit dem Phänomen zu beschäftigen. Die erste Stufe ist gekennzeichnet durch Betroffenheit und subjektiv erfahrene Zuständigkeit, nicht jedoch durch die Befähigung zur Lösung des Problems, sie löst aber ein Interesse an diesem Phänomen aus. Die nächste Stufe besteht in der interpretativen Bewältigung, also in der Abgrenzung des Erlebnisses, der Transformation von Unbestimmtem in Bestimmtes, der Einordnung und

Integration in das eigene Wissenssystem. Im Anwendungsfall folgt nach der Generalisierung die Respizifikation. Damit ist ein Regelsystem gemeint, über das die Übertragung auf neue Situationen gesteuert wird. Elemente einer Typisierung sind also:

1. *die Abgrenzung einer bestimmten Erfahrung als Transformation von Unbestimmtem in Bestimmtes;*
2. *die Ausbildung von Erwartungen durch Generalisierung der Erfahrung. Diese Generalisierung kann in der räumlichen, zeitlichen und sozialen Dimension erfolgen;*
3. *Respizifikationsregeln zur Übertragung auf neue Situationen;*
4. *die Einordnung in ein umfassendes Sinnsystem.*

Jede Typisierung besteht aus einem Vergleich von für einen bestimmten Zweck relevanten Merkmalen, wobei der Typus für diesen bestimmten Zweck gebildet wurde und die individuellen Unterschiede des typisierten Gegenstandes, die für den Zweck nicht von Bedeutung sind, außer acht bleiben (Schütz, GA 2, 212) Der Zweck, dem eine Typisierung dient, hängt vom jeweiligen Kontext ab. Der Sinn der Typisierung wird durch die Beziehung des Typs zu dem Problem, für das er gebildet wurde, konstituiert. Typisierungssysteme definieren, was als typisch gleich zu behandeln ist, welcher Einheit ein Gegenstand, ein Ereignis oder eine Handlung zuzurechnen ist. Über die Einordnung in eine solche Einheit wird der Gegenstand, das Ereignis oder die Handlung klassifizierbar, da mit diesen Einheiten bestimmte typische Eigenschaften bzw. Abläufe verbunden werden, die auch vom subsumierten Gegenstand oder Ereignis erwartet werden. Diese Erwartungen ermöglichen es, mit dem betreffenden Gegenstand oder Ereignis umzugehen. Typisierung ist also eine entscheidende Voraussetzung für Handlungskompetenz.

Es ist aufgezeigt worden, dass das Bewusstsein Erfahrungen in Form von Typen speichert. Diese Typen sind keine isolierten Einzelphänomene, sondern sie sind in umfassende Typisierungssysteme eingeordnet. Die Typisierungssysteme sind Bestandteile des "Wissensvorrats". Die Wissensbestände sind im Bewusstsein latent vorhanden, doch können sie jederzeit aktualisiert werden, Im folgenden soll nun untersucht werden, wie dieser Aktualisierungsprozess erfolgt.

Die Subsumierung einer Erfahrung unter einen bestimmten Typ erfolgt vorbewusst in passiven Synthesen. Die aktuelle Wahrnehmung bzw. das vorhandene Thema weckt über die Respizifikationsregeln die im Wissensvorrat sedimentierten Themen des gleichen Typs. Diesen Vorgang darf man sich nicht so vorstellen, als ob alle Wissenselemente in irgendeiner Reihenfolge am Thema 'vorbeipassieren' bis das zutreffende Wissenselement erreicht ist. Vielmehr sind die Erfahrungen im Wissensvorrat nach ihrer Typik sedimentiert.

"Ein gegebenes Thema mit seinen Bestimmungen weckt nur typisch ähnliche Wissenselemente. Diese werden mit dem Thema und seinen Bestimmungen in einem Vorgang zur Deckung gebracht." (Schütz/Luckmann 1975, 202)

Das "Ausmaß der Deckung" muss zur Bewältigung der aktuellen Situation hinreichen. Solange dies der Fall ist, bleibt dieser Vorgang vorbewusst. Erst wenn die Deckung unzureichend ist, wenn also ein Problem entsteht, kommt dieser Umstand zu Bewusstsein (.Schütz/Luckmann 1975, 203): Er muss ausgelegt werden.

Unter welchen Bedingungen wird nun aber die "Deckung" als zureichend empfunden? Um dieses Problem behandeln zu können, müssen weitere Dimensionen des Bewusstseins eingeführt werden. Es ist bereits erörtert worden, dass Typen einen Bereich von Sachverhalten nach bestimmten Vergleichsgesichtspunkten ordnen, dass diese Vergleichsgesichtspunkte die Erlebnisse eingrenzen. Typisierungen erfassen also bestimmte Aspekte eines Gegenstandes oder Sachverhaltes, während die anderen Aspekte nicht erfasst werden, unbestimmt bleiben. Wenn eine Pflegeperson feststellt: Der Patient hat Gleichgewichtsstörungen, dann kann sie auch um andere Merkmale des Patienten wissen, z.B. seinen Familienstand, sein Einkommen, seine Intelligenz. Alle diese Eigenschaften können in dieser Situation unbestimmt bleiben, sie spielen in diesem Zusammenhang keine Rolle, sie werden nicht thematisiert, sie bleiben im äußeren Horizont. Für das gegenwärtige Interesse reicht die Bestimmung, der Patient hat Gleichgewichtsstörungen, aus. Soll der Pflegebedarf erhoben werden, dann muss diese Bestimmung weiter ausgelegt werden. Es kann, wie im angeführten Zitat nach Situationen gefragt werden, in denen Gleichgewichtsstörungen gefährlich werden können. Dann würden die inneren Horizonte dieser Typisierung näher bestimmt. Sollen jetzt Pflegemaßnahmen erörtert werden, dann können auch die äußeren Horizonte relevant werden. Hat der Patient Verwandte, die ihm Tätigkeiten bei denen man bei Gleichgewichtsstörungen eher hinfällt, abnehmen können? Kann er die finanziellen Mittel aufbringen, wenn der Pflegedienst diese Tätigkeiten übernimmt?

Typisierungen sind also durch innere und äußere Horizonte gerahmt.

"Der äußere Horizont enthält alles, was gleichzeitig mit dem Thema im Bewusstsein gegeben ist. Er enthält also die Retentionen und Erinnerungen, die auf die ursprüngliche Konstitution des aktuellen Themas zurückverweisen. Er enthält die Protentionen und Erwartungen, die auf mögliche Weiterentwicklungen des Themas verweisen. Ferner gehört zum äußeren Horizont alles, was mit dem Thema in passiven Synthesen der Identität, der Ähnlichkeit usw. verbunden ist.

Der innere Horizont enthält dagegen alles, was 'im Thema' selber enthalten ist, die verschiedenen Elemente also, in die das Thema 'zerlegt' werden kann, die Teilstrukturen dieser Elemente und deren Gesamtzusammenhang, durch die sie zu einem einheitlichen Thema werden." (Schütz/Luckmann 1975, 196)

Diese Horizonte sind zwar unbestimmt, sie sind aber grundsätzlich befragbar und auslegbar. Sie sind jedoch nur beschränkt auslegungsbedürftig. Die Grenze des Auslegungsbedürfnisses ergibt sich aus dem planbestimmten Interesse, das sich aus der Planhierarchie des Lebenslaufes ableitet.

"Die Situation braucht nur insofern bestimmt zu werden, als dies zu deren Bewältigung notwendig ist. Das plan-bestimmte Interesse wählt die näher zu bestimmenden 'offenen' Elemente der Situation aus, vor dem Hintergrund der vorherbestimmten (bzw. vorstrukturierten) Elemente der Situation. Zugleich begrenzt das plan-bestimmte Interesse die Auslegungsprozesse, durch die die Situation bestimmt wird, auf das 'praktisch Notwendige', das heißt, das zur Situationsbewältigung Relevante." (Schütz/Luckmann 1975, 126)

Pragmatische Relevanzen bestimmen also die Grenzen, an denen die Auslegung einer Situation abgebrochen wird.

In der bisherigen Argumentation ist das, was ausgelegt wurde, immer schon vorausgesetzt worden. Jetzt stellt sich die Frage, wie ein bestimmtes Problem überhaupt Aufmerksamkeit weckt und damit *thematisch relevant wird. Hier lassen sich idealtypisch zwei Formen von thematischen Relevanzen unterscheiden: Ein Thema kann auferlegt sein, oder man kann sich einem Thema frei zuwenden.*

Eine wichtige Form thematisch auferlegter Relevanzen ist die Begegnung eines unvertrauten Elementes in einer vertrauten Umgebung. Dieses Element weckt die Aufmerksamkeit, macht betroffen. Solche Betroffenheiten drücken sich in Erzählungen etwa so aus: Irgendwie hatte ich ein ungutes Gefühl, ich konnte nicht sagen warum, ich hatte einfach ein ungutes Gefühl. Dieses ungute Gefühl war dann Anlass, sich mit der Sache zu beschäftigen, der das Gefühl auslösende Gegenstand erweckte das Interesse, sich ihm zuzuwenden. Die Betroffenheit ist Auslöser und Motivation für die Zuwendung und das Bedürfnis, dieses Phänomen auszulegen. Es veranlasst den Betroffenen, sein bisheriges Thema zu wechseln und sich dem Unvertrauten zuzuwenden. Das Unvertraute wird zum Thema. Das bisherige Thema verschwindet im Horizont, es wird so neutralisiert. Zu diesem Zeitpunkt ist der Betroffene noch nicht fähig, das Thema auszulegen. Dies zeigt sich an den unklaren Begriffen, mit denen er das Phänomen beschreibt: "die Sache, die ganze Sache". Der Themenwechsel ist aufgezwungen.

"Er besteht aus aufgezwungenem Themenwechsel, der infolge eines Bruchs in den automatischen Erwartungen (allgemeiner: infolge einer Stockung in den lebensweltlichen Idealisierungen) zustande kommt. Das neue Thema drängt sich in der Form eines hervorstechenden Unvertrauten auf." (Schütz/Luckmann 1975, 192)

Themenwechsel können auch sozial auferlegt sein. Die Handlungsabläufe und Resultate der Mitmenschen zwingen dem Einzelnen Themen auf, denen er sich zuwenden muss. Wenn ich z.B. jemanden anrufe, unterbreche ich seine bisherige Tätigkeit und lege ihm ein neues Thema auf.

Aber nicht jede thematische Relevanz ist auferlegt. Man kann sich ein Feld auch willentlich in einen thematischen Kern und einen horizontalen Hintergrund aufteilen. Auf diese Weise kann man sogar das Feld und seine Grenzen bestimmen. Solche freiwilligen Themenwechsel, solche Aufmerksamkeitsumschwünge, sind entweder durch einen Sprung von einer Wirklichkeitsdimension in eine andere oder durch das Ins-Spiel-Bringen einer neuen Persönlichkeitsschicht motiviert. Durch den Aufmerksamkeitsumschwung werden andere Strömungen des Bewusstseins akzentuiert, die die Struktur des Bewusstseinsstroms verändern. (Schütz 1971a, 59f) So kann ich eine Situation, z.B. eine Prüfung, im Bewusstsein antizipieren. Diese Antizipation ist mir in diesem Augenblick nicht auferlegt, ich wende mich ihr freiwillig zu. Ich könnte auch ins Kino gehen. Statt dessen thematisiere ich jetzt die verschiedenen Elemente der Prüfungssituation, bis sie mir vertraut genug sind und eingeordnet werden können. Ich kann mir z.B. mögliche Fragen vorstellen und die Antworten darauf formulieren und mich so mit der Prüfungssituation vertraut machen. Allgemein formuliert lässt sich sagen:

"Wenn man sich in einer Situation nicht routinemäßig orientieren kann, muß man sie auslegen. Und wenn man das im voraus weiß, wendet man sich ihr auch 'freiwillig' im voraus zu. Das bedeutet auch, daß man nicht unbeschränkt 'anderen Gedanken' nachhängen kann, sondern dazu motiviert ist, sich der Situation oder bestimmten Aspekten dieser Situation 'rechtzeitig' zuzuwenden. Daß hier 'rechtzeitig' in engem Zusammenhang mit dem Prinzip des 'First things first' und den im Wissensvorrat sedimentierten Dringlichkeitsstufen zur Bewältigung typischer Situationen und Probleme steht, versteht sich von selbst." (Schütz/Luckmann 1975, 19)

Hier ist aber darauf hinzuweisen, dass die Unterscheidung zwischen 'auferlegten' und 'freiwilligen' thematischen Relevanzen idealtypischer Natur ist. An jeder Situation lässt sich ein Zusammenspiel auferlegter und freiwilliger Relevanzen aufweisen. Das wird an der 'freiwilligen' Antizipation von Prüfungssituationen besonders deutlich.

Eine weitere Art freiwilliger thematischer Relevanzen ist die Themenentwicklung. Schütz und Luckmann unterscheiden in Anlehnung an A. Gurwitsch zwischen den Bestandteilen des Horizonts, die 'wesentlich' zum Thema gehören, und denen, die mit dem Thema eigentlich nichts zu tun haben. Die letzteren stehen mit dem Thema in rein zeitlichen Beziehungen.

"Im Horizont des Themas sind jedoch auch Aspekte, die im Wahrnehmungszusammenhang (Auffassungsperspektiven) bzw. Sinnzusammenhang (Beziehungen des Kontextes) mit dem im aktuellen

Erfahrungsablauf gegebenen Thema stehen. Wir wollen diese nach Gurwitsch das thematische Feld nennen."(Schütz/Luckmann 1975, 196)

Das thematische Feld besteht aus Relevanzen, die implizit zum Thema gehören und ursprünglich in vergangenen Erfahrungen angelegt wurden oder in der aktuellen Erfahrung mitgegeben sind. Man kann sich jetzt dem thematischen Feld 'freiwillig' zuwenden.

"Man ist dazu motiviert, sich nicht mit dem Thema, so wie es in seinem Kern schlicht erfaßt wurde, zufriedenzustellen, sondern verlegt die Aufmerksamkeit auf die 'Details' (innerer Horizont) oder die Beziehung des Themas zu anderen Themen (äußerer Horizont)." (Schütz/ Luckmann 1975, 196)

Was im thematischen Feld implizit vorgegeben war, wird in der Zuwendung explizit gemacht. Das Hauptthema wird in verschiedenen Subthematisierungen weiterentwickelt. Die Fähigkeit zur Themenentwicklung ist ein wesentliches Merkmal sozialer Kompetenz, da die Themenentwicklung die Möglichkeit bietet, eigene Relevanzen mit sozial auferlegten Relevanzen zu vereinbaren. Die Fähigkeit zur Themenentwicklung wird durch die Art des Wissenserwerbs und der Wissensspeicherung bestimmt.

"Wissenserwerb ist die Sedimentierung aktueller Erfahrungen nach Relevanz und Typik in Sinnstrukturen, die ihrerseits in die Bestimmung aktueller Situationen und Auslegung aktueller Erfahrungen eingehen," (Schütz/Luckmann 1975, 129f)

Wissenserwerb, als Sedimentierung von Erfahrung, erfolgt in Situationen und ist biographisch artikuliert. Von hier aus sind die Bedingungen der Situation gleichzeitig die Bedingungen des Wissenserwerbs. Die Grenzen der Lernsituation sind zugleich die Grenzen des Wissenserwerbs. So bestimmen die räumliche, zeitliche und soziale Gliederung sowohl die aktuellen Erfahrungen als auch die Sedimentierung dieser Erfahrungen.

"Die Erfahrungen werden zwar abgewandelt, das heißt idealisiert, anonymisiert, wenn sie in den Wissensvorrat eingehen. Dadurch werden die strukturellen 'Vorzeichen' der aktuellen Erfahrung neutralisiert bzw. überformt. Sie bleiben also nicht im Griff und werden normaler-

weise nicht zum Bestand des Wissenselements. Sie können aber prinzipiell – wenn auch nur 'mehr oder minder' genau – in der Erinnerung rekonstruiert werden und stützen auf diese Weise den Vertrautheitsgrad der betreffenden idealisierten und anonymisierten Wissenselemente." (Schütz/Luckmann 1975, 132)

Auf diesen Vorgang des Rückbezugs auf vergangene Erfahrungen muss in diesem Zusammenhang näher eingegangen werden. Erfahrungen konstituieren sich durch Aufmerksamkeitszuwendungen in 'Zeiteinheiten', die durch Bewusstseinsspannungen und deren Rhythmus bestimmt sind. Diese Erfahrungen bauen sich ursprünglich Schritt für Schritt, also polythetisch auf. Der Sinn dieser Erfahrung kann aber nur in der reflektierenden Zuwendung erfasst werden. Sinn wohnt den Erfahrungen nicht als solcher inne, sondern er wird ihnen erst in der reflektiven Zuwendung verliehen. Diese reflektive Zuwendung kann nun auf zwei Arten erfolgen. Man kann einmal den Aufbauvorgang dieser Erfahrungen im aktuellen Bewusstsein nachvollziehen, indem man Schritt für Schritt die einzelnen Stadien des Wissenserwerbs im Bewusstsein rekonstruiert. In dem Maße, wie man die polythetischen Schritte des Wissenserwerbs im Bewusstsein sedimentiert hat, erhöht sich der Klarheits- und Bestimmtheitsgrad eines Wissenselementes. Dies gilt auch für das Setzen von Urteilen.

"Jede Prädikation ist ein Vorgang der inneren Dauer. Der Vollzug des Urteils 'S ist p' ist ein Zerlegen einer einheitlichen natürlichen Erfahrung. ... Im Vollzug des Urteils wird diese Erfahrung schrittweise in einzelne Elemente zerlegt, und diese werden dann miteinander in Beziehung gesetzt. 'S ist p' ist das Resultat eines Auslegungsvorganges, in dem im übrigen in Betracht gezogen wurde, daß S sowohl p als auch q als auch r usw. ist. Angesichts des situationsbezogenen Interesses am vorliegenden Problem wurde die p-Qualität von S als bemerkenswert (und merkenswert) ausgewählt." (Schütz/Luckmann 1975, 131)

Insofern als dieser Prozess in seinen einzelnen Abfolgen im Bewusstsein rekonstruiert wird, werden gleichzeitig die Horizonte bewusst, unter denen das Urteil 'S ist p' zustande gekommen ist. Das Bewusstsein dieser Horizonte bestimmt gleichzeitig die Auslegungsmöglichkeiten dieses Urteils mit.

"Die Erfahrung kann im strengen Sinn nur dadurch realisiert wer-

den, daß die in den verschiedenen Beziehungen zu anderen Erfahrungen verborgenen Implikationen ... expliziert werden. ... Unser praktisches oder theoretisches Interesse bestimmt die Grenzen, bis zu denen wir alle diese vorgeformten Synthesen aufklären müssen, um eine genügende Kenntnis vom fraglichen Gegenstand zu erhalten." (Schütz GA 3, 42)

Eine solche polythetische Rekonstruktion der Erfahrungsgewinnung kann man vollziehen, man muss es aber nicht. Man kann den Sinn von polythetisch aufgebauten Erfahrungen auch in einem einzigen Zugriff monothetisch erfassen. Ziel vieler Überlegungen ist allein ihr "Schluss". Das Bewusstsein speichert nur diesen Schluss. Er ragt aus den anderen Segmenten des Gedankenzuges heraus, weil ihm ein besonderes Interesse anhaftet. Das Interesse hält ihn fest, lenkt die Aufmerksamkeit auf ihn und lässt uns ihn auf substantive Weise behandeln.

"Die Teile des Stromes, die diesen substantiven Schlüssen vorhergehen, sind nur die Mittel, um die letzteren zu erlangen. ... Wenn der Schluß da ist, haben wir immer schon die meisten vorausliegenden Schritte vergessen." (Schütz GA 3, 45)

Das praktische Ergebnis einer Überlegung kann man behalten, ohne sich an dessen Ableitung zu erinnern. Ein solches monothetisches Sinnerfassen ist im Alltag weit verbreitet. Man kann beim Autofahren z.B. nicht erst die Sinnzusammenhänge der Verkehrsregeln rekonstruieren, vielmehr wird der Sinn eines Verkehrszeichens beim Fahren monothetisch erfasst. Man weiß: das ist ein Stop-Schild, hier muss ich halten. Die monothetische Sinnfassung beschleunigt die Reaktionen, insofern ist sie sehr ökonomisch. Doch bei rein monothetischer Sinnerfassung werden leicht die Horizonte, in denen ein Schluss konstituiert wurde, vergessen. Das Urteil verliert dann den Bezug zur Entstehungssituation. Es verselbständigt sich von den Horizonten, in denen es gebildet wurde. Auf diese Weise wird die Auslegungsfähigkeit monothetisch erfasster Sinnzusammenhänge reduziert, da die verborgenen Implikationen, die im Horizont gegeben sind, nicht mehr expliziert werden können.

Nun beruhen die meisten Typisierungen und Sinngebungen nicht auf eigenen Erfahrungen, sondern sie wurden von anderen über-

nommen, von anderen gelernt. In diesem Zusammenhang ist jetzt entscheidend, dass die Grenzen der Lernsituation gleichzeitig Grenzen des Wissenserwerbs darstellen. Wird in der Lernsituation der Sinn einer Aussage nur monothetisch vermittelt, so kann der Lernende den Sinn dieser Aussage auch nur monothetisch erfassen. Wird dagegen der Entstehungs- und Sinnzusammenhang der Aussage mit vermittelt, so kann der Sinn polythetisch und monothetisch gespeichert werden. Der Vertrautheitsgrad eines Wissenselementes hängt davon ab, inwieweit die inneren und äußeren Horizonte der in den Wissensvorrat eingehenden Erfahrungen jeweils ausgelegt worden sind (Schütz/ Luckmann 1975, 148) Die Horizontexplikation ist nun eine wesentliche Voraussetzung für die Themenentwicklung.

Hat sich nun ein Thema im Bewusstsein konstituiert, ist die Aufmerksamkeit auf ein Thema gelenkt, so muss es ausgelegt werden, d.h. es muss mit relevanten Wissenselementen zur Deckung gebracht werden.

Auch hier unterscheiden Schütz und Luckmann wieder idealtypisch zwischen zwei Formen der Relevanzen: den auferlegten und den motivierten Auslegungsrelevanzen. Deckt sich ein Thema hinreichend mit vertrauten und genügend bestimmten Elementen des Wissensvorrats, so entsteht bei der Auslegung kein Problem. Die Erfahrungen laufen routinemäßig weiter. Die Auslegung erfolgt 'automatisch'. Das Thema und die zur Auslegung relevanten Wissenselemente kommen nicht gesondert in den Griff des Bewusstseins. Diese Form der Auslegungsrelevanzen nennen Schütz und Luckmann "auferlegte Auslegungsrelevanzen" (Schütz/Luckmann 1975, 200)

Stellt sich aber eine solche Deckung nicht 'automatisch' ein, so stockt der routinemäßige Erfahrungsablauf, das Thema wird zum Problem. Jetzt besteht ein Motiv zur weiteren mehr oder weniger expliziten, schrittweisen, 'urteilenden' Auslegung. In diesem Fall sprechen Schütz und Luckmann von "motivierten Auslegungsrelevanzen". (Schütz/Luckmann 1975, 200) Auf beiden Ebenen der Interpretationsrelevanz, der automatischen Deckung wie der Problemauslegung, bieten sich immer nur bestimmte Wissenselemente an. Das vorhandene Thema weckt die im Wissensvorrat sedimentierten Themen des gleichen Typs. Die übrigen im Wissensvorrat gespeicherten Elemente bleiben für die Auslegung irrelevant. Auswahlkriterium für die Auslegung ist das Prinzip der Verträglichkeit:

"Verträglichkeit zwischen dem aktuellen Thema bzw. seinen sich als 'typisch' anbietenden Bestimmungen und den Interpretationsschemata des Wissensvorrats. Verträglichkeit aber auch zwischen den Interpretationsschemata in ihrem Verhältnis zueinander; häufig ist ja mehr als ein Schema interpretativ relevant." (Schütz/Luckmann 1975, 208f)

Andererseits werden nur bestimmte Aspekte des Gegenstandes, die sich thematisch abheben, interpretativ relevant. So werden bei der Auslegung also nur einige Wissenselemente wie auch nur einige Aspekte des Themas relevant. Der Unterschied zwischen automatischer Deckung und der Problemauslegung besteht nun darin, dass der Interpretationsvorgang bei der automatischen Deckung in der vorbewussten Sphäre erfolgt. Die Deckung geht in passiven Synthesen vor sich. Dagegen ist der Auslegungsvorgang bei der motivierten Problemauslegung ein bewusster Vorgang. Die Bewusstwerdung erfolgt dann, wenn es über die sedimentierten Wissensbestände nicht gelingt, eine Deckung herzustellen, die zur Bewältigung der Situation hinreicht. Eine solche Situation entsteht entweder, wenn zwischen Thema und Wissenselement keine routinemäßige Deckung zustande kommt, oder

"wenn zwar die Erfahrung in einen im Wissensvorrat vorhandenen Typus 'hineinpaßt', aber die Bestimmtheit des Typus zur Bewältigung der Situation nicht ausreicht, das heißt, wenn sich herausstellt, daß die im Typus sedimentierten Auslegungsprozesse 'zu früh' unterbrochen wurden. Schließlich kann etwas zum Problem werden, wenn aufgrund einer aktuellen Erfahrung die Unverträglichkeit (Widerspruch) zwischen zwei im Wissensvorrat bisher fraglos mitbestehenden Wissenselementen ins Bewußtsein tritt, wenn also ein aktuelles Thema mit zwei sich als relevant anbietenden Wissenselementen in Deckung zu bringen ist, diese Elemente aber wechselseitig unverträglich sind." (Schütz/Luckmann 1975, 203)

Solche Situationen veranlassen das Individuum zu einer weiteren Auslegung. Sie können als typische Lernsituationen gekennzeichnet werden.

Betonen Schütz und Luckmann die Verweisungszusammenhänge von Horizonten, so stellt Markowitz (Markowitz 1979) die Selektionsfunktion der Horizonte in den Mittelpunkt seiner Überlegungen. Nach Markowitz kennzeichnet der Horizont "die Weise, in der personale (und soziale) Systeme die Risikohaftigkeit ihrer Selektivität zu kontrollieren versuchen."(Markowitz 1979, 85)

Der Horizont hat die Funktion,

"durch die Ausgrenzung einen Möglichkeitsbereich zu konstituieren, der es erlaubt, das Aufmerksamkeitspotential konzentriert einzusetzen. Er hat aber zugleich die Funktion, Durchlässigkeit zu gewähren, ja, zu garantieren. Die Permeabilität des Horizontes ist eine außerordentlich komplexe Leistung. Sie muß sicherstellen, daß Möglichkeiten, die nicht mit Aufmerksamkeit bedacht werden, dennoch unter Kontrolle gehalten werden können." (Markowitz 1979, 87)

Es muss daher geklärt werden, wie im Prozess der situationskonstituierenden Orientierung ganz bestimmte Erwartungen darüber ausgebildet werden können,

"welche der im Horizont angezeigten Möglichkeiten im Falle ihrer Realisierung das Absehen vom bisherigen Thema erzwingen. Derartige Erwartungen sollen Permeabilitätskonstanten heißen. Bei ihnen handelt es sich um ganz bestimmte lebensweltlich erprobte Muster von Wahrnehmungsbereitschaften. Sie schaffen die Voraussetzung, mit einem Rest von Aufmerksamkeit Kontrolle über einen Bereich momentan ausgeschlossener anderer Möglichkeiten auszuüben." (Markowitz 1979, 87)

Anders ausgedrückt: Permeabilitätskonstanten definieren Bedingungsmöglichkeiten, die kontrolliert werden müssen, damit ein Thema, z.B. "Grundpflege" beibehalten werden kann. Die durch den Horizont gesetzte Grenze muss aber durchlässig sein, das Bewusstsein muss prüfen, ob durch diese Grenzziehung die Ausführung der Arbeit zu Gefährdungen führt. Auf die Durchlässigkeit weisen bereits Schütz und Luckmann hin, wenn sie erläutern, dass Themenwechsel auferlegt sein können. Auferlegt ist nach ihrer Definition ein Thema z.B. dann, wenn man in einer vertrauten Umwelt einem unvertrautem Phänomen begegnet. Dieses Phänomen erweckt Aufmerksamkeit, macht betroffen. Die Betroffenheit ist dann Auslöser und Motivation für die Zuwendung und das Bedürfnis, dieses Phänomen auszulegen. In dieser Situation bricht der Betroffene sein bisheriges Thema ab und *wendet sich dem Unvertrauten zu. Das bisherige Thema wird neutralisiert und verschwindet in den Horizont, bis das Phänomen geklärt ist*

Aber nicht jedes Unvertraute, und darauf weist Markowitz (Markowitz 1975, 85-98) am Beispiel von gefällten Straßenbäumen hin, führt zu einem Themenwechsel. Damit ein solcher Themenwechsel eintritt, muss der bisher im Aufmerksamkeitsbereich stehende Verweisungszusammenhang durch dieses Ereignis gefährdet sein.

Auf diesen Sachverhalt soll näher eingegangen werden. Jede Aufmerksamkeitszentrierung ist risikobehaftet. Sie setzt bestimmte Konstanzen voraus, die durch Permeabilitätskonstanten definiert werden. Diese

"können erst dadurch entstehen, daß die Horizonte der Situtation als aufgeordnete Mengen von Möglichem erlebt werden können. Aufgeordnet werden die Möglichkeiten durch die Verweisungscharaktere der Handlungselemente." (Markowitz 1975, 80)

Die Verweisungscharaktere erlauben es, Objekte in Zusammenhänge einzuordnen. Die Verweisungszusammenhänge können bedroht werden.

"Aus derartigen Gefährdungen entstehen die Permeabilitätskonstanten. Sie dienen der handlungsermöglichenden Stabilisierung prekär erscheinender Verweisungszusammenhänge. Was dem Erleben als prekär erscheint, kann sich nur aus den Objekten der jeweiligen Situation ergeben." (Markowitz 1975, 90)

Mit dem Ausmaß der empfundenen Bedrohung wächst das Kontrollbedürfnis. Überschreitet die Bedrohung eine gewisse Schwelle, so kann die Kontrolle nicht mehr durch Permeabilitätskonstanten, sondern nur noch durch Thematisierung geleistet werden. Dadurch verändert sich auch die Situation.

Auch die Orientierung nach außen verweist immer wieder auf Objekte. Die Differenz zwischen Außen- und Binnenhorizont läßt sich darstellen als ein unterschiedliches Hinsehen auf die Objekte. Im Bewusstseinsakt wird auf einen bestimmten Bereich von Möglichkeiten hingesehen, während gleichzeitig von anderen Möglichkeiten abgesehen wird. Hinsehen und Absehen bilden dabei allerdings keinen kont-

radiktorischen Gegensatz, sie sind vielmehr die beiden Endpunkte einer Dimension.

"Hinsehen bezeichnet das Zentrum der Aufmerksamkeit, im hier diskutierten Zusammenhang das Thema einer Situation. Vom Themenkern über das Themenfeld bis zum Horizont läßt die Aufmerksamkeit nach, hat im Horizont ihr schwächste Ausprägung; mit der Grenze der Aufmerksamkeit ist auch die Grenze der Situation erreicht – eine als Horizont bezeichnete Grenze deshalb, weil sie mit jedem Standort – hier Themenwechsel –, verschoben werden kann." (Markowitz 1979, 100)

Nachlassen der Aufmerksamkeit wird hier verstanden als nachlassende Offenheit für Mögliches. Dabei ist Mögliches dem Bewusstsein in der Form der Begriffe, die es von den Objekten hat, gegeben. Mit nachlassender Aufmerksamkeit erhöht sich die Selektivität.

Damit diese Funktion erreicht werden kann, stehen dem Bewusstsein Selektionsstrategien zur Verfügung. Die Steuerung dieser Selektionsprozesse erfolgt durch die Funktion der Umweltkontrolle.

"Die im Situationshorizont gelegenen Objekte werden vom Bewußtsein nur noch als Kontrollinstrumente angesehen, von allen anderen unter dem Objektbegriffen gefaßten Möglichkeiten wird hingegen abgesehen." (Markowitz 1979, 101)

Dazu müssen die Kontrollobjekte hergerichtet werden. Damit die Kontrolle nur wenig Aufmerksamkeit bindet, muss auf die Horizontobjekte in einer binären Schematisierung hingeblickt werden können. Diese binäre Schematisierung reduziert die relevant werdenden Möglichkeiten auf eine einzige Alternative, die mit ja oder nein beantwortet werden kann, z.B. lässt der Gesichtsausdruck eine Grundpflege zu. Diese Reduzierung der relevanten Möglichkeiten der Horizontobjekte ist Voraussetzung zur Ausbildung von Permeabilitätskonstanten. Die Reduzierung der für die Situationsdefinition relevanten Möglichkeiten der Horizontobjekte auf eine einzige Alternative erlaubt es, die Aufmerksamkeit, die diese Objekte binden, zu reduzieren. Liegt die für die Abgrenzung der Situationsdefinition notwendige Bedingung nicht vor, dann werden auch andere Verweisungszusammenhänge der Horizontobjekte thematisch relevant.

Das Bewusstsein erlebt die Umwelt als in Objekte gegliedert. Diesen Objekten werden bestimmte Eigenschaften zugeschrieben. Über diese Eigenschaften können die Objekte mit anderen relationiert werden. Über die Verknüpfung einer generalisierenden Erwartung an die Eigenschaft des Objektes mit einer spezifischen Relationierung gewinnt das Objekt eine Valenz. Wenn nun zu dieser Valenz eine auf sie bezogene andere hinzukommt, dann führt dieser Sachverhalt zu einem Ereignis, das als Möglichkeit kontrollbedürftig ist. Es führt zur Bildung einer Permeabilitätskonstanten in der Form einer bestimmten Wahrnehmungsbereitschaft, z.B. den Gesichtsausdruck des Patienten bei der Grundpflege zu beachten.

Eine soziale Position bestimmt Verweisungszusammenhänge, die bestimmte Themen, Personen und Sachverhalte miteinander verknüpfen. Solche Zusammenhänge können vom Bewusstsein wie Objekte behandelt werden. Sie haben äußere und innere Horizonte. Positionen enthalten Aufgabenumschreibungen. Diese sind Elemente der Situationsdefinition. Die Konzentration der Aufmerksamkeit auf die an eine bestimmte Position gebundenen Aufgaben ist an das Vorliegen von bestimmten Voraussetzungen gebunden.

Jede Position hat aufgrund ihrer Institutionalisierung ihre eigenen Permeabilitätskonstanten, d.h. Bedingungen, deren Vorliegen kontrolliert werden muss, damit sich der Positionsinhaber der Positionsumschreibung als Element der Definition der Situation, also der Abgrenzung von Aufmerksamkeitsregeln, bedienen kann. Diese Bedingungen werden normalerweise als gegeben angenommen. Damit in einer Situation unerwartete Horizontbedingungen handlungsrelevant werden, müssen sie mindestens einer der durch die Permeabilitätskonstanten definierten Erwartungen widersprechen. Welche Permeabilitätskonstanten in einer Situation handlungsrelevant werden, hängt vom in der jeweiligen Situation verfolgten Interesse der Handelnden ab. Es ist festgestellt worden, dass eine Position Personen und Sachverhalte in bestimmte Verweisungszusammenhänge stellt. Sie definiert aber nicht alle Verweisungszusammenhänge, in die diese Personen oder Sachverhalte gestellt werden können.

Es können aber dadurch, dass mit dem Positionsinhaber gleichzeitig andere Verweisungszusammenhänge verknüpft werden, andere

Relevanzen aktualisiert werden. Die Wahrnehmung einer Person als Inhaberin einer Position stellt sie in einen spezifischen Verweisungszusammenhang als Objekt möglicher typischer Erlebnisse mit ihr. Z.B. verweist die Position einer Krankenschwester darauf, dass sie Grund- und Behandlungspflegen durchführen kann. Andere Verweisungszusammenhänge, u.a. auch andere Positionen, die darüber hinaus mit ihr verknüpft werden, verweisen auf andere typische Erlebnisweisen. Z.B. verweist die Tatsache, dass diese Person auch Mutter ist, auf andere Fähigkeiten und Fertigkeiten. Welcher dieser Verweisungszusammenhänge in der aktuellen Situation handlungsrelevant wird, wird von der Interessenlage der Handelnden bestimmt. Ob eventuelle Überlagerungen von Verweisungszusammenhängen zu Konflikten führen, hängt von den Kompatibilitäten der Verweisungszusammenhänge einerseits und der Art der Institutionalisierung andererseits ab. Die Art der Institutionalisierung legt fest, welche Permeabilitäten zwischen verschiedenen Positionen legitim, erlaubt oder geduldet sind, und welche illegitim und verboten sind.

Nicht jede Überlagerung von Verweisungszusammenhängen führt zur Bedrohung der mit diesen Zusammenhängen verknüpften eigentümlichen Form von Erwartungen. Eine solche Bedrohung ergibt sich erst, wenn solche Überlagerungen von Aufmerksamkeitsregeln zu zeitlichen, sachlichen oder sozialen Inkompatibilitäten führen.

Kommen wir jetzt zurück zur Auswertung. Die zuletzt zitierte Pflegeperson stellte fest, dass die Gefahr besteht, dass unausgebildetes Personal bestimmte Krankheiten, z.B. Schlaganfälle, nicht bemerken würde.

Betrachten wir ein Beispiel. Ein Angehöriger kommt morgens zu einem Patienten. Er bemerkt, dass der Patient irgendwie einen komischen Gesichtsausdruck hat. Er überlegt, an was ihn dieser Gesichtsausdruck erinnert. Müdigkeit äußert sich anders. Doch kommt ihm keine Idee, woran ihn dieses Phänomen erinnert. Wie im Exkurs ausgeführt, müssen Erlebnisse zunächst in Erfahrungen transformiert werden, um erinnert und gedeutet werden zu können. Sie müssen im Erlebnisstrom eingegrenzt werden. So muss für die Diagnose "leichter Schlaganfall" z.B. bemerkt werden, dass die Augen des Patienten sich verändert haben. Es reicht aber nicht festzustellen, der guckt komisch. Wohl aber kann eine solche Feststellung Anlass für eine weitere Auslegung des Sachverhaltes sein. Der Angehörige ist beunruhigt, weiß aber nicht, was er tun soll.

In diesem Moment kommt eine Pflegekraft. Der Angehörige berichtet über seine Betroffenheit. Die Pflegekraft betrachtet den Patienten. Sie differenziert den Gesichtsausdruck und stellt fest, die Augenlider hängen herab, das Unterlid ist angehoben, die Augenstellung ist nach innen gerichtet. Diese Konstellation erinnert sie an die Krankheitslehre. Das Deutungsmuster "Schlaganfall" wird in ihrem Bewusstsein geweckt. Sie aktiviert das Deutungsmuster Schlaganfall. Daher überprüft sie auch die Pupillen. Diese sind verengt. Hängt die Lippe herab? Dies ist der Fall. So hat sie weitere Anzeichen für das Vorliegen eines Schlaganfalls gefunden. Jetzt tritt das Deutungsmuster Schlaganfall in den Vordergrund. Sie weiß, ein Schlaganfall muss dringend und schnell behandelt werden. Um dies zu ermöglichen ruft sie den ärztlichen Notdienst an. Jetzt muss sie die Zeit, bis der Notdienst erscheint überbrücken. Sie muss eine Verschlechterung des Zustandes möglichst verhindern. Um das zu erreichen, muss der Patient nach einem Schlaganfall frei atmen können. Um das zu ermöglichen, öffnet sie die Fenster, lockert beengende Kleidungsstücke, bringt den Patienten in die Seitenlage und guckt ob die Atemwege frei sind. Um das zu erreichen, nimmt sie das Gebiss heraus und entfernt Essensreste aus dem Mund. Dann hebt sie das Kinn leicht an. (vgl. www.lifeline.de/special/arterien/cda/page/frame/0,3063,29-11117,00.html vom 3. 7.03) Um die Zeit zu überbrücken, spricht sie mit dem Patienten. Sie kontrolliert den Puls und Herzschlag am Handgelenk.

Über den Begriff "Schlaganfall" wird sie an Ereignisse in der Vergangenheit erinnert. Je weiter der Sachverhalt von ihr in der Vergangenheit ausgelegt worden ist, desto genauer sind die Kenntnisse, desto präziser können Beobachtungskriterien und Aufmerksamkeitsregeln werden, die in der gegenwärtigen Situation angewandt werden müssen. Gleichzeitig sind im Begriff aber auch Ursachenzuschreibungen und Handlungspläne impliziert, die auch in der gegenwärtigen Situation aktualisiert werden. Über den Begriff "Leichter Schlaganfall" werden also gleichzeitig Aufmerksamkeitsregeln, Ursachenzuschreibungen und Handlungspläne in einem vermittelt.

Wie präzise diese Vorgaben sind, hängt von den Erfahrungen ab, die die Pflegeperson schon vorher mit dem Phänomen gemacht hat. Je weiter der Begriff in der Vergangenheit ausgelegt worden war, desto präziser werden die Vorgaben. So weiß sie, dass Schlaganfälle auch an anderen Phänomenen zu erkennen sind:

"Gefühllosigkeit, Taubheit an den unterschiedlichsten Körperregionen, Schwäche oder Lähmungserscheinungen an Arm, Gesicht oder Bein (besonders halbseitig), plötzliche Sehschwäche oder Sehstörungen, z.b. sehen von Doppelbildern, Verschwommensehen, einseitiger Sehverlust, halbseitige Gesichtsfeldausfälle, Hörverlust, erschwertes Sprechen, z.B. Wortsalat, Silbenverdrehungen, Sprachverlust oder/ und Verständnisstörungen, das sich durch falsches Befolgen von Anweisungen oder sinnlosen Wortschwall ausdrückt. Eine schwere Zunge kann zu Lallen führen. Benommenheit, Schwindel, Gleichgewichtsstörungen oder Koordinationsschwäche können zu einer Unsicherheit beim Gehen und zu einer Fallneigung (besonders zu einer Seite) führen, Bewußtseinsveränderungen, z.b. Verwirrung oder Erregtheit, epileptische Anfälle, plötzliche und starke Kopfschmerzen, plötzliche Übelkeit, Fieber, Schläfrigkeit, Bewußtlosigkeit."(www.medizininfo.de/ schlaganfall/zersym.htm vom 3.7.03)

Die Kenntnis solcher Zusammenhänge wird in der Ausbildung vermittelt. Sie kann durch eigene Erfahrungen vertieft werden. Insbesondere kann die Erfahrung dazu führen, die Zuordnung von Symptomen und Krankheiten routinemäßig vorzunehmen, dadurch sicherer im Urteil zu werden und Zeit zu gewinnen.

Die Pflegeperson war gekommen, um die Grundpflege durchzuführen. Damit war ihre Situation definiert. Diese Umschreibung der Aufgabe setzte die Horizonte, die diese Situation von anderen abgrenzen. Der Gesichtsausdruck des Patienten veranlasste sie, die Grundpflege auszusetzen und sich einem anderen Thema zuzuwenden. Die Prüfung, ob der Patient einen Schlaganfall hatte, drängte sich auf, die Anzeichen für einen Schlaganfall veränderten die Situation und verlangten dringend, ausgelegt zu werden.

Auffallendes Merkmal der ambulanten Pflege ist es nun, dass die Permeabilität zwischen der Pflege und anderen Bereichen besonders hoch ist. Pflege ist daher schwerer von anderen Bereichen abzugrenzen als andere Tätigkeiten. So wurde immer wieder darauf hingewiesen, dass die für die Pflege aufzuwendende Zeit abhängig ist von der Bereitschaft des Patienten zur Mitarbeit und von der jeweiligen Verfassung oder Tagesform des Patienten. Die Durchlässigkeit muss nicht – wie im angeführten Beispiel "Schlaganfall" – immer zu einem Themenwechsel führen, doch ändert sich dadurch häufig die Situation, weil andere Relevanzen berücksichtigt werden müssen.

"Es gibt auch Unterschiede, inwieweit die Kunden bereit sind, Hilfe anzunehmen. Wenn sie schon länger Hilfen in Anspruch nehmen, sind sie es gewohnt, wenn aber das erste Mal ein Pflegedienst kommt, muss man die Kunden unterstützen, dass die Inanspruchnahme der Hilfe auch berechtigt ist. Wenn den Kunden die Inanspruchnahme von Hilfe peinlich ist, ist die Pflege am Anfang schwieriger, weil man eine Grenze überschreitet. Man stellt einen kleinen Bereich der Intimität her, der aber nur auf einen kleinen Bereich begrenzt ist, nicht auf die ganze Person. Deshalb ist es in diesem Fall am Anfang sinnvoller, wenn immer dieselbe Person hingeht. Es ist auch oft so, dass diese Leute zu dieser Person dann eine besondere Beziehung entwickeln."

"Sie haben manchmal einen, bei dem können Sie in zehn Minuten unheimlich viel erreichen. Dann gibt es welche, da können Sie eine halbe Stunde sein, das ist zu wenig, weil die Auffassungsgabe nicht so schnell ist oder sie mehr eingeschränkt sind. Es ist manchmal schwierig."

"Es ist immer wieder schwierig, es gibt einfach ältere Menschen, die vom Ablauf her verlangsamt sind, und wenn man dann da morgens in der Grundpflege ist, dauert es einfach wieder länger im Gegensatz, wo andere ältere Menschen vielleicht auch schneller sind."

"Teilweise muss man denen das ja sagen, so, jetzt waschen Sie sich mal die Hände, also anleitend."

In allen aufgeführten Zitaten konnte das Thema "Grundpflege" beibehalten werden. Sie ist aber schwerer als die Tätigkeiten in anderen Berufen zu standardisieren, da die Durchlässigkeit der Pflegesituation eine standardisierte Abgrenzung der Situation erschwert. Frühere Erfahrungen der Patienten, die Auffassungskraft der Patienten, die Einbeziehung von Verwandten, die Integration des Patienten in eine Familie,

Veränderungen des Gesundheitszustandes usw. beeinflussen die Definition der Pflegesituation in unterschiedlichem Ausmaß mit. Die Pflegetätigkeit ist in hohem Ausmaß von den situativen Gegebenheiten bestimmt. Eine Pflegeplanung allein von der Zielsetzung her ist daher praktisch unmöglich.

Eine Planung vom Ziel her ist dann erfolgreich, wenn über die Zielsetzung genügend Alternativen ausgeschlossen werden können, um zu entscheidbaren Alternativen zu kommen. Ein Beispiel für solche vom Ziel her bestimmbaren Schritte ist die Produktion von Zahnpasta. Eine Zahnpasta sollte folgende Aufgaben erfüllen:

- Bakterielle Zahnbeläge an der Oberfläche der Zähne entfernen
- Säuren in der Mundhöhle neutralisieren
- Die Widerstandsfähigkeit des Zahnschmelzes gegenüber Säuren erhöhen.

Um das zu erreichen muss Zahnpasta Polier- und Scheuermittel enthalten, die die Zahnoberfläche mechanisch reinigen. Außerdem muss sie Chemikalien enthalten, welche die Säuren der Mundhöhle neutralisieren und Chemikalien, die den Zahnschmelz stärken und resistenter gegenüber Säuren machen. (vgl.www.restena.luddnuc/Haus/zimmer/bad/zahnpast/zahnpast.htm vom 3. 7. 03) Diese Kriterien sind genügend bestimmt, um über Alternativen der Zusammensetzung von Zahnpasta entscheiden zu können. Ich brauche nur Stoffe, die diese Eigenschaften besitzen zu finden und zu mischen. Hinzu kommt, dass Zahnpasta auch schmecken sollte. Andere Gesichtspunkte sind dadurch völlig neutralisiert, sie brauchen nicht berücksichtigt zu werden, um die Zusammensetzung einer Zahnpasta zu bestimmen.

Demgegenüber sind Entscheidungen in der Pflege komplexer. Schon die Zielbestimmung einer Grundpflege kann die Pflegeperson nicht alleine festlegen. Sie ist auch abhängig z. B. von den Hygienevorstellungen des Patienten. Das Ziel muss mit dem Patienten ausgehandelt werden, wobei die Vorstellungen von Pflegeperson und Patienten weit auseinandergehen können. Es gibt Standards für die Grundpflege, z.B. immer von oben nach unten waschen. Doch muss u.U. in der konkreten Situation davon abgewichen werden.

"I: Kann man nach den Standards individuell pflegen?
B: Ja und nein, das kommt auf den Allgemeinzustand, auf die Erkrankung jedes einzelnen Patienten an. Man kann individuell, bin ich jetzt der Meinung, nicht direkt pflegen, ich muss mich immer wieder neu einschießen auf jeden einzelnen Patienten, wie er sich heute fühlt, morgen fühlt, welche Erkrankungen er hat. Man kann nach einem Standard individuell wohl pflegen, wenn das Krankheitsbild gleich ist."

"Ja, dann, wir sind doch in der ambulanten Pflege, wir können doch improvisieren. Ich hab zum Beispiel einen Schlaganfallpatienten, der hat oft Durchfälle, den muss ich also unten rum komplett im Bett waschen, weil er nicht stehen kann. Den kann ich halt nicht erst unten rum waschen. Ich muss erst die Beine waschen und mache ihn dann unten rum fertig. Es geht nicht anders, das läuft überall raus, das geht nicht. Was nützt mir so ein Pflegestandard, gar nichts. Ich muss doch gucken, was ich für einen Patienten habe."

Die hohe Durchlässigkeit der Pflegesituation für andere Relevanzen erschwert die Standardisierung der Pflege und damit auch deren Planbarkeit vom Ziel her.

"Wenn ich einen Leistungskomplex habe, Waschen, Kleiden, Ausscheidung, dann brauche ich bei Patient A 15 Minuten und bei Patient B brauche ich 50 Minuten, weil sie schon 15 Minuten braucht, um vom Bad bis zum Schlafzimmer zu laufen oder umgekehrt. Ist einfach so."

Ergeben sich solche Relevanzen aus der Persönlichkeitsstruktur des Patienten oder seinem Krankheitsbild, kann man also annehmen, dass sie eine gewisse Dauer haben, dann lassen sich die Pflegesituationen unter Berücksichtigung dieser Relevanzen für den Einzelfall standardisieren.

Die Zielbestimmung erfolgt dann nicht mehr autonom, sondern wird aus der Situation des Patienten abgeleitet:

"Pflegeplanung wird auf den Patienten zugeschnitten, wie er sich gibt, ob er freundlich ist, wo er verängstigt ist, ob er eher zurückhaltend ist, ob er viel spricht, das sind alles so Sachen, die auch zu einer Pflegeplanung gehören, ob der Patient kooperativ ist, wenn er sagt, nein, ich mache jetzt gar nichts, ihm ist sein Blutzucker egal, da würde man eben reinschreiben, dass er nicht sehr kooperativ ist."

"Eine Pflegeplanung besteht immer aus den Ressourcen, dann aus dem Pflegeziel und aus den Pflegemaßnahmen, und wenn ich jetzt einen Patienten habe, der im Bett gewaschen wird, dann würde ich sagen, dass der Patient sich nicht eigenständig waschen kann, seine Haut nicht pflegen kann, er also durch seine Krankheit nicht imstande ist, sich alleine zu pflegen. Für das Ziel würde das bedeuten, dass der Patient sich gepflegt fühlt, sauber fühlt, ordentlich gewaschen und somit dann auch ein Wohlbefinden des Patienten da ist. Und als Pflegeplanung würde das dann so aussehen, dass man den kompletten Ablauf von morgens, wo man zur Türe reinkommt, die Sachen alle fertig macht, sprich die Waschschüsseln füllen, den Patienten vorher rasieren und eben halt den ganzen Pflegeablauf bis hin zu dem Punkt, wo man die Türe wieder schließt beim Patienten, dass man den aufschreibt. Ja, dann wird genau aufgeschrieben, was da gemacht wird bei den Patienten, damit man wirklich nach diesem Ablauf vorgehen kann. Viele alte Patienten sind Gewohnheitstiere, die haben einen bestimmten Ablauf, man muss die Vorlieben wissen. Wenn Fremde kommen, die den gleichen Ablauf einhalten, wird der Patient nicht so rausgeworfen. Der Patient weiß, er wird versorgt wie immer."

"Aktivierende Pflege wird meistens bei dem Punkt Mobilisation aufgetragen. Es wird aufgeschrieben, was der Patient alleine macht, das gehört auch zum Pflegeablauf: die Eigeninitiative des Patienten sollte unterstützt werden, Sachen, die er alleine kann, soll er auch alleine durchführen, auch wenn es lange dauert. Aktivierung erfolgt auch bei Zeitdruck. Es ist schwer, aber es muss gemacht werden und es wird auch gemacht."

Die situativen Gegebenheiten begrenzen die möglichen Zielsetzungen. Planung geht weniger vom Ziel aus, als von der vorgegebenen Situation. Diese wird bestimmt. Es werden persönliche Merkmale und Fähigkeiten des Patienten und Ressourcen erhoben und aus dieser Konstellation erschlossen, welches Ziel erreichbar sein könnte. Liegen solche Gegebenheiten aber dauerhaft vor, dann lassen sich die einzelnen Abläufe für den Einzelfall mehr oder weniger standardisieren. Dominant sind Konditionalprogramme. Dies gilt für alle Pflegemodelle, ob sie sich primär an Henderson oder Krohwinkel orientieren.

"Diese Anamnese machen wir bei jedem Patienten bei Aufnahme der Pflege. Hier sehen Sie diese 14 einzelnen AEDLs [Activities and Events of Daily Life] und zu jedem AEDL gibt es dann einen Hinweis, wie es umgesetzt wird bei dem einzelnen Patienten, was da notwendig ist und was es da noch für Selbsthilfeaspekte gibt. Daraus, aus dieser Anamnese, die sehr früh auch erstellt wird, wird dann der Pflegeplan erstellt, das muss frei formuliert werden, wo dann die Probleme kurz dargestellt werden, die Ressourcen dargestellt werden, die Pflegeziele definiert werden für jedes AEDL und dann die Pflegemaßnahmen bestimmt werden. Das muss regelmäßig überprüft und kontrolliert werden, so dass dann auch jeweils die Pflegeplanung an sich auch weiterentwickelt wird."

Ausgangspunkt ist die Situation des Patienten. An seinen Fähigkeiten und Fertigkeiten wird die Planung ausgerichtet. Aus den Beobachtungen werden Verlaufsmodelle konstruiert, die dann die Zielsetzung vorgeben. So kann Pflegeplanung auch ohne explizite Zielfestlegung erfolgen:

"Also die Planung ist noch ein Manko, die Pflegemaßnahmen bin ich jetzt halt durch, die wollte ich zuerst gesichert haben, damit der Mitarbeiter vor Ort weiß, was er machen muss. Maßnahmen haben wir. Planung beinhaltet auch immer das Pflegeproblem und das Pflegeziel: wo wollen wir hin, dass man da auch das Nah- und das Fernziel definiert."

Hier wird deutlich, dass die Pflegemaßnahmen unabhängig von einer expliziten Pflegezielbestimmung erfolgt sind. Zunächst wurden die Pflegemaßnahmen festgelegt. Eine Pflegezielbestimmung soll später erfolgen.

Ein solches Vorgehen ist möglich, wenn zur Feststellung der Ressourcen normativ Normalressourcen definiert sind und die Ressourcen der Patienten über Defizite oder Abweichungen von der Norm bestimmt werden.

"Tja, die Ziele haben natürlich sehr viel mit Normen und Standards zu tun. Denn man muss sie ja irgendwo her kriegen. Sie sind aber oft auch schon durch den Anlass gegeben, durch den wir eingeschaltet werden, also was bei Grundpflege ja meistens ein Ziel ist, ist die körperliche Hygiene, dass die also in dem Sinne dieses Menschen da fortgeführt wird, oder eventuell muss man ihn auch manchmal ranführen oder irgendwas aufbauen."

Wenn Ziele nicht vorgegeben werden können, von denen her Alternativen ausgeschlossen werden können, um Entscheidungen zu ermöglichen, stellen normative Vorgaben ein Substitut für die Zielfestlegung dar. Man geht von einem (eventuell altersspezifischen) Normalzustand aus, auf den man den konkreten Fall durch Abweichung von diesem Zustand definiert, z.B.: Normalerweise wäscht man sich selbst. Der Patient ist unbeweglich, er kann nicht alle Körperteile selber waschen. Hier liegt sein Handicap. Zwar kann er den Oberkörper noch selber waschen. Das soll er dann auch tun, aber die Füße müssen von anderen gewaschen werden. Ein anderes oft genanntes Beispiel ist: der Patient ist physisch in der Lage, sich selber zu waschen. Aufgrund seiner Demenz kann er seine Handlungsabläufe aber nicht mehr koordinieren. Um die Beweglichkeit zu erhalten, soll er sich unter Anleitung selber waschen.

Diese Art der Planung unterscheidet sich wesentlich von der Planung für die Herstellung von Zahnpasta. Kann dort vom Ziel her entschieden werden, wie die Zusammensetzung sein soll, und woher die Firma die Rohstoffe bezieht, so ist es bei der Pflegeplanung – von Ausnahmen abgesehen – meist so, dass die Ausgangslage bestimmt, welches Ziel überhaupt erreicht werden kann. Das Ziel kann nicht unabhängig von der Ausgangslage bestimmt werden.

Dennoch lassen sich über diese Planungsmethode konkrete Handlungsanweisungen festlegen:

"Grundsätzlich kann man aber in der Patientenkartei vor Ort alle Informationen erhalten. Detaillierte Beschreibung: Grundpflege im Badezimmer, Grundpflege im Bett, Frühstück zubereiten: 2 Scheiben Toast mit Marmelade oder mit Butter, Medikamentengabe. Eigentlich kann einem kein Fehler unterlaufen, weil alles ganz klar aufgelistet ist."

Die Zielsetzung wird leichter, wenn für eine Krankheit Therapiemöglichkeiten vorliegen. Dann kann von dem herbeizuführenden Zustand auf Handlungsmöglichkeiten geschlossen werden, wie oben für die Dekubitusbehandlung aufgezeigt wurde. So verwundert es nicht, dass fast alle für therapierbare Krankheiten eine Planung als leicht empfinden. Die Planungsmöglichkeiten von einem herbeizuführenden Zustand aus werden schon schwieriger, wenn sich die Ausgangslage schnell verändert. Wechselnde Situationen bedürfen anderer Handlungsweisen.

"Das Problem ist dieser enorm schnelle Wechsel in der Darstellung der Spastik und in der Darstellung ihres Sprachvermögens. Also, sie hat Tage, an denen sie kaum zu verstehen ist, da kann sie nur Vokale sprechen, und dann gibt es Tage, da kommen die Konsonanten wieder durch, d.h. für mich ist es auch wichtig, im Hören zu bleiben, im Klangbild zu bleiben, d.h. ich muss also aus diesem Grunde schon relativ viel hin, damit ich sie noch verstehen kann, da hilft nämlich auch kein Augenalphabet."

Der dauernde Wechsel der Situation erlaubt in diesem Fall keine detaillierten Handlungsanweisungen. Wichtig ist die Fähigkeit des Personals, die Kommunikation mit der Patientin aufrecht zu erhalten, um richtige Entscheidungen treffen zu können. Unter solchen Bedingungen wird bereits die Bedarfsfeststellung schwierig:

"Die Frage ist: Was ist notwendig und erwünscht. Wenn jemand weiß, was er will, kann das am ersten Tag festgezurrt werden. Es kann aber auch mehrere Wochen dauern, besonders wenn sich der Gesundheitszustand in kurzer Zeit verändert."

Aus der Erfahrung dauernd wechselnder Situationen auch beim selben Patienten lehnen einige eine detaillierte Pflegeplanung auch ab:

"Ich verkaufe mich als fröhliches Hilfsmittel, muss rausfinden: Was ist fachlich notwendig, wie komme ich menschlich heran, dann gucke ich, was können wir Positives herausziehen? Dann geht's los! Das ist eine neue Situation auch für das Umfeld. Ich kann auf Angehörige treffen, die kann ich nicht abwimmeln, sondern muss ich integrieren, muss signalisieren: Ich höre ihnen zu. Man sieht oft die Angst bei den

Angehörigen, die nicht wissen, wie es weitergeht. Betroffener und Angehörige müssen ihre Chancen bekommen. Das ist oft mit viel Diplomatie, Fingerspitzengefühl und Zeitaufwand verbunden."

Je weniger man Situationen standardisieren kann, desto entscheidender wird die Qualifizierung des Personals. Gutes Personal macht Programmierung und Organisation weniger problematisch, eingehende Programmierung mindert das Risiko der Personalauswahl. Umgekehrt akzeptiert häufig gutes Personal nur eine abstraktere Programmierung für sich selbst.

"Die Systematiken sind immer nur so gut, wie die Leute vor Ort. Man kann nicht hinter jedem Mitarbeiter jeden Tag hinterher sein."

"I: Wie konkret sind die Anweisungen?
B: Ich denke, dass ich das den Leuten schon selber zutraue, das für sich zu entscheiden. Das muss ich einfach voraussetzen bei den Mitarbeitern, je nach Patientenzustand, sich das auszusuchen."

"Mit Leuten, die vom Schreibtisch aus mir sagen, wie ich zu pflegen habe, kann ich nicht mit umgehen, nicht mit leben. Das will ich auch nicht."

"Was heißt Pflegeplanung, ich sag mal, die genaue Pflegeplanung, die ich jetzt aufschreibe, oder wo die Ressourcen und Defizite des Patienten liegen, das mache ich einfach so, indem ich das sehe, dass ich dem Patienten das gebe, was er gerade braucht. Da brauche ich jetzt nicht unbedingt eine niedergeschriebene Pflegeplanung, sondern das sollte eigentlich nach der dreijährigen Ausbildung und mit bestandenem Examen möglich sein, so etwas aus dem Stehgreif zu machen, wenn ich tagtäglich in diesem Gebiet arbeite. Ich meine, dieses Schreiben einer Pflegeplanung, das hält einen auf, wenn ich jetzt in der Klinik oder auch hier in der ambulanten Pflege sehe oder neue Patienten bekomme, dann mache ich das meiste aus Erfahrung, spezielle Sachen lese ich mir nach, wenn ich jetzt die nicht im Kopf haben sollte."

Als besonders schwer werden die Zielbestimmungen empfunden, wenn für Krankheiten keine Therapien bekannt sind.

"Die Ziele sind, finde ich, in der ambulanten Pflege oder bei älteren Menschen sehr schwer zu erreichen. Im Gegenteil, es wird immer schwächer, der Körper wird ja nicht jünger. ... Also die Ziele sind dort, meines Erachtens, fast nie zu erreichen, bis auf wenige Ausnahmen. Also dass ein Dekubitus heilt, das werden wir ja wohl noch hinkriegen ... Aber dass eine, die Arthrose hat und sonst was hat und Schmerzen überall, dass die auf einmal wieder wie so ein junger Hüpfer da rumhüpft, das glaube ich nun kaum."

"Und bei der Pflegeplanung ist es ganz klar, bei der Behandlungspflege ist es eindeutig, und bei der Grundpflege steht in erster Linie die Sicherheit und das Wohlbefinden des Mitmenschen im Vordergrund."

"Bei Verbandswechseln ist die Zielsetzung meist, dass eine Wundheilung eintreten soll, und bei Pflegefällen setzen wir die Ziele eigentlich immer fest, wir beraten das immer, weil diese Pflegeplanung nach dem neuen System ist ein bisschen schwierig, dann kommt es auf die Formulierungen an, wie schreibt man das am besten. ... Dann sitzen wir hier zusammen und beratschen alles, oder ich frage meine Kollegin: wie würdest Du das schreiben? Und Zielsetzung: sag mir mal bei dem und dem Patienten, wo ich keine klare Zielsetzung erkenne, was würdest Du da als Zielsetzung schreiben?"

"Wir können keine 90Jährigen gesund machen oder schneller machen."

Ohne Therapiemöglichkeiten der Krankheit sind aus dem Ziel "Gesundheit wiederherstellen" keine Handlungsanweisungen abzuleiten, da keine Schritte bekannt sind, diesen Zustand herbeizuführen. Sollen dennoch Ziele definiert werden, dann müssen sie sich auf andere Dimensionen beziehen. Häufig wird angegeben, dann solle der gegenwärtige Zustand möglichst erhalten bleiben. Ein Fortschreiten der Verlaufskurve der Krankheit solle verhindert werden.

Doch auch eine solche Zielsetzung wird als problematisch angesehen:

"Zustand-Erhalten ist ein ganz gefährlicher Begriff, ...ein sehr unkonkreter Begriff. Ich kann aus dem Begriff 'Ist-Zustand-Erhalten' keine konkrete Maßnahme ableiten. Ich habe noch keinen Formulierungskatalog, von dem ich sagen könnte, damit gute Erfahrungen gemacht zu haben, die Formulierung von Zielen ist für mich das größte Problem."

Wenn keine Therapiemöglichkeiten bekannt sind, können auch keine Mittel angegeben werden, den Krankheitsverlauf zu stoppen. Die Gefahr besteht, dass dann eine am Therapiemodell orientierte Zielformulierung negative Rückwirkungen auf den Patienten hat:

"Es gibt große Probleme mit der Art von Zielformulierungen für die Pflege. Ich habe gemerkt, was man mit klassischen Zielformulierungen in der Literatur anrichten kann: Zielformulierung ist für den Betroffenen immer eine eigene Standortbestimmung, d.h. wenn Kunden ein Ziel lesen, auch wenn sie es vorher selber formuliert haben, was will ich mit der und der Maßnahme erreichen, oder ich habe dieses oder jenes Problem, was will ich erreichen, damit ich das Problem nicht mehr habe. Bei Personen, die ein Handicap haben, das entweder keinen Stillstand ermöglicht oder keine Besserung ermöglicht, verursacht eine Zielformulierung oft ganz schöne Depressionen, wenn nämlich bewusst wird, wie ihre Perspektive ist, dann wird den Leuten klar, welche Prognose sie haben."

Unter solchen Umständen ist es angebracht, andere pflegerelevante Dimensionen zur Planungsgrundlage zu machen:

"Ohne Chance auf Besserung ist Zielformulierung schwierig. Da ist Ziel, dass der Patient sich wohlfühlt, schmerzfrei ist."

"Wichtig ist: Ein Mensch mit Problemen muss sich körperlich wohlfühlen und möglichst wenige Beschwerden haben, dann ist er in der Lage, an seiner Situation zu arbeiten, dann ist er enorm belastbar, er hat noch Spaß am Leben. ... Die Kundin muss eine Perspektive und eine Art von Lebensqualität haben."

"Wir stellen uns kleine Ziele. Es müssen jetzt nicht die Ziele sein, dass der Patient sich jetzt selber wäscht, sich selber dann waschen kann. Es sind auch Ziele da: körperliches Wohlbefinden ist auch ein Ziel. Ich denke, es gibt viele Ziele, anfangs habe ich auch immer gedacht, was schreibst du jetzt für ein Ziel dahin, der wird sich doch nie richtig waschen können, es wäre zwar schön, wenn er das alleine könnte, aber ich denke mir, ein körperliches Wohlbefinden ist genau so ein Ziel, und Hygiene und Sauberkeit dazu."

"Wir haben hier zwar auch wunderbare Standards. Das sind die allgemeinen Standards ..., davon muss man immer abweichen. Ich meine, die Grundprinzipien gelten natürlich, das ist klar, aber das muss schon eine ganz individuelle Betreuung sein, das kann nicht nach Standard sein. Und ich denke mir, wenn ich das individuell mache, wenn der Patient sich dabei wohl fühlt, bei dem Waschen auch und hinterher sich auch noch wohl fühlt bei dem Ergebnis, dann ist das o.k."

Ein solches Ziel lässt sich wieder operationalisieren. Was ist erforderlich, damit sich ein Kranker wohl fühlt und möglichst wenige Beschwerden hat? Aus solchen Zielen lassen sich wieder Mittel bis zum Handlungsansatz hin ableiten:

"Den Pflegeplan aufzustellen? Einfacher ist es ganz klar für die Behandlungspflege, weil, das sind einfach, ja wie soll ich sagen, Tatsachen, Punkte, Fakten, so und so. Und bei einer Wunde ist klar, da muss das Ziel die Heilung sein, und Maßnahme ist das und das, was anderes darf ich nicht machen, würde ich so sagen.

I: Und bei der gereatrischen Pflege ist es so, dass Sie solche Ziele nicht festsetzen können?

B: Es ist sehr schwirig, finde ich.

I: Wie machen Sie das dann?

B: Ja, gerade hatte ich schon mal gesagt, ... dass es das Ziel für mich ist, dass der Patient sich wohl fühlt, dass er, ja ich schreibe ganz oft 'Wohlfühlen' dahin, dass er damit zufrieden ist. Dann denke ich dann manchmal, jetzt hast du es da gerade auch schon wieder geschrieben, aber ich bleibe dabei, weil: das ist es doch dann auch.

I: Jetzt müssen Sie ja aus den Zielen irgendwelche Maßnahmen ableiten. Welche Maßnahmen würden Sie dann daraus ableiten?

B: Die Maßnahmen, das sind ja die Handlungen, die ich vollziehe. Und wenn ich jetzt die einfacheren Punkte nehme, sage ich mal: sich pflegen können, sich kleiden können, da kann ich das ja schreiben, was ich mache, ob ich etwas beachten muss bei der Grundpflege, ob das jetzt eine normale Grundpflege ist, sagen wir mal standardmäßig, oder ob da auch noch Punkte sind, die ich beachten muss, jetzt wie bei der einen Dame, wo ich vorhin von gesprochen habe, dass ich so viele Transfers verhindere: dass ich sie nicht erst ins Bad begleite, fahren würde ja gehen, aber wenn sie selber läuft mit dem Rollator, und dann muss ich ihr noch wieder die Gummistrümpfe anziehen, dass sie dann wieder zurück mit dem Rollator ins Schlafzimmer muss, und ich dort dann erst die Kompressionsstrümpfe anziehe, dann wieder zurück ins Bad und, sage ich mal, da weiter mache. Das muss ich mir dann schon überlegen, dass sie dann da auch ein bisschen geschont wird, weil das dann einfach zu anstrengend wird. Da ist dann zu viel Mobilisation, sagen wir mal, nicht gut, weil dann würde sie den Treppengang nicht mehr schaffen, weil sie auch noch eine Treppe nach der Pflege runter laufen muss. Und das wäre dann, je nach Zustand, nicht mehr möglich.

I: Und kommt so was dann auch in den Pflegeplan, dass man darauf achten muss, nicht zu viel hin und her?

B: Ja, das ist bei ihr angegeben.

I: Dann sind diese geringen Wege auch ein Faktor, der zum Wohlfühlen führt?

B: Ja, also bei ihr jetzt im Speziellen muss das sein. Das geht ja nicht anders. Dann würde sie nicht mehr den Treppengang schaffen und dann könnte sie nicht mehr unten im Wohnzimmer sitzen und jetzt im Sommer nicht in den Garten, was sie so die Möglichkeit hat. Jetzt könnte man sagen: Treppenlifter, erstens mal ist das ein Kostenfaktor, dann muss das auch möglich sein in so einem Einfamilienhaus. Das sind ja alles keine gebauten Heime, sondern ganz normale Häuser. Da hat nie einer dran gedacht, dass da mal irgendwas gebraucht werden könnte."

Auch wenn das Ziel "Wohlfühlen" sehr unspezifisch ist, lassen sich aus ihm dennoch sehr konkrete Handlungen ableiten. Sie sind jedoch davon abhängig, auf welche Bereiche das "Wohlfühlen" bezogen wird.

"Wenn ich sage, bei einer Grundpflege, ich möchte ein intaktes Hautmilieu haben, ich möchte körperliches Wohlbefinden bekommen, das kommt einfach durch die gute Pflege. Durch tägliche Körperhygiene, durch vielleicht Körperlotionen auftragen, gucken, dass regelmäßig Inkontinenzmaterial gewechselt wird, die Intimpflege. So erreiche ich nur die Pflegeziele, anders geht das nicht."

Um das Wohlbefinden des Patienten herbeizuführen, muss er sich gepflegt, sauber, ordentlich gewaschen fühlen. Aus diesen Zielen sind weitere Schritte ableitbar. Häufig wird auch festgestellt, dass die Umstände, unter denen ein Patient lebt, leicht zu weiteren Erkrankungen führen. Als Ziel wird dann definiert: das Auftreten solcher Erkrankungen zu verhindern.

"Wir hatten eine Patientin, ... die ist 100 geworden, eine Wachkomapatientin, die wir lange versorgt haben, ja da ist z.B. ein Ziel, dass der Hautzustand intakt bleibt, erreichbar dadurch, dass die Patientin regelmäßig gelagert wird, da hatten wir dann auch einen Lagerungsplan, die war auch, obwohl wir die mehrere Jahre gepflegt haben, war die immer vom Hautzustand tip top. ... Ist da also das Ziel erreicht, also bei einem bettlägerigen Patienten. Und da kann man ja auch nie erwarten, dass dieser Patient aus dem Wachkoma auf einmal wach wird. Bei etwas jüngeren Patienten kommt so etwas mal vor, habe ich auch schon selber erlebt, aber bei einer 100jährigen Patientin ist es eigentlich ja in aller Regel illusorisch, also da ist es dann wirklich wichtig, dass einfach der Hautzustand intakt bleibt, dass die genug zu essen bekommt, genug zu trinken bekommt, dass sie keine Schmerzen hat und solche Sachen, dass also eine gewisse Lebensqualität erreicht wird."

Ist also keine Heilung möglich, dann muss das Thema "Pflege" ausgelegt werden, z.B. in dem Sinne, dass sich der Patient mit seiner Krankheit in dem Rahmen wie möglich wohlfühlen soll oder dass das Eintreten weiterer Krankheiten, die sich aufgrund seiner Situation, z.B. dauernder Bettlägerigkeit leicht ergeben könnten, verhindert werden. Dann muss bekannt sein, welche Krankheiten in dieser Situation häufig auftreten, wie z.B. Dekubitus, Vom Ziel her, solche Krankheiten zu vermeiden, lassen sich dann wieder Um-zu-Motivketten ableiten.

3.2 Planungsinstanzen

3.2.1 Beteiligung des Patienten an der Pflegeplanung

Die Pflegeplanung wird dadurch komplizierter, dass bei Behandlungspflegen auf Verordnungen des Arztes hin gearbeitet werden muss, der Arzt also Handlungsanweisungen erteilt.

Aber auch bei der Planung der Grundpflege ist die Pflegeperson in der Pflegeplanung nicht autonom. Die Pflege ist auf die Mitarbeit des Patienten angewiesen:

"I: Werden denn die Klienten an der Pflegeplanung beteiligt?
B: Klar, das geht nicht anders. Also eine Pflegeplanung, eine Pflegezieldefinition kann man natürlich nicht machen, wenn man nicht mit Menschen darüber geredet hat, was man tatsächlich vorhat und was man beabsichtigt. Und natürlich muss man die Angehörigen mit einbeziehen und einbinden. Die Pflegedokumentation liegt auch bei den Patienten, so dass man das auch sowieso mit Angehörigen besprechen muss, weil spätestens dann, wenn die dann die Pflegedokumentation da sehen und solche Eintragungen da sehen, stellen die auch eine Frage dazu. Es ist immer richtig und sinnvoll, die gleich mit einzubeziehen, alles andere ist Quatsch."

"I: Sind die Ziele, die Sie setzen eher kurz- oder langfristig?
B: Unterschiedlich, das hängt vom Krankheitsbild ab und der Motivation des Kunden selber, wie er halt mitmacht, wir können ja nicht sagen: gut, beim Schlaganfall, nach drei Wochen kann er wieder gut marschieren, das funktioniert ganz individuell, wie er selber halt auch mitmacht, und da haben wir eigentlich wenig Einfluss, wir können zwar die Leute motivieren, aber das liegt an denen selber, und wenn die Angehörigen dann wieder mitmachen, wenn welche da sind, das spielt ja auch noch eine Rolle."

Von der Bereitschaft des Patienten zur Mitarbeit wird die Spannweite des Entwurfs entscheidend mitbestimmt.

"Das Pflegeziel kann man mit dem Patienten aushandeln. Wenn ich einen Patienten habe, der eine Oberschenkelhalsfraktur hat, werde ich mit dem Krankengymnasten und den Leuten, die mir noch zur Verfügung stehen, die ich dann noch involvieren muss, das Pflegeziel festlegen, dass der Patient irgendwann wieder in der Lage sein wird, über kleine kurze Schritte selbständig zu stehen oder selbständig zu sitzen. Das mache ich mit KG-Menschen, weil ich alleine das oftmals nicht entscheiden kann, weil: ich bin kein Krankengymnast, und die ziehen wir uns hier ran, weil am Anfang haben die Leute die Möglichkeit, krankengymnastische oder physiotherapeutische Möglichkeiten zu nutzen. So, das macht man aber immer in Verbindung damit. Und natürlich kommt immer hinzu, ob der Patient möchte, wie weit der überhaupt zu motivieren ist, die Motivation des Patienten spielt die größte Rolle. Wenn ich sage, ist mir egal, was du machst, dann wird das nichts. Aber wenn ich den versuche zu motivieren und erfrage in der Sozialanamnese, was er mal gerne gemacht hat, was er im Beruf gemacht hat oder was er mal gerne sehen möchte, da kann ich den noch mit reizen. Einfach mal einem alten Bergmann zu sagen, komm, lass uns mal nach Zeche Zollverein fahren, da kann er mal gucken, was denn da geworden ist. Allein der Ansprung, der ist wie sechs Richtige im Lotto. Mit solchen Dingen muss man arbeiten.

I: Finden Sie die Motivation wichtig?

B: Die Motivation ist das A und O. im Prinzip. Die Pflege an sich, das ist ja das, was so fatal ist, die Pflege an sich ist gar nicht wichtig, wichtig an sich ist der Mensch an sich und wie ich den motivieren kann, ihn aus seinem Dilemma, in das er aus dem Nichts hereingekommen ist, wieder rauszuholen. Die Pflege an sich ist ganz normal. Ich wasche mich ja auch jeden Morgen. Das ist Pflege, aber die Menschen zu motivieren, diese Pflege zu akzeptieren und zu verändern, dazu bin ich da. Das ist der Unterschied."

"Die Ziele werden oft nicht erreicht. Man muss in kleinen Schritten vorgehen. Das ist auch abhängig davon, ob der Patient mitmacht. Manche Patienten möchten das Ziel nicht erreichen: Diese Patientin, die ich da jetzt habe, nein. Also da reden Sie gegen eine Wand. Sie möchte das einfach nicht und man versucht sie immer zu mobilisieren, und ja, das klappt nicht immer so. Aber der Lebenswandel bei ihr muss wohl überhaupt schon immer so gewesen sein. Sie hatte einen ganz tollen Mann gehabt, der alles für sie gemacht hat und das ist einfach drin, das kriegen wir so schnell nicht raus oder wir kriegen es gar nicht mehr raus. Eher ist die Erwartung vorhanden: Du wirst ja bezahlt und jetzt mach mal. Bei der Akzeptanz der Pflegeziele spielt auch die Biographie der Patienten eine Rolle. Wenn ich die Biographie nicht habe, kann ich keine Pflegeplanung machen. Ich muss also eine ganze Information vom Patienten haben, sonst kann ich die nicht machen. Ich muss wissen, sind Angehörige da, übernehmen die Angehörigen was, muss ich alles machen, macht der Angehörige was. Was kann sie noch, was hat sie für Pflegehilfsmittel da, also das muss schon alles da rein. Wie sieht es nachts aus, kriegt sie ein Schlafmittel, kriegt sie die Tür abgeschlossen. Das sind ja alles so Dinge, die muss ich ja alle in die Pflegeplanung mit einbeziehen.

I: Und wenn die Patientin nicht mitmacht?

B: Ja, wir sind dann immer schon froh, dass so eine kleine Ressource da ist, dass wenigstens so der Oberkörper noch selber gewaschen wird und dass ich sie halt immer noch in den Sessel rein gesetzt bekomme. Das ist sehr aufwendig natürlich auch. Ich versuche es, solange sie mitmacht, ich versuche es immer wieder. Der Erfolg ist unterschiedlich. Bei manchen muss man zurückschrauben, bei anderen versucht man über Umwege doch noch die Ziele zu erreichen. ... Man hat so Kompromisse mit ihr halt. Von montags bis freitags hole ich sie aus dem Bett raus und am Wochenende braucht sie nicht raus. Diesen Kompromiss macht man dann mit ihr. Ich meine, ich muss das auch respektieren, wenn sie sagt: heute geh ich nicht raus. Dann kann ich nicht großartig sagen: Und du gehst jetzt doch raus! Oder so. Das geht nicht."

Im Pflegeplan steht dann:

"Mobilisation: Pflegepersonal setzt Patientin – wenn sie möchte, mit ihrem Einverständnis – aus dem Bett in den Sessel."

Immer wieder wird darauf hingewiesen, dass ohne Beteiligungswillen des Patienten nichts geht.

"Wenn der Patient nicht will, erreicht man gar nichts."

Daher wird der Patient schon in die Pflegeplanung und Festsetzung der Pflegeziele einbezogen. Mit dem Widerstand des Patienten schrumpft die Spannweite des Entwurfs. Daher ist es wichtig, schon zu Beginn der Pflege den Patienten zur Mitarbeit zu motivieren, um einen realistischen Pflegeplan erstellen zu können.

Für die Erstellung des Pflegeplans muss die Pflegekraft schon ein Bild des Patienten haben:

"Ja, die Zielsetzung. Ich schaue mir den Patienten an und überlege mir, was ich zu erwarten habe, mit ihm zusammen. So, ist abzusehen, dass er in einem Jahr oder so sich selber wieder versorgen kann. Oder wenn es ein Patient ist mit Insulin spritzen, ist abzusehen, dass er sich in ein paar Wochen selber spritzen kann. Kann ich ihn dazu anleiten, formuliere ich das, trage das ein und arbeite darauf hin. Wenn ich es erreiche, ist es gut, manchmal muss ich es ändern, dann habe ich es nicht erreicht."

Widerstände gegen Pflegepläne können unterschiedlich motiviert sein. Daher muss die Pflegeperson auch die Angemessenheit der Forderung, sie zu überwinden, einschätzen:

"I: Hat der Patient auch einen Einfluss auf die Vorgaben, die Sie sich machen?
B: Natürlich. Also letztens hatten wir einen Patienten angenommen, einen Insulin-Patienten, und die Kollegin, die zuerst da war, meinte: Also in vier, sechs Wochen kann der das selber. Hat sich jetzt aber im Nachhinein herauskristallisiert, dass er überhaupt nicht dazu bereit ist, dass er da furchtbare Angst vor hat, dass er nicht spritzen möchte, dass seine Frau nicht spritzen möchte. Und trotz der ganzen Vorteile, die die Sache hätte für die beiden, wenn sie es selber machen würden, möchten sie es nicht. Also mussten wir das wieder ändern. Haben wir das dann falsch eingeschätzt.
I: Jetzt soll ja die Pflege auch aktivieren. Wie können Sie so eine Aktivierung dann durchführen in dem Fall?
B: Eine Aktivierung in dem Fall, also ich persönlich halte nichts davon, die Leute auf Teufel komm raus zu aktivieren. Ich meine, der Mann ist fünfundachtzig Jahre alt, also ich muss den jetzt nicht zwingen, dass er sich selber spritzt. Das einzige, was ich machen kann, ich kann zu den Zeiten hinfahren, die er gerne möchte, so dass es in seinen Lebensrhythmus passt, wenn er morgens etwas länger schläft oder früher aufsteht, kann ich es halt so drauf anpassen, so dass er in seinem Lebensraum aktiv bleibt. Wenn er sagt, ja, er ist tagsüber bei seinen Kindern und ich möchte doch erst um achtzehnuhrdreißig kommen und nicht um siebzehn Uhr wie sonst, dann kann ich das berücksichtigen in der Planung. Ob ich jetzt darüber hinaus noch großartig noch den armen Mann aktivieren muss, mehr zu machen, halte ich nicht für nötig.
I: Und in anderen Fällen, wenn einer mal einen Schlaganfall hatte?
B: Ja, klar, dann natürlich nach Bobert pflegen und lagern, waschen, anleiten. Alles, soweit der Patient es möchte, es möglich ist. Oft kommen die allerdings auch aus ihren Reha-Kliniken und sagen: Wir sind da so was von aktiviert worden, also wissen Sie, Schwester,

helfen Sie mir beim Waschen und beim Anziehen und doktern Sie nicht noch an mir rum. Kann ich auch irgendwie nachvollziehen, wenn ich siebzig Jahre alt bin und mir erzählt da einer was und ich muss dass alles umsetzen, dann auch noch in dem Alter, dann kann ich verstehen, wenn die irgendwann dichtmachen."

Die Spannweite des Handlungsplans der Pflegeperson war weiter als die der Patienten. Da sie deren Widerstände für legitim hielt, reduzierte sie ihre Planungsziele. In anderen Fällen verhält sie sich anders:

I: Also den Grad der Aktivierung können die Patienten dann mitbestimmen?

B: Ja, würde ich auf jeden Fall sagen. Ich meine, es gibt natürlich auch diese Patienten, die grundfaul sind, wo man sich dann auch mal so ein bisschen ärgert, aber es gibt auch Patienten, an die kommt man halt einfach nicht ran.

I: Wenn Sie jetzt so einen haben, der grundfaul ist, und Sie meinen, der könnte mehr, als er will, was machen Sie dann?

B Schimpfen. Jetzt kommen Sie mal ein bisschen, jetzt helfen Sie mal ein bisschen mit. Aber ich meine, wenn es gar nicht geht, resigniert man irgendwann und denkt, ja komm, dann bleibt es eben so, wie es ist. Also ich würde mir dann nicht irgendwie die Hörner dran abstoßen wollen."

"Sinnvoll ist ja, wenn man die Pflegeziele mit den Patienten zusammen erarbeitet. Also wenn der Patient das für sich auch als Ziel formuliert hat in zwei Wochen, ich denke mir, dann arbeitet man ja zusammen an der Maßnahme, dass das klappt.

I: Wie ist das, sagen wir mal, einer hat einen Schlaganfall, und Sie meinen, den kann ich wieder aktivieren und der ist der Meinung: Ich werde nie mehr aktiviert?

B: Und dann denke ich mir, wäre erst mal das Ziel, dass der Patient sich mit seiner Krankheit auseinandersetzt und dass man ihm da gewisse Lebensqualitäten aufzeigen kann und wo man dann wieder versucht, dran zu arbeiten.

I: Und was heißt, der setzt sich mit der Krankheit auseinander? Reden Sie dann mit ihm darüber, oder wie sieht das aus?

B: Das denke ich schon, weil ich mit ihm zusammen die Pflegeplanung erarbeite und er hat einen Schlaganfall und ist jetzt im Krankenhaus und womöglich noch in der Reha gewesen und hat noch völlige Blockaden, dass er da eigentlich sich nicht mit auseinandersetzt. Ich finde da einen Patienten vor, der nicht mitmacht und einfach alles über sich ergehen lässt, dann können nicht meine Pflegeziele sein, dass der in einem halben Jahr in der Wohnung hier rumgurkt. Ich glaube, da müssen wir ganz woanders ansetzen.

I: Das ist ja dann ein psychisches Problem. Haben Sie denn auch die Zeit dazu, den zu überzeugen, dass es sich lohnt, da mitzumachen?

B: Ich denke mir mal, es wäre dann wünschenswert, wenn man also eine unbegrenzte Zeit hat. Eine unbegrenzte Zeit hat man aber nicht, weil der nächste Kunde einfach wartet. Sicher, denke ich mir, das Gute an der Bezugspflege ist, dass dann die Pflegekraft sieht: Heute habe ich mal fünf Minuten länger Zeit. Obwohl es vielleicht auch Gespräche geben müsste von einer halben, dreiviertel Stunde, aber da kommt man dann auch irgendwo an den Rand der Kapazitäten.

I: Sehen Sie das denn auch als Aufgabe des Pflegers an oder des Arztes, den jetzt zu überreden oder zu überzeugen, dass es sich lohnt, mitzumachen?

B: Es ist wünschenswert, dass es von beiden Seiten kommt. Das ist wünschenswert, aber ich sehe es schon als unsere Aufgabe mit an."

Die Pflegeperson spricht einen anderen Weigerungsgrund an, den sie darin sieht, dass der Patient sich nicht mit seiner Krankheit auseinandergesetzt hat. Solange dies der Fall ist, können keine Fristen für Pflegeziele gesetzt werden. Daher sieht sie sich veranlasst, den Patienten zu einer Auseinandersetzung mit seiner Krankheit zu bewegen, indem sie ihm Ziele aufzeigt, die auch für einen solchen Kranken noch erreichbar sind. Sie hält das Gespräch mit dem Patienten über dessen Auseinandersetzung mit seiner Krankheit besonders wichtig, um die Voraussetzung für eine erfolgreiche Pflege zu schaffen. In fast allen Gesprächen wird darauf hingewiesen, dass für solche Gespräche eine Bezugspflege besonders zu Beginn der Pflege eine wichtige Voraussetzung ist. Bezugspflege besagt, dass die Pflege eines Patienten möglichst immer von derselben Person durchgeführt wird.

Allgemein wird festgestellt, dass eine Pflegeplanung ohne Einbeziehung des Patienten nicht möglich ist, solange zumindest, wie er bei klarem Bewusstsein ist. Doch kann der Wille des Patienten durch Motivation durch die Pflegekraft beeinflusst werden

Krankheit und Pflege verändern die Situation des Patienten. Bisher bewährte Handlungs- und Verhaltensmuster sind auf diese Situation nicht mehr anwendbar. Krankheit und Pflege problematisieren also die bisherigen Deutungsmuster, ja sie können die bisherigen vertrauten Deutungsmuster sprengen. Eine solche Sprengung kann dann stattfinden, wenn das bisher bewährte Verhalten in der neuen Situation nicht mehr angewandt werden kann. Oben ist z.B. darauf hingewiesen worden, dass die Akzeptanz der Hilfe durch andere dann besonders schwer ist, wenn sich der Patient bisher immer selbst vorsorgt hat, selbständiges Handeln also ein Element seiner Selbstdefinition und Selbstidentifikation war, die Krankheit jetzt aber Ursache dafür ist, Hilfe annehmen zu müssen. Das neu geforderte Verhalten widerspricht den bisher für gültig gehaltenen Regeln. Das Auftreten solcher Elemente kann die Sinnhaftigkeit des Erlebens insgesamt in Frage stellen, so dass das bisherige Regelsystem insgesamt seine Orientierungsfunktion verliert. In diesem Fall kann das Verhalten des Patienten unberechenbar werden. Die Krankheit führte unvertraute Elemente in die Situation ein und verunsicherte so Handlungsplanungen und Lebensperspektiven. Diese Verunsicherung kann soweit führen, keine Perspektiven mehr zu suchen und damit zu resignieren. Die zuletzt zitierte Pflegeperson beschreibt einen solchen Zustand als Blockade.

Um die Blockade zu überwinden, muss die Pflegeperson den Patienten zunächst motivieren. Meistens erfolgt das dadurch, dass sie herauszufinden bemüht ist, Gewohnheiten, Vorlieben oder Ziele zu ermitteln, die der Patient in seinem Leben noch realisieren will. Sie versucht daher festzustellen, welche Interessen der Patient noch hat. Daher wird allgemein der Anamnese eine hohe Bedeutung zugeschrieben. Aus den vergangenen Erfahrungen des Patienten wird erschlossen, welche Ziele er noch haben könnte. Aus der Tatsache, dass ein Patient früher Bergmann war, wird zum Beispiel erschlossen, er habe Interesse, die Zeche, in der er gearbeitet hatte, nach deren Umwidmung zum Weltkulturerbe noch einmal besichtigen zu wollen.

Eine andere Pflegeperson hatte herausgefunden, dass ihre Patientin noch einmal einen Besuch in Norddeutschland machen wollte. Sie knüpfte an diesen Wunsch an, um die Patientin zu motivieren:

"Ich hatte eine Patientin, stark übergewichtig, war wegen einer Knöchelfraktur im Krankenhaus. Fit wie Turnschuh vorher, auch geistig fit. Die haben sie bettlägerig gemacht, innerhalb von sechs Wochen. Ich hab die in die Pflege gekriegt, richtig mit Inkontinenzversorgung, mit Krankenpflegebett mit allem Pipapo. So, ich hab sie mir gekrallt samt Gipsfuß jeden Morgen aus dem Bett. Die war am Stöhnen, wenn die mich schon sah, hat die die Augen verdreht. Und die wollte so gerne noch mal zu ihren Angehörigen nach Norddeutschland. Und ich sag: Sie schaffen das. Sie schaffen das. Und wenn die Pampers weg sind, aufgebraucht, kriegen Sie keine mehr. Ja, das kannst du mir nicht antun. Ich sag: Doch, das kann ich. Sie haben nämlich einen Toilettenstuhl, Sie schaffen das selber drauf. Die läuft heute. Die ist überglücklich. Das Krankenbett ist weg."

Indem sie der Patientin zusichert, ihr Langfristziel "Angehörigenbesuch in Norddeutschland" erreichen zu können, kann sie sie motivieren, kurzfristig belastende Handlungen durchzuführen.

Eine ähnliche Wirkung kann die Vorstellung von Zuständen, die der Patient unbedingt vermeiden möchte, haben, wie weiter oben für die Motivation, die Arme zu bewegen, um Kontrakturen zu vermeiden, aufgezeigt wurde.

Motivation erfolgt in diesen Fällen durch das Aufzeigen von Zielen, deren Realisierung ein für Pflegekraft und Patient gemeinsames Anliegen ist. Kann die Pflegekraft davon ausgehen, dass eine gemeinsame Zielsetzung gegeben ist, dann kann sie durch Berufung auf dieses Ziel auch Druck ausüben. Durchsetzungsfähigkeit erhält man dann dadurch, dass man sich auf die Hinnahme einer gemeinsam anerkannten Ordnung von Zielen, Werten und Normen beruft.

Motivation erfolgt also durch eine gemeinsame Ausrichtung auf eine bestimmte Zukunft, auf die beide, Pflegeperson und Patient, hinarbeiten. Wird eine solche Zukunftsbestimmung von beiden akzeptiert, dann können sich beide darauf berufen und der eine den anderen durch die Verpflichtung auf dieses gemeinsam geteilte Ziel motivieren. Wichtige Voraussetzung für eine Pflegeplanung ist diese Einigung auf ein gemeinsames Ziel der Tätigkeit. Ist diese Einigung erfolgt, dann besteht auch ein gegenseitiges Vertrauen zwischen Pflegeperson und Patient. Ein solches Vertrauen wird als Grundbedingung für die Pflege angesehen.

3.2.2 Bedeutung des Vertrauens des Patienten zur Pflegeperson

"Ohne Vertrauen geht nichts."

"Wenn der Patient kein Vertrauen zu mir hat, dann kann ich vielleicht nicht einmal den Vorschlag unterbreiten, dass man ihn vielleicht mal auf die Bettkante setzt. Man muss den Patienten auch ermuntern dazu. Nicht nur die körperliche Verfassung des Pflegers, sondern auch seine Überredungskunst ist wichtig."

Umgekehrt wurde auch festgestellt:

"Habe ich das Vertrauen, kann ich gnadenlos loslegen."

"Wenn man das Vertrauen hat, dann sagen die: Ich weiß gar nicht, ich kann das mit dem Urin gar nicht mehr. Können Sie mir helfen? Und so besorgen wir bestimmte Einlagen oder Hilfestellungen oder: ich möchte nicht, dass meine Tochter so viel wäscht, aber ich schaffe es nicht mehr zur Toilette, dann wird vielleicht ein Toilettenstuhl angeschafft, damit der Weg nicht mehr so weit ist."

Ein Vertrauensverhältnis ändert die Situation für Pflegekraft und Patienten:

"Ja, Vertrauen ist sehr wichtig. Dann sind die Patienten offener. Dann hat man automatisch ein offenes Ohr für den Patienten. Das finde ich auch persönlich sehr wichtig."

Wie aber kann ein solches Vertrauen gewonnen werden? Allgemein wird festgestellt, dass Vertrauen gewährt wird, dass es nicht von der Pflegeperson hergestellt werden kann. Weiter wird darauf verwiesen, dass die Gewinnung von Vertrauen Zeit bedarf, einmal mehr ein anderes Mal weniger. Immer wieder wird aber darauf hingewiesen, dass sich mit der Zeit ein Vertrauensverhältnis aufbaut.

"Man muss nach und nach ein Verhältnis aufbauen, da kommt man nicht drum herum. Sowohl der Patient muss mit mir auskommen und andersherum genau so. Es gibt immer wieder Patienten, wo man sagt, mit dem komme ich nicht zurecht. Dann ist die Pflege mehr eine Qual für beide. Dann wird sich der Patient entweder bei der Stationsleitung melden und sagen: ich komme mit dem Pfleger sowieso nicht zurecht, der macht mir alles zu hektisch, und dies und das stört mich daran. Dann kann es auch vorkommen, dass die Runde gewechselt wird, dass ich dann wieder andere Patienten habe."

Viele sehen eine enge Beziehung zwischen Vertrauen und Vertrautheit. Den mit der Zeit wachsenden Vertrautheitsgrad sehen sie als Ursache für wachsendes Vertrauen an:

"Das braucht eine gewisse Vertrautheit, also bei einem neuen Kunden im ersten Monat ist täglich etwas anderes, und da muss man vorsichtig schauen und mit ihm umgehen, weil das ist für ihn auch eine Umgewöhnung, jetzt erst mal sind wir fremde Menschen, die in seine Wohnung rein zu lassen, aus seinem Schrank Unterwäsche oder was weiß ich rausholen zu lassen."

"Und es ist einfach die Zeit, die das Vertrauen dann auch bringt. Die Kontinuität, wenn ich jemanden wirklich ständig sehe, und wenn man sich dann auch einigermaßen gut versteht, wenn nicht großartig Konflikte entstehen, dann entsteht so ein Vertrauensverhältnis schon. Ich denke, es ist eine ganz automatische Entwicklung."

Der Patient ist an zukünftigem Handeln der Pflegeperson interessiert. Über dieses Handeln kann er keine sicheren Informationen gewinnen. So beurteilt er die Anwesenden aufgrund des Eindrucks, den sie auf ihn in der Gegenwart und Vergangenheit gewinnen bzw. gewonnen haben. Die Eindrücke, die sie erzeugen, werden als Behauptungen und Versprechen bewertet, die implizit mit der Darstellung gegeben werden. Über die Eindrücke werden die Tätigkeiten und die Person des anderen geprüft. Es wird erwartet, dass der andere in seiner Selbstdarstellung konsistent ist und daher auch in Zukunft verlässlich. (Goffman 1969, 228) Vertrautheit besagt, die Reaktionen des anderen aufgrund der Erfahrungen mit ihm in der Vergangenheit voraussehen zu können. Der Eine weiß nicht nur, was der andere macht, sondern auch wie und warum er es macht. So sind die Handlungen des Anderen antizipierbar, sie verursachen keine Überraschungen. Dann kann der Handelnde auch seine Anschlussreaktionen auf das Handeln des anderen im Voraus planen. Umgekehrt kann er aber auch die Anschlussreaktionen der Pflegeperson auf sein eigenes Handeln voraussehen. Auf diese Weise können längere Handlungsketten geplant werden. Über die Vertrautheit mit dem Interaktionspartner verliert dieser an Bedrohlichkeit, selbst wenn er als weniger sympathisch erscheint. In den Interaktionen mit der Pflegeperson werden deren Reaktionen wahrgenommen. Aus diesen Wahrnehmungen wird auf ihr Verhalten in der Zukunft und auf deren Wahrnehmung und Interpretation des eigenen Verhaltens geschlossen. Auf diese Weise werden viele Möglichkeiten der Erfahrung mit ihr ausgeschlossen. So werden die Situationen, in denen man mit ihr zu tun hat, entlastet. Vertrautheit fördert so die Bereitschaft, sich auf den Interaktionspartner einzulassen. Sie ermöglicht die bewusstseinsinterne Abstimmung von eigenen mit fremden Erwartungen. Vertrauen entwickelt sich aus der Vertrautheit, wenn der Andere so erlebt wird, dass er bei dem bleibt, was er bewusst oder unbewusst über sich mitgeteilt hatte (Luhmann 1968, 41) So kann sich der Vertrauende in seiner Lebensführung auf den Anderen verlassen.

Die Pflegeperson kann dem Patienten auch Schaden zufügen. Die Einschätzung des tatsächlichen Eintretens von Erwartungen kann unterschiedlich sicher sein. Je mehr Möglichkeiten offen sind, von denen nur eine eintreten kann, desto weniger sicher ist die Zukunft. Hier sind zwei Aspekte zu unterscheiden. Einmal kann die objektive Wahrscheinlichkeit des Eintretens bestimmter Ereignisse, der Möglichkeitshorizont, betrachtet werden. Zum anderen ist die Beurteilung der subjektiven Wahrscheinlichkeit, mit der ein Ereignis erwartet wird, von Bedeutung. Wichtige Probleme für den Handelnden ergeben sich aus dieser Unsicherheit. Um Entscheidungen abzusichern, müssen Strategien zur Reduzierung dieser Unsicherheiten zur Verfügung stehen.

Eine solche Strategie ist Vertrauen. Vertrauen entsteht, wenn sich der Vertrauende in seiner Lebensführung darauf verlassen kann, Risiken zu übernehmen in dem Bewusstsein, dass sein Interaktionspartner diese Risiken auffängt.

"Ich bin nicht der Kammerdiener des Patienten oder der Bedienstete des Patienten an sich, sondern ich biete eine Hilfeleistung an, und zwar geht es mir darum, dem Patienten da zu helfen, wo er Defizite hat, Hilfe zur Selbsthilfe. Da wo der Patient zur Seite wegkippt, da ist mein Arm. Da, wo der Patient Angst hat, gebe ich ihm Stütze. Und wenn der Patient nicht an seinen Fuß ran kommt, wasche ich ihm den Fuß. Aber so lange er noch den Oberschenkel waschen kann, möchte ich auch, dass er sich ihn selber wäscht. ... Manchmal muss ich auch nach der Pflege mit dem Patienten sprechen. Manchmal kann man einfach darüber reden, oft ist auch eine Angst dahinter: der Patient könnte vielleicht vor dem Waschbecken stehen, steht aber nicht auf, weil er vielleicht Angst hat oder weil er unsicher ist. Dann fehlt manchmal auch die Vertrauensbasis zwischen ihm und mir, dass er denkt: ich kann ihn nicht halten, oder er traut sich das selber nicht zu. Das kann man manchmal in einem Gespräch lösen."

Vertrauen als Bereitschaft, sich auf Risiken einzulassen im Bewusstsein dessen, dass die Pflegeperson diese Risiken auffängt, wird allgemein als wichtige Bedingung für die Pflege angesehen. Der Patient muss das Bewusstsein gewinnen, dass die Pflegeperson sich ihm gegenüber wohlwollend und ihn fördernd verhält und Schaden von ihm abwenden will.

Da, wie oben dargestellt, Krankheit die bisher geltenden Deutungsmuster sprengen kann, weil sie sich in der neuen Situation nicht bewähren, kann die Sinnhaftigkeit des ganzen Regelsystems in Frage gestellt werden und so die Ausrichtung der Person auf eine Zukunft insgesamt problematisch werden. Dieser Sachverhalt wird besonders deutlich, wenn man die mit der Art des Wohnens verknüpften normativen Vorstellungen betrachtet.

Wolfgang Siebel (Siebel 1989) charakterisiert idealtypisch die heute dominierende Wohnform in vier Dimensionen. Danach wird die Wohnung in der funktionalen Dimension als Ort der Nichtarbeit, als von der beruflichen Arbeit gereinigtes Leben der Erholung, der Freizeitaktivitäten und des Konsums betrachtet. In der sozialen Dimension ist die Wohnung der Ort der Familie, speziell der durch rechtliche Bindung und Blutsverwandtschaft gefestigten Kleingruppe von Mann, Frau und Kindern. In der sozialpsychologischen Dimension ist die nach außen abgeschlossene und mit der notwendigen Infrastruktur (Küche, Bad, Toilette) ausgestattete Wohnung der Ort der Intimität. In sie werden mit Scham- und Peinlichkeitsempfindungen belegte Aktivitäten zurückgenommen. Wohnung ist der Ort, in dem Körperlichkeit, Emotionalität und abweichendes Verhalten sich geschützt vor sozialen Kontrollen durch Nachbarn, Öffentlichkeit und Polizei entfalten können. In der Dimension der Aneignung ist schließlich die Wohnung eine Ware, die der Haushalt durch Kauf oder Miete auf dem Markt erwirbt. Die Verfügungsmöglichkeiten über die materiellen Bedingungen des Wohnens regeln Hausordnungen, Miet- und Eigentumsrecht.

Die Wohnung grenzt einen besonderen Ort funktional, sozial, sozialpsychologisch und rechtlich von anderen gesellschaftlichen Sphären ab.

"Die materiellen und symbolischen Arrangements des modernen Wohnens ... separieren Funktionen und Personen in spezialisierten Räumen: Essenszubereitung, Essen, Sichlieben, Schlafen, Sichwaschen, Sichentleeren, Miteinandersprechen; Eltern und Kinder, Sohn und Tochter, Mann und Frau." (Siebel 1989, 267)

Wohnen wird als Gegenwelt zur Arbeit betrachtet. In der Wohnung spielt sich die Freizeit ab. Die in der Wohnung weiterhin auszuführenden Arbeiten werden in Spezialräume verlagert, um das Wohnzimmer als Sphäre jenseits von Arbeit, als Ort des verpflichtungsfreien, entspannten Beisammenseins in der Intimgemeinschaft Familie inszenieren zu können.

Mit diesem Prozess der Auslagerung von Erwerbsarbeit ging einher ein Prozess der Auslagerung von Konsumarbeit aus dem Haushalt und der Mechanisierung der im Haushalt verbleibenden Tätigkeiten. Dies ermöglichte dann die Reduzierung der Haushaltsmitglieder auf die Familienmitglieder. Damit wird Raum geschaffen für die Kultivierung familialer Intimität. Öffentlichkeit und Privatheit treten auseinander. Körperlichkeit wird in den privaten Raum verlegt und der Öffentlichkeit entzogen: Ausscheidung, Hygiene, Sexualität sowie die Äußerung von Emotionen, Trauer, Liebe, Haß werden privatisiert und verhäuslicht.

"Je schärfer z.B. körperliche Vitalfunktionen mit Scham- und Peinlichkeitsreaktionen besetzt werden, desto mehr werden sie selbst innerhalb des Hauses noch einmal präziser verortet in Schlafzimmern, Toiletten und Bädern. Privater Raum als Raum der Entfaltung von Intimität und Individualität wie als vor fremden Blicken geschützter Raum verlangt zusätzliche Binnendifferenzierung des Wohnens. In der vorbürgerlichen Grundrißorganisation der Zimmerfluchten und gefangenen Räume war jeder Raum zugleich Durchgangszimmer. Nun entsteht ein gesondertes Erschließungssystem innerhalb von Haus und Wohnung - Treppenhäuser, Flure, Dielen -, das es zum erstenmal überhaupt zuläßt, ein Zimmer ungestört und ausschließlich einer bestimmten Funktion oder Person zu reservieren." (Siebel 1989, 271)

Diese Vorstellungen von Wohnen setzten sich seit Beginn des 20. Jh. allgemein durch. Siebel schreibt diesen Prozess einer Vielzahl von Ursachen zu: der betrieblich organisierten Lohnarbeit, die den Alltag in Arbeitszeit und Wohnzeit gliedert; der Urbanisierung, mit der einherging die Aufschichtung von Scham- und Peinlichkeitsschwellen im Bewusstsein, sowie dem Aufbau einer öffentlichen Infrastruktur, die vielfältige Verhaltenszwänge an besonderen privaten und öffentlichen Orten setzt; steigenden und stabilen Einkommen; einem wachsenden Wohnungsbestand; dem Ausbau des sozialstaatlichen Netzes; und sehr wichtig, den sozialpädagogischen Absichten der Wohnungspolitik, die über Wohnungspolitik familien- und gesellschaftspolitische Vorstellungen durchsetzen wollte.

"Wohnungspolitik zielte stets auf beides: Verbesserung der materiellen Lebensbedingungen und Durchsetzung einer bestimmten Lebensform. Wohnungsreform war immer auch Lebensreform." (Siebel 1989, 273)

Wohnungspolitik wurde verknüpft mit Wohnerziehung, indirekt durch die Gestaltung der materiellen Wohnungsbedingungen und direkt durch Hausordnungen, Mietverträge, Anschlußzwänge an öffentliche Infrastruktureinrichtungen usw.

"Dabei ging es um Moral (Trennung der Geschlechter), Sparsamkeit und gesunde Ernährung, hygienische Standards, generell um die Durchsetzung eines der Sittlichkeit entsprechenden Wohnens ... 'der Familiensinn', 'der Sinn für Häuslichkeit' sollten geweckt werden, wozu 'Wohnungspflegerinnen' von den Wohnungsämtern eingesetzt wurden. Alle diese Erziehungsversuche dienten dazu, den 'neuen Menschen' zu schaffen, mit den Attributen: modern, sauber, rational, diszipliniert sowie familienorientiert. Wohnungspolitik und Wohnungsverwaltung fungierten als 'Vehikel', um die durch Verstädterung und kapitalistisch organisierte Industriearbeit gleichermaßen geforderte Disziplinierung des Affekthaushaltes durchzusetzen." (Siebel 1989, 274)

Diese Vorstellungen von Sauberkeit, Disziplin und Privatheit werden durch die Krankheit und Pflege tangiert. Sie können nicht weiter aufrechterhalten werden. Pflege stellt bisherige Deutungsmuster in weiten Bereichen in Frage. Die bisherige Raumaufteilung der Wohnung und damit verknüpfte Verhaltensweisen lassen sich nicht mehr aufrecht erhalten. Die Grenzen zwischen Intimität und Öffentlichkeit werden fließend. Bisher waren Bad und Schlafzimmer Fremden praktisch unzugänglich, nur das Wohnzimmer war für Fremde offen. Jetzt wird u.U. das Bett ins Wohnzimmer gestellt. Zur Toilette ging man früher alleine und schloss sich zusätzlich ein, um von anderen nicht gestört und beobachtet werden zu können. Jetzt soll die Pflegeperson einen u.U. zur Toilette begleiten. Insgesamt werden die Vorstellungen vom Wohnen und die darin implizierten normativen Vorstellungen über Privatheit und Intimität in Frage gestellt.

Auf diese neue Situation muss die Pflegeperson eingehen. Um Vertrauen gewinnen zu können, muss sich die Pflegeperson in die Lage des Patienten versetzen können, sie muss ihr Handeln mit den Augen des Patienten betrachten, die Fähigkeit zur Empathie besitzen:

"Also wenn ich mir jetzt vorstelle, ich wäre eine alte Oma und würde da so sein und dann kommt da morgens einer rein in die Wohnung, irgendeiner, den ich überhaupt nicht kenne, wo ich überhaupt keine Beziehung zu dem habe und der wäscht mich dann, der sieht mich nackt, das wäre mir echt peinlich. Und deshalb versuche ich eigentlich immer gleich so ein Vertrauensverhältnis aufzubauen, weil ich fände es fürchterlich, das muss einfach schrecklich sein für Leute, sich dann da waschen zu lassen, und manchen ist es auch wirklich peinlich. Und wenn dann eine Schwester kommt, auch gerade beim Mann, so Intimpflege. Das ist schon so eine Sache, da muss man locker dran gehen."

Die Pflegeperson weiß um die Besonderheiten und Peinlichkeiten, die ihr Handeln für den Patienten bedeuten. Sie weiß, dass ihr Handeln als Eindringen in die Intimsphäre und als Verletzung des Schamgefühls gedeutet werden kann und z.T. auch wird. Sie weiß, dass sie zunächst eine Fremde ist, der man sich normalerweise nicht nackt zeigt, dass der Patient gegen wichtige bisher geltende Regeln im Zusammenleben verstoßen muss, um sich pflegen zu lassen. Die Situation erfordert eine soziale Nähe, die nicht von vornherein gegeben ist. Die Pflegeperson zieht daraus die Folgerung für ihr eigenes Verhalten, locker damit umzugehen, die Besonderheit zu überspielen, dadurch die Situation zu normalisieren. Um aber die Situation normalisieren zu können, bemüht sie sich, ein Vertrauensverhältnis zu gewinnen, soziale Nähe zum Patienten herzustellen.

Der Patient muss seine Intimsphäre aufgeben, die bisher dazu diente, den Informationsfluss über seine eigene Person zu kontrollieren, um zumindest Peinlichkeiten zu vermeiden. Peinlichkeiten treten immer dann ein, wenn in Interaktionen das Bild, das einer der Interaktionspartner von sich vermitteln will, gefährdet ist, wenn Imageverlust droht.

"Der Terminus *Image* kann als der positive Wert definiert werden, den man für sich durch die Verhaltensstrategie erwirbt, von dem die anderen annehmen, man verfolge sie in einer bestimmten Interaktion. Image ist ein in Termini sozial anerkannter Eigenschaften umschriebenes Selbstbild, - ein Bild, das die anderen übernehmen können. Jemand kann z.B. einen guten Eindruck von seinem Beruf oder seiner religiösen Einstellung vermitteln, indem er sich selbst gut darzustellen weiß." (Goffman 1969, 10)

Das Image, das in einer Situation vermittelt wird, wird von den Interaktionspartnern mit emotionalen Reaktionen belohnt. Wenn es sich bestätigt, wird man sich sicher fühlen, wird es stärker als erwartet belohnt, wird man sich wohl fühlen, wird es geringer belohnt, wird man sich schlecht oder verletzt fühlen. Die Sicherung des Images ist ein Grund, die Teilnahme an Interaktionen als Verpflichtung zu empfinden. Gleichzeitig muss man Gefühle für das Image der anderen entwickeln. Imageverlust ist nicht nur peinlich für den, der es verliert, sondern auch für seine Interaktionspartner. Daher sind Anstands- und Benimmregeln institutionalisiert, die die Interaktionspartner verpflichten, auch das Image der anderen zu beachten und deren Selbstdarstellung zu unterstützen. Sie werden bis zu gewissen Schwellen

Informationen, die die Selbstdarstellung des anderen in der Interaktion gefährden könnten, zurückhalten, gewisse Unsicherheiten übergehen oder Fehler zu korrigieren versuchen, schon allein, um die Interaktion mit ihm fortsetzen zu können, denn bei Imageverlust werden Ausdrucksformen entstehen, die nicht leicht in das Ausdruckssystem der Situation einbezogen werden können. Wenn jemand merkt, dass sein Image falsch ist,

"wird er wahrscheinlich beschämt sein oder sich minderwertig vorkommen, weil er die Interaktion stört und sein Ruf als Interaktionsteilnehmer in Gefahr geraten kann. Er kann sich überdies schlecht fühlen, weil er sich darauf verlassen hatte, daß die Begegnung ein Selbstbild von ihm stützen würde, an das er emotional fixiert war und das er nun bedroht sieht. Mangel an verständiger Unterstützung kann ihn bestürzen, ihn verwirren und ihn momentan unfähig zum Interagieren machen. Sein Verhalten und seine Haltung können schwanken, zusammenbrechen und zerbröckeln. Er kann verwirrt und verärgert werden, er kann beschämt werden. Sein Gefühl, ob nun berechtigt oder nicht, daß andere ihn in erregter Verfassung gesehen haben und daß er keine adäquate Reaktionsweise gezeigt hat, kann sein Selbstwertgefühl noch mehr verletzen. Ebenso kann der Übergang von dem Bewußtsein, ein falsches oder gar kein Image zu besitzen, in einem Zustand des Beschämtseins weitere Unordnung in die expressive Organisation der Situation bringen. Dem üblichen Sprachgebrauch folgend, möchte ich hier den Terminus `Gelassenheit' benutzen: damit beziehe ich mit auf die Fähigkeit in der Begegnung mit anderen Beschämung zu unterdrücken und zu vermeiden." (Goffman 1969, 13)

Mit der Übernahme eines Images übernimmt man auch die Verpflichtung, es zu wahren. Damit hat man in Situationen, wo man sein Image wahren muss, die Verantwortung, den Gang der Ereignisse zu überwachen, die expressive Ordnung einzuhalten, Selbstachtung zu zeigen und gleichzeitig Rücksicht auf andere zu nehmen. Ausdrucks- und Informationskontrolle sind daher eine unabdingbare Voraussetzung für die Interaktion in Situationen.

Die Krankheit nimmt nun dem Patienten die gewohnten Mittel der Ausdrucks- und Informationskontrolle in der Pflegesituation. So werden die gerade beschriebenen Verhaltensweisen wahrscheinlich. Eine besondere Fähigkeit, die eine Pflegeperson insbesondere zu Beginn der Tätigkeit bei einem neuen Patienten haben muss, ist es, Strategien zur Normalisierung dieser Situationen einzusetzen.

Aus diesem Zusammenhang lassen sich einige Anforderungen, die Pflegepersonen an ihr eigenes Verhalten stellen, erklären:

"Ich versuche, mich als Gast zu benehmen. Ich dringe ja praktisch in die Intimsphäre ein eines jeden Patienten und, wie gesagt, oft entwickelt sich dann ein vertrauensvolles Verhältnis oder meistens, in der Regel."

"Ich gehe respektvoll an Person heran, bin hellwach, sehe Wünsche der Patienten."

"Die Leute merken aber auch, dass mich interessiert, was mit ihnen los ist. Und das geht eigentlich ruck zuck, also ich glaub, nach drei, vier Mal, spüren die Leute schon, dass ich an dem, was auch noch drin sitzt, interessiert bin. Und ich frage einfach. Wenn ich merke, da ist eine Sperre, dann geht's halt langsamer mit dem Aufbauen, aber es geht eigentlich relativ schnell, dass die Leute wissen, es geht mir in dem Augenblick, wo ich da bin, auch wirklich nur um die Person und nicht Tschüss, ich muss gleich wieder los."

"Manchmal denkst du, du weißt nicht woher das [Vertrauen] kommt. Durch Gespräch, durch Pflege, da versuchst du schon herauszufinden, wo der schwere Punkt ist, worüber die alte Oma gerne sprechen möchte. Oder welches Thema überhaupt Tabu ist. Zum Beispiel einige sprechen gerne über Kinder, andere überhaupt nicht. Es kommt darauf an, wie es in der Familie ist. Andere möchten sich gerne über ihren Hund unterhalten."

"Wichtig ist auch Diskretion der Pflegeperson. Was Patienten der Pflegeperson anvertrauen, ist nur für die Pflegeperson bestimmt, es geht die Firma nichts an und anderes Personal auch nicht."

"Durch das Zeigen von Interesse baut sich Vertrauen auf. Wenn die merken, dass man wirklich kommt, um denen zu helfen und nicht irgendeine Waschung durchzieht, dann geht das eigentlich recht schnell."

"Ich muss dem Patienten das Gefühl geben, dass ich ihn nicht überrumpele, dass ich mich nach seinen Wünschen richte. Die dürfen nicht das Gefühl haben des Ausgeliefertseins, dass sie merken, dass ich Rücksicht nehme auf ihre Befindlichkeit und ihre Umgebung, also ihre Individualität wahre."

"Vertrauen aufbauen dauert eine gewisse Zeit. Ich versuche, wenn ich einen neuen Patienten aufnehme, dass immer dieselbe Pflegeperson vor Ort ist, dass da ein Kennenlernen ist, und dass wir langsam beginnen. Also der Patient wird nicht überschüttet mit neuen Anregungen, wir verhalten uns immer wie ein Gast in der Wohnung und helfen ihm bei Tätigkeiten. Wir fangen nicht an und räumen ihm seine ganze Wohnung um, oder wenn er sein Lieblingskissen da hat, dann bleibt sein Lieblingskissen da auch, und wenn jemand die Hose den dritten Tag anziehen möchte, dann kriegt der, auch wenn wir dann meinen, die ist ein bisschen schmuddelig, die könnte jetzt mal gewaschen werden, dann kriegt der die angezogen, und er lernt uns kennen, wir bringen Informationen von draußen mit, und dann kommt das Vertrautheitsgefühl bei den alten Menschen."

"Also bei einem neuen Kunden im ersten Monat ist täglich etwas anderes. Und da muss man vorsichtig schauen und mit ihm umgehen, weil das ist für ihn auch eine Umgewöhnung: Jetzt erst mal sind wir fremde Menschen, die in seine Wohnung rein zu lassen, aus seinem Schrank Unterwäsche oder was weiß ich raus holen zu lassen."

"Man versucht, in der kurzen Zeit, die wir haben, doch noch viel mit ihm zu reden, dass wir nur helfen wollen, sie nicht entmündigen."

"Man muss mit den Patienten ehrlich reden. Die merken, wenn sie belogen werden."

"Vertrauen der Patienten baut sich über Jahre auf, wenn sie wissen, dass man zuverlässig ist und alles für die rausholt, was rauszuholen geht und es geht besser."

"Offenheit und Ehrlichkeit, ganz klar, ich nehme kein Blatt vor den Mund, auch nicht bei Patienten, die schwer erkrankt sind, sonst steht der Patient möglicherweise ganz alleine da. Ich sage schon beim ersten Gespräch: der Patient kann mir alles sagen, er braucht keine Angst haben, mir vor den Kopf zu stoßen, so handhabe ich das auch.

Dadurch entwickelt sich eine offene Beziehung. Nur wenn der Patient alles sagt, kann ich Probleme beseitigen und die Pflege optimieren. Dadurch entsteht ein Vertrauensverhältnis, dann spricht der Patient mit mir teilweise über Dinge, die er nicht einmal mit seinem Ehepartner bespricht, wo er nicht mit seinem Arzt drüber spricht,

Forderung ist:

"Die Patienten wissen, dass sie sich auf uns verlassen können."

Wenn Vertrauen auch nicht hergestellt werden kann, so fördern doch einige Verhaltensweisen und Eigenschaften die Vertrauenswürdigkeit. Immer wieder wird festgestellt, dass Empathie in die Lage des Patienten und Interesse an den Patienten als Person sowie Respekt vor dem Patienten die Vertrauensgewinnung erleichtern. Respekt heißt, den Patienten ernst nehmen, ihn so zu akzeptieren, wie er ist, auf seine Wünsche einzugehen, ihn nicht zu überfordern, mit Informationen diskret umzugehen, d.h. die für den Patienten notwendige Informationskontrolle zu beachten, Themen anzusprechen, die er bevorzugt, und solche zu meiden, die er tabuisiert. Weiter wird Kontinuität und Verlässlichkeit als vertrauensfördernd angesehen. Das Interesse am Patienten muss so sein, dass sein Wohlbefinden im Vordergrund steht. Er muss bemerken, dass er geachtet wird. Diesem Ziel muss auch die Fachlichkeit untergeordnet werden. Offenheit und Ehrlichkeit fördern die Vertrauenswürdigkeit.

Darüber hinaus muss die Pflegeperson dem Patienten auch vermitteln, dass sie kompetent ist, die Fähigkeiten und Fertigkeiten, die die Patienten von einer Pflegeperson erwarten, tatsächlich besitzt.

"Fachliche und menschliche Kompetenz schaffen Vertrauen."

Für eine angemessene Pflege braucht die Pflegeperson Informationen über den Patienten. Daher muss der Patient auch bereit sein, relevante Informationen zu liefern. Diese Bereitschaft steigt, wenn ein Vertrauensverhältnis gegeben ist:

"Oder wenn ich irgendwo hinkomme und da hat plötzlich ein Diabetiker einen Zuckerwert von 400. Der hat mir aber drei Tage vorher erzählt, dass eine Freundin kommen wollte und dass die früher immer ganz gerne Eis essen gegangen sind. Dann kann ich schon mal nachfragen: na, waren Sie mit Ihrer Freundin Eis essen? Und das kann ich dann wirklich auch so nachfragen, wie ich es jetzt gesagt habe, so ganz locker, und dann sagen die mir auch: Ja. Bei jemand Fremdem würden sie das abstreiten, weil sie Angst haben, jetzt kriege ich Schimpfe, ich hab was verkehrt gemacht, also gebe ich's gar nicht zu. Man erfährt einfach mehr."

Im Einzelfall, wenn ein Patient zunächst sehr misstrauisch ist, kann die Vertrauensgewinnung primäres Pflegeziel sein, um eine weitergehende Pflege erst zu ermöglichen:

"Alles was für mich in letzter Zeit an Problemen bestand, war: Vertrauen erwerben, Einsicht erwerben, Zustimmung so zu kriegen, bis man machen darf, d.h., habe ich jetzt neulich beim MDK-Gespräch auch gesagt, wir können jetzt endlich, nach einem Monat, diese Frau normal duschen, was dringend notwendig war, nach schätzungsweise einem halben Jahr durften wir endlich mal eine Fußpflege hinschicken, was dringend notwendig war. Das ging nur, weil der Sohn in der Lage war, diese Vorlaufphase zu finanzieren. Es ging nämlich einen Monat nur über Betreuung und Privatleistungen. Denn wir haben nicht irgendwas am Körper machen dürfen, wir sind nur gekommen, Kaffee Trinken, Unterhalten, wie geht es Ihnen denn, was war denn früher und erzählen Sie doch mal, zeigen Sie mir mal ein Fotoalbum, und dann durften wir nach vier Wochen erst einmal die Frau duschen. Und heute morgen hat mir die Schwester gesagt, jetzt bin ich da eine Stunde später gekommen: Und die Frau hat mich doch dringend erwartet und hat gesagt, das ginge aber nicht, sie wäre schon ganz verzweifelt, warum ich denn heute so spät käme. Ich sage gut, dann müssen wir eine Stunde früher kommen, dann müssen wir sehr pünktlich sein, denn das Vertrauen dürfen wir nicht aufs Spiel setzen, dass die jetzt schon dich erwartet. Vorher ging die Türe nur so ein bisschen auf: was machen Sie denn hier?

I: Wie schaffen Sie es, dass die Patienten zu Ihnen Vertrauen finden?

B: Ja, mein Grundangstgefühl, das ist die Erfahrung meiner persönlichen Geschichte: Die lehnen ab, da kommt ein Fremder ins Haus, was will der hier? In der Regel sind die Leute dankbar, froh, begrüßen uns herzlich und es ist ein schönes Verhältnis in der Regel. Häufig haben wir eher Probleme mit den Angehörigen, auch so mit

Eifersucht, das spielt auch alles mit rein, aber ein Aufbau von Vertrauen, einen Zugang zu finden, gerade bei Menschen, die alleine sind, die vielleicht auch misstrauisch sind, die beginnend dement sind, das ist für mich das Schönste. Wir kriegen teilweise Möglichkeiten über Medikamentengabe, wenn jeden Tag einmal Medikamentengabe verordnet wird, der Hausarzt macht mit und die Krankenkasse bewilligt es. Dann ein Bein in der Tür zu haben, dann sagen die: Medikamente geben, das muss man, das hat nichts mit Hilfsbedürftigkeit zu tun, sondern das ist eine ärztliche Verrichtung, da mache ich auch einmal die Tür auf, da dürfen sie auch reinkommen, und dann schleichend mit der Zeit, das ist manchmal ein Einstieg für uns,

I: Ist also Vertrauen auch eine Zeitfrage?

B: In vielen Fällen, ja, und eine Kontinuitätsfrage, dass immer derselbe kommt, ich gebe häufig den Angehörigen den Tipp, dass ich sage, lassen Sie bitte die anfängliche Pflege bei fünfmal wöchentlich, um nicht samstags, sonntags wechselnde Leute reinzubringen, das bringt nichts, das bringt nur Verwirrung, da können wir immer noch gucken, ob wir dann jeden Tag kommen, das war so bei dieser Patientin, wo ich Ihnen sagte, dass die erste Zeit nur vom Sohn finanziert wurde, da haben wir fünfmal wöchentlich angefangen und auch dann geguckt, wer hat die nächste Zeit keinen Urlaub, wenn dann einer krank wird, ist natürlich auch schlecht:"

Vertrauensaufbau ist u.U. ein langwieriger Prozess, in dem die Pflegepersonen unterschiedliche Strategien einsetzen können. Am letztgenannten Beispiel werden solche Strategien besonders deutlich: Die Pflegeperson geht in kleinen Schritten vor. Um dem Gesetz des Wiedersehens zu genügen, geht am Anfang immer nur dieselbe Pflegeperson zu der Patientin. Sie ist bemüht um Handlungsverdichtungen, indem sie ein besonderes Interesse an der Person und ihrer Vergangenheit zeigt. Durch die Regelmäßigkeit der Besuche rahmt sie die Handlungen so, dass sie sich glaubwürdig festlegt und auf diese Weise Sicherheit verspricht. Indikator für das gewonnene Vertrauen ist die Tatsache, dass die Patientin konkrete Erwartungen an das Kommen der Pflegeperson entwickelt hat.

"Alle genannten Aspekte stellen Orientierungsindikatoren dar für Beziehungen zu Personen oder gesellschaftlichen Einrichtungen, für eigenes Denken und Handeln und für den Umgang mit Dingen und

Zeichen – also für die Perspektivierung menschlichen Weltbezuges in Sozial-, Selbst- und Sachverhältnissen. Sie umschreiben Momente eines allgemeinen Musters menschlichen Weltbezuges und menschlicher Weltorientierung zur kontinuierlichen Transformation von Unvertrautem in Vertrautes und bilden empirische Voraussetzungen für die Genese von Vertrauensbeziehungen aufgrund von Vertrautheitskonstellationen." (Endreß 2001, 193)

Vertrautheit und Vertrauen nehmen in dem Maße zu, in dem es dem Patienten mit Hilfe der Pflegeperson gelingt, die ihm unvertraute und somit bedrohliche Situation zu normalisieren, d.h. die vormals unbekannten, fremden unvertrauten Elemente der neuen Situation in die vertrauten Relevanzstrukturen und Deutungsmuster einzubauen. Wie das Beispiel zeigt, können dafür Situationen konstruiert werden, die sich leichter in das vorhandene Wissen einordnen lassen, wie die Medikamentengabe, die als medizinische Leistung leichter in das Selbstbild der Betroffenen eingeordnet werden kann als die Zulassung der Berührung des ganzen Körpers durch Fremde, wie sie bei der Grundpflege nun mal erforderlich ist.

Vertrauen wächst dann, wenn sich die über das Ausdrucksverhalten der Pflegepersonen erschlossenen Versprechen in der Gegenwart bewähren und in Erwartungen transformiert werden, die auch für die Zukunft gelten.

"Ja, ich denke, das kommt einfach so im Gespräch durch gewisse Gesten, dass dann eben auch unnahbare Leute oder Leute, die sehr auf Distanz Wert legen, dann im Laufe der Zeit die Distanz eben weiter runter schrauben. Das geht nicht immer schnell."

Das erforderliche Vertrauen in die Pflegeperson umfasst viele Bereiche:

"Da sind ganz einfache Faktoren entscheidend: Geht der mit mir gut um? Fühle ich mich sicher bei ihm? Ist das Vertrauensverhältnis gegeben? Kann ich den auch in Ruhe in meinen vier Wänden lassen, oder habe ich das Gefühl jedes Mal, danach ist mein Schmuck weg? So ist der Gedankengang halt. Habe ich einen Ansprechpartner in der Person, die mich pflegt? Fühle ich mich einfach gut aufgehoben?"

Wie Ego Alter erlebt und in Bezug auf ihn handelt, ist wesentlich davon bestimmt, ob er ihn vertrauenswürdig hält oder ihm misstraut.

Vertrauen entsteht, wenn Alter so erlebt wird, dass er bei dem bleibt, was er bewusst oder unbewusst über sich mitgeteilt hatte (Luhmann 1968, 41). So kann sich der Vertrauende in seiner Lebensführung darauf verlassen, Risiken zu übernehmen in dem Bewusstsein, dass sein Interaktionspartner diese Risiken auffängt. Vertrauensbildung und -vergewisserung befasst sich mit dem Zukunftshorizont der jeweils gegenwärtigen Gegenwart. Das Vertrauen muss sich auf mehrere Dimensionen erstrecken. Wichtig ist das Vertrauen in die fachliche Kompetenz der Pflegeperson, das Gefühl, von ihr geachtet zu sein und das Vertrauen in die Zuverlässigkeit und Ehrlichkeit der Pflegeperson, das Bewusstsein, dass die Pflegeperson dem Patienten keinen Schaden zufügen will, sondern zu seinem Wohl handelt.

Nun ist ein Vertrauensverhältnis kein einseitiges Verhältnis. Auch der Patient hat Interesse an der Pflegeperson und an Informationen über sie. Daher betonen alle, dass auch auf Seiten der Pflegeperson eine hohe Bereitschaft bestehen muss, über sich selbst zu erzählen, um ein Vertrauensklima herzustellen. Gleichzeitig soll aber auch die Möglichkeit, eine gewisse Distanz aufrecht zu erhalten, gewahrt bleiben, um auch von Seiten der Pflegekraft den Informationsfluss kontrollieren zu können und um unangemessene Erwartungen abwehren zu können. Nähe und Distanz zum Patienten müssen austariert werden. Die Grenzen für Informationen über sich selbst werden allerdings von den einzelnen Pflegepersonen verschieden gesetzt.

Informationen der Pflegeperson über sich selber wird eine doppelte Funktion zugeschrieben. Zum einen sollen sie Vertrauen ermöglichen, zum anderen auch den Patienten anregen, über sich selbst zu erzählen.

"Ich erzähle auch ein bisschen von mir, meinen beruflichen Werdegang, um zu zeigen, dass ich etwas von der Sache verstehe, um zu zeigen, was ich unter Professionalität verstehe, erzähle ein bisschen von mir, wo ich wohne, wie meine Lebenssituation so ein bisschen ist. Die Patienten erzählen dann auch so ein bisschen von sich. Ich frage dann auch nach ihrem Werdegang und solche Sachen. Häufig kommen dann Kriegserfahrungen, vor allem bei Männern, oder bei Frauen, wie sie ihre Kinder groß gezogen haben, wer noch regelmäßig vorbeikommt, und nach und nach erfährt man so ein bisschen Biographisches. Man erzählt natürlich auch von sich auch so ein bisschen, weil man natürlich nicht erwarten kann, dass die Patienten selber etwas erzählen, und so nach und nach entsteht dann so eine gewisse vertrauliche Atmosphäre, was dann natürlich das Arbeiten einfacher macht."

"Ich finde immer ziemlich schnell Kontakt, erzähle auch einiges von mir, von meiner Familie, von meinen Kindern und versuche auf die Patienten und ihre Wünsche einzugehen."

"Ich denke, wenn man zuerst irgendwo hinkommt, man erzählt auch sehr viel erst von sich selbst, so und, dass die einen auch besser kennenlernen. Und ja viele können dann ja auch gar nicht an ihre Schränke, so und, ja, oft liegen dann auch schon die Sachen dann da, dass da irgendwo Angehörige da waren und wegen Anziehsachen. Aber man erzählt doch auch viel von sich selbst und dann kommt ja auch einiges wieder zurück."

"Vertrauen bemerkt man an Gesprächen, wie offen die Gespräche geworden sind in der Zeit. Am ersten Tag, kann man sagen, ist der Patient vielleicht verschüchtert. Das ist Neuland für ihn. Und wenn er vorher viel selbst gemacht hat, dass er eben jetzt auf fremde Hilfe angewiesen ist, dass man dann eben das Vertrauen aufbaut, und dass man sich dann auch über Dinge unterhält, die mit der Pflege gar nichts zu tun haben, sondern dass das auch private Sachen sind, dass man fragt, was seine Vorlieben sind, was er früher gemacht hat, also dass er so eine kleine Biographie von sich erzählt, und dass man vielleicht selbst etwas zu dem Thema zu sagen hat, z.B. ich war da und da in Urlaub. Ja, sagt der Patient, da war ich auch 15 Jahre lang. Dann hat man schon eine gewisse Hürde überwunden und dann hat man eigentlich schon die halbe Miete gewonnen. Dann hat man u.U. schon einen gewissen Eindruck bei dem Patienten hinterlassen und dann ist es auch schon nicht mehr so schwierig."

Wie schon mehrfach erwähnt, ändert sich mit dem Vertrauen die Pflegesituation. Der Patient wird offener, aber auch die Pflegeperson kann offener gegenüber dem Patienten reden.

"Eine gute Vertrauensebene, dass der Patient keine Angst hat, sind mindestens 10 Kilo."

Mit dem Vertrauen schwindet die Angst. Mit dem Nachlassen der Angst wird das Kontrollbedürfnis geringer.

"In der Regel ist es ein sehr vertrauensvolles Verhältnis, das man zueinander hat und das man auch zueinander braucht. Wenn man da anfängt, sich gegenseitig zu kontrollieren, sich gegenseitig auf die Finger zu hauen, dann ist schon was an dem Vertrauensverhältnis einfach schwierig. Es gibt kaum ein intimeres Verhältnis als der Pflegebereich. Das muss einfach ein intimes vertrauensvolles Verhältnis sein, damit das auch funktioniert. Wenn das nicht da ist, und man in der Rolle des Kontrolleurs ist, dann ist es einfach schwierig."

"Ja, das ist schwierig, weil wir ja zu Gast sind, da muss man ein bisschen Feingefühl aufbringen und gucken, dass man sich da ein bisschen abgrenzt, sonst ist man da verloren. Das ist eine echte Plage auf die Dauer. Ja, das ist aber oft so, dass sich das abmildert, wenn die Angehörigen merken, sie können Vertrauen zu einem haben, da muss man halt versuchen, Vertrauen aufzubauen, dass sie nicht meinen, sie müssten jeden Schritt diktieren."

In dem Maße, wie man anderen vertraut, kann man die Risiken der Zukunft reduzieren.

"Der vertrauensvoll Handelnde engagiert sich so, als ob es in der Zukunft nur bestimmte Möglichkeiten gebe. Er legt seine gegenwärtige Zukunft auf eine künftige Gegenwart fest. Er macht damit den anderen Menschen das Angebot einer bestimmten Zukunft, einer gemeinsamen Zukunft, die sich nicht ohne weiteres aus der gemeinsamen Vergangenheit ergibt, sondern ihr gegenüber etwas Neues enthält." (Luhmann 1968, 20)

Somit ist Vertrauen riskant und wird nicht blind geschenkt, wenn auch die Vertrauensperson einen gewissen Kredit genießt, in dessen Rahmen auch ungünstige Erfahrungen absorbiert und zurechtinterpretiert werden können. Dieser Rahmen ist aber nicht beliebig groß, sondern er legt Schwellen fest, jenseits derer das Vertrauen entzogen wird. Innerhalb des Rahmens bleiben die Verhaltensgrundlagen konstant oder zumindest indifferent gegen Unterschiede. Wird der Rahmen aber überschritten, dann können auch kleine Schritte große Veränderungen bewirken.

"Bei bestehendem Vertrauensverhältnis reagieren die Patienten anders, z.B. werden Verspätungen eher entschuldigt."

Schon lange bestehende Verbände haben einen gewissen Vorteil, da sie ein Systemvertrauen genießen: Deren Angestellte genießen Vertrauen aufgrund der Zugehörigkeit zu einem bekannten Verband, dem zugetraut wird, seine Mitglieder so auszuwählen, dass sie mit genügender altruistischer Motivation und Fachwissen ausgestattet sind, und dem gleichzeitig die Autorität unterstellt wird, durch soziale Kontrolle diese Eigenschaften bei seinen Mitgliedern durchzusetzen und möglichen Missbrauch auszuschließen.

"Der Name Caritas spielt noch eine große Rolle: von Caritas wird Zuverlässigkeit erwartet, man setzt eine Menge Vertrauen in uns, was den Personaleinsatz anbelangt. Man erwartet von uns die langjährige Erfahrung, die wir auch nachweisen können, und traut uns dann die Versorgung und Schwerstpflegen dementsprechend zu."

"Das DRK genießt hohes Vertrauen, hat 1500 Hausschlüssel. Die Leute haben mehr Vertrauen zum DRK als zu den Nachbarn. Der Ruf eilt einem voraus, man kann den Ruf schnell versauen, Es gibt keine Schwellenängste."

Ein privater Pflegedienstleiter stellt fest:

"Die Wohlfahrtsverbände haben den unendlichen Vorteil der Bekanntheit."

Das Vertrauen in die Institution wird dann auch auf das Personal übertragen. Hoher Bekanntheitsgrad und Systemvertrauen verschaffen einen Vorteil auf dem Pflegemarkt. Auffällig ist, dass betont wird, man könne dieses Systemvertrauen leicht verspielen.

Systemvertrauen kann durch gesetzliche Vorschriften gefördert werden:

"Die Familien sind so manchmal eingestellt, dass die die Sachen, die sie vor mir verheimlichen, erst mal wegstecken. Und wenn ich dann dahin komme, kriege ich manchmal einen Schlag, weil das taucht irgendwann auf. Irgendwo ist es ja Quatsch, und deswegen dieses Erstgespräch, dass die lockerer werden und dass man auch klipp und klar sagt: Leben Sie so, wie Sie immer gelebt haben, verstellen Sie sich nicht, es wird nur schwieriger, wenn Sie sich verstellen, weil ich darf ja vom Gesetz her nicht ausplaudern, was Sache ist in der Familie, und die Familie ist dann so eigentlich mehr beruhigt, wenn man drauf zugeht, und wie gesagt, Offenheit ist schon eine große Sache da."

Die Verpflichtung zur Verschwiegenheit fördert das Vertrauen in die Pflegeperson und in die diese Verpflichtung garantierende Institution.

Alle Pflegedienste bemühen sich, ein solches Systemvertrauen zu erwerben. Sie gehen davon aus, dass gute Pflege sich herumspricht, dass die Erfahrung mit dem Personal des Pflegedienstes generalisiert wird auf das ganze Personal des Dienstes, dass gute Pflege im Einzelfall sich herumspricht und das Vertrauen in den Pflegedienst fördert:

"Die läuft heute. Die ist überglücklich. Das Krankenbett ist weg. Sicher, ich hab morgens eine Stunde gebraucht, aber ich hab doch jetzt was davon. War vielleicht nicht ganz wirtschaftlich: jetzt ist sie nur noch einmal in der Woche mit Baden drin. Aber diese Patientin, wenn jemand aus ihrem Bekanntenkreis einen Pflegedienst braucht, die sagt: Nimm [Pflegedienst], hör mal Super-Pflege. Ich kann heute wieder laufen. Und Mund-zu-Mund-Propaganda sollte man nicht unterschätzen."

3.2.3 Intimität des Pflegeverhältnisses

Immer wieder wird betont, dass sich die Pflegesituation von anderen Situationen in Arbeitsverhältnissen durch die besondere Intimität der Pflegebeziehung unterscheidet:

"Vielfach kriegt man in der ambulanten Pflege Situationen mit, weil da ein bestimmtes Vertrauensverhältnis besteht. Und da kriegt man Situationen mit, da sind Konflikte, da sind ganz eindeutig Konflikte. Entweder, dass die Ehepartner im Konflikt miteinander sind oder das der pflegende Angehörige einen Konflikt mit seiner Situation hat oder dass mit den Kindern oder den Angehörigen, dass da irgendwelche Konflikte sind, und wir kommen da rein und wir kriegen das mit."

"Ältere Leute haben ja auch immer das Bedürfnis, etwas mitzuteilen oder mit einer Vertrauensperson das zu besprechen, was sie mit den Kindern nicht so gerne besprechen. Und so bleibt das dann bei uns, und wenn dann der Kunde ein bisschen redet, das tut ihm gut, mich belastet es nicht, ich höre gern zu, und das läuft dann alles nebenher."

"Also wenn Sie entsprechend mit den Leuten umgehen, dann kennen Sie nach einem halben Jahr, die Lebensgeschichte, Sie kennen die familiären Verhältnisse und Ähnliches. Ihnen wird ein hohes Maß an Vertrauensvorschuss gewährt und dem müssen Sie eben gerecht werden."

"Für einen großen Teil der Patienten könnten sämtliche Kollegen von mir, wir könnten die Kinder, die Enkelkinder sein. Man wird dann oft so das Kind im Haus, jetzt nicht als negativ, weil man bevormundet und befohlen wird, sondern weil das Vertrauen da ist. Das ist dann oft so, dass so ein Sie-Du-Gemisch ist, im Gespräch vorkommt, so: Ach gib mal. Und wenn was ist: Ach Schwester geben Sie mal."

"Und dadurch dass man – das ist ja das Schöne an der ambulanten Pflege – über mehrere Monate, Jahre, eine Beziehung aufbaut, ist man für viele ja schon fast ein Verwandter."

"Nur wenn der Patient alles sagt, kann ich Probleme beseitigen und die Pflege optimieren. Dadurch entsteht ein Vertrauensverhältnis. Dann spricht der Patient mit mir teilweise über Dinge, die er nicht einmal mit seinem Ehepartner bespricht, wo er nicht mit seinem Arzt drüber spricht."

In diesen Zitaten wird das Verhältnis Patient - Pflegeperson als sehr vertraulich charakterisiert. Ein vertrauliches Verhältnis ist strikt persönlich und privat und impliziert Geheimnisse gegenüber der Außenwelt. Wie intim dieses Verhältnis werden kann, zeigt sich daran, dass den Pflegepersonen Sachverhalte mitgeteilt werden, die selbst Verwandten, auch dem Ehepartner, vorenthalten werden.

Warum wird ein solch intimes Verhältnis von Patienten angestrebt? Oben ist schon angesprochen worden, dass die Pflegesituation die Vorstellungen des Sozialverhaltens der Patienten sprengen kann. Ein wesentliches Element, das durch die Pflegesituation in Frage gestellt wird, ist die Bestimmung von Nähe und Distanz. Die physische Nähe, in die zwei Personen treten, ist normalerweise Ausdruck ihrer sozialen Nähe. Watzlawick gibt z.B. den Abstand, den zwei Fremde in unserer Kultur zueinander halten sollen, mit einer Armeslänge an. (Watzlawick 1976, 17) Auch das Ausmaß des Körperkontaktes zweier Menschen ist abhängig vom Alter und den Beziehungen zwischen ihnen.

"Intensiver Kontakt besteht zwischen Mutter und Kind, er nimmt jedoch mit zunehmendem Alter des Kindes ab. Ein gewisser Kontakt besteht zwischen gleichgeschlechtlichen Kindern vor der Adoleszenz, sehr viel mehr zwischen verschiedengeschlechtlichen Paaren während der Adoleszenz und danach; der Kontakt zwischen Eheleuten ist ziemlich ausgedehnt. Im übrigen ist körperlicher Kontakt praktisch tabu, von Begrüßung und Abschied abgesehen." (Argyle 1972, 92)

Für Fremde sind alle Körperteile zu berühren verboten, außer die Handinnenflächen. Pflegepersonen berühren aber u.U. den ganzen Körper und verstoßen damit gegen ein Tabu. Dieser Tabubruch kann geheilt und damit normalisiert werden, wenn das Verhältnis zwischen Patient und Pflegekraft vertraulich wird, da dann die Diskrepanz zwischen sozialem Abstand und dem Körperkontakt verringert wird. Daher ist die Intimisierung der Pflegebeziehung eine Strategie von Patienten zur Normalisierung der Pflegesituation.

Mit zunehmender Vertraulichkeit verliert die Informationskontrolle an Bedeutung. Herstellung von Vertraulichkeit ist also eine Strategie des Patienten, die Problematisierung der Verbindlichkeitsvorstellungen und Reziprozitätsnormen durch die Pflegesituation zu kompensieren. (Kondratowitz 1997, 211) Damit verlieren aber auch die Positionsgrenzen zwischen Patienten und Pflegeperson an Relevanz und Deutlichkeit, was darin zum Ausdruck kommt, dass das Verhältnis zwischen Patient und Pflegeperson wie verwandtschaftliche Positionen beschrieben wird. Dann wird allerdings auch eine Aufgabenabgrenzung der Pflegeperson erschwert. Familiale Aufgabenteilung erfolgt je nach Situation unterschiedlich. Vom Verwandten wird erwartet, das zu tun, was gerade anfällt. Wird dieses Modell auf die Pflegebeziehung übertragen, dann lässt sich die Pflegetätigkeit nicht mehr von anderen Tätigkeiten abgrenzen, dann erwarten die Patienten, dass die Pflegepersonen alle ihre Wünsche erfüllen, die Grenze zwischen gerechtfertigten und zurückzuweisenden Erwartungen an das Pflegepersonal verschwimmt.

"I: Inwieweit können Sie generell auf Wünsche der Patienten eingehen bei der Pflege?

B: Ja, das ist eine Gratwanderung. Also ich versuche natürlich in den Erstgesprächen immer auch zu erläutern, was gehört jetzt dazu. Danach wird auch gefragt. Wenn ich jetzt eine Ganzwaschung ausmache, dann müssen die Leute auch wissen, was dazu gehört, was ist dabei und was ist nicht dabei. Realität ist aber in einem Haushalt, dass dann als erstes gefragt wird: Können Sie jetzt erst mal die Rollläden hoch machen. Das macht man auch schon, weil man will ja selbst auch Licht haben bei der Arbeit. Eigentlich gehört es aber nicht dazu. Und es ist auch ein Zeitfaktor, da gibt es Rollläden, die klemmen dann oder gehen nicht richtig hoch. Dann sind da x verschiedene Rollläden: Wenn Sie mir die hoch gemacht haben, dann machen Sie mir die im Bad und in der Küche auch noch eben hoch. Und es kommt oft so ein ganzes Paket an Arbeiten dazu, die ich jetzt bei der Bedarfserhebung nicht mit aufgenommen habe. Das kommt so klammheimlich hinterher, denn das liegt in der Natur der Sache, dass die Leute das versuchen, sich die Mitarbeiter auch zu krallen und zu sagen: Können Sie mir das noch oder können Sie mir das Rezept eben abholen, der Apotheker wohnt nur drei Ecken um die Straße herum, geben Sie das da doch eben ab. Und da können Mitarbeiter oft schlecht nein sagen, weil das klingt ja schrecklich unhöflich und ungefällig, wenn man sagt: Es tut mir leid, das gehört nicht dazu. Das verstehen die dann oft nicht."

Besteht unter den Befragten Konsens darüber, dass ein Vertrauensverhältnis zwischen Patienten und Pflegepersonen anzustreben ist, so gehen die Meinungen über vertrauliche Beziehungen weit auseinander:

"Es gibt auch Patienten, die auf einen völlig fixiert sind, Wenn Patienten sagen, das ist wie meine eigene Tochter, das finde ich persönlich bedenklich, weil das bin ich ja nicht, ich habe einen ganz anderen Auftrag, und das versuchen wir dann zu bremsen, indem wir dann das Personal mal wechseln."

"Ja, das ist schwierig, weil wir ja zu Gast sind. Da muss man ein bisschen Feingefühl aufbringen und gucken, dass man sich da ein bisschen abgrenzt. Sonst ist man da verloren. Das ist eine echte Plage auf die Dauer... Ja, es kann auch unangenehm dadurch sein, dass Angehörige gewisse Leistungen fordern, die einfach nicht möglich sind oder die den Rahmen sprengen. Das ging bis dahin, dass ich bei einer Patientin ein komplettes Kosmetikprogramm durchführen sollte mit verschiedener Reinigungsmilch, ja, und dann komplett schminken hinterher und so, dass ich da gesagt habe: ich bin keine Kosmetikerin."

Ein Geschäftsführer verweist darauf, dass man verhindern muss, einen Leistungsplan neben dem Leistungsplan aufzustellen:

" Wir wissen, dass wir da einen Spagat machen müssen: Kommunikation mit Kunden beginnt nicht bei dem Punkt, sich in die Küche zu setzen und ein Tässchen Kaffee zu trinken. Sie beginnt beim Betreten der Wohnung. Es gibt immer wieder Situationen, wo man sich hinsetzen muss, wo auch eine Tasse Kaffee getrunken werden muss. Was nicht geht betriebswirtschaftlich, ist ein Leistungsplan neben dem Leistungsplan, den man sich durch einen langfristigen Kundenkontakt erarbeitet: Da muss ich einen Kaffee trinken, hier rauche ich eine Zigarette, da bin ich zum Mittagessen eingeladen. Das geht nicht, weil da einfach zu viel Zeit bei draufgeht. Aber jeder Mitarbeiter von [Pflegedienst] hat das Recht und auch die Kompetenz zu sagen: Hier ist es jetzt zwingend notwendig, ein Gespräch zu führen, hier bleibe ich jetzt 10 Minuten länger oder auch eine Viertelstunde. Und dann wird das Büro angerufen und gesagt: Informiere die Patienten, ich schiebe nach hinten jetzt eine Viertelstunde, es ist das und das passiert. Es darf nur nicht zu einer strukturellen Einrichtung werden."

Um solche Zumutungen zu vermeiden, lehnte ein Pflegedienst die Bezugspflege generell ab:

"Es wird ganz bewusst versucht, nach einer Zeit das auf jeden Fall zu tauschen, d.h. sie wechseln nicht täglich oder wöchentlich, aber sie wechseln nach einer gewissen Zeit. Dann fahren die Leute wo anders hin. Das geht teilweise gegen den Wunsch der Mitarbeiter und teilweise gegen den Wunsch der Kunden. Es hat sich aber auf längere Sicht bewährt, weil die Krankenschwester, die 3 ½ Jahre zu den gleichen Leuten fährt, dann haben Sie Probleme, wenn die Urlaub hat oder wenn die krank wird. Auf einmal klappt das alles nicht mehr, weil die hat ja immer alles ganz anders gemacht als in der Pflegeplanung steht. Und die ist seit 3 ½ Jahren nicht mehr aktualisiert worden, weil die ja schon weiß, was da alles zu machen ist. Und deswegen wird das ganz bewusst gewechselt. Nähe zu einem ist natürlich nicht ganz verkehrt. Nur zu diesem Stück Professionalität gehört auch dazu, dass sich manche jüngere Leute nicht wie die Enkeltochter behandeln lassen. Das geht sehr schnell, habe ich gemerkt, und das wird teilweise auch gewünscht von den älteren Leuten, wie auch die Sache mit dem Duzen, Duzen ist eigentlich nicht vorgesehen, sprich ist verboten. Wenn das in Einzelfällen vorkommt, wird halt geguckt, warum das so ist, und dann immer mit der Bitte, das lieber zu lassen, weil das zu zuviel Nähe führt, die hinterher nicht funktioniert, aus dem einfachen Grunde, warum auch Geschenke verboten sind, um einfach Bestechlichkeiten zu verhindern, wie: Ich habe Ihnen immer Schokolade gegeben, warum bleiben Sie jetzt nicht mal eine halbe Stunde länger? Weil das nicht geht und weil das eben auch vorkommt, wird schon im Vorfeld versucht, das auch zum Schutz des Mitarbeiters zu verhindern. Und das mit dem Mitarbeiterwechsel ist im Prinzip der gleiche Grund, nicht die Sache: Wir vermieten keine Mitarbeiter, sondern wir machen Dienstleistungen. Das ist manchen Leuten schwer zu erklären, aber es hat bisher noch jeder verstanden, warum das so ist, und sie finden es dann doch eigentlich ganz gut, jemanden anderes zu haben, der dann wieder wo anders Stärken hat. Aber es ist sehr schwierig, das zu erklären. Kommt da immer derselbe, ist eine der vielen Fragen, die zu Anfang gestellt werden. Nein, kommt nicht. Warum nicht, schade. Aber wenn es dann verstanden wird, warum, ist das auch akzeptiert. Und für die Planung ist es eben unendlich viel leichter, dass die Urlaubszeit oder die Krankheitsphasen, dass Sie das einfach steuern können. Dann kommen eben die anderen, und die Kunden kennen das schon, dass mal jemand anderes kommt, aber nicht jeden Tag oder jede Woche."

Ein vertrauliches Verhältnis zwischen Kunde und Pflegeperson wird hier abgelehnt und durch organisatorische Maßnahmen zu verhindern versucht. Mit der Vertraulichkeit gewinnt ein anderes Steuerungsmedium an Gewicht, die solidarische Kommunikation. Ist das der Fall, dann wird die Planung der Pflege erschwert.

Andere betrachten dagegen das Eingehen auf nicht vereinbarte Leistungsanforderungen als besonderes Indiz für die gute Beziehung zwischen Kunden und Pflegeperson:

"Das ist das Entscheidende dabei, wie machen Sie das denn, wie kann's denn sein. Das geht doch nur darüber, über Dinge, die man mehr erbringt. Denn wenn ich für etwas bezahlt werde, ist das ja mein Job. Ich werde doch dafür bezahlt, ich mache das eben. Das ist doch nicht etwas, woraus man sehen kann, dass Sie Idealist sind. Das sehen Sie daraus nicht, sondern das sehen Sie hinterher, wenn Sie sagen: Scheiße, ich hab um 17 Uhr Feierabend, ach, ich habe heute schon 10 Stunden gearbeitet, es ist heiß draußen, aber die will ja noch ein Pfund Brot haben: bei dem und dem Bäcker, der hat doch immer dass leckere da, komm, Scheiße, fährst du noch hin. Das ist doch das kleine bisschen. ... Und die Oma freut sich, weil die Tochter das nämlich nicht macht."

Deutlich wird, dass alle Pflegedienste ein vertrauensvolles Verhältnis zwischen Pflegekraft und Patient für notwendig erachten, dass aber, wenn das Verhältnis in ein vertrauliches übergeht, die Abgrenzung der Position "Pflegekraft" und damit auch ihre Aufgabenumschreibung schwierig wird Eine solche Entwicklung wird unterschiedlich bewertet. Während die einen gerade darin ein Qualitätsmerkmal sehen, betrachten die anderen die Vertraulichkeit des Verhältnisses als Störfaktor für die Planbarkeit der Pflege und die betriebswirtschaftliche Ausrichtung des Pflegedienstes.

Eine klare Abgrenzung der Position "Pfleger/in" wird von einigen als vorteilhaft empfunden. Sie sei insbesondere durch die Einführung der Pflegeversicherung erleichtert worden:

"Also ich rede nach wie vor, wenn jemand mir einen Konflikt präsentiert oder ein Problem oder was auch immer. Dann gehe ich kurz darauf ein, aber ich habe verinnerlicht, dass es nicht unsere Aufgabe ist, hier weder als Seelsorger zu arbeiten, noch als Therapeut zu arbeiten, noch als, was weiß ich immer, als Sozialarbeiterin. Es ist mir allerdings ganz wichtig an die Stellen hin zu verweisen, wo die Leute die Hilfe kriegen, nach denen ihnen verlangt. Das ist mir ganz wichtig. Also aber, es ist im Zuge der Pflegeversicherung für mich auch eine ganz große Erleichterung. Da hat sich was entschärft, entkrampft, entzerrt, möchte ich mal sagen. Dass das alles nicht mehr von mir verlangt wird, sondern ich gehe aufgrund der Pflegeversicherung oder der Neuregelung mit einem ganz klaren Auftrag in die Familie. Grundpflege, Teilwäsche oder was auch immer, ein ganz klarer zeitlich umrissener Auftrag. Und wenn ich drei Worte mit den Leuten reden möchte innerhalb dieses Auftrages, tue ich das, wenn ich das nicht tue, dann ist für mich wichtig, die Aufgabe so gut wie möglich zu erfüllen und dann einen Abgang zu machen. Und wenn die Leute ein Gespräch brauchen, kann ich verweisen auf einen Pfarrer oder auf die Lebenshilfe oder hier ins Büro. Dann sage ich: Rufen Sie im Büro an, oder was auch immer.

I: Dann ist durch die Neuregelung Ihr Arbeitsauftrag klarer geworden?

B: Ja, das würde ich ganz eindeutig sagen. Es ist ganz eindeutig, ganz klar umrissen. Und das war vorher nicht so klar. Also, das hat aber möglicherweise auch was mit uns individuell zu tun. Ich habe verschiedene andere Ausbildungen vorher gemacht und hab natürlich, aus diesem Hintergrund habe ich auch noch andere Ansprüche an den Beruf mit hinein gebracht. Und die Pflegeversicherung hat uns auf unser eigenes Berufsbild zurückgestellt, oder zurück gebracht. Du bist Krankenschwester – ich bin ja nun Krankenschwester – und als solche gehst du in die Familie. Du gehst nicht als Seelsorgerin, du gehst nicht als Missionarin oder als was auch immer, sondern du gehst als Krankenschwester und hast einen ganz klar umrissenen Auftrag. Es hat mir ganz viel, ganz viel Entzerrung gebracht, mir persönlich, muss ich wirklich sagen."

Ähnlich wie die Abwehr von Vertraulichkeit bietet auch die klare Abgrenzung pflegerischer Tätigkeiten, wie sie mit der Pflegeversicherung eingeführt wurde, die Möglichkeit, die Position "Pfleger/in" klarer zu bestimmen. Die Pflegeposition ist nach der Einführung der Pflegeversicherung klar abzugrenzen von anderen Positionen wie Seelsorger, Therapeut oder Sozialarbeiter. Grund- und Behandlungspflegen sind klar definiert. Indem der Pflegeberuf über diese Tätigkeiten definiert wird, können andere Erwartungen zurückgewiesen werden. Indem das Berufsfeld z.B. gegenüber der Gemeindeschwester eingeschränkt wird, wird der Relevanzbereich Pflege widerspruchsfreier. Die Themen und ihre Themenfelder werden klarer institutionalisiert. Der Rahmen, der die Auswahl und die Verknüpfungsregeln der für das Thema relevanten Personen, Objekte und Erwartungen definiert, erlaubt es, die Regeln, unter welchen Gesichtspunkten die relevanten Gegenstände, Ereignisse und Geschehnisse wahrgenommen und wie sie in der zeitlichen, räumlichen, sachlichen und sozialen Dimension relationiert werden müssen, durch die Auslagerung anderer Tätigkeiten aus dem Berufsfeld widerspruchsfreier zu institutionalisieren. Indem die anderen Bereiche anderen Berufen zugeschrieben werden, lassen sich Anforderungen, die sich auf sie erstrecken, durch die Pflegeperson zurückweisen. Erst unter diesen Bedingungen der klaren Abgrenzung des Relevanzbereiches Pflege und der Vermeidung vertraulicher Beziehungen zwischen Pflegeperson und Patient wird es möglich, Gesichtspunkte für eine Pflegeplanung zu definieren.

3.3 Bedarfserhebung

Nach §18 Abs 6 soll der MDK Art und Umfang von Pflegeleistungen sowie einen individuellen Pflegeplan empfehlen.

"Der Medizinische Dienst hat der Pflegekasse das Ergebnis seiner Prüfung mitzuteilen und Maßnahmen zur Rehabilitation, Art und Umfang von Pflegeleistungen sowie einen individuellen Pflegeplan zu empfehlen. Beantragt der Pflegebedürftige Pflegegeld, hat sich die Stellungnahme auch darauf zu erstrecken, ob die häusliche Pflege in geeigneter Weise sichergestellt ist." (§ 18 Abs 6 PVG)

Gemäß der "Richtlinien der Spitzenverbände der Pflegekassen zur Begutachtung von Pflegebedürftigkeit nach dem XI. Buch des Sozialgesetzbuches [(Begutachtungs-Richtlinien - BR) vom 21.03.1997 in der Fassung vom 22.08.2001" (12f)] ist es Aufgabe des Arztes des MDK:

"den ursächlichen Zusammenhang des individuellen Hilfebedarfs mit Krankheit und Behinderung zu prüfen sowie geeignete therapeutische bzw. rehabilitative Maßnahmen aufzuzeigen. Aufgabe der Pflegefachkraft ist es, alle für die Beurteilung der Pflege erforderlichen Feststellungen zu treffen, insbesondere ermittelt sie den individuellen Hilfebedarf auf der Grundlage der in § 14 Abs. 4 SGB XI genannten Verrichtungen des täglichen Lebens, beurteilt sie die individuelle Pflegesituation und entwirft den individuellen Pflegeplan."

Tatsächlich beschränkt sich der MDK nach Aussagen aller Befragten aber auf die Feststellung der Pflegebedürftigkeit und die Einordnung in eine der Pflegestufen.

"Der MDK stellt keinen Pflegeplan auf, hat Begutachtungsbögen, aus diesen Bögen entwickelt sich der Hilfeplan, bzw. die Bedarfsbestätigung der Hilfe. Die Bedarfsbestätigung soll den Hilfsbedarf feststellen, Der MDK erstellt einen Hilfebedarfsplan. Das wird von vielen nicht verstanden. Viele sagen: die vom MDK aufgeführte benötigte Hilfe hätte ich gerne. Die gewährten Geldleistungen können nur ausgefüllt werden mit den Modulen, aber nicht mit diesem ganzen 45 minütigen Hilfebedarf. Da kommen Sie nicht mit hin, zugespitzt ist das in der Pflegestufe 3: da kriegen Sie 2800 DM. Das beinhaltet: Rundumpflege, die können Sie für 2800 DM doch gar nicht erbringen, Aber das sitzt so in den Köpfen der Leute. Viele, die über die Pflegeversicherung nachdenken, sagen: der hat doch Rund-um-die-Uhr-Hilfe festgestellt, jetzt machen Sie mal, können Sie ja mit der Pflegekasse abrechnen. Dann sagen wir, Moment, wir können 2800 DM abrechnen. Und wenn jemand bettlägerig ist und wir viermal am Tag kommen, dann kostet das weit mehr als 2800 DM. Und wenn wir 24 Stunden bleiben sollen, dann kostet das 15 000 DM, je nach Qualifikation der Mitarbeiter. Das können die Leute nicht verstehen."

"Für eine Einstufung in die Pflegestufe 1 muss man mindestens 90 Minuten täglich einen Hilfebedarf haben, wovon mindestens 45 Minuten auf die Bereiche Körperpflege, Ernährung und Mobilität innerhalb der Wohnung entfallen. 45 Minuten werden dann für Hauswirtschaft automatisch dazugerechnet."

Der MDK stellt also nur das Ausmaß des Hilfebedarfs fest, nicht einen speziellen Pflegeplan. Den muss der Pflegedienst selbst entwickeln. Allgemein wird aber festgestellt, dass mit der Einführung der Pflegeversicherung sich der Pflegebedarf erhöht hat:

"Als die Pflegeversicherung kam, bekam man auch reichlich Patienten, weil Geld für die Pflege da war, und das wurde auch genutzt. Es wurde bedeutend mehr. Der Bedarf war vorher schon da, nur vorher haben die Angehörigen mehr oder weniger recht und schlecht sich bis ans Ende ihrer Kräfte durchgewurschtelt."

"Politisch gesehen sind über 20 Milliarden auf den Markt gekommen. Das hat zu einer nachhaltigen Verbesserung der Pflegestruktur geführt. Aber von der Pflegeversicherung allein könnte die aufgebaute Infrastruktur nicht leben. Das ist das betriebswirtschaftliche Problem dabei, und natürlich das Problem, dass wir hier keine Bedarfsorientierung haben, sondern gedeckelte Beträge. Grundsätzlich muss man sagen, es würde uns in der Größe nicht geben, wenn es die Pflegeversicherung nicht gäbe. Also haben wir auch da einen Markt geschaffen. Das Problem ist, dass die Pflegeversicherung in ihren grundsätzlichen Strukturen in den letzten Jahren nicht angepasst worden ist, auch vor dem Hintergrund der Beitragsproblematik. Die Pflegeversicherung rutscht jetzt ab in die defizitäre Situation, die Rücklagen sind aufgebraucht neben der gesetzlichen Rücklage von 4,5 Mrd Mark. Und man muss weiter sehen, wie sich das Ganze weiter entwickelt. Ich sehe aber für die ambulante Pflege ein weiteres Potenzial durch Veränderungen im Gesundheitswesen, kurzfristige Krankenhaussituationen mit zu übernehmen. Aber grundsätzlich muss man sagen, die Pflegeversicherung hat schon erhebliche Effekte erzielt. Alle weiteren Dinge sind sicherlich Systemprobleme, die man jetzt diskutieren muss, und wo die Politik, das ist das Problem: Im Gesundheitswesen können Sie sich keine Lorbeeren verdienen und da beziehen Sie nur Prügel, egal aus welcher Richtung und aus welcher Schule man kommt. Da muss dringend was dran getan werden. Aber die Versorgungssituation der Menschen hat sich doch schon nachhaltig verbessert."

Dadurch, dass mit der Pflegeversicherung mehr Geld für die Pflege zu Verfügung gestellt wurde, konnten mehr Pflegebedürfnisse realisert werden, so dass der Bedarf an professioneller Pflege gestiegen ist. Dadurch konnten die Familien in der Pflege stärker entlastet werden.

Der MDK stellt nun einen grundsätzlichen Pflegebedarf fest. Je nach dem, in welche Pflegestufe er dann Patienten einstuft, stellt die Pflegekasse einen Betrag zu Verfügung, der unabhängig vom persönlichen Einkommen des Patienten für Pflegeleistungen eingesetzt werden kann. Dieser Betrag ist aber nicht so bemessen, dass alle Pflegeleistungen aus der Familie ausgelagert werden können. Wer den Bedarf befriedigt, muss davon unabhängig geklärt werden.

Daher ist die erste Aufgabe des Pflegedienstes, den vom Pflegedienst zu deckenden Pflegebedarf festzustellen. Diese Aufgabe wird in den meisten Diensten entweder von der Geschäftsführung oder der Pflegedienstleitung übernommen.

"Der Erstbesuch dient der Abklärung des Problems, der Ermittlung des Hilfebedarfs, der Klärung, welche Leistungen der [Pflegedienst] übernehmen kann und der Abklärung, wer die übrigen Dienste übernimmt."

"I: Jetzt sagten Sie eben, Sie [PDL] würden die Aufnahmegespräche führen. Können wir jetzt mal durchgehen, der Reihe nach, wie das dann so abläuft?

B: Ja. Also ich nenne mal ein Beispiel. Eine Tochter ist aus Neuseeland da zu Besuch bei ihrem Vater, der alleine lebt. Und sie sieht, dass er bestimmte Bereiche nicht mehr selbständig machen kann, dass er häufig gefallen ist und gestürzt ist und Medikamente kann er auch nicht mehr selbständig einnehmen. Sie ruft hier an und schildert mir das am Telefon. Und dann biete ich immer an, ins Haus zu kommen, dort das Gespräch zu führen. Ich könnte natürlich der Tochter auch sagen: Kommen Sie doch mal zu mir ins Büro, dann können wir alles besprechen. Ich erkläre auch immer, warum ich ins Haus komme, um einfach zu sehen, wie lebt der Mensch, braucht der auch Pflegehilfsmittel. In der Wohnung hat man einfach einen Eindruck von der Lebenssituation auch dieses Menschen. Das wird in der Regel auch immer dankbar angenommen. Wobei es auch schon Leute gegeben hat, die gesagt haben bei so einem Erstgespräch: Nein, wir wollen erst mal zu Ihnen kommen. Sie brauchen nicht zu uns zu kommen. Aber das ist die Ausnahme gewesen. In der Regel wird das dann dankbar angenommen. Dann mache ich einen Termin aus, erscheine dort mit all meinen Informationsmaterialien, die ich auch habe, an Prospekten, Hausnotrufdienst, Essen auf Rädern, diese ganze Palette, was man so dabei hat, dann, unseren Prospekt natürlich, unseren Leistungskatalog. ... Ich begrüße also den Vater dieser Angehörigen, stelle mich vor, sage, woher ich komme, sage, was wir als [Pflege]-station machen, was wir anbieten und dass ich eben gehört habe, dass er jetzt in Zukunft auch Hilfe braucht – so hat mir das die Tochter geschildert – und dass ich das heute gerne mit ihm und der Tochter gern gemeinsam besprechen möchte. Das ist so meine Einleitung. Und dann schildert oft die Tochter, wo sie glaubt, wo der Hilfebedarf liegt. Ich frage aber auch immer den Menschen selbst: Was glauben Sie denn, wo Sie Hilfe brauchen. Weil, das stimmt oft nicht überein. Also bei Angehörigen ist es oft so, dass sie da auch eher eine Überversorgung haben möchten und der Betroffene selbst sagt: Aber das mache ich doch noch selbst und das kann ich doch noch selbst. Und je nach Eindruck gebe ich dann eben eine Empfehlung ab, so, was ich für sinnvoll erachten würde, wenn ich mir einen Eindruck gemacht habe, zähle ich einfach auf, was ich mir vorstellen könnte, was er in Zukunft gut gebrauchen könnte, wo er Hilfe gebrauchen könnte."

Hier schildert eine Pflegedienstleiterin eine typische Situation, wie ein Pflegedienst seine Arbeit beginnt. Verwandte des Patienten fragen Pflege nach, weil sie um den Zustand ihres Verwandten besorgt sind. Verwandte und Patient sehen oft den Bedarf verschieden. Daher will sich die PDL selbst ein Bild von der Lebenssituation des Patienten machen. Sie bezieht den Patienten in die Bedarfserhebung ein, auch um die Akzeptanz der Pflege zu erhöhen. Sie stellt das Leistungsangebot des Pflegedienstes vor und gibt dann auf die Situation zugeschnittene Empfehlungen, welche Aufgaben der Pflegedienst übernehmen könnte. Dass die Einbeziehung des Patienten in die Bedarfserhebung wichtig ist für die Akzeptanz der Pflege, zeigt folgendes Zitat:

"Einige Patienten sehen den Bedarf nicht ein, besonders, wenn Angehörige den Vertrag geschlossen haben. Dann muss man das Verständnis für die Tätigkeiten wecken. Das ist keine Bevormundung, sondern die Ermöglichung, in den eigenen vier Wänden zu leben. Man muss bildlich darstellen, was passieren könnte, wenn keiner hilft. Normalerweise entsteht dann nach und nach ein gewisses Verständnis für die notwendige Hilfe. In vielen Fällen müssen wir das Verständnis wecken, aber in vielen Fällen ist es auch da. Das hängt auch von der geistigen Verfassung der zu betreuenden Patienten ab."

Der Systematisierung der Bedarfserhebung dienen die Pflegemodelle

"I: Sie sagten, Sie müssten den Pflegebedarf feststellen. Haben Sie da ein bestimmtes System, nach dem Sie da vorgehen, um den Bedarfsplan zu erstellen?

B: Ja, das ist ja so, man muss ja die gesamte Situation des Patienten einschätzen. Dazu gehört ja wirklich alles, also von der Hauswirtschaft bis letztendlich das simple Anziehen, Waschen, also da muss man halt schauen. Das fängt ja damit an: Wobei brauchen sie Hilfe, ist er noch mobil, braucht er wirklich nur Hilfe vielleicht beim Anziehen. All das muss ja irgendwie abgeschätzt werden und das kriegt man durch ein gemeinsames Gespräch heraus, wie läuft das, wer übernimmt das mit dem Mittagessen, können sie das noch selber, müssen wir da was anleiern, muss da noch ein Kooperationspartner mit rein, dass wir da Essen auf Rädern bestellen, oder soll da ein Zivildienstleistender kommen, der ihm das Mittagessen warm macht und und und, das muss ja alles.

I: Bei dem Bedarf, gehen Sie da nach den AEDL's vor?

B: Ja, die AEDL's von Monika Krohwinkel. Jetzt nicht so systematisch, sondern mehr im Gespräch, also das fände ich auch nicht so toll. ... Und wenn jemand da ist, der gar nicht laufen kann und alleine in der Wohnung ist, dann muss man natürlich das ganze Spektrum auch abfragen oder auch Institutionen vorstellen, wie eine Kurzzeitpflege, so, oder sie dann auch drauf hinweisen, dass wir Zivildienstleistende haben, die mit denen mal raus gehen und die im Rollstuhl dann fahren, weil das weiß man dann ja auch, wenn die wirklich dann an die Wohnung gefesselt sind, wären sie vielleicht ja mal ganz froh, wenn sie im Park spazieren fahren können."

Das Angebot für die Pflege erfolgt meistens in Form der Module der Pflegeversicherung:

"Ich lege die Leistungskomplexe fest, wenn Sie das meinen, wenn ich im Gespräch bin, beim Aufnahmegespräch. Dann schildern mir die Patienten oder die Angehörigen, was sie wünschen, welche Form der

Pflege gewünscht wird. Dann kann ich dementsprechend einen Leistungskomplex zuordnen, kann den Leistungskomplex komplett mit der Familie besprechen, damit auch alle wissen: das habe ich jetzt eingekauft, das kostet so und so viel, und so und so viel Zeit steht uns dafür zur Verfügung. Die Pflege muss so organisiert sein, dass die Familie die Entlastung durch uns spürt. Ist das nicht der Fall, dann haben wir keine gute Pflege geleistet, also die Pflege und Einsätze, die richte ich nicht nur auf den Patienten aus, sondern auch auf das Umfeld, also es muss schon passen."

Die Entscheidung über den Umfang der Pflegeleistungen treffen der Patient oder seine Angehörigen:

"Der eigentlich 'knackige' in Anführungsstrichen Pflegebedarf, den gibt es tatsächlich im Pflegeversicherungsbereich, wo die Pflegeversicherung ja nicht die Leistung von uns beantragt finanziert, sondern der einzelne Pflegebedürftige sucht sich aus den 26 Einzelmodulen die Einzelleistung aus nach mehr oder weniger freiem Gutdünken, so wie er das möchte. Und diese Leistungen werden dann aus dem Leistungsanspruch des Pflegebedürftigen dann abgerechnet, das ist der Unterschied. Und es ist natürlich so, dass in der Regel die Leistungen, die ärztlicherseits verordnet wurden, dass die einen geringeren Zeitanteil, Zeitvolumen einnehmen, weil wir da auch nicht den isolierten grundpflegerischen Aufwand haben, wie wir ihn im behandlungspflegerischen Bereich ja andererseits auch haben."

Wichtig für die Bedarfsplanung ist die Einschätzung darüber, ob Leistungen von der Kranken- bzw. Pflegeversicherung oder dem Sozialamt übernommen werden:

"Die Pflegeplanung wird durch Pflegefachkräfte auf Basis der im Pflegevertrag vereinbarten Leistungen unter Einbeziehung der Angehörigen oder sonstiger Helfer erstellt. Bei der Patientenübernahme kann ich in etwa abschätzen, in welche Pflegestufe er eingeordnet wird. Wenn ich abschätzen kann, er kommt maximal in Pflegestufe I, werde ich den Patenten darauf hinweisen: wenn ich mehr Pflege leiste, wenn ich täglich pflege, kommt er schon über die Pflegestufe I. Wenn er sagt, ich möchte aber trotzdem jeden Tag gepflegt werden, wird das im Pflegevertrag stehen, er wird privat zahlen. Wenn er sagt, ich möchte trotzdem gepflegt werden, habe aber nicht das Geld, werden wir einen Antrag beim Sozialamt stellen. Wenn er sagt, ich kann das nicht bezahlen, werde ich mit ihm besprechen, ob es möglich ist, die Pflege zu reduzieren. Niemand kann, wenn die Einstufung nach drei Monaten kommt, nachzahlen."

"Wir pflegen ab dem ersten Tag, auch vor der MDK-Einstufung. Im Krankenhaus erfolgt eine vorläufige Einstufung, das ist für uns der günstigste Fall, die können schon abrechnen, der ungünstigste Fall: die wird abgelehnt, dann schreiben Sie eben: Wir fangen ab dem ersten Tag an, und die Kosten entstehen. Bei genehmigter Pflegestufe 1 können wir das da und da abrechnen, bei nicht genehmigter entsteht eine Privatrechnung. Dann gibt es erst mal ein großes Erschrecken, warum denn, wir sind doch pflegeversichert. Dann erklären wir das wieder. Dann können die Leute entscheiden: möchten sie das oder möchten sie das nicht. Und da haben auch schon Leute gesagt: Wir pflegen so lange weiter, bis wir die Entscheidung haben. Liegt die Pflegestufe vor oder nicht, dann machen es die Angehörigen weiter, oder aber, wir fangen trotzdem an, immer aber mit dem Wissen, wenn die Pflegestufe nicht genehmigt wird, dass die Leistungen dann eben als Privatrechnung hinterher gestellt werden. Wir machen den Vertrag nur mit dem Kunden, nicht mit der Pflegeversicherung. ... Wir erstellen ein Angebot für einen Monat mit 31 Tagen, dann Auftrag mit allgemeinen Geschäftsbedingungen in zweifacher Ausführung, eine für den Kunden, eine kommt zurück unterschrieben vom Kunden oder von den Angehörigen."

Im Aufnahmegespräch wird nicht nur der Bedarf ermittelt, sondern auch festgelegt, welche Bedarfe der Pflegedienst decken soll und welche andere Personen:

"Und wenn wir jetzt aber mal von einer planbaren Sache ausgehen, dann ist es eben so, dass ich diesen Laufzettel ausfülle, mit den Patienten bzw. mit den Angehörigen einen Termin vereinbare, ich dann dahin fahre, ich unsere Einrichtung vorstelle, die Patienten bzw. Angehörigen dann auch sagen, was sie von uns erwarten und ich dann aber auch den Pflegebedarf abschätzen muss, was wäre da von fachlicher Seite alles zu tun. Und dann muss man ja immer wieder schauen, manchmal übernehmen dann Kinder noch eine gewisse Leistung, dass die eben sagen: Nein, abends brauchen Sie nicht kommen, auch wenn es notwendig wäre, weil wir dann die Pflege übernehmen, so dass dann halt festgelegt wird, wer was macht. Dann wird der Pflegevertrag abgeschlossen."

Am Ende des Gesprächs wird dann ein Vertrag erarbeitet.

"Die Patienten bekommen den Vertrag von unserer Chefin ausgehändigt und innerhalb von ein paar Tagen können sie sich den komplett durchlesen und müssen den dann unterschreiben. Es kommt ja auch darauf an, ob sie in einer Pflegeversicherungsstufe sind oder nicht. Dann wird ja ein großer Teil von der Pflegeversicherung übernommen, je nachdem, wie viele Einsätze sie haben, die medizinischen Versorgungen werden über Verordnungen für die häusliche Pflege von den Krankenkassen übernommen, und die Patienten unterschreiben."

In vielen Fällen erfolgt die Einordnung in eine Pflegestufe erst nach der Bedarfserhebung des Pflegedienstes. Dann enthält der Vertragsabschluss ein gewisses Unsicherheitsmoment, weil die Kostenverteilung noch unklar ist.

"Inzwischen ist ihr ein Betrag zugestanden worden von der Pflegeversicherung. Aber trotzdem gibt es bei ihr diese Unruhe bzw. auch bei denen, die sich bei ihr damit befassen: wird denn auch das bezahlt bis zu diesem Zeitpunkt und wie viel übernehmen die denn. und was ist mit dem Rest. Ja, das finde ich manchmal psychisch sehr belastend für die Leute, also dass die nicht einfach sagen können: das und das ist der Fall und da habe ich ein Anrecht drauf und fertig und das kriege ich auch, sondern dass das mit sehr viel Kontrollen verbunden ist. Und dann lassen die sich da manchmal sehr viel Zeit und in dieser Zeit muss auch schon irgendwas passieren. Und das finde ich: Ja, ich weiß nicht, ob das rein organisatorisch bedingt ist, dann kann man es eben nicht anders machen, oder ob die davon ausgehen, bis dahin sparen wir Geld, oder, ich weiß es nicht"

Wird hier die Unsicherheit für die Betroffenen geschildert, so kann sie andererseits aber auch auf Seiten des Pflegedienstes entstehen:

"I: Wird auch schon gepflegt, wenn MDK noch keine Begutachtung durchgeführt hat?
B: Also, so wie ich das mitgekriegt habe, fahren wir trotzdem zur Versorgung dahin. Und ich denke auch, der Chef hat schon mehrere

Mark oder Euro in den Sand gesetzt, weil es dann nicht genehmigt worden ist. Ich denke, das ist schon passiert hier. Weil er mir auch mal gesagt hatte, zum Beispiel, wenn das nicht genehmigt worden ist, und die Dame ist dann in ein Altersheim gekommen: Er kann den Angehörigen ja keinen Mahnbescheid schicken. Ich sage: Wieso das nicht? Das Geld steht dir doch zu. Wir waren doch da. Aber das könnte er in [Ortsteil] nicht machen, hat er mal gesagt, weil das gleich rum gehen würde und [Ortsteil] ist nun nicht so groß. Verstehe ich zwar nicht, aber ich denke mal, so ist er aber. Wenn die Einstufung geringer ausfällt als erwartet, oder die Patienten sehen, wie viel sie zuzahlen müssten, schränken die Patienten die Leistungen teilweise so ein, dass sie mit ihrem Pflegegeld auskommen. Andere zahlen auch mehr, als die Pflegeversicherung abdeckt, sofern das Geld vorhanden ist."

"Ich glaube nicht, dass das sehr schwierig ist für die Betroffenen, einen Antrag zu stellen. Wenn ich das erste Mal dahin komme, da rufe ich an, lasse einen Antrag zuschicken, fülle den soweit schon mal aus, dass sie verschiedene Sachen dann unterschreiben, dann ist das auf dem Weg und das ist o.k. Das finde ich nicht so schlimm. Nur der MDK-Besuch dauert viel zu lange, das ist für mich eine Zumutung, denn ich sage, ich schicke die Rechnung nicht raus, wenn die Einstufung nicht klar ist, Da sitze ich drei Monate auf meinen Rechnungen, bis ich weiß, wer zahlt mir das, dann summiert sich ja auch schon ein ganz schöner Batzen Geld. Die Leute, die diese Phase nicht aushalten können und sagen, ich weiß ja gar nicht, ob ich selber bezahlen muss, ich weiß ja gar nicht, ob ich eingestuft werde, diese Leute nehmen keine Pflege in Anspruch, wie ich vorhin sagte mit dem CA-Patienten, der aus lauter Angst abgelehnt hat, Hilfe in Anspruch zu nehmen, weil es ja eventuell keine Einstufung geben könnte. Das erleben wir immer wieder, dass die Menschen sagen, wenn ich dann keine Einstufung habe, ich kann es ja gar nicht bezahlen. Ob das stimmt, weiß ich nicht, kann ich nicht nachvollziehen. Aber es ist teilweise hart, das anzugucken, d.h. diese Eilbegutachtung, wie sie jetzt stattfindet, die müsste immer so stattfinden, und nur bei Eilbegutachtungen, wenn die aus dem Krankenhaus entlassen werden, wissen das die Leute innerhalb von drei oder vier Wochen, das ist meiner Meinung nach noch zumutbar."

Scheuen sich einige Pflegedienste bei Nichteinordnung der Patienten in eine Pflegestufe eine Rechnung für die geleistete Arbeit auszustellen, so klären andere die Kostenübernahme bei Vertragsabschluss ab:

"Wir pflegen auch vor der Einstufung, aber wir müssen den Kunden darauf hinweisen, falls er keine Einstufung kriegt, muss er es privat bezahlen, und er kriegt ein Kostenangebot."

Die Übernahme von Pflegeleistungen ist auch abhängig von der Zuzahlungsbereitschaft der Kunden:

"Wenn Patienten oder Angehörige im Erstgespräch erfahren, dass sie auch noch etwas bezahlen müssen, sind sie manchmal erstaunt, müssen es sich noch mal überlegen und es kommt dann letztendlich nicht zu einem Einsatz des Pflegedienstes."

"Hier haben wir viele Kunden, die gut etwas mit privat bezahlen können und die es auch tun. Die Bereitschaft dazu ist gegeben mit Ausnahmen, dann wird über Leistungsreduzierungen geredet. Das Sozialamt macht eine eigene Begutachtung: die ist schön fair, da wird knallhart geguckt, ist der Bedarf wirklich da, da wird genau geguckt, welches Modul wird jetzt hier noch sinnvoll verwandt, Es gibt einen harten Vorlauf, aber wenn Sie die Leistungen kriegen, ist das Thema für Sie erledigt."

Liegt eine solche Bereitschaft, Kosten zu übernehmen nicht vor, dann kann schon die Aufgabenverteilung zum Problem werden:

"Der Pflegebedarf ist häufig höher als vereinbart. Das kann zum Problem für die Mitarbeiter werden: die Pflege darf nicht abrutschen in gefährliche Pflege. Es muss so sein, dass wir es noch verantworten können, sonst muss Kontakt hergestellt werden zum Mitarbeiter der Pflegekasse."

"Wir machen uns sicherlich nicht für eine Pflege zum Affen oder zum Idioten. Es gibt eigentlich keine oder wenige Pflegen, die wir ablehnen. Es gab eine Pflege, die haben wir aus dem Grund abgelehnt: das war ein zwei-etagiges Haus, unter hui oben pfui. Unten hat die Tochter gewohnt und oben die Mutter. Nur die Tochter hat sich nicht um die Mutter gekümmert, sie hat einmal am Tag morgens Pflege gefahren und oben war alles so versifft, so gesundheitsgefährdend, wo wir gesagt haben, mit der Pflege kommt Ihre Mutter nicht hin. Wir wollen nicht Äpfel für Birnen verkaufen, wir suchen uns auch nicht unsere Aufträge, wir machen mit Sicherheit keine unnütze Pflege, nur weil wir damit irgendwie Geld verdienen wollen. Die Pflege muss Sinn machen, sonst machen wir die nicht. In dem Fall war es so, dass die gesagt hat, das will ich nicht. Da haben wir das abgelehnt, weil der Pflegebedarf wesentlich höher war, als wir das machen konnten. Das hat die Tochter einfach nicht zugelassen. Und da haben wir gesagt: diese Art von Pflege übernehmen wir nicht."

Problematisch kann die Ausführung insbesondere bei rotierender Arbeitsteilung zwischen Pflegedienst und Angehörigen werden:

"Dass man die mit in das Hilfegeflecht einbezieht und tatsächlich dann auch sagt, das sind die und die Elemente, die da noch zusätzlich notwendig sind, die die dann übernehmen müssen. Beispielsweise bei völlig immobilen, bettlägerigen Patienten kann es notwendig sein, dass auch ein bestimmter Lagerungsplan eingehalten wird, damit als Ziel auch definiert werden kann, dass kein Dekubitus entsteht oder der Patient sich einfach besser bewegen kann, es da angenehmer hat. Da ist es dann notwendig, dass wir natürlich unseren Lagerungsanteil übernehmen und den auch durchführen, den Lagerungsplan erstellen. Aber die anderen 23 Stunden des Tages, da müssen dann Angehörige die Patienten lagern. Es geht gar nicht anders, die können die nicht so liegen lassen, weil wenn man einen völlig immobilen älteren Menschen einfach so liegen lässt auf einer Matratze, kriegt er blitzschnell einen Dekubitus und das ist oftmals – nicht immer – ein Pflegefehler, der nur dadurch verhindert werden kann, dass man auch permanent darauf achtet dass auch regelmäßig gelagert wird und dass die entsprechenden Pflegehilfsmittel da sind und so weiter."

"In die Dokumentation schreiben wir auch rein, wenn Patienten verweigern. Wertfrei dokumentieren ist allerdings schwer. Eine Angehörige hat den Urologen nicht informiert. Sie war entsetzt, es in Dokumentation zu lesen. Wir müssen uns absichern, aus Haftungsgründen und um den Verlauf zu dokumentieren."

"Ja, zum Teil empören sie [die Angehörigen] sich auch über unsere Eintragungen [in die Dokumentation], weil sie das nicht angemessen finden und unter Umständen meinen, das gehört da nicht hinein. Und wir müssen dann eben auch argumentieren, dass das sehr wohl da hinein gehört, dass es für uns ja immer wieder auch um Absicherung geht. Also wenn Angehörige eine Lagerung mit übernehmen bei einem bettlägerigen Patienten. Wir sind dreimal am Tag da und lagern ihn und in der übrigen Zeit übernimmt das ein Angehöriger und wir stellen fest, er übernimmt das aber nicht, er tut es nicht, dann müssen wir das dokumentieren, dann müssen wir das auch mit ihm besprechen. Also, das müssen wir jetzt aufschreiben. Und da kann es schon Probleme geben, dass Leute sich da auch angegriffen fühlen durch die Dokumentation. Aber es ist oft tatsächlich auch eine Gratwanderung, wie drücke ich das dann aus. Aber da gibt es schon manchmal Probleme."

Die Pflegedienste bemühen sich, möglichst nur Grund- und Behandlungspflegeleistungen zu übernehmen, da Haushaltshilfen zu teuer sind:

"Es gibt im Rahmen der Pflegeversicherung klassische Abrechnungsmöglichkeiten für Haushaltshilfe, z.B. Reinigen der Wohnung, Wäscheversorgung, Einkaufen und Anreichen oder Vorbereiten von Mahlzeiten. Solche Dinge sind klassische MSHD-Leistungen. Wir erwarten eine gewisse Hilfsbedürftigkeit, sonst kommen wir nicht zum Einsatz. Denn die Kosten entstehen ja, weil das zum größten Teil ganz normal angestellte Mitarbeiter sind, da sind auch die Stundenkosten nicht so gering, wie klassischer Weise bei Schwarzarbeit bei den Haushaltshilfen. Wir haben eben die volle tarifliche Eingruppierung und damit ist eine Stunde Haushaltshilfe für 15-20 DM nicht abgedeckt. Das ist schon ein ganz ordentlicher mittelständischer Betrieb. Die Vergütung der hauswirtschaftlichen Leistungen durch die Pflegeversicherung ist relativ gering, so dass Sie diesen Bereich auch nicht, wer weiß wie, ausdehnen können, weil die Gefahr, dass damit einfach nicht kostendeckend gearbeitet wird, einfach sehr groß ist. Das muss man sehr, sehr spitz rechnen. Wir haben keine 'Arbeit-statt-Sozialhilfe'-Mitarbeiter mehr. Wir hatten mal 'Arbeit-statt-Sozialhilfe'-Mitarbeiter: Es ist auch nicht ganz einfach. Man muss schon sehr genau gucken, wen man auch selbständig in fremde Haushalte lassen kann. Dieses dort allein selbständig Arbeiten, egal, wen man dort hinschickt, ist immer ein gewisses Problem, gerade auch bei alten Menschen mit

Verwirrtheitszuständen, die schnell glauben, ihnen ist etwas weggenommen worden. Dann zu unterscheiden zwischen dem, was es war, und dem, was es nicht war."

"Wir machen auch hauswirtschaftliche Hilfen, aber das ist nicht gerade unser Steckenpferd, Es kann halt jede Pflege kommen, die wirklich anspruchsvoll ist, die schwierig ist, wo wir daran die Herausforderung suchen, dann gucken wir, wer kann diese wirklich schwierige Pflege versorgen. Wir können da keinen ran lassen, der keine Ahnung hat oder wenig Ahnung hat, oder nur leichte Pflegen gemacht hat. Und hauswirtschaftliche Pflege machen wir auch mit, aber es ist ehrlich gesagt, nicht so beliebt und zweitens zahlt man da fast immer drauf, da setzen wir keine Pfleger ein, das ist wesentlich zu teuer. Wir verweisen bei der hauswirtschaftlichen Versorgung teilweise auf andere Pflegedienste, z.B. die [Pflegedienst], weil die viel mit studentischen Aushilfen arbeiten. Die machen in dem Sinne keine Pflege, sondern wenn es um 24-Stunden-Betreuung geht, so dass jemand vor Ort ist, da geht es um Essenszubereitung, da geht es um die Sicherheit, wenn die Oma noch zu Hause wohnt, dass sie nicht stürzt. Die machen solche Sachen, die kriegen dann 8 DM die Stunde, das rechnet sich für die nur über diesen langen Dienst. Dann bleiben die den ganzen Tag im Haushalt, und die machen dann auch hauswirtschaftliche Versorgung. Wir machen es teilweise auch, aber lieber eher nicht."

Die Berücksichtigung wirtschaftlicher Gesichtspunkte zwingt die Pflegedienste zur Arbeitsteilung. Gering bezahlte Tätigkeiten werden Aushilfskräften oder gering Qualifizierten übertragen oder aus dem Dienst ausgelagert. Dadurch müssen aber immer andere Pflegedienstkräfte den Patienten versorgen. Problematisch kann das werden, wenn Grund- und Behandlungspflegen von verschiedenen Personen ausgeführt werden, da für Grundpflegen auch weniger qualifiziertes Personal eingesetzt werden darf:

"Ein Examinierter wird den aufnehmen müssen, um zu sehen, was zu tun ist, um den Patienten zu beurteilen. Vom wirtschaftlichen Aspekt her gesehen müsste man sagen, da schickt man zwei Leute hin, klar, was natürlich auch angestrebt werden sollte: Grundpflegen halt von speziellen Leuten und die Examinierten machen dann die Behandlungspflegen, wenn auch Haushaltshilfe, dann kommen drei Leute, Es kommt dann immer auf die Patienten an, wie die das akzeptieren."

"Die Pflegeversicherung hat die Arbeit verändert, weil vorher war das nicht so in einzelne Tätigkeiten aufgesplittert. Jetzt wird geguckt, wasche ich den ganz oder mache ich nur eine Teilwäsche, schmeiße ich mal eine Waschmaschine an, dann kann man das Modul Wäsche dazu nehmen. Da wird im Grunde meine Arbeit so ein bisschen auseinander genommen, also nicht mehr so: Ich gehe dahin und kümmere mich um einen Patienten, sondern da wird geguckt, was mache ich da im einzelnen, welche einzelnen Tätigkeiten und in welche Kategorie fallen die. Und das hat auch ganz klar Auswirkungen, dass gesagt wird, o.k., das sind Sachen, die kann auch jemand anderes machen, da braucht man keine examinierte Schwester für. Und dadurch kommt das ungefähr dahin, dass dann da drei Leute hingehen zu demselben Patienten, was vorher nur einer gemacht hat."

Hier zeigt sich, dass die Forderung nach Wirtschaftlichkeit in Spannung geraten kann mit den Kundenwünschen. Die Ausrichtung an betriebswirtschaftlichen Gesichtspunkten führt zur Taylorisierung der Pflegearbeit. Wie konsequent die Taylorisierung durchgeführt werden kann, hängt auch von den Kunden ab:

"Wenn ich jetzt Patienten habe, die sagen, ich bin fixiert auf die eine Person, die pflegt, dann wird man das bestimmt so machen, dass man diese Person alles machen lässt, auch wenn es jetzt nicht dem Ausbildungsstand entspricht. Es muss im Sinne des Patienten entschieden werden, in wie weit der den Wechsel akzeptiert. Es gibt Patienten, die sind zufrieden, dass überhaupt Leute kommen und die freuen sich über jeden Besuch. Und es gibt Leute, die fixiert sind auf einzelne Personen. Dann muss man entscheiden, was natürlich schwierig ist mit der Dienstplanung am Wochenende oder wenn Leute krank werden oder ausscheiden aus dem Betrieb."

Die Notwendigkeit, das Pflegeangebot an den durch die Pflegeversicherung definierten Modulen auszurichten, die sich hauptsächlich auf Körperfunktionen beziehen, führt häufig zur Kritik an den Modulen:

Kritisiert wird zum Einen die Starrheit der Module:

"Die Vorgaben lassen keinen Platz mehr für Individualität. Man kann die Zeitkorridore nicht auf alle Pflegebedürftigen übertragen: Sie können nun mal nicht standardisiert zur Toilette gehen oder Sie können nicht standardisiert trinken oder so. Wie soll denn das gehen? Wie soll es also da zu einer gerechten Bewertung kommen? Der eine oder andere fühlt sich da immer ungerecht behandelt. Die soziale Komponente fehlt völlig. Es geht nur darum, wie die Einschränkung aufgrund der Krankheit ist: was kann man nicht mehr, wo braucht man Unterstützung. Es geht nicht um soziale Kontakte, psychische Betreuung, Gespräch. Dafür ist kein Platz."

Als problematisch werden auch die Zeitvorgaben für die einzelnen Module angesehen:

"Z.B. Zähneputzen drei Minuten ist nicht angemessen. Vieles wird nicht berücksichtigt, z.B. der Gang zum Waschen, bis der Patient sich überhaupt die Zähne putzen kann."

Immer wieder wird bemerkt, dass die Zeitvorgaben durch die Moduldefinition keinen Raum für aktivierende Pflege ließen:

"Aktivierende Pflege ist nur sehr begrenzt möglich, weil es zeitliche Vorgaben gibt, die nicht viel Zeit für aktivierende Pflege zulassen."

"Es wird für meine Verhältnisse nicht auf die Bedürftigkeit eingegangen der Patienten, sondern es ist ein reines Zeitschema. Es wird ja alles mit Zeiten deklariert: du brauchst für Zähneputzen drei Minuten und für Haare Kämmen zwei Minuten. Finde ich persönlich ganz schlimm, einen Menschen so in Zeit zu berechnen, weil, vielleicht brauche ich bei dir zum Zähneputzen zehn Minuten, weil du den Mund nicht mehr richtig findest. Und ich denk mir mal, wenn ich einen Patienten wasche, bin ich ruck zuck fertig, aber ich nehme es ihm auch. Und wenn ich es ihn selber machen lasse, brauche ich viel länger, aber ich lasse es ihm noch. Und es ist ja nicht meine Aufgabe, ihn zu waschen, ihm was abzunehmen."

"Wir geben vor die Zeit, die bezahlt wird. Wenn die Grundpflege länger dauert, dann haben sie Probleme, weil wir machen natürlich den Stundensatz, den wir haben: Ein Krankenpfleger kostet 72 DM die Stunde, wenn der kommt. Das rechne ich natürlich auf die Module der Pflegeversicherung um: Große Grundpflege so und so viel, und wenn der jetzt statt der 35 Minuten 45 oder 50 braucht, dann müssen Sie ein intensives Gespräch mit den Angehörigen führen, was Sie dann machen. Wenn Sie bei der AOK oder irgendeiner Krankenkasse anrufen, dann sagen die, das ist hier eine Mischkalkulation, dann haben Sie eben Pech gehabt, dann müssen Sie eben zum gleichen Preis 50 Minuten machen statt der veranschlagten 35. .. Die sagen eben, dann müssen Sie eben bei einer Ganzwaschung eine Stunde bleiben, obwohl wir dann nur 14 Euro kriegen, müssen Sie da eine Stunde bleiben, wenn das eben so lange dauert. Das sehe ich anders, dann sind wir nämlich irgendwann kaputt,."

"Grundpflege morgens, 25 Minuten, finde ich von der Zeit her sehr kurz, für eine Behandlungspflege gibt es zehn Minuten. Das sind die Kosten, die wir haben, die von der Krankenkasse übernommen werden."

"Das Eine greift ins Andere, und dann wird auf einmal ein Handschlag zu viel gemacht. Das ist schwierig, individuell auf den Patienten abgestimmt ist das sehr schwierig: bis hierhin darf ich machen und dann muss ich den Patienten lassen: Bett machen darf ich, aber lagern darf ich nicht, so ungefähr. Das geht nicht, das eine geht Hand in Hand mit dem anderen, die Schwierigkeiten liegen in der Abgrenzung. ... Ich sehe da auch in Zukunft keine gute Lösung, denn das geht alles in eins über. Die Zeit wird abgemessen. Im Grunde genommen ist das ja auch ein Zeitproblem: dieses Modul hat so und so viel Zeit, und dieses hat nur so viel Zeit. Und dieses Zeitproblem kriegt man nicht in den Griff. Es kann sein, dass ich bei dem einen Modul, der Patient rührt sich und regt sich, und dann sehe ich, dass ich etwas anderes machen muss. Dann kann ich doch nicht sagen, nein, das habe ich nicht im Modul drin, dann lasse ich das so, der hat ins Bett gemacht, das ist aber nicht mein Modul, dann muss ich leider es lassen, das geht nicht. Insofern finde ich es sehr, sehr schwierig, und das auszuschließen, neu umzudenken, das ist sehr schwierig, ich glaube, das wird man nie ganz in den Griff kriegen."

"Erschwernisfaktoren wie Spastiken werden [bei der Einstufung] nicht ausreichend gewürdigt, gerade auf den Zeitfaktor haben sie aber einen großen Einfluss. Der MDK hat kein Gefühl für Zeit, wie lange dauert etwas."

Hinzu kommt, dass im Einzelfall eine Verknüpfung der Module schwierig ist:

"Das Modul Grundpflege ist zu unflexibel."

"Die Kombination der Module ist nicht immer einfach. Bei der Abrechnung von Einzelleistungen gibt es Schwierigkeiten mit den Krankenkassen."

Daher werden auch neue Module eingefordert:

"Pflegeversicherung, kann ich nur wenig dagegen sagen. Vorher war es ungerechter. Die Module befürworte ich, es müssten aber noch zusätzliche Module rein, wie kleine Mobilisation, Auskleiden des Patienten fehlt."

Die Zeitvorgaben für die Module gehen von einer Standardisierbarkeit der Pflege aus. Sie lassen die oben beschriebene Durchlässigkeit der Pflegesituationen außer Acht, die gerade eine Standardisierung der Pflege unmöglich macht. Pflege muss auf die jeweilige Situation abgestimmt, und damit flexibel sein, besonders wenn sich die Situationen schnell verändern. Alle oben Zitierten weisen darauf hin, dass durch die Bindung der Bezahlung an durch die Module vordefinierten Zeiten ein situationsgerechtes Handeln erschwert wird oder dazu führt, Leistungen unbezahlt erbringen zu müssen:

"Das ist eben so. Also wenn Sie da kostendeckend arbeiten wollen oder wenn das mit den Kosten hinkommen soll, dann müssen Sie einfach als derjenige, der so eine Organisation zu verantworten hat, auf Geld verzichten. So ist das. ... Es gibt Patienten, bei denen man für eine Ganzwaschung 40 Minuten braucht, bei anderen dauert eine Insulinspritze drei Minuten. Durch die Leistungen der Krankenversicherung werden im Moment die Defizite der Pflegeversicherung kompensiert. Pflegedienste leben auch davon, dass sie einmal im Jahr die Investitionskostenförderung bekommen."

Angesichts dieser Probleme treten einige für die Rückkehr zum früheren Abrechnungssystem ein:

"Und wenn man ein Pauschalsystem hätte, wären die Patienten freier und wir auch. Und wir könnten, wenn jemand anruft und fragt: was kostet bei Ihnen die Pflege, dann könnte ich sagen: wenn wir jeden Tag kommen, dann kostet das so und so viel. Heute muss ich sagen, entschuldigen Sie, was möchten Sie denn? Ich kann es Ihnen gerne ausrechnen. Oder ich kann sagen: Sie kriegen Leistungen für 4,2 Cent pro Punkt. Dann sagen die, die Frau spinnt. Was soll ein Versicherter damit anfangen, völliger Blödsinn. Selbst, wenn Sie denen die Preisliste schicken, was soll der damit anfangen, der kann das nicht in Euro umsetzen. Und deswegen finde ich das sehr schade, dass sich dieses Modulsystem durchgesetzt hat. Allein das Wort Modul finde ich schon ganz schrecklich. Und wenn Sie das mal lesen, die einzelnen Bestandteile, es ist für alte Menschen eigentlich gar nicht mehr nachvollziehbar. Es tut mir Leid, es ist ein derartiges Verwirrspiel. Natürlich können Sie sagen: wir kommen jeden Tag und machen eine Teilwäsche, wir helfen Ihnen beim Waschen und beim Anziehen, dann können wir sagen: kostet am Tag so und so viel, mal 30 oder 31. Aber das gibt doch nicht die Pflegesituation wieder. Die Menschen haben doch unterschiedliche Bedürfnisse an unterschiedlichen Tagen. Das ist unser Problem."

Ein anderer Befragter stellt fest

"Die Regelung vor der Pflegeversicherung war flexibler. Die Möglichkeiten des Betrugs waren aber auch größer."

Bei aller Kritik wird aus den angeführten Zitaten aber deutlich, dass das Modulsystem als Ganzes inzwischen eine hohe Zustimmung erhält.

Das vorletzte Zitat verdeutlicht, dass nach der früheren Regelung die Pflegedienste "Zeit" verkauften, die vor Ort mit Tätigkeiten angefüllt werden musste. Auf diese Weise konnten sie weitgehend die situativen Wünsche der Patienten berücksichtigen. Ein solches Vergütungssystem lehnten aber die Kassen ab, weil sie unterstellten – was, wie das letzte Zitat zeigt, nicht leicht zurückzuweisen ist – dass die Dienste dann durch Zeitschinden höhere Erlöse erzielen können (Strünck 2000, 154)

An Stelle dieses Systems trat das sogenannte "Modulsystem", in dem Einzelleistungen und verbundene Leistungskomplexe unterschieden werden. Letztere wurden zusammengestellt, damit die Mitarbeiter nicht punktgenau nach Einzelleistungen arbeiten müssen. Damit werden aber nicht mehr Zeit verkauft, sondern Leistungen unabhängig davon, wie schnell und intensiv sie erbracht werden. (Strünck 2000, 156)

Umstritten an diesem System war weniger eine Abgrenzung von Einheiten, wenn es auch daran Einzelkritik gibt. Die Definition der Module erlaubt eine klare Abgrenzung von Pflegetätigkeiten von anderen. Damit ist eine klarere Definition der Pflegepositionen möglich, die es den Pflegepersonen leichter ermöglicht, Erwartungen der Erfüllung unvereinbarter Leistungen zurückzuweisen. Kritisiert wird vielmehr die Bewertung dieser Einheiten mit Punktzahlen, die deren Vergütung mitbestimmen. Über diese Verknüpfung werden praktisch diesen Tätigkeiten Zeitwerte zugeordnet, Zeit wurde also indirekt in die Module eingerechnet. Dagegen hatte die Liga der Wohlfahrtsverbände in NRW ein anderes Abrechnungssystem vorgeschlagen, nach dem ein nach Zeitwerten und entsprechenden Umlagen der vorhandenen Personalkosten ausgerichtetes Modulsystem eingeführt werden sollte. Dies wäre auf eine modularisierte Selbstkostendeckung hinausgelaufen. (Strünck 2000, 155) Umstritten war also weniger die Einführung von Modulen als deren Umrechnung in Zeiteinheiten für deren Ausführung.

Durch diese Verknüpfung entsteht Zeitdruck für die Mitarbeiter bei der Erbringung der Pflegeleistungen, zumal da die Betriebe durch schnelleres Arbeiten und geschickte Planung höhere Erlöse erzielen können. Je schneller gearbeitet wird, desto mehr Leistungseinheiten können abgerechnet werden. Dieser Sachverhalt förderte Rationalisierungsmaßnahmen und führte zu einer stärkeren Arbeitsteilung in der Pflegearbeit nach Qualifikationsanforderungen. Gering bezahlte Tätigkeiten werden weniger teuren Arbeitskräften übertragen oder aus den Betrieben ausgelagert, auch wenn es dem integrierten Charakter von Pflegeleistungen widerspricht.

Verstärkt wird dieser Druck noch dadurch, dass nach Vorstellungen der Pflegekassen, wie es in den Bundesempfehlungen der Spitzenverbände vom Frühjahr 1997 heißt, der Punktwert der Einzelleistungen den Diensten als Maximalzeit-Anhaltspunkt dienen soll.

(vgl. Strünck 2000, 156) Damit ist allerdings festgestellt, dass der Berechnung keine Durchschnittszeitermittlung zu Grunde liegt. Ziel der Pflegekassen war bei der Punktwertbestimmung, den Versicherten bei gedeckeltem Budget mehr Leistungen zukommen zu lassen. Aufgrund dieser Berechnungsart werden entweder die Planungsvorgaben der Dienste so inflexibel, dass sie von vielen Pflegepersonen als der Pflegesituation unangemessen betrachtet werden, oder die Dienste müssen Leistungen unbezahlt erbringen oder sie versuchen, Zuzahlungen der Patienten durchzusetzen.

Alle diese Alternativen halte ich für unangemessen. Daher stellt sich die Frage, wie man dieses Problem lösen kann.

Die Pflegedienste müssen die Pflegeleistungen planen. In der Diskussion um die Pflegeplanung ist bereits festgestellt worden, dass die Pflegesituation durchlässiger ist als andere Arbeitssituationen, dass sie von daher auch schwerer abgrenzbar ist. Situative Umstände prägen die Pflegesituation in entscheidendem Ausmaß mit und beeinflussen auch die aufzuwendende Zeit. Dieser Sachverhalt spricht dafür, allein die aufgewandte Zeit zu vergüten. Doch wird dann die Zeitverwendung irrelevant für die Vergütung. Soll dies vermieden werden, dann müssen abgrenzbare Leistungen definiert werden, die die Vergütung regeln. Dann können nicht alle die Pflegedauer bestimmenden Faktoren berücksichtigt werden. Andererseits ist das jetzige Vergütungssystem ungerecht, da es die zusätzlich für die Durchführung der Pflege notwendig aufzuwendende Zeit z.T. unangemessen definiert. Da, wie bei der Diskussion der Pflegeziele bereits festgestellt wurde, bestimmte dauerhaft vorliegende Faktoren, deren Berücksichtigung wieder eine Standardisierung der Pflege im Einzelfall ermöglicht, die Pflegesituation beeinflussen, könnten zumindest diese als Erschwernisfaktoren berücksichtigt werden. So könnte man die Punktwerte nach einzelnen Krankheitsbildern, von denen bekannt ist, dass sie die Pflegeeinsätze verlängern (z.B. Demenz) oder zu dauernd wechselnden Anforderungen führen (z.B. Multiple Sklerose), festlegen. Solche Sachverhalte müssen sowieso in der Pflegeplanung erhoben und dokumentiert werden. Sie sind also Prüfungen durch dem MDK zugänglich. Der Dokumentationsaufwand würde sich dadurch nicht erhöhen, die Vergütung aber angemessener geregelt.

Ein zweites, von fast allen genanntes Defizit, das sich aber stärker auf Einordnung der Patienten in Pflegestufen als auf die Moduldefinition bezieht, ist die Beschränkung der Leistungen auf Körperfunktionen.

"Die soziale Komponente fehlt völlig, es geht nur darum, wie die Einschränkung aufgrund der Krankheit ist, was kann man nicht mehr, wo braucht man Unterstützung. Es geht nicht um soziale Kontakte, psychische Betreuung, Gespräch. Dafür ist kein Platz."

"Nachteil der Pflegeversicherung: zu wenig Berücksichtigung von dementiell Erkrankten. Man muss auch das Seelische betrachten."

"Es könnten mehr Module sein, z.B. "psychologische Geschichten, einfach nur die Hand zu halten und mit dem Patienten zu reden, das ist genauso wichtig, wie dem Patienten seine Tablette zu geben, weil der braucht das ganz genauso wie seine Tabletten. Das ist auch für den Pflegeerfolg wichtig."

"Ich war teilweise bei Einstufung anwesend. Da hat man ganz tolle erlebt und auch welche erlebt, wo man sagen muss, mein Gott, man kann es nicht verstehen, besonders eben bei den Patienten, die dement sind, weil die Alzheimerkrankheit nicht mit aufgenommen ist und diese Leute ja sehr schwierig in die Pflegestufe kommen, obwohl die die meiste Arbeit machen, weil sie gar nicht wissen, was sie machen."

"Aber wenn man so etwas wie eine fünfte Säule der Sozialversicherung schafft, dann kann man das nicht schaffen, indem man wirklich an alles denkt. Und das ist offensichtlich dem Gesetzgeber auch nicht gelungen. So ist es ihm nicht gelungen, das Thema Gerontopsychiatrie in entsprechender Form mit einzubinden. Das ist unbedingt notwendig, dass das noch passiert."

"Für manche Patienten gibt es keinen Platz in der Pflegeversicherung, Beispiel: berufstätige Behinderte, Demenzkranke. Das ist oft himmelschreiend. Zeit ist in der Pflegeversicherung nicht vorgesehen."

"Die Pflegeversicherung als Ganzes ist o.k.. Sie hat auch viele Defizite; Psychisch Kranke, Demente finden viel zu wenig Berücksichtigung, brauchen viel mehr Zeit."

Gerade für diesen Personenkreis wirkt sich die Beschränkung der Kriterien auf Körperfunktionen besonders negativ aus. Sie können z.T. physisch noch alles, können aber ihre Bewegungen nicht mehr selbständig koordinieren, verlieren leicht die Orientierung und bedürfen daher besonders intensiver Betreuung. In dieselbe Richtung geht auch die Forderung nach einer Pflegestufe 0:

"Die Umstellung auf die Pflegeversicherung ist für ältere Menschen schwierig. Sinnvoll wäre eine Pflegestufe 0, damit auch reine hauswirtschaftliche Tätigkeiten übernommen werden. Viele ältere Menschen können sich noch allein waschen, brauchen aber Hilfe im Haushalt."

Diese Kritiken beziehen sich im wesentlichen auf die Vorgaben für die Einordnungen in die Pflegestufen durch den MDK. Sie bemängeln einen grundsätzlichen Konstruktionsfehler des Pflegeversicherungsgesetzes. Strünck führt diesen Mangel auf §14 PVG zurück, in dem der Pflegebegriff medizinisch-somatisch verengt werde. (Strünck 2000, 67) Doch werden hier noch alle Krankheitsarten genannt. Auch werden hier als Hilfearten teilweise oder vollständige Übernahme von Verrichtungen im Ablauf des täglichen Lebens, Beaufsichtigung und Anleitung mit dem Ziel der eigenständigen Übernahme dieser Verrichtungen genannt. Die Beschränkung auf den medizinisch-somatischen Bereich bei der Einstufung ergibt sich erst durch die herausragende Bedeutung der Grundpflege, die in § 15 für die Einstufung gefordert wird.

§ 14 Begriff der Pflegebedürftigkeit

(1) Pflegebedürftig im Sinne dieses Buches sind Personen, die wegen einer körperlichen, geistigen oder seelischen Krankheit oder Behinderung für die gewöhnlichen und regelmäßig wiederkehrenden Verrichtungen im Ablauf des alltäglichen Lebens auf Dauer, voraussichtlich für mindestens sechs Monate, in erheblichem Maße (§ 15) der Hilfe bedürfen.
(2) Krankheiten oder Behinderungen im Sinne des Absatzes 1 sind:
  1. Verluste, Lähmungen oder andere Funktionsstörungen am Stütz- und Bewegungsapparat,
  2. Die Hilfe im Sinne des Absatzes 1 besteht in der Unterstützung, in der teilweisen oder vollständigen Übernahme der Verrichtungen im Ablauf des täglichen Lebens oder in der Beaufsichtigung oder Anleitung mit dem Ziel der eigenständigen Übernahme dieser Verrichtungen.
(4) Gewöhnliche und regelmäßig wiederkehrende Verrichtungen im Sinne des Absatzes 1 sind:
  1. im Bereich der Körperpflege das Waschen, Duschen, Baden,

die Zahnpflege, das Kämmen, Rasieren, die Darm- oder Blasenentleerung,
2. im Bereich der Ernährung das mundgerechte Zubereiten oder die Aufnahme der Nahrung,
3. im Bereich der Mobilität das selbständige Aufstehen und Zu-Bett-Gehen, An- und Auskleiden, Gehen, Stehen, Treppensteigen oder das Verlassen und Wiederaufsuchen der Wohnung,
4. im Bereich der hauswirtschaftlichen Versorgung das Einkaufen, Kochen, Reinigen der Wohnung, Spülen, Wechseln und Waschen der Wäsche und Kleidung oder das Beheizen.

§ 15 Stufen der Pflegebedürftigkeit

(1) Für die Gewährung von Leistungen nach diesem Gesetz sind pflegebedürftige Personen (§ 14) einer der folgenden drei Pflegestufen zuzuordnen:
1. Pflegebedürftige der Pflegestufe I (erheblich Pflegebedürftige) sind Personen, die bei der Körperpflege, der Ernährung oder der Mobilität für wenigstens zwei Verrichtungen aus einem oder mehreren Bereichen mindestens einmal täglich der Hilfe bedürfen und zusätzlich mehrfach in der Woche Hilfen bei der hauswirtschaftlichen Versorgung benötigen.
2. Pflegebedürftige der Pflegestufe II (Schwerpflegebedürftige) sind Personen, die bei der Körperpflege, der Ernährung oder der Mobilität mindestens dreimal täglich zu verschiedenen Tageszeiten der Hilfe bedürfen und zusätzlich mehrfach in der Woche Hilfen bei der hauswirtschaftlichen Versorgung benötige
3. Pflegebedürftige der Pflegestufe III (Schwerstpflegebedürftige) sind Personen, die bei der Körperpflege, der Ernährung oder der Mobilität täglich rund um die Uhr, auch nachts, der Hilfe bedürfen und zusätzlich mehrfach in der Woche Hilfen bei der hauswirtschaftlichen Versorgung benötigen.
Für die Gewährung von Leistungen nach § 43a reicht die Feststellung, daß die Voraussetzungen der Pflegestufe I erfüllt sind.
(2) Bei Kindern ist für die Zuordnung der zusätzliche Hilfebedarf gegenüber einem gesunden gleichaltrigen Kind maßgebend.
(3) Der Zeitaufwand, den ein Familienangehöriger oder eine andere nicht als Pflegekraft ausgebildete Pflegeperson für die erforderlichen Leistungen der Grundpflege und hauswirtschaftlichen Versorgung benötigt, muß wöchentlich im Tagesdurchschnitt
1 in der Pflegestufe I mindestens 90 Minuten betragen; hierbei müssen auf die Grundpflege mehr als 45 Minuten entfallen,
2. in der Pflegestufe II mindestens drei Stunden betragen; hierbei müssen auf die Grundpflege mindestens zwei Stunden entfallen,
3 in der Pflegestufe III mindestens fünf Stunden betragen; hierbei müssen auf die Grundpflege mindestens vier Stunden entfallen.

Sind in § 14 noch alle Krankheitsarten und Hilfemöglichkeiten benannt, so werden durch die zeitlichen Vorgaben für die Grundpflege, die eine Pflegeperson mindestens aufwenden muss, damit der Patient einer Pflegestufe zugeordnet werden kann, die anderen Arten von Hilfeleistungen, insbesondere Betreuungen und Aufsichten praktisch unbedeutend. Der MDK prüft nur die Zeiten für die Grundpflege. So erfolgt dann die Einstufung letztlich nur nach medizinisch-somatischen Gesichtspunkten. Die psycho-sozialen Elemente der Pflege werden auf diese Weise ausgeklammert. Die Forderung nach einer Pflegestufe 0, um Haushaltshilfen anrechnen lassen zu können, wenn der Patient noch keiner Hilfe bei Grundpflegen bedarf, weist auf diesen Sachverhalt hin. Insbesondere die psycho-sozialen Elemente der Pflege werden auf diese Weise von den Pflegekassen nicht oder nur ungenügend berücksichtigt. So werden insbesondere die Bedürfnisse der Dementen und Behinderten viel zu wenig beachtet, weil individuelle Assistenzmodelle überhaupt nicht erfasst werden (Strünck 2000, 67) Interessant ist, dass die Sozialämter für diese Bereiche eigene Module entwickelt haben für den Fall, dass die Pflegekassen nicht zahlen.

"Und da war es eigentlich ganz schön: die Zusammenarbeit mit der Stadt, dass wir dort erreichen konnten, dass wir sozusagen ein zusätzliches Modul, das nennt sich anders, aber persönliche Assistenz oder Pflegebereitschaft einführen konnten, d.h. alles, was über die Pflegeversicherung nicht finanziert werden kann, dass das vom Sozialamt übernommen werden muss."

"Unter sachlichen Aspekten der Anspruchsberechtigung erscheint nicht nur die Fixierung auf einen durch körperliche Leiden induzierten Hilfebedarf problematisch, sondern auch die 'Zeitrechnung' der Feststellung des Belastungsgrades. Statt von einer inhaltlichen Füllung des Pflegebegriffs, geht die Minutenarithmetik von der allzu schlichten Vorstellung des in Zeiteinheiten meßbaren, linear ansteigenden Belastungsgrades durch Pflege aus. Hält sich der Medizinische Dienst der Krankenversicherung (MDK) genau an die Vorgabe, von der zeitlichen Belastung auszugehen, wird er im Einzelfall Tätigkeiten wie Zähneputzen, Hilfe beim Baden, mundgerechte Zubereitung der Speisen usw. nach Zeiteinheiten bewerten müssen. Den Gutachtern des MDK wäre zu empfehlen, einen Refa-Schein zu machen und sich als Zeitnehmer ausbilden zu lassen, statt sich an neueren Konzepten der Pflegeforschung und -praxis zu orientieren." (Pankoke/Nokielski 1995, 222)

Viel gewonnen wäre darüber hinaus, wenn die Begrenzung der Prüfung auf die Erhebung der Zeiten für die Grundpflege aufgehoben würde. Dann müsste der tatsächliche Zeitaufwand für Pflege und Betreuung ermittelt werden. Die Fiktion, der Betreuungsaufwand sei direkt proportional zum Aufwand für die Grundpflege ist unangemessen. Der Betreuungsaufwand muss bei der Einordnung in die Pflegestufe stärker berücksichtigt werden.

3.4 Umfang der Pflegeplanung

Ist der Vertrag mit dem Pflegedienst abgeschlossen, wird eine Pflegeplanung erstellt. Vorgeschrieben ist die Orientierung an einem Pflegemodell. Die Pflegemodelle unterscheiden sich im Aufbau nur wenig. Sie orientieren sich an Bedürfnissen des Patienten, sie fordern eine Anamnese, die den Werdegang und die Krankheitsgeschichte des Patienten erheben soll. Dann werden einzelne Lebensäußerungen, nach Krohwinkel z.B. die AEDLs – Activities and Events of Daily Life – nach Henderson die ATLs - Aktivitäten des täglichen Lebens - durchgegangen und für die einzelnen Bereiche Probleme und Ressourcen ermittelt. Auf dieser Basis werden dann Pflegeziele ermittelt, die über die Pflege erreicht werden sollen.

"Wir gehen bei der Pflegeplanung nach den AEDL's von Krohwinkel vor. Im vorherigen Pflegedienst wurde ein System erarbeitet, welches ich jetzt hier weiter benutze. Der Vorteil: ist ein systematisches und einheitliches Vorgehen. Es werden nicht alle AEDL's abgefragt, sondern nur diejenigen, bei denen ein Mangel beim Patient besteht."

Als besonderer Vorteil der Orientierung an Pflegemodellen wird hervorgehoben, dass man über sie Gesichtspunkte für die Pflegeplanung gewinnen kann.

"Wir nehmen das Pflegemodell nach Monika Krohwinkel. ... Das sind die AEDLs – Activities and Events of Daily Life – von Monika Krohwinkel. Dreizehn einzelne AEDLs hat sie definiert gehabt, aktuell ist ein vierzehntes dazu gekommen und wo die Fachöffentlichkeit zur Zeit heftig darüber diskutiert, ob das notwendig ist, das vierzehnte zu definieren. Das Vierzehnte ist 'Umgang mit Tod'. Und vorher hatte Monika

Krohwinkel schon ein AEDL, dass so definiert war, Umgang mit schwierigen lebensentscheidenden Situationen, wo man dann sagte, darunter hat man das Stichwort Tod auch subsumiert. Dass man das dann noch mal rausfiltert und raussaugt und dann noch mal ein eigenes AEDL definiert, ob das notwendig war, ist noch mal eine andere Frage. Weil es natürlich im Umkehrschluss bedeutet, dass wir in der Pflegeplanung auch darauf dann Rücksicht nehmen müssen. Dazu auch irgend etwas sagen müssen. Das ist natürlich auch ein schwieriges Thema.

Das gleiche ist, da gibt es ein AEDL 'Sich als Mann/Frau fühlen'. Das ist für die Pflegefachkräfte ein ausgesprochen schwierig zu formulierendes Pflegeziel. 'Sich als Mann/Frau fühlen', was für ein Pflegeziel formuliert man da? Da muss man eine eigene Unterrichtseinheit für dieses eine AEDL machen, weil das schon schwierig ist. In bestimmten Situationen ist das wichtig und gut, aber in der Mehrheit muss man dann schon sagen, ist das schon schwierig.

I: Wenn Sie das Modell ausgewählt haben, müssen Sie dann auch alle Bereiche in die Planung übernehmen?

B: Ja. Ja. Ja.

I: Und wenn Sie jetzt nur einmal in der Woche zu mir kämen, um mir die Wohnung zu putzen, müssten Sie dann im Plan die ganzen AEDLs abfragen?

B: Wir müssen eine Aussage zu allen AEDLs machen, ja, unbedingt. Das wird schon in der Anamnese gemacht, bei der Pflegeaufnahme. Wenn Sie sich nur den Arm gebrochen haben und noch relativ jung sind, dann ist es schwer nachvollziehbar, dass ist richtig. Aber der Pflegeplan sieht dann auch etwas kleiner aus, aber er muss gemacht werden. Da beißt die Maus keinen Faden ab. Das ist einfach so. Es gibt die Verpflichtung und die müssen wir auch umsetzen. So schwer das dann für den einzelnen Mitarbeiter tatsächlich auch nachvollziehbar ist, aber da muss man was zu machen. Wenn der einzelne Mitarbeiter – in so einer Situation wären ganz viele Mitarbeiter tatsächlich überfordert – dass sie dann sagen: Wie soll ich denn jetzt einen Pflegeplan machen, so ein Quatsch. Und dann gibt es immer die Möglichkeit, dass man mit seiner Frage, die man zu dem Pflegeplan hat, dann zur Pflegedienstleitung kommt und dann gemeinsam das erörtert oder im Rahmen der Dienstbesprechung das erörtert. Also da gibt es überall Zeit und Raum und Möglichkeiten das dann zu machen, weil – wie gesagt – gemacht werden muss es, es darf nicht einfach außer acht gelassen werden."

"Die AEDL's werden Punkt für Punkt durchgegangen, zu jedem Punkt wird geschrieben was der Patient selbständig kann, wobei er Hilfe braucht, was der Pflegedienst macht, was die Angehörigen machen. Die AEDL's sind im Grund alle wichtig, die letzten (Umgang mit dem Tod) nicht, da man das zu Anfang nicht beurteilen kann, das ist für die Pflege nicht so wichtig."

Insbesondere wenn der Pflegedienst nur einen Teilbereich der Pflege übernommen hat, wird dieses Verfahren sowohl von Patienten wie auch von Pflegepersonen als unangemessen betrachtet.

"Ich denke zum Beispiel daran, dass im PQSG ja Pflegedokumentation, dem wird ja ein eigener Paragraph gewidmet. Und die Pflegeversicherung hat das dann so ausgestattet, dass man zum Beispiel hergehen muss und muss eine Patientenbiographie erstellen, ... na, ja, und dann sitzen Sie also beim Patienten und führen eine Pflegeaufnahme durch und dann sagt der Ihnen: Um mir den Hintern sauber zu machen, müssen Sie doch nicht wissen, was ich für einen Schulbildung habe. Oder: Was geht Dich mein prägendes Zeitgeschehen an? Die Leute sind nämlich krank, die sind nicht doof, ja. Und wie wollen Sie damit umgehen? Das sind einfach Dinge, wo ich mich dann frage, das ist meines Erachtens völlig an der Realität vorbei."

Wird hier auf das Unverständnis der Patienten hingewiesen, wenn ihnen Fragen gestellt werden, die nach ihrer Auffassung nicht pflegerelevant sind, so verweisen andere darauf, dass sie nur die AEDLs abfragen, die für den übernommenen Pflegebereich wichtig sind:

"Wir gehen nach den AEDLs vor. Es kommt aber darauf an, wie aufwendig die Pflege der Patienten ist, d.h. wenn nur Blutzucker kontrolliert wird und der Patient sich sonst noch selbst versorgt, wird auch nicht alles aufgeschrieben. Wenn man nur Blutzucker kontrolliert, kennt man den Patienten auch nicht so gut, weil man morgens nur 10 Minuten dort ist. Deshalb werden in diesem Fall auch nicht alle AEDLs notiert. Alle AEDLs kommen in Frage bei Patienten, deren Pflege sehr aufwendig ist, z. B: Grundpflege, Essenszubereitung, Bett machen."

"Die [AEDLs] gehen wir in der Regel alle durch, wobei, wenn es irgendwo kein Problem gibt, wird da auch nicht viel zu geschrieben.

Oder wenn jemand, ich sag mal, das AEDL Essen und Trinken, wenn jemand restlos von den Angehörigen versorgt wird mit Essen und Trinken, sind wir da auch außen vor. Das wird dann auch dahin geschrieben: Wird von den Angehörigen versorgt. Da müssen wir nicht viel dazu schreiben, also unser Bestreben ist da auch wirklich, uns um die Aktivitäten zu kümmern, mit denen wir auch wirklich zu tun haben."

Einige AEDLs, die als weniger pflegerelevant erscheinen, werden auch gerne übergangen:

"'Soziale Bereiche des Lebens sichern', kann ich mir immer ganz schwer was drunter vorstellen. Ich vermute halt, ob sie in ihrem Umfeld halt gesichert ist und das frag ich selten ab. Oder: Sich als Mann oder Frau fühlen, ob die damit klarkommen, das frage ich eigentlich auch relativ selten ab, weil ich denke, die meisten fühlen das schon, doch. Das ist für die Pflege auch nicht unbedingt wichtig."

"Wir gehen alle AEDLs durch. Bei AEDLs, wie z.B. 'Umgang mit Tod', versuche ich, diplomatisch drum herum zu reden, da bin ich vorsichtig. 'Sich als Mann und Frau fühlen' versuche ich, eher indirekt im Gespräch das rauszufinden, man merkt das eigentlich recht schnell. Einige AEDLs werden immer durchgegangen: Kommunikationsfähigkeiten Essen, Trinken, Hören, Sehsinn. Die wichtigsten Sachen, die mit Kommunikation und Bewegung zu tun haben, da wird dann auch direkt gefragt. Dabei wird versucht, herauszufinden, was der Patient kann und danach werden die Ziele festgelegt. Die Ziele bestimmen die Maßnahmen in der Pflegedurchführung."

Andere versuchen, die erforderlichen Informationen durch Unterhaltungen während der Pflege zu erhalten:

"I: Fragen Sie die ATLs alle ab?
B: Viele Sachen ergeben sich aus den Gesprächen heraus, die man so hat, man kann während der Pflege eine ganze Menge ansprechen, haben Sie noch Angehörige, bringen die Ihnen etwas zu essen vorbei oder machen Sie das selber. Das kann man alles während der Pflege abklären. Es ist ja nicht so, dass man die Pflege starr und still und schweigend vor sich hin macht, sondern man kommt ins Gespräch, man erledigt damit zwei Sachen: einmal die Information, die man für die Pflegeplanung braucht, und zweitens um mehr Infor-

mationen selber über den Patienten zu bekommen, ein Gesprächsthema zu bekommen."

Einige beschränken die Planung ausdrücklich auf die Bereiche, die der Pflegedienst ausführen soll:

"Wir haben dieses System, dieses Stammblatt. Und da sind da einzelne Punkte von 1-10, das ist eingeteilt über Atmung, Ausscheidung, über Pflege. Wir schreiben die Pflegeplanung nur über das, was wir auch tatsächlich machen, d.h. wenn ich nur eine Behandlungspflege mache mit Tablettengeben, schreibe ich also nichts über die Pflege, weil das gehört da nicht dazu, dann schreiben wir nur Punkt 8, Medikamentengabe oder Insulin. Dann wird da hingeschrieben, was unsere Ziele sind und die Ressourcen von dem Patienten selber, und wie wir dann halt vorgehen.

Wenn wir einen Insulinpatienten haben, Ziel ist, dass der Patient optimal eingestellt bleibt, dass er also nicht einmal rauf, einmal runter mit dem Zucker rutscht, und macht, was er will. Das kurzfristige Ziel wäre, den Patienten optimal eingestellt zu haben, und die Vorgehensweise ist dann, dass da zweimal täglich, wenn es vom Arzt verlangt wird, ein BZ-Test gemacht wird, ansonsten Insulingabe. Ja, und die Ressourcen wären das, was der Patient noch alleine kann. Bei vielen Patienten ist es so, mittlerweile sind die Insulinspritzen nicht mehr Spritzen, sondern Pens, womit die Patienten überhaupt nicht zurecht kommen. Dann versuchen wir natürlich, den Patienten, wenn er das selber lernen möchte, das eigenständig machen möchte, dann versuchen wir das natürlich auch zu machen. Und dann die Ressourcen, ja, Eigenständigkeit , Patient möchte es selber erlernen. Das müssen wir dann darein schreiben und dann immer dreimonatlich kontrollieren."

"Und es ist bisher durch nichts sinnvoll zu vereinfachen, außer durch Selbstbeschränkung. Und ich habe ganz klar gesagt: Leute, wenn die z.B. eine Pflegeplanung schreiben, guckt euch an, was wirklich konkret gefordert ist, was wird gemacht, was können wir überhaupt ändern. Warum sollen wir eine Planung schreiben über eine Sache, die wir überhaupt nicht im Griff haben. Wir sind im Verbund mit Angehörigen und dergleichen, und wir müssen uns wirklich auf das beschränken, was unser Job ist, und das ist ein Bruchteil von dem, was die Leute betrifft. Wenn ich komme und mache eine Grundpflege, dann kann ich vielleicht einmal sagen, sie sollten sich so und so ernähren. Aber ich habe mit deren Ernährung nichts, nichts zu tun. Wenn die Insuliner sind, dann kann ich gucken, woran kann es liegen, dass die BZ-Werte so hoch sind. Da ist es wieder mein Bier, da muss ich Einfluss nehmen und mal fragen: Was essen Sie eigentlich so? Aber ich kann nicht alles einplanen und planen und vorausschauen und mit einbeziehen. Das ist eine Selbstüberforderung, das ist teilweise eine Arroganz und das kommt auch oft zu Konflikten mit Angehörigen, wenn ich mich in zu vieles einmische."

Wenn vor der Planung bereits festgelegt ist, dass der Pflegedienst nur Teilbereiche ausführen soll, ist die Beschränkung der Planung auf diese Teilbereiche angemessen, zum einen, weil der Pflegedienst nur für diesen Bereich verantwortlich gemacht werden kann, zum anderen aber auch, um Konflikte mit Angehörigen zu vermeiden, die eine Ausweitung der Planung als Eingriff in ihre Kompetenzen interpretieren können. Damit muss dann aber auf eine Planung der Gesamtpflege verzichtet werden. Dann allerdings stellt sich die Frage, ob für die Planung alle "Aktivitäten des täglichen Lebens" unter dem Gesichtspunkt der Feststellung von Defiziten und vorhandener Ressourcen durchgegangen werden müssen. Soll aber eine umfassende Planung der Gesamtpflege erfolgen, dann müsste sie vom MDK durchgeführt werden. Patienten, Angehörige und Pflegedienste müssten sich anschließend einigen, wer für welche vom MDK vorgeschlagenen Pflegeleistungen zuständig sein soll. Dann müsste allerdings der MDK-Besuch die Pflegetätigkeit einleiten, wie es im PVG vorgesehen ist. Ein solches Verfahren würde auch die Unsicherheiten hinsichtlich der Kostenübernahme beenden, setzte aber voraus, dass die MDK-Prüfung weit mehr Zeit in Anspruch nehmen würde als die jetzige Zeiterfassung für Pflegeleistungen am Körper des Patienten durch Angehörige.

3.5 Pflegedokumentation

Mit der Einführung der Pflegeversicherung wurde auch der Qualitätssicherung der Pflege besondere Aufmerksamkeit geschenkt. Ein Element der Qualitätssicherung ist die Dokumentation. Mit der Verschriftlichung der Pflege soll diese besser kontrolliert werden können.

Diese Neuerung stieß auf Widerstand bei einigen Pflegepersonen, weil eine Verschriftlichung der Arbeit bisher ungewohnt war. So mussten die Mitarbeiter zunächst von der Notwendigkeit der Dokumentation überzeugt werden.

3.5.1 Motivations- und Schulungsbedarf für die Dokumentation

"Der Dokumentationsaufwand ist groß. Dazu müssen die Mitarbeiter motiviert werden. Das ist zum Teil schwer, weil sie darin keinen Sinn sehen."

"Das ist mit den Mitarbeitern nicht unkompliziert. Das ist tatsächlich so, weil natürlich der Bereich Pflege ein Bereich ist, der stark unter Druck steht, wo der einzelne Mitarbeiter auch stark unter Druck steht, weil es einfach an vielen Stellen immer schwieriger wird. Die Mitarbeiter müssen vielmehr dokumentieren, vielmehr schriftlich darstellen als früher."

"Ich bin damit groß geworden, ohne Pflegeplanung. Und es hat super funktioniert und für mich war es eine Umstellung. Ich hab mich auch am Anfang schwer getan. Ich wusste überhaupt nicht, was die von mir wollten. Ich mache doch das und das. Warum muss ich alles fünftausendmal niederschreiben, was ich bei einem Patienten mache? Warum muss ich das tun?"

"Ich habe manchmal Schwierigkeiten mit der Formulierung, da ich nicht gerne schreibe."

"Obwohl viele Mitarbeiter Pflegeplanung in ihrer Ausbildung gelernt haben, tun sie sich mit dem Schreiben schwer. Sie haben Angst, Sätze zu formulieren, können sich nicht richtig ausdrücken, haben Angst, etwas Falsches zu schreiben. ... Viele Polen und Türken haben Probleme mit der Rechtschreibung und haben noch mehr Angst, etwas Falsches zu schreiben, da es dann dokumentiert ist und da feststeht, jeder kann es dann lesen."

"Manche Pflegekräfte sind damals schon ausgestiegen, weil sie nicht so viel schreiben wollten und damit überfordert waren. Dabei musste man damals nur die Hälfte von dem schreiben, was man heute schreiben muss. ... Leute pflegen und noch dokumentieren, ist eine enorme Belastung für die Mitarbeiter."

"Es war schwer, die Dokumentation einzuführen, weil Pflege ist eigentlich ein Beruf, der alles anpackt, aber nicht schreibt. Den Mitarbeitern deutlich zu machen: Das, was ihr macht, das macht ihr gut und das müsst ihr aber auch aufschreiben, weil, wir können sagen, wir haben das und das gemacht, uns glaubt keiner. Viele Mitarbeiter fühlten sich persönlich angegriffen durch die Dokumentation: ich mache doch alles und der Mensch draußen ist doch zufrieden und freut sich. Darum ging es ja nicht. Denen das klar zu machen. Es gibt wahnsinnig viele Menschen, die im ambulanten Bereich gepflegt werden, und die zahlen unser Gehalt, die Pflegekassen oder der Patient sogar selber, und dann müssen wir auch ganz klar schreiben, was wir tun, um uns auch abzusichern, weil wir sind alleine vor Ort. Und wenn da irgendwas mal ist, steht dann Meinung gegen Meinung. Es hat eine lange Zeit gedauert."

Zur Akzeptanz der Dokumentation unter den Mitarbeitern bedurfte es großer Fortbildungsanstrengungen der Pflegedienste:

"In diesem Jahr ist unser Schwerpunkt [bei Fortbildungen]: Pflegedokumentation, und da sind inzwischen 170 Mitarbeiter hier sieben Stunden, sprich einen Tag, in der Theorie noch mal geschult worden, dann gehen 2 Stationsleitungen zur Überprüfung der Dokumentation mit meinem Stellvertreter, der auch Qualitätsbeauftragter ist, das ist jetzt abgeschlossen, in eine andere Station und prüfen da die Dokumentation, also im Sinne der kollegialen Überprüfung. Da ist jetzt jeder dreimal beteiligt gewesen, einmal als Prüfer und einmal als Geprüfter, dann haben wir hier noch eine Kollegin, die geht mit in die Pflege mit einem Mitarbeiter und prüft dann hinterher die Pflegedokumentation dieser gemeinsam gepflegten Patienten. Das ist schon sehr, sehr, sehr zeitaufwendig, es ist schon heftig."

"Aus unserer Sicht, ich meine wir haben Jahrzehnte lang gute Arbeit gemacht. Dafür stehe ich wirklich ein. Das kann ich also wirklich sagen. Unsere Mitarbeiter sind sehr verantwortungsbewusst. Wir haben Mitarbeiter, die sind über 20 Jahre bei uns. Denen sagen Sie jetzt, schon vor ein paar Jahren, und jetzt haben wir eine Pflegedokumentation, und jetzt wird hier rein geschrieben, was Sie gemacht haben. Dann haben wir Fortbildungen gemacht. Die haben auch immer nette Sätze in die Pflegedokumentation geschrieben. Daneben haben sie ja das, was sie mit den Patienten vereinbart haben an Leistungen und sie haben die Abrechnung der Leistungen. Und ich sage mal, dann haben Sie vereinbart, dreimal wöchentlich Ganzwaschung und viermal wöchentlich Teilwaschung, köllschen Wisch, und das haben Sie alles im Computer, und am Ende des Monats drucken Sie das aus, lassen den Menschen unterschreiben, dass er das alles gekriegt hat und schicken es zur Pflegekasse. Und irgendwann kommt die Pflegekasse und sagt: Haben Sie auch schön abgerechnet? Jetzt zeigen Sie doch einmal die Dokumentation. Und wir, völlig arglos, holen uns die Dokumentation. Ja, dann haben wir, sagen wir mal, montags baden abgerechnet. Da steht dann aber in der Pflegedokumentation: der Patient hatte aber heute keine Lust, sich baden zu lassen, ich habe nur Teilwäsche gemacht. Dann sagt die Pflegeversicherung natürlich zu Recht, hören Sie mal, das haben Sie nicht abgeglichen. Hatten wir auch eine Zeit lang nicht, gebe ich unumwunden zu. Das heißt nicht, dass wir eine schlechte Arbeit gemacht hätten, denn am Dienstag haben wir dann die Ganzwäsche gemacht, und dafür haben wir dann Teilwäsche eingetragen. Nur die Pflegekasse sagt dann: das ist nicht in Ordnung. Von den 26 Modulen gibt es ja unendlich viele Tätigkeiten, die müssen Sie den Mitarbeitern ja erst mal in den Schädel prügeln, sozusagen, die kann ja eigentlich kein normaler Mensch im Kopf haben. Deswegen haben wir jetzt gesagt, damit wir überhaupt wissen, was die machen, kriegen die einen Tätigkeitsbogen, wo drin steht, was sie jeden Tag zu tun haben. Und das, was sie getan haben, müssen sie jetzt ankreuzen. Und das, was sie nicht getan haben, dürfen sie auch nicht ankreuzen. Und wenn sie mehr gemacht haben, als das, was sie ankreuzen, müssen sie das drunter schreiben. Und dann kommt dieser Bogen hierher und wird in der EDV verarbeitet. Und dann ist das mit der Pflegedokumentation kompatibel. Ich sage das einfach so ganz offen, dass Sie sehen, wo das Problem ist. Unsere Mitarbeiter haben das ja nicht böse gemeint. Oder, sie kommen dahin und haben eine Behandlungspflege mit Medikamentengabe. Dann haben die lieb darein geschrieben: der Patient hatte die Medikamente schon genommen. Richtig, völlig richtig rein geschrieben, sagt die Krankenkasse: was ist das denn? Kriegen Sie kein Geld! Ja, dann sagen wir, ja, wir haben das geprüft, ob das auch stimmt, alles auch Blutdruck: Nichts. Und dieses jetzt unseren Mitarbeitern erst mal zu vermitteln, warum und weshalb das so ist, und wie durchgefeilt diese Pflegedokumentation sein muss, das ist ein ganz langwieriger und schwieriger Prozess. Und wir müssen bei jeder oder zumindest bei jeder zweiten Teambesprechung immer wieder Pflegedokumentation besprechen, jede einzelne Fallkonstruktion machen und sagen, da muss das so, da muss das so, da muss das so. Das ist sehr mühsam. Und wenn Sie jetzt einmal überlegen: Sie haben eine Ganzwaschung zu machen, die, sagen wir mal, 40 Minuten dauern soll, da müssen Sie jemanden aus dem Bett holen, den müssen Sie erst mal ausziehen, den müssen Sie zur Toilette bringen, den müssen Sie bereden, dass er sich in die Badewanne begibt oder unter die Dusche, dann müssen Sie den erst mühsam dann waschen, und dann müssen Sie ihn wieder trocken machen, dann müssen Sie ihn wieder anziehen. Dann sind Sie erst mal mit den Nerven fertig, sag ich mal, und dann sollen Sie sich noch hinsetzen und schreiben, was Sie alles gemacht haben. Das ist doch ganz klar, dass Sie sagen: Scheiß der Hund drauf. Natürlich ist das nicht richtig, weiß ich auch, aber man muss auch mal die menschliche Komponente dabei sehen. Und ich sage mal, wir haben in den letzten 20 Jahren unglaublich viele Fortschritte in unserer Pflegedokumentation gemacht. Ich halte dieses ganze System für überzogen."

"Die Einführung der Pflegeplanung bedurfte vieler Schulungen, Examinierte sind alle in Pflegeplanung geschult worden, die anderen in Pflegedokumentation, Die Schulung läuft weiter. Das ist eine große Aktion."

Ein solch hoher Zeitaufwand wird aber in Kauf genommen, wenn der Dokumentation eine wichtige Rolle im Pflegeprozess zugeschrieben wird.

3.5.2 Dokumentation als Tätigkeitsnachweis

"Pflegedokumentation besteht aus mehreren Blättern, Stammblatt, Pflegeplanungsblatt, Medikamentenblatt, Berichteblatt, dann gibt es natürlich diesen Leistungsnachweis, der von uns computermäßig erstellt wird, dort sind die Leistungskomplexe vorgegeben, die beim

Patienten erbracht werden, das Ganze wird mit Uhrzeit und einem Kürzel bestätigt, das ist das einzige Blatt, was mit dem Computer erstellt wird, alles andere muss mit der Hand geschrieben werden."

"Vom Inhalt her gesehen ist die Dokumentation sehr übersichtlich. Man hat sehr viele Blätter, in die man eintragen kann, Blutdruckkontrollen, RR-Kontrollen, Zuckerkontrollen, Wunddokumentation. ... das Kurvensystem ist so ausgelegt, dass die Dokumentation so unterteilt ist, die ersten vier Blätter sind eigentlich nur über den Patienten, von der Anschrift des Patienten bis zur Biographie. Wenn man sich diese vier Blätter durchlesen würde, würde man eine Pflegeplanung so schreiben können, wie sie auch hinten dann aufgeführt ist. Also man hat einen großen Überblick über den Patienten, weil da steht wirklich alles drin, ob der Patient eine Brille trägt, Zahnprothesen hat, wann die letzte Operation gewesen ist, wann der letzte Krankenhausaufenthalt war, wer die Bezugspersonen sind, wer der Betreuer ist, wen man u.U. anrufen kann, wenn dem Patienten nicht gut ist, wer dann u.U. vorbei kommt, bis hin zu der Pflege, wie häufig die erfolgt, wie häufig die Medikamentengabe ist, wenn es eine Medikamentengabe gibt, welche Vorerkrankungen der Patient gehabt hat, also, wenn man sich diese vier Blätter anguckt, hat man schon einen sehr großen Überblick, und wenn man eben so wie ich die Runden schon mal drei, vier Wochen hintereinander fährt, dann hat man auch einen gewissen Überblick, die werden halt immer auch wieder aufgefrischt die Kurven, d.h. die Pflegeplanungen sind meistens drei Monate gültig, d.h. wenn die Anfang Mai gemacht sind, dann werden die überprüft Ende Juli, so dass die immer im Quartal erneuert werden."

"Wir dokumentieren die Leistungen, die wir erbracht haben mit Datum und Handzeichen zur Abrechnung. Wir dokumentieren den Pflegeverlauf. Wir dokumentieren die Pflegeplanung, was ich gerade erklärt habe, den Pflegeverlauf, ja, Medikation, wenn wir uns darum kümmern, wird dokumentiert, Vitalzeichen, wenn wir die machen, werden dokumentiert, Wundberichte werden angelegt, wenn man eine Wundversorgung macht. Also in aller Regel, was auf jeden Fall dokumentiert wird, ist die Leistung, die wir erbringen, es kann ja auch eine hauswirtschaftliche Versorgung sein, da muss ich keinen Wundbericht anlegen."

"Dokumentation bedeutet schon eine Menge Arbeit für die Mitarbeiter und auch für mich als Leiterin, also die Kontrolle und die Vorbereitung , es ist schon ein Stück Arbeit. Dadurch sind auch einige Überstunden hier entstanden. Das wird auch sicherlich so bleiben."

Dennoch beurteilt diese Befragte die Dokumentation positiv:

"Nach der Einführung [der Pflegeversicherung] haben wir mehr Transparenz bekommen. Es ist alles planbarer, alles gerechter, es werden zwar eine Menge Anforderungen an uns gestellt bezüglich Dokumentation und anderer Geschichten, aber was die Leistung anbelangt, ist alles gradlinig, nachlesbar. Also ich persönlich finde es besser, weil es auch gerechter ist. Früher für die 5 DM haben die Patienten alles von uns erwartet. Klar, wir hatten wesentlich weniger zu tun, aber ob die letztendlich zufriedener waren, weiß ich nicht."

Die Erhöhung der Transparenz der Pflege wird von vielen als Vorteil der Dokumentation hervorgehoben. Diese Transparenz wirkt sich auf viele Bereiche aus:

Sie verbessert die Stellung der Pflegepersonen in Streitfällen.

"I: Was halten Sie persönlich von dieser Dokumentation?
B: Von unserer Dokumentation? Also ich denke, sie ist gut.
I: Und von der Verpflichtung, überhaupt zu dokumentieren?
B: Absolut zwingend notwendig. Der einzige Schutz den man hat.
I: Schutz, vor wem?
B: Wenn man sich rechtfertigen muss, oder wenn man, ja, einfach, um zu beweisen, man hat es getan. Wenn da irgendwann mal ein Prozess angestrebt wird, weil ein Patient einen Dekubitus bekommen hat, und man kann nicht nachweisen, dass man alles getan hat, um diesen Dekubitus zu verhindern. Man hat nichts anderes. Man hat nur seine Dokumentation.
I: Hat denn die Prozessfreudigkeit zugenommen?
B: "Also hier in [Ort] kann ich es noch nicht beurteilen, Ich weiß nicht, wie es vor dem war. Man hört einfach immer viel mehr und liest viel mehr in Fachzeitschriften über Prozesse, die geführt werden. Und da, wo ich herkomme, ist zuletzt auch noch ein 'großer Prozess' in Anführungszeichen einem Kollegen widerfahren, der da auf einmal

mitten drin hing und sich irgendwie keiner Schuld bewusst war, aber auch nicht das Gegenteil beweisen konnte.
I: Und dann werden die Dokumentationen für Gerichtsfälle aufbewahrt?
B: Ja, auf jeden Fall."

"Aber es hat irgendwann mal was gegeben. Vor Jahren, meine ich, jetzt wo Sie fragen. Da brauchten wir irgendwie noch mal eine Information und da ist jemand vor Gericht gegangen, glaube ich. Ja, ich glaube, so war es. Da mussten wir gucken, was ist da gewesen."

"Die Dokumentation ist natürlich auch dann wichtig, wenn es mal zu Streitigkeiten kommt. Wir haben da neulich noch einen Prozess gehabt, wo jemand behauptet hat: wir sind im Juni überhaupt nicht gekommen. Und dann kann ich vorlegen: wir haben den Zeiterfassungs-, wir haben den Leistungsnachweis, wir haben das Durchführungskontrollblatt, überall ist ein Handzeichen drunter, das gibt es. Da bin ich immer ganz froh, wenn ich das aus der Schublade ziehen kann."

"In erster Linie muss ich dokumentieren: die Uhrzeit, das Datum, wann ich da bin, der momentane Ist-Zustand des Patienten, was ich gemacht habe am Patienten, d.h. wenn ich nur eine normale Grundpflege mache, dass ich dann eben aufschreibe, dass der Patient grundpflegerisch im Bett, am Waschbecken oder sonst wo versorgt wird. Das ist das, was ich eintrage, weil wenn dann etwas später, eine halbe Stunde später, etwas passiert mit dem Patienten, dass es ihm plötzlich schlecht geht, sagen wir mal, ein Patient, der Diabetiker ist, da war ich dann um 9.30 Uhr, sage ich mal, ich mache eine Blutzuckerkontrolle, der Blutzucker liegt bei 120 -150. Ich stelle jetzt fest, dem Patienten geht es gut, und spritze ihm die Einheiten, die der Arzt ihm verordnet hat. Und eine Stunde später geht es dem Patienten plötzlich total schlecht: er wird kaltschweißig und fällt dann unter Umständen hin. Dann weiß ich Bescheid, ich war um 9.30 da, da war der Blutzucker noch in Ordnung. Dann ist das für mich eine Absicherung als auch hinterher für die Leute, die das dann nachprüfen möchten. Dann sehen die genau die Uhrzeit, der Pfleger war dann und dann da und hat den Blutzucker gemacht. Der war so und so. Er hat so und so viele Einheiten gegeben von dem und dem Insulin. Und dann kann man mir im Endeffekt nichts, weil ich habe meine Arbeit getan, habe mich abgesichert durch den Blutzuckertest."

"Das ist ja eine Absicherung, persönlich ... Alles, was man aufgeschrieben hat, kann man in Problemfällen, ja, wenn man z.B. die Befindlichkeit des Patienten aufschreibt und dem Patienten geht es im Laufe des Tages schlechter, die Angehörigen wollen einem das anlasten, dass man vielleicht nicht früh genug den Doktor angerufen hat. Dann steht man immer auf der besseren Seite, wenn man ausführlich berichtet hat, wie es dem Patienten geht. Das entlastet sehr. Ja, ich denke die Dokumentation ist auch sehr wichtig und notwendig, um sich gegenüber den Kassen abzusichern, gegenüber Angehörigen und Patienten, das ist schon sehr wichtig, einfach weil man alleine arbeitet und dann auch juristisch alleine steht, dann ist es immer gut, wenn man etwas Schriftliches niedergelegt hat."

Die Absicherung wird besonders wichtig, wenn Patienten die Annahme vereinbarter Leistungen verweigert haben:

"Wenn ein Patient Leistungen verweigert, wird dies in der Dokumentation vermerkt. Das ist wichtig, damit nicht behauptet werden kann, Pflegekräfte hätten die Leistung vergessen."

Auch bei Abweichungen von ärztlichen Verordnungen spielt die Dokumentation eine wichtige Rolle:

"Ich habe das ohne ärztliche Verordnung abgebrochen. Ich habe die Chefin aber darüber informiert, und die Dokumentation ist gelaufen. Ich habe alles eingetragen. Ich habe dann auch gesagt: Ich nehme das auf meine Kappe, wenn etwas passieren sollte, ich kann mir das nicht vorstellen, so viel Risiko gehe ich auch nicht ein, so experimentieren tun wir nicht."

"Es gibt ganz wenige Ärzte, die sich darauf einlassen, moderne Verbandstoffe zu verschreiben. Ich habe auch schon mal bei einem Arzt hingelegt, ging da um Nu-Gel, es ging um die Gebrauchsanweisung. Ich habe das Wichtigste für den unterstrichen. Nichts, schreibt der mir 3 Tuben Frikasit auf. Habe ich eingetragen: nehme ich nicht. Das habe ich dokumentiert. Ja, da hat er hier angerufen und sich beschwert, ich wäre geschäftsschädigend. Interessiert mich nicht, nehme ich nicht. Wenn ich weiß, ich hatte so was, und ich weiß, bei der Patientin hat das gut angeschlagen, die Wunde ist fast zu, und er hat das gesehen, die Wunde ist besser geworden, verschreibt mir trotzdem Frikasit, finde ich das eine Unverschämtheit. Dann besorge ich mir das von anderen Kollegen, ich weiß schon, woher ich die Sachen kriege. Es ist traurig, es ist traurig, dass man so handeln muss."

"Durch Dokumentation wird die Pflege stärker verschriftlicht. Sie ist juristischer geworden, absichernder, transparenter nach innen und außen. Der Pflegebereich wird definierter. ... Die Dokumentation ist nicht nur lästig."

3.5.3 Dokumentation als Informationsmedium

Wurden bisher Änderungen im Verhältnis nach außen dargestellt, so werden auch wesentliche Auswirkungen der Planung und Dokumentation auf die Pflege selbst registriert.

"Dokumentation als Kommunikationsinstrument der Schwestern und aller an der Pflege Beteiligten ist o.k."

"Dokumentationen dienen allen Mitarbeitern, die die Patienten pflegen. Sie sind für Angehörige offen, Ärzte gucken rein, nur wenige schreiben selbst etwas hinein. Sie sind wichtig für den MDK bei Überprüfungen."

"Wir haben spezielle Dokumentationsmappen, wo alles übersichtlich aufgegliedert ist. Pflegeziele sind enthalten. Das ist wichtig bei Wechseln, damit die Kollegen wissen, was zu tun ist. AEDLs sind enthalten, Patienteninformationen, Krankheiten, Medikamente, Blutzucker etc. Zusätzlich ein Bogen, in dem alles dokumentiert wird, was in der Pflege passiert, z.B. wenn jemand nicht so gut drauf ist, oder Durchfall hat. Es wird alles notiert, damit jeder sofort weiß, was gestern passiert ist, Überblick, Leitlinie. Gesamte Doku-Mappe ist immer beim Patienten. Sie ist wichtig auch für Notarzt, damit er einen Überblick hat. In der Station gibt es Pflegedurchführungsblätter, diese werden durchgesehen, wenn man zu einem neuen Patienten muss, den man noch nicht kennt. Dort stehen auch Besonderheiten der Patienten."

"Die Dokumentation brauchen wir für die tägliche Arbeit, die Mitarbeiter bekommen hier ihren Einsatzplan, das ist zwar mit den Patienten besprochen, aber die einzelnen Verrichtungen sind noch einmal vor Ort detailliert beschrieben. Ohne Dokumentation könnten die Mitarbeiter heute vor Ort keine Pflege mehr verrichten. Sie ist wichtig für Übergaben."

"Pflegerische Informationen können überwiegend nur durch Lesen der Pflegeplanung und Dokumentation eingeholt werden. Wenn ich zu einem neuen Patienten komme, lese ich zuerst die Pflegeplanung und die Doku, um zu wissen, was in den letzten Wochen, Tagen bei diesem Patienten passiert ist. Die Dokumentation ist wichtig, ja, sie sagt ja alles über den Patienten aus, sicher, klar."

"Die Dokumentation ist sinnvoll, da nachfolgende Pflegekräfte und Kollegen erkennen können, was vorgefallen ist und was zu tun ist."

"Ja, das ist unser Auftrag, ganz klar, sagt die Frau [PDL] immer wieder, erst zur Dokumentation zu gehen, um zu gucken, ob was Besonderes ist."

"Jeder Kollege schaut zuerst vor der Pflege in die Berichteblätter vor Ort. In den Berichteblättern steht alles, was der nachfolgende Pfleger wissen muss. Die Dokumentation ist wichtig für die Übergabe."

"I: Wofür wird die Dokumentation gebraucht?
B: Für Informationen über den Patienten, wenn man am Wochenende eine andere Tour fährt oder eine Kollegin vertritt oder bei einem Zwischenfall. Die Doku bietet dann Auskünfte über bestimmte Lagerungen, die eingehalten werden müssen, Blutzucker, Gewohnheiten etc. Wenn es einem Patienten schlecht geht in meiner Tour, die ich jeden Tag fahre, den ich jeden Tag sehe, schaue ich sofort in den Pflegebericht, um zu überprüfen, was gestern war. Ich motiviere auch Angehörige, in die Doku zu schreiben und nicht auf irgendwelchen Zetteln, damit ich gut informiert bin. Dadurch habe ich auch einen kleinen Verlauf über z.B. aktuelle Krankheiten."

"Ein Sinn ist darin: ich weiß, wenn ich jetzt nach vier Wochen Urlaub oder nach drei Tagen, einer längeren Zeit, zu einem Patienten komme und habe nicht die Möglichkeit, mich bei meiner Kollegin vorab zu informieren, was war, so habe ich die Möglichkeit, auf die Doku zurückzugreifen und zu gucken, was war in der vergangenen Zeit passiert. Das finde ich also sinnvoll, es ist für mich eine Information, ich weiß, heute muss ich die Haare waschen, ach nein, brauche ich nicht, sind gestern gewaschen worden, jetzt sind die Verbände dran. Ich kann alles nachhalten, was ich da zu tun habe. Wir haben gezielte Durchführungskontrollen, die wir am PC erstellt haben, was genau gemacht wird, Müll entsorgen, Insulinspritzen, Grundpflege, Teilwaschung, Ganzwaschung, im Bett waschen und, und, und. Ich gehe hin, also das wurde gemacht oder das und das habe ich zu machen. Dann kann ich das ausführen und muss nicht immer hinterher telefonieren, du ich war jetzt drei Wochen nicht hier, was muss ich hier noch mal machen, ich gucke in die Doku und ich weiß es. In dem Sinne ist es sinnvoll. ... Durch Planung und Dokumentation hat sich die Pflege verändert, zum Guten, sie ist besser durchführbar, weil: es steht drin, was man zu tun hat."

"Dokumentation muss sein. Sie dient der Erkennung von Schwachstellen, Restriktionen bei Mitarbeitern: jeder muss bereit sein, auf dem Zug zu fahren. Sie ist ein Instrument der Personalführung und Personalleitung, Nachweis für die Kostenträger, zur rechtlichen Absicherung unsererseits. ... Sie dient der Information der Kollegen, dient zur Information weiterer an der Versorgung Beteiligter, Hausarzt, Physiotherapeut, durch uns bestelltem Friseur, hauswirtschaftlichen Kräften, MDK und Kostenträgern."

"Seitdem haben alle Stationen eine gemeinsame Basis, einen gemeinsamen Weg, gemeinsames Ziel. Der Einsatz in allen Stationen ist durch die gemeinsame Orientierung möglich: Pflegeplanung und Dokumentation sind identisch, gleiche Schulung, einheitliches Bild nach außen, Autos und Aufschriften identisch."

Die Standardisierung der Planung und Dokumentation erleichtert die Einsatzplanung.

Die Bedeutung der Dokumentation wird vor allem darin gesehen, dass sie ein Informationsmedium darstellt, über das sich alle an der Pflege beteiligten Personen über den Zustand des Patienten, die durchgeführte und durchzuführende Pflege informieren können. Als solches Medium dient sie insbesondere der Kommunikation unter den Mitarbeitern der Pflegedienste. Sie verbessert die Übergabe von Patienten bei einem Wechsel der Pflegekräfte. Sie dient der Kontrolle der Pflegekräfte und damit als Instrument der Personalführung und -leitung. Über die Dokumentation kann darüber hinaus auch mit anderen an der Pflege beteiligten Personen kommuniziert werden. Besonders hervorgehoben wird hier die Kommunikation mit Ärzten, falls diese sich der Dokumentation bedienen.

"Wir holen Verordnungen bei den Ärzten selber ab. Es ist selten, dass Angehörige die abholen, obwohl die vertraglich dazu verpflichtet sind, das ist sehr selten. Es ist aber ganz gut so, denn u.U. je nachdem, was das für eine Verordnung ist, ist es ganz gut, dass die Mitarbeiterin auch mal mit dem Hausarzt sprechen kann. Die nehmen dann die Doku-Mappe mit und sprechen dann mit dem Hausarzt, wie dann die Situation ist. Es ist dann auch ein ganz guter Kontakt da."

"Also vor Ort, falls mit dem Patienten etwas ist, ein Notarzt wird gerufen, und die Patientin liegt dann eben halt da. Und wenn dann der Arzt da ist, dann ist unsere Kontrollmappe auch für ihn gleich eine Kontrolle, dann sieht er: Aha, hier ist ein Pflegedienst im Einsatz, dann wird er wohl die Blätter sich jeweils durchsehen und dann wird er dann ja auch sehen bei Blutzuckerkontrollen u.U. oder in dem blauen Berichtsheft, dass da steht, dass der Blutzucker schon morgens relativ niedrig gewesen ist, und was dann eben halt gemacht worden ist an Ort und Stelle.

"I: Können die Ärzte da auch selbst was reinschreiben?
B: Ja, das macht der auch, also wir haben einige Ärzte, die schreiben darein, jetzt auch, wenn der Arzt Hausbesuche macht, dass wenn irgendwelche Tabletten sich ändern, dass er dann auf dem gelben Zettel, wo die Medikamente aufgetragen sind, dass der da schon mal ein Medikament absetzt, dann sind da auch extra Fächer Absetzdatum, Absetzarzt. Und dann schauen wir nach, meistens ist das dann bei Patienten, die auch mit uns darüber sprechen oder er muss uns sagen, dass der Arzt da gewesen ist und sagen, dass die eine Tablette weniger erhalten oder dass noch eine dazu gekommen ist. Das ist also dann so ein kleiner Kreislauf."

"Der Patient, die Kollegen und die Station, auch Ärzte, wenn die vor Ort gehen, können in die Mappen reingucken. Die Medikamentenblätter werden von den Ärzten gegengezeichnet, damit das nicht nur telefonische Auskünfte oder Zettelchen sind, die wir da so kriegen, so dass wir regelmäßig die Medikamentenblätter überarbeiten und dann auch von den Ärzten gegenzeichnen lassen."

"Vorrangig ist die Dokumentation ein kontinuierlicher Überblick über die Entwicklung. Es gibt immer erst einen Bericht, den mache ich bei der Aufnahme, wie finde ich den vor, was ist der Istzustand, was möchte der Mensch von uns. Dann gibt es den Pflegeverlaufsbericht, wo drin steht, wie entwickelt sich die Pflege. Dann haben wir die Möglichkeit, dass, wenn so eine Dokumentation vorliegt, und der ins Krankenhaus muss, jederzeit ein anderer einen Überblick kriegt, am Wochenende kommt der Notarzt, der kann rein gucken, damit man sieht, was los ist, welche Medikamente werden gegeben usw. Die Mappen gehen in der Regel mit ins Krankenhaus bei Krankenhauseinweisung, obwohl das nicht unbedingt Pflicht ist. Aber ich finde es immer ganz gut, wenn die da schnell und umfassend informiert sind."

"Die Dokumentation ist weiterhin wichtig für MDK, Ärzte. Ärzte schauen auch in die Dokumentation, ob Medikation noch stimmt. Wir lassen uns die Medikation durch den Arzt zur Absicherung unterschreiben. Ärzte sind sogar teilweise froh über Rückmeldungen über Nebenwirkungen von Medikamenten. Wir haben einen sehr guten Kontakt zu den Hausärzten der Patienten. Die Ärzte wissen, dass sie sich auf Pflegedienst verlassen können."

"Bei unserem Doktor, der die meisten unserer Patienten versorgt, ist es so, dass er ungern Hausbesuche macht. Dann schnappe ich mir die Patienten und fahre zu ihm und bin dann auch dabei, weil die Patienten auch Probleme haben, Sachen so auszudrücken, wie ich es dann sehe, dass ich halt den Patienten selber berichten lasse und wenn ich Einwände habe, das zusätzlich einbringe. Ansonsten nehme ich natürlich auch unsere Dokumentation mit und zeige ihm das, und so ist das in Ordnung schon. Gucken Sie sich das mal an, irgendwelche Tendenzen bei irgendwelchen Sachen sehen, und bei anderen Sachen, wo mein Wissen dann nicht ausreicht, dann muss ich halt einfach hinfahren. Ich meine, wenn ich jetzt zum Neurologen fahre, dann kann ich das schlecht beurteilen, durch irgendwelche Tests, die er dann macht, wie weit dann die Krankheit sich verbessert oder gleichbleibt oder fortschreitet, da fehlt mir manchmal auch das Wissen durch die geringe Erfahrung."

"Bei akuten Sachen kommt der Arzt. Dann ist die Doku hilfreich. Wenn ich glaube, dass ein Medikament Nebenwirkungen hat, schlage ich kein anderes vor, sondern frage: Das ist mir aufgefallen. Könnte es daran liegen?" Mehr steht mir nicht zu."

3.5.4 Bedeutung der Dokumentation für die MDK-Begutachtung des Patienten

Besonders hervorgehoben wird auch die Bedeutung einer gut geführten Dokumentation für die Einstufung des Patienten in eine Pflegestufe durch den MDK:

"Wichtig ist, dass die Gutachter Einblick in die Pflegedokumentation nehmen."

"Wir drängen auf die Heranziehung der Dokumentationen bei Begutachtungen durch den MDK. Häufig ist das nicht der Fall. Dann empfinde ich das als Missachtung unserer Arbeit."

"Der MDK greift auf die Dokumentation und Pflegeplanung zurück. Die Akzeptanz der Angaben in der Dokumentation hängt von den Gutachtern ab."

"Der MDK macht sich auch anhand der Dokumentation ein Bild, was gemacht wird. Was akut vor Ort gemacht wird, muss aus der Pflegeplanung und Dokumentation ersichtlich sein."

"Der MDK muss Pflegeverlauf und die Entwicklung des Patienten prüfen und nachvollziehen können

"Der MDK schaut sich auch bei Höherstufungsanträgen die ganze Mappe an."

"Wenn ich jetzt schreibe: Patient wäscht Oberkörper selbständig, kriege ich den nie in Stufe II rein."

"Die Krankenkasse meldet sich dann schriftlich oder telefonisch beim Patienten, dann wird ein Termin ausgemacht bezüglich der Begutachtung, und bei der Begutachtung sind wir immer dabei. Wir bereiten dann die Pflegeplanung vor, also die Dokumentationsmappe vor, damit das die Begutachtung erleichtert, und dann kann ich sagen: je besser die Vorbereitung ist, desto besser die Erfolge."

"Die Patienten sind sehr ängstlich. Manchmal sagen Patienten, sie könnten alles alleine. Dann ist es wichtig, dass nicht nur Angehörige, sondern auch der Pflegedienst vor Ort sind. Wichtig ist eine optimale Pflegeplanung und -dokumentation. Das wird immer wichtiger."

"Wenn der MDK zur Begutachtung kommt, muss die Doku vollständig sein. Die Zusammenarbeit mit dem MDK ist nicht so gut, es gibt kaum Kontakt. Der MDK meldet sich so kurzfristig an, dass Mitarbeiter nicht bei Begutachtung dabei sein können. Der MDK stellt den Patienten Fangfragen und lässt sie ins Messer laufen."

"Ich hätte gerne mehr Einfluss auf Begutachtungen des MDK: Die Gutachten sind häufig nicht angemessen in beide Richtungen. Insgesamt wird sehr hart eingestuft. Vielleicht sind es nicht die richtigen Leute: letzter war ein ganz junger, hilfloser Chirurg. Die haben ihre Vorgaben, können aber links und rechts gucken. Meistens sind es Ärzte. Ich kann eventuell. ein falsches Bild des Patienten relativieren. Da zahlt sich Doku aus."

"Aktivierende Pflege dauert immer länger. Das muss entsprechend dokumentiert werden, das kann hilfreich sein bei einer Höhereinstufung. Das sind ganz wichtige Punkte in der Dokumentation, dass man die aktivierende Pflege auch als solche beschreibt, auch möglichst den Zeitrahmen dokumentiert, der benötigt wird. Das ist interessant nicht für den Preis, aber für die Einstufung in die Pflegestufe."

Wie wichtig die Berücksichtigung der Pflegedukumentation bei schwierigen Patienten sein kann, macht folgende Darstellung deutlich:

"Ich habe neulich eine Begutachtung vom MDK mitgemacht, Der Besuch war angekündigt. Da habe ich vorher die Begutachterin angerufen und habe gesagt, so und so ist es. Die Frau war total verwirrt. Der Sohn möchte dabei sein. Es kann sein, dass die Sie hochkantig aus dem Haus schmeißt. Ich werde dazu kommen. Rufen Sie mich bitte an, wenn Sie da sind, dass wir das gemeinsam können. Die hat mich angerufen über Handy. Wir sind dann zusammen reinmarschiert. Die wusste schon vorher, was los war. Dann habe ich so ein paar Fragen gestellt: Was machen Sie hier? Wie können Sie da? Können Sie einkaufen? Mache ich alles, kann ich alles, tue ich alles, ich koche selber, ich gehe einkaufen, mache ich alles. Dann kamen bei der noch psychische Probleme dazu, die hat sich verbarrikadiert in der Wohnung, hat Schränke vor die Tür gestellt, damit keiner ins Haus kam. Es durfte keiner rein. – das ist die, wo wir gesagt haben, wir bauen da erst mal Vertrauen auf über vier Wochen, der Sohn hat das finanziert – die wollen mich alle beklauen und so weiter.

Und dann wurde die Stimmung so aggressiv, dass sie sagte, was wollt Ihr alle von mir? Ihr lügt ja alle, und ich schmeiße Euch gleich raus. Da habe ich der Ärztin noch meine Pflegeplanung rübergeschoben und habe gesagt, lesen Sie sich das doch mal durch. Dann ist sie rausgegangen und ... sie hat sie [Pflegestufe I] gekriegt, weil die das gesehen hat, weil die diese Situation 'gesehen hat und die Bedürftigkeit erkannt hat."

Insbesondere bei dementen Patienten wird die Prüfungssituation für die Beurteilung von Patienten als unangemessen empfunden, da die Aussagen der Patienten wenig über die Pflegebedürftigkeit aussagen. Gerade in diesen Fällen gewinnt die Pflegedokumentation ein besonderes Gewicht für die Einstufung der Patienten.

3.5.5 Bedeutung der Dokumentation für die Qualität der Pflege

Nach Ansicht der Befragten hat die Dokumentation in mehreren Dimensionen Auswirkungen auf die Qualität der Pflege.

"Durch Dokumentation ist die Beobachtungsfähigkeit gesteigert worden, Veränderungen fallen schneller auf. Schulung auf Dokumentation beinhaltete: Vermittlung der Fähigkeit, sich schreibend zu äußern, Beurteilung von Druckstellen, Schulung der Beobachtung, Einarbeitung beim Kunden, kinästhetische Schulung."

"Tätigkeiten werden jetzt durch die Dokumentation bewusster wahrgenommen. Es wird auch weniger vergessen. Die Dokumentation dient der Eigenkontrolle."

"Auf der anderen Seite finde ich es sehr positiv. Man reflektiert anders, man beschäftigt sich mehr damit. Man überlegt eigentlich das Tun und Handeln, was man macht. Oder überhaupt, warum machst du das? Hinterfragt sich und hinterfragt, was man selbst macht."

Wird hier eine Verbesserung der Qualifikationen der Mitarbeiter registriert, so weisen andere darauf hin, dass sie durch die Dokumentation ein besseres Sicherheitsgefühl erlangen:

"Der wichtigste Vorteil ist, wenn überhaupt: Ich habe Sicherheit für mich, was ich gemacht habe, Die Dokumentation ist eine Weiterinformation an den Kollegen."

Die Dokumentation verdeutlicht die Entwicklung des Patienten. Sie ermöglicht es, auf Prioritäten aufmerksam zu machen:

"Die Dokumentation bietet Orientierung für Pflegeplanung, wenn man Daten braucht, kann man nachgucken, Sie erleichtert Absprachen bei Problemen in der Pflege. Dienstbesprechungen werden genutzt auch für Pflegeplanung."

"Dokumentationen dienen ja dazu, dass wir den Pflegeprozess besser verfolgen können und daran arbeiten können."

"Die Entwicklung ist durch die Dokumentation sichtbar. Übergaben erfolgen durch die Dokumentation, deshalb ist es wichtig, jeder Veränderung hinein zu schreiben. Kollegen schauen zuerst in die Dokumentation: Das Doko-System hat sog. "Reiterlein", wenn "Reiterlein" herausgezogen ist, weiß Kollege, dass dort etwas Besonderes, eine Veränderung war."

"Konkrete Vorgaben werden mit Kürzel versehen, Der Pflegebericht ist versehen mit Datum, Uhrzeit, Anfang und Ende, Kürzel abzeichnen, bei Abweichung Vermerk hinter Kürzel, Dokumentation dauert lange, daher: wiederholbare Dinge werden mit Buchstabenkürzel dokumentiert, alles, was besonderes anfällt, muss handschriftlich dokumentiert werden, man sieht gleich: was formuliert ist, ist wichtig, was Kürzel hat, passiert jeden Tag."

"Dann lese ich die ganze Doku, was wichtig ist, z.B. Pflegeplanung, ist in der Pflegeplanung was geändert worden, normalerweise wird die Pflegeplanung jetzt vor kurzem erst erneuert, demnächst alle drei Monate erneuert und kontrolliert, ob sie noch übereinstimmt mit der Pflege, und wenn nicht, dann wird die erneuert alle drei Monate."

"Die Dokumentation ermöglicht eine Vereinheitlichung der Pflege. Das ist ein Vorteil der Größe des Dienstes, Nachteil: Mitarbeiter denken: wir bekommen etwas von oben verordnet, schon wieder ein Formular. Aber Dokumentation ist wichtig geworden, Pflege wird überprüfbar, die Qualität der Arbeit ist prüfbar geworden."

Um die Qualität zu sichern, muss die Dokumentation immer aktuell sein:

"Die planerische Unterlagen der Dokumentation müssen immer tagesaktuell sein. Die Dokumentation dient auch der weiteren Pflegeplanung und der ständigen Überprüfung."

"Dokumentation ist wichtig, um eine Entwicklung festzustellen. Sie ermöglicht Betrachtungen aus verschiedenen Perspektiven. Durch Dokumentation wird die Arbeit systematisiert, sie ist wichtig für den Leistungsnachweis. Beobachtungen zu dokumentieren, ist total wichtig."

Um eine Entwicklung feststellen zu können, muss die Dokumentation aussagekräftig sein:

"Pflegeberichte müssen selbst formuliert werden. Wir haben keine Standardsätze, sondern da muss der Mitarbeiter schon rein schreiben: Verbandwechsel, PEG, Wundzustand, Wunde sauber, Wunde reizlos. Das sind Dinge, die sollen drin stehen, wenn natürlich nur drin steht: Verbandwechsel, ist kein Verlauf erkennbar. Das sind Dinge, die wir in den Gruppentagen seit ewig bemängeln, aber die sich immer wieder rein schleichen, dass die Mitarbeiter schreiben: Pflege nach Plan. Das besagt zwar, was gemacht wurde, aber nichts Aussagekräftiges und wie die Arbeit gemacht wurde, oder ob sich irgendein Verlauf herauskristallisiert hat."

"Für die Auswertung sind Berichteblätter und Durchführungsblätter wichtig. Häufig: ergeben sich Konsequenzen für die Pflegeplanung."

"Verlauf der Zielerreichung und Veränderungen werden in der Doku notiert."

"Selbständigkeit soll erhalten werden! Aktivierende Pflege! Konkrete Planung mit genauen Zielen, Bewertungsbögen werden geführt, Pflegeziel erreicht oder nicht mit Punktesystem. Daran sehen wir, ob das Ziel erreicht wurde oder nicht. Bögen sind allgemeine Dokumente neben anderen in der Dokumentation. Bevor wir pflegen, schauen wir in die Mappe herein zur Übergabe."

Die Dokumentation ist Grundlage für eine Evaluation der Pflege:

"Und dann muss festgelegt werden, welches Ziel die Pflege mit ihrem Tun verfolgt, z.B. eine Besserung in der Beweglichkeit, oder eine Besserung im Bereich der Kommunikation, oder so lange wie möglich: Erhalt der jetzigen Fähigkeiten oder die Vermeidung von Komplikationen. Diese Pflegeziele müssen benannt werden, müssen mit einem Zeitpunkt versehen werden, wo man sie überprüft, ob das, was man wollte, erreicht wird. Dann muss es überprüft werden, und dann muss festgestellt werden, was man erreicht hat und was man nicht erreicht hat, oder bei Zwischenfällen, dann muss das wieder neu geplant werden und dann muss täglich dokumentiert werden, wohin das läuft."

"Das müssen wir dann darein schreiben und dann immer dreimonatlich kontrollieren, ob sich da irgendwas verändert hat, ob die Ressourcen eingetreten sind, wie wir uns die vorgestellt haben und auch genutzt worden sind von den Patienten oder ob die Ziele auch erreicht sind, das muss dann alle drei Monate kontrolliert werden. Und dann müssen wieder neue Ziele bestimmt werden, weil manche Patienten, die bettlägerig sind, die haben also keine Ressourcen, dass die das jemals selbständig machen."

"Der aufgestellte Pflegeplan ist so lange gültig, wie er aktuell ist, wenn der Zustand sich nach ein paar Tagen verbessert oder verschlechtert, wird der Pflegeplan neu geschrieben. Es wird nicht nur aufgeschrieben, was gemacht wird, sondern auch wie und wie oft eine Maßnahme durchgeführt wird.

"I: Wie dokumentieren Sie Abweichungen vom Plan?
B: Einmalige Änderungen werden in die Doku-Mappe eingetragen. Treten regelmäßige Veränderungen auf, muss das Ziel verändert werden. Wenn der Zustand sich langsam abbaut, dann können wir das auch nicht machen, dann wird das auch sofort im Plan abgeändert. Oder der Mensch wird plötzlich krank, liegt mit Fieber im Bett, da können wir auch nicht nach dem Plan pflegen. Dann wird das auch aktualisiert, sogar vielleicht für drei, vier Tage. Aber Veränderung kommt sofort rein. Falls eine Maßnahme nicht durchgeführt werden kann, muss es in der Doku-Mappe notiert werden.

I: Was müssen Sie alles dokumentieren?
B: Alles, jede Veränderung oder jede schlechte, gute Laune, wie der Mensch sich heute fühlt oder wie gut oder wie schlecht ist er heute drauf. Manchmal auch, wenn es wichtig ist, was er gegessen hat, am wichtigsten, wie viel hat er getrunken, Ausscheidung ist auch sehr wichtig, Zuckerkontrolle, Blutdruckkontrolle, das kommt auch sofort in die Doku-Mappe rein. Die Eintragungen in die Doku-Mappe müssen

selbst formuliert werden. Bei der Pflegeplanung haben wir von der PDL schon ein Formular bekommen, aber beim Dokumentieren müssen wir alles selbst mit eigenen Wörtern aufschreiben."

"Die Pflegeplanung ist mehr allgemein, Veränderungen oder wenn etwas nicht durchgeführt werden konnte, werden in der Pflegedurchführung eingetragen."

"I: Wie orientieren Sie sich bei neuen Kunden?
B: Im Büro gibt es einen Ordner für die Pflegedurchführung, darin ist alles über die Kunden enthalten, jede Kleinigkeit. Vor Ort kann man sich bei neuen Kunden nach der Doku-Mappe oder den Pflegeberichten orientieren. In der Pflegedurchführung lese ich vielleicht, dass alles o.k. ist, aber dann komme ich, und der Kunde liegt plötzlich im Bett und der Kollege von gestern Abend schreibt, dass er krank geworden ist. Das ist natürlich alles in der Doku-Mappe geschrieben und da kann ich natürlich sofort die Pflege ein bisschen ändern. Wenn es nicht klappt, ihn vor dem Waschbecken zu waschen, dann muss man ihn im Bett waschen, als Beispiel. Zu Beginn wird immer erst ein kurzer Blick in die Dokumentation geworfen, um zu sehen, was es Neues gibt. Zuerst natürlich Kontakt zu Kunden aufnehmen und zwischendurch einen Blick in die Doku werfen.

"Medikamentenverordnungen werden im Medikamentenplan dokumentiert, Die Dokumentation wird dem Arzt gefaxt, wir machen schon mal Vorschläge z. B. im Bereich der Wundversorgung, wir arbeiten mit einer Fachschwester vom Sanitätshaus zusammen, erarbeiten mit ihr die Versorgung und sprechen das mit dem Arzt ab, dann Verschreibung durch den Arzt, bei Zweifeln: Einschaltung eines Facharztes, Arzt braucht Informationen des Pflegedienstes über Nebenwirkungen oder Unverträglichkeiten."

"Ich dokumentiere die Sachen, die sich verändern, z.B. dem Patienten geht es schlechter, dann halte ich Rücksprache mit dem Doktor, wenn der Doktor sagt, Mensch, das ist doof, die Medikamente werden wir ändern, das ist schon ein Grund: das ganze Blatt muss neu gemacht werden, der Doktor muss gegenzeichnen, wir müssen also auch zu den Ärzten hin, alles absegnen lassen. Das ist für uns auch wichtig.

"Zeiträume für Zielfestlegung kommen auf den Patienten an, so etwas würde ich auch gerne mit dem Doktor besprechen, ist das überhaupt sinnvoll, können wir das machen, ist das auch das Ziel vom Doktor und ist der Patient damit einverstanden und wollen wir das, geht das. Und wenn ich dann ein o.k. habe, das können wir machen, das ist unser Ziel, dann versuche ich natürlich alles, aber wie lange so etwas dauert, das kann keiner voraussagen."

"Ich schreibe dann dahin, Patient war heute nicht gut zurecht, auf der Bettkante zu sitzen, Patient sträubte sich, oder Patient lehnte heute alles ab, oder Herr Sowieso hat sich gefreut, dass er auf der Bettkante gesessen hat, oder äußerte mit dem Finger vielleicht, dass er auf den Stuhl möchte und ich vielleicht ein Problem habe, ihn dort hin zu setzen, weil mir das zu schnell ging. Also ich denke, das ist der Gebrauch der Pflegedokumentation: a, um uns abzusichern, um den Krankenkassen und Ärzten zu zeigen, wie es den Patienten geht, was benötigt wird, was wir zu machen haben, b Kontrolle der Pflege, c Hilfe bei der Fortschreibung der Pflegeplanung."

"Wir haben Zettel, auf denen die Tätigkeiten beim Patienten aufgelistet sind, die wir abhaken, ob wir diese Tätigkeiten durchgeführt haben, dann Bogen, wo wir Besonderheiten aufschreiben, wenn sich irgendwas geändert hat an der Pflege, dann bei Behandlungspflegen, z.B. bei Wundbehandlungen entsprechende Bögen, wo wir in regelmäßigen Abständen, ein- bis zweimal die Woche, bzw. am Anfang einer Wundbehandlung täglich, aufschreiben, wie der Wundzustand ist. Wir fotografieren die Wunden auch in regelmäßigen Abständen, also Anfangsdokumentation durch ein Foto und dann 2, 3 Wochen danach wieder ein Foto. Und dann in Zusammenarbeit mit den Ärzten, wenn sich keine Besserung nach mehreren Wochen einstellt, guckt man, ob man eventuell die Behandlung verändert. Dann haben wir Lagerungsbögen bei Patienten, die 24 Stunden bettlägerig sind, dann Hygienebögen, wo wir Stuhlgang, Baden, Duschen mit Abkürzungen dann notieren. Und dann haben wir regelmäßige Besprechungen, wo wir uns über den Patienten unterhalten, welche Abweichungen sind, wo wir Probleme haben, wo wir dann im Teamgespräch erörtern, wie können wir damit umgehen, wie können wir das ändern usw."

"Die Dokumentation wird immer dem Befinden des Patienten angepasst, es kann ja sein, dass sich einer im Laufe des Monats verschlechtert, also z.B. nicht mehr aus dem Bett raus kann, dann muss das auch in der Pflegeplanung geändert werden, dass man den Rückschritt da auch nachlesen kann. Es muss halt dokumentiert sein. Bei der Überarbeitung nimmt man die vorhandene Dokumentation als Grundlage und passt die dann an oder man lässt sie auch bestehen."

Es wurden verschiedene Anlässe für eine Fortschreibung der Pflegeplanung aufgeführt:

"Dokumentation spielt entscheidende Rolle für Pflegeplanung. Bei Neueinführung eines Berichtsblattes Zusammenfassung des vorigen Blattes und Reflexion des Zustandes. Verbesserungen und Verschlechterungen müssen eingetragen werden, Dokumentation der Grundpflege, Veränderungen des Allgemeinzustandes, z.B. bei Bettlägerigen, die auf die Bettkante gesetzt werden können, muss die Pflegeplanung geändert werden."

"Die Wunde muss erst mal sauber werden. Das ist jetzt mein Ziel. Das bedeutet natürlich, dass in bestimmten, auch in kürzeren Abständen auch immer wieder kontrolliert werden muss und das Ergebnis auch immer wieder dokumentiert werden muss.

I: Dann werden die Dokumentationen auch für die Planung selber ausgewertet?

B: Wie meinen Sie das?

I: Sagen wir mal, Sie haben sich das Ziel gesetzt, Wundbehandlung. Und nach einer Woche muss die Wunde kleiner sein. Jetzt ist sie nicht kleiner geworden, hat das dann Auswirkungen auf die weitere Pflegeplanung?

B: Sie meinen, auf die Behandlung?

I: Ja.

B: Auf die Behandlung müsste es ja unter Umständen eine Auswirkung haben, weil ich sage, wir sind hier nicht auf dem richtigen Weg, es wird nicht kleiner, es wird größer, könnte ja auch sein. Das hat natürlich Auswirkungen, dass dann mit dem Arzt Rücksprache genommen wird. Eine Behandlungspflege wird ja immer von dem Arzt an uns delegiert durch eine Verordnung, dass wir dann auch immer wieder Rücksprache mit dem Hausarzt halten müssen, ihn bitten müssen, sich das anzugucken und mit ihm gemeinsam zu überlegen, wie wird hier weiter verfahren. Das hat natürlich schon Auswirkungen, ja."

"Die Dokumentation wird auch für die Fortschreibung der Pflegeplanung benötigt, oder auch bei Änderungen von Medikamenten und Wundbehandlungen, da man nach ein paar Wochen vergisst, was gut angeschlagen hat und was nicht."

"Pflegepläne werden erst mal erstellt, sind erst mal nicht befristet. Wir als Außendienstmitarbeiter sind aufgefordert, die zu überprüfen. Die Vorgabe ist, dass wir mindestens einmal im Monat draufgucken, ob das noch aktuell ist. Wenn sich jetzt natürlich die Situation verschärft oder verändert, dann soll das natürlich sofort da aufgenommen werden, aber es war auch mal so, dass wir die monatlich abzeichnen mussten."

"Auf Wunsch von Mitarbeitern, die sagen, hier stimmt was nicht, oder auf der Teamsitzung. Für zu besprechende Kunden muss Pflegedokumentation mitgebracht werden, bei Leuten, wo nichts ist, wird Dokumentation nicht ausgewertet, nur abgeheftet."

"Die Dokumentation bleibt bei den Patienten erst mal bis zum Monatsende. Wenn auch der Leistungsnachweis unterschrieben werden muss, werden auch die Tagesereignisse aus dem Hefter herausgenommen. Die werden dann hier in die Akten eingeheftet bei den jeweiligen Patienten. Und es wird immer wieder geschaut, dass die auch auf dem neuesten Stand ist, also die Pflegeplanung muss immer wieder überholt werden, irgendwelche Wunddokumentationen müssen immer wieder überholt werden."

"Die Dokumentation wird nach Möglichkeit alle zwei Monate aktualisiert. Dann werden die Ziele überprüft und kontrolliert, ob man andere Ziele setzen muss, ob sich bei den Einsätzen etwas verändern muss in der Pflege, aber das sind so Punkte, die besprechen wir in den wöchentlichen Besprechungen, das wird mündlich besprochen und dann protokolliert, aber die offizielle Überarbeitung der Pflegeplanung erfolgt in der Regel alle 2-3 Monate."

"Die Dokumentationen geben wir nach Ablauf eines Monats hier ab. Dann wird dann geschaut, was ist gelaufen, hat sich da irgendwas verändert. Wir geben auch an, wenn in den Tätigkeitsnachweisen Tätigkeiten stehen, die gar nicht durchgeführt werden, die nicht mehr notwendig sind, damit das dann im nächsten Monat nicht mehr aufgeführt wird, oder wenn wir Tätigkeiten durchführen, die auf dem Tätigkeitsbogen nicht vermerkt sind, dann geben wir dann hier Bescheid, ja, wir führen aber noch die und die Tätigkeiten aus, die sind notwendig. Dann wird dann auch geguckt, ob sie wirklich notwendig sind. Und dann wird das dann auch geändert für den nächsten Monat, dass wir diese Tätigkeiten noch zusätzlich durchführen. Wenn das im Rahmen der Pflegeversicherung bezahlt wird, muss möglicherweise ein neues Leistungsmodul erstellt werden, wenn wir also bestimmte Tätigkeiten zusätzlich machen müssen zu den vereinbarten, da wird ja ein Vertrag mit den Patienten geschlossen, und wenn sich herausstellt, dass die Tätigkeiten, die vereinbart worden sind, nicht ausreichen, dann muss dann geguckt werden, ob man ein anderes Modul macht, oder wenn ein Patient z.B. nach einem Krankenhausaufenthalt einen sehr hohen Pflegebedarf hatte, wenn sich dann aber nach zwei Monaten der Pflegebedarf verringert, dann muss da auch etwas verändert werden."

"Also die Schwester [PDL] und Schwester [Qualitätsbeauftragte], die machen ja einmal im Monat die Abrechnung, wo wir alle Akten ins Büro bringen, und dann werden alle Akten einmal durchgecheckt, und dann machen die beiden oder einer von denen macht dann Kurvenkontrolle, ob alles in Ordnung ist."

Alle Pflegedienste legen besonderen Wert auf eine gut geführte Dokumentation. Daher werden die Dokumentationen auch sorgfältig überprüft:

"Alle drei Monate werden die Doku-Mappen ins Büro gebracht. Die PDL sieht die Mappen durch. Pflegevisiten werden ebenfalls durchgeführt, PDL oder stellv. PDL fährt mit und spricht mit den Kunden und kontrolliert die Doku-Mappe. Sie kontrolliert auch, ob die Pflegeplanung noch aktuell ist, oder ob sie neu geschrieben werden muss, ob die Kunden zufrieden sind, oder ob sie noch andere Leistungen wünschen."

"Kontrolle erfolgt durch Überprüfung der Dokumentationen in unregelmäßigen Abständen von oberster Stelle. Da sind die sehr pingelig. Gerade die Dokumentation nimmt immer mehr zu, sollte immer ausführlicher werden. Je ausführlicher die Dokumentation ist, desto mehr kann man aussagen, desto detaillierter kann man Auskünfte geben oder Entscheidungen treffen."

"PDL schickt verschiedene Kollegen zu den Patienten, die auch die Planung überprüfen und die Pflege überprüfen. Die Prüfung der Pflege erfolgt anhand der Dokumentation."

"Ja, die Dokus nehmen wir z.B. einmal die Woche donnerstags haben wir Patientenübergabe, und Schwester [PDL] sagt, hier Runde 1 wird eingesammelt, dann muss ich von morgens bis mittags die ganzen Dokus mitnehmen, ich sag mal, donnerstags haben wir Teambesprechung, und da nehmen wir die ganzen Dokus mit und überarbeiten die zusammen, Schwester [PDL] sagt dann, die machst du und die machst du, und dann gehen wir zusammen die Dokus noch mal durch, oder es wird nachgefragt, was Sache ist."

"Diese Mitarbeiter [Qualitätsmanager] kommen in regelmäßigen Abständen zu uns in den Betrieb, schauen sich gewisse Abläufe an, schauen, wo kann man das optimieren, wo sind noch Schwachpunkte, setzen sich dann mit uns, den PDLs, in Verbindung und versuchen das auf ein Optimum abzustimmen. Wir haben regelmäßige Pflegevisiten, einmal die Woche Gruppengespräche, Dann kommt der Mitarbeiter mit der gesamten Dokumentation ins Büro und bespricht mit uns: wo gibt es Schwierigkeiten, wo sind Schwerpunkte, wo ist man unsicher, was muss geklärt werden. Die Kurven werden überarbeitet, angeschaut, wo ist da ein Defizit. Zwei Aspekte sind für Pflegevisiten wichtig: wie arbeitet der Mitarbeiter, ist er gut durchorganisiert, ist das ein eingefahrener und durchorganisierter Ablauf oder bemüht der sich gerade, das Ganze so gut wie möglich darzustellen. Dann gucke ich, arbeitet der rückenschonend z.B., ist es sinnvoll, wie der arbeitet. Dann gucke ich mir den Patienten an, wie ist der Hautzustand des Patienten. Außerhalb der Visite fahre ich auch so mal zu dem Patienten und frage, wie zufrieden er ist."

Eine besondere Bedeutung erlangt die Dokumentation, wenn sich der Zustand des Patienten schnell verändert:

"Die Pflegeplanung dauert lange. Bei einigen Kunden ist sie sehr schwer, weil sich laufend etwas ändert. Beispiel: MS-Kranke, da entdecke ich alle drei Tage etwas Neues, inzwischen Störungen im Sprachzentrum, im Kurzzeitgedächtnis. Je weiter die Entwicklung fortschreitet, desto wichtiger wird eine gute Dokumentation, damit Informationen von einem zum nächsten Mitarbeiter weitergegeben werden, das läuft nur über Pflegeplanung und Berichteblatt."

Insgesamt wird der Dokumentation eine hohe Bedeutung für die Pflege zugeschrieben:

"Pflegedokumentation dienen als Leistungsnachweis, der Überprüfung der Zielvereinbarung, als Instrument zur Verdeutlichung des Pflegehandelns für alle Beteiligten, als Kommunikationsinstrument unter den Pflegekräften, als Vorlage der Dokumentation bei der Pflegeleitung, der Anpassung der Pflegeplanung, der Gewährleistung der Kontinuität der Pflege bei wechselnden Pflegern."

"Wir haben eine Qualitätssteigerung durch die Überprüfung der Dokumentationsvorgaben erreicht. Die Einarbeitung der Mitarbeiter in Dokumentation dauerte ein Jahr. Die Dokumentation ist MDK-sicher, für Ärzte brauchbar, für uns selbst brauchbar."

3.5.6 Kritik an den Dokumentationsanforderungen der Kassen

Wird also der Pflegedokumentation insgesamt ein hoher Stellenwert zugeschrieben, so bedeutet das nicht, dass die Dokumentationsanforderungen der Kassen nicht kritisiert würden. Insbesondere wird die für die Kontrollen durch die Kassen aufzuwendende Zeit kritisiert:

"Man brauchte als Prüfmechanismus für Pflege nicht diesen Berg an Vorschriften. Die Dienste und Patienten brauchen mehr Freiheit. Nach dem Qualitätssicherungsgesetz können alle prüfen: Krankenkassen, MDK, externe Prüfgesellschaften, alle können prüfen. Die Prüfverfahren über Dokumentationen sind lächerlich, nicht lächerlich, sondern dramatisch überflüssig."

"I: Steht der Dokumentationsaufwand im Verhältnis zu dem, was die Dokumentation für Sie bringt?
B: Das ist ja eine sehr interessante Frage. Also ich kenne un-

glaublich viele Mitarbeiter, die jetzt ein eindeutiges Nein zum Ausdruck bringen würden. In vielen Fällen ja, in vielen Punkten auch ja. Aber mit dem, was wir mittlerweile alles dokumentieren müssen in dieser Ausführlichkeit und Differenziertheit, kann man auch durchaus sagen: Nein. Also es gibt Elemente in dieser Dokumentation, die wir einfach machen müssen, die einfach Quatsch sind. Wichtig ist es natürlich, ein Verordnungsblatt zu haben, wichtig ist es natürlich eine Dokumentation, eine Entwicklung der Blutzuckerwerte zu haben, eine Dokumentation der anderen Vitalwerte zu haben, das ist alles wichtig. Es ist auch wichtig ein Berichteblatt zu haben, damit man weiß, wo an welcher Stelle sich der Gesundheitszustand des Patienten verändert hat. Aber natürlich ist es schwierig für den einzelnen Patienten, wenn man sich die 13 oder 14 AEDLs anguckt, wenn es schon schwierig ist für einen Mitarbeiter ein einzelnes Ziel zu definieren, weil es nicht nachvollziehbar ist, dann kann man sich auch vorstellen, welche Validität diese Aussage dann hat. Das ist einfach ein schwieriges Thema, keine Frage. Also wenn man sich schon krampfhaft überlegen muss, was man da hinschreibt, dann ist das sehr effektiv, dass man es dahinschreibt [lacht]. So ist es an vielen Stellen. Wir müssen zum Beispiel quasi doppelt dokumentieren. Wir haben einen Leistungsnachweis, der in der Pflegedokumentation drin ist, und müssen das, was wir auf dem Leistungsnachweis dokumentiert haben, im Wesentlichen auch noch mal in einer Durchführungskontrolle dokumentieren. Also eine echte doppelte Dokumentation der Leistung. Das ist so überflüssig, dass man es kaum fassen mag. Aber das ist etwas, was seit 95 existiert und was wir einfach machen müssen."

"Das System [für die Pflegeplanung und Dokumentation] ist von Pflegekassen vorgegeben. Nach diesem System erfolgt die Dokumentation. Sie ist umfassend: fängt an bei den persönlichen Daten bis hin zur Tagesdokumentation, wenn besondere Vorkommnisse passieren, bis hin zu der Frage: Pflegeeffektivität, Pflegeerfolg, was immer Pflegeerfolg ist, wenn Sie eine Dekubitussituation haben, dann muss sicher mal ein Erfolg da sein oder es muss sein, dass die Behandlung eine Konsequenz hat: also die schließt sich nicht, dann wird ein Arzt noch mal konsultiert, warum ist das so oder irgend etwas. Das läuft nach einem relativ vorgegebenen Muster, wobei ich etwas großzügig aus meiner Sicht bin, es darf kein zu extremer Aufwand sein. Also nach dem Kassenwillen ist der Aufwand so hoch zu dem, was die bereit sind als Zeitaufwand zu vergüten. Die vergüten nämlich gar nichts. Die Schwestern haben keine Zeit, pro Patient 15 Minuten zu dokumentieren. Es wird dokumentiert, ... der MDK kontrolliert das. Wir haben eine Prüfung schon gehabt, da wurde die Dokumentation auch hinterfragt und angezweifelt. Da habe ich dem MDK gesagt, wenn Sie das bezahlen, dann machen wir auch: eine halbe Stunde Dokumentation, Kritik des MDK war, die Dokumentation wäre nicht ausführlich genug. Das ist Kritik auf dem Grünen Tisch, so wie das ist.

Es muss meiner Meinung nach dokumentiert werden die Verfolgbarkeit: was ist denn überhaupt passiert, was ist gemacht worden. Das ist absolut korrekt, das muss dokumentiert werden. Aber man kann nicht jeden Tag ein Gutachten darüber schreiben. Und nehmen Sie an, Sie haben eine große Körperpflege, dann kann man doch nicht jeden Tag schreiben: Ich habe gewaschen und abgetrocknet, was soll das? Die Dokumentation ist auf dem Level, wie es erforderlich ist. Das Wesentliche ist zusätzlich noch in der Verantwortlichkeit der einzelnen Schwester, der etwas auffällt, oder nicht auffällt. ... Aber die Dinge: Spritze gegeben usw., das wird ja jeden Tag mit Unterschrift genau dokumentiert, das muss auch, das wird ja auch eingereicht an die Pflegekassen, das sind Standards, die finde ich auch in Ordnung."

"Diese Sachen sind ein ganz schwieriges Kapitel: Struktur-, Prozess- und Ergebnisqualität. Das ist ein Thema, das von der Machbarkeit, von der tagtäglichen Situation in der Sozialstation, manchmal weit abgehoben ist. Und manches, was hier laufen muss, ist inzwischen so viel mit Dokumentation verbunden, mit schriftlichem Kram verbunden, dass es anfängt, uferlos zu werden. Und es ist bisher durch nichts sinnvoll zu vereinfachen, außer durch Selbstbeschränkung."

"Dann sagen die Patienten auch oder die Angehörigen: Ja, Sie sind ja wieder nur am Schreiben. Also, das habe ich früher nie so viel gehört, wie das jetzt ist. Sie sind ja eine Schreibeschwester."

"Dokumentation ist wichtig, wenn man die Zeit dazu hat, wichtig für Arztinformation, wichtig für Übergabe an Kollegen, ansonsten blöde, wenn immer dasselbe: Pflege nach Plan, heute keine Auffälligkeiten, ich fasse das immer für eine Woche zusammen."

"Das spiegelt sich dann auch wider bei der Dokumentation, die natürlich aus meiner Sicht viel zu viel ist, total überflüssige Klamotten mit drin sind und das System nur noch teuer, nur noch komplizierter machen. Die Dokumentation ist oft nur Kontrolle für die Krankenkasse."

Der für die Dokumentation erforderliche Zeitaufwand wird als sehr hoch eingestuft. Daher versuchen einige Pflegedienste, Verfahren zu entwickeln, über die dieser Zeitaufwand reduziert werden kann:

"Wir sind gerade dabei, unsere Pflegeplanung so zu entwickeln, dass die nur noch ausziffern müssen, keine Freitextausfüllung machen müssen, sondern uns sehr stark orientieren an den Parametern des MDKs, also welche Lebensbereiche betroffen sind, welche Ressourcen und welche Einschränkungen da sind, welche Ressourcen genutzt werden, was muss ersetzt werden, und das Ganze in einem sehr, sehr einfachen Verfahren zu machen, weil in den letzten Jahren die Dokumentationspflichten deutlich zugenommen haben, und damit natürlich die Pflegezeit weggeht, das ist keine Frage. Aber das ist ein grundsätzliches Problem bei der ambulanten Pflege. Im Grunde brauche ich nur eine Dokumentation mit der Anpassung auf den individuellen Patienten, also Pflicht ist ein Leistungsnachweis, ist die Pflegeplanung, Pflicht ist der Einsatznachweis, Pflicht ist der Pflegebericht: Tagesverlaufsblatt, und darüber hinaus kommen dann weitere Dinge: die Vitalzeichenkontrolle, Ein- und Ausfuhr, Wunddokumentation bei Verbandswechseln. Das wird sehr individuell angepasst, wir haben eine eigene Pflegedokumentation entwickelt und entwickeln die auch weiter."

Andere Pflegedienste haben solche Dokumentationsverfahren, bei denen Vorgaben nur abgehakt werden brauchen, schon erprobt, haben sie aber wieder ersetzt:

"Wir haben ein automatisches Zeiterfassungssystem erprobt. Das System hat sich nicht durchgesetzt, weil wir zwischenzeitlich viele andere Dinge noch regeln, ob man beim Arzt anhält, ob man in der Apotheke was abholt oder solche Sachen. Wir sind keine Roboter, wir sind alle noch Menschen, Und das System wollten wir nicht, und das ist auch nicht durchgesetzt worden, aber deswegen kommen wir am Schreiben nicht vorbei, das müssen wir auf jeden Fall erbringen."

"Früher, also bis vor einem Jahr, haben wir noch Bögen gehabt, wo täglich abgehakt wurde, was wir dann jeweils gemacht haben. Wenn wir zum Beispiel Zähne geputzt haben, wenn wir Haare gewaschen haben oder Füße gewaschen haben oder so, dann musste dann jeweils ein Haken gemacht werden. Das ist für uns Ältere leider abgeschafft. Wir fanden das sehr wichtig, unglaublich wichtig. Und das ist leider abgeschafft. Und jetzt muss auf so einem – das ist so ein gelber Bogen – jetzt muss statt dessen ganz genau generell aufgeführt werden, was gemacht wird. Und dann schreibt man dazu: Freitags Haare waschen oder dienstags und donnerstags Beine waschen oder was auch immer. Das muss dann aber aufgeführt werden, aber nicht mehr mit einem Abhaken."

"Sie [die Pflegekräfte] müssen selbst formulieren. Und da haben wir auch großen Wert drauf gelegt, dass solche Blätter gewählt werden, nicht zum Ankreuzen, sondern zum Selbstformulieren, denn hinterher bei der Pflegeplanung müssen sie auch wieder selbst formulieren. Also es bringt nichts, dass wirklich nur diese Ankreuzbögen genommen werden. Ich denke immer, das verleitet dann gerade dazu oder animiert die Leute nicht, auch sich auszudrücken."

Deutlich wird, dass bei der Wahl des Dokumentationssystems Zielkonkurrenzen auftreten. Auf der einen Seite wird eine Zeitersparnis angestrebt, die durch Standardisierung erreicht werden soll. Auf der anderen Seite können mit einer solchen Standardisierung nicht alle pflegerelevanten Tätigkeiten adäquat erfasst werden. Schließlich widerspricht eine solche Standardisierung auch pädagogischen Zielen: die Forderung nach eigener Verschriftlichung soll die Ausdrucksfähigkeit der Mitarbeiter schulen, insbesondere für den Fall, dass die Mitarbeiter auch Pflegeplanungen erstellen sollen, für die Freitextformulierungen gefordert sind.

Betrachtet man die dargestellten Kritiken, so fällt auf, dass alle Mehrfachdokumentationen desselben Sachverhaltes im von den Kassen vorgegebenen Dokumentationssystem registrieren. Diese Doppelungen ergeben sich insbesondere für den Leistungsnachweis und für die Durchführungskontrolle.

"Dokumentation ist ein großes Problem. Es ist unheimlich schwierig, das permanent durchzuführen, unabhängig von der Ausbildung der

Pflegekräfte. Es gibt viele Fehlerquellen. Das spiegelt sich dann auch wider bei der Dokumentation, die natürlich aus meiner Sicht viel zu viel ist, total überflüssige Klamotten mit drin sind und das System nur noch teurer, nur noch komplizierter machen. Die Dokumentation ist oft nur eine Kontrolle für die Krankenkasse. Ärzte sehen oft nicht in die Dokumentation, sie verstehen sie nicht und kennen teilweise auch nicht die Begriffe der einzelnen Beschreibungen – obwohl der Arzt die Aufsicht gegenüber SGB V - Patienten hat und auch dafür haftet. Ich finde eine derartig ausgeklügelte Dokumentation, die nicht einmal die Ärzte verstehen, die ja die Aufsicht über Behandlungspflege haben, unsinnig. .... Wenn man sich auf ein Minimum bei der Dokumentation beschränken würde, würde es reichen. Ich halte den Aufwand für die Dokumentation für total übertrieben. So schleichen sich auch Fehler ein, weil ich sehe auch keinen Sinn da drin, wenn das ja eine Klamotte ist für die Krankenkasse, nicht für uns. Für uns ist das auch nebensächlich, weil wir haben doch Dienstbesprechungen, und wir gehen drauf ein. Und jedes Personal ist verpflichtet, wenn Veränderungen sind, der PDL sowieso unverzüglich eine Veränderung mitzuteilen. Also ist doch diese Dokumentation, die wir da führen total nebensächlich – unter anderem. Oft dokumentieren wir doppelt: die gleiche Tätigkeit auf verschiedenen Bögen."

"Die Dokumentation ist viel Schreibkram, an den man sich gewöhnen muss. Früher war es ein Din-A4-Blatt, heute ist es viel mehr. Manchmal ist es ein bisschen viel. Manche Dinge müssen an zwei verschiedenen Stellen eingetragen werden, doppelt gemoppelt. Die Ärzte gucken selten in die Doku und tragen auch fast nie Veränderungen der Medikation ein."

"Vor 1 bis 2 Jahren wurde ein neues Dokumentationssystem eingeführt. Da ist das Damoklesschwert der MDK-Kontrolle. Der Pflegedienst ist noch nicht kontrolliert worden. Daher muss die Dokumentation immer top sein. Früher war es nur ein Zettel, jetzt: 1 Pflegebericht, 1 Durchführungskontrolle, 1 Leistungsnachweis für die Krankenkassen, 1 Leistungsnachweis für die Pflegekassen. Elektroscanner für die Zeiten des Personals. Und da geht es schon bei kleinen Einsätzen, wo es wirklich nur darum geht, Medikamentengabe zu kontrollieren, hat man mehr mit diesem Kram zu tun."

"Du erstellst auf Basis dieser Anamnese eine Pflegeplanung mit den Leistungen, die wir zur Verfügung stellen, und klar, die erreichten Ziele musst Du evaluieren, haben wir sie erreicht oder nicht. Aber wenn Du einen Patienten 30 Mal im Monat wäschst oder Du gibst ihm 30 Mal im Monat eine Insulinspritze und da ist nichts besonderes, dann brauchst Du auch nicht 30 Mal in den Pflegebericht hineinschreiben: Insulinspritze verabreicht, nichts Besonderes. Das ist einfach Blödsinn, so was ist Arbeitsbeschaffungsmaßnahme. Und da haben wir gesagt, also wir machen das jetzt anders: Der Pflegebericht ist die Abweichung von der Norm, die Normen legen wir fest in unserer Pflegeplanung und Du musst dann einen Bericht schreiben, wenn Du eine Abweichung von der Norm hast, egal ob zum Positiven oder zum Negativen. Jede Abweichung gehört da rein. Das sieht aber die Kranken- und Pflegekasse völlig anders. Weil für die ist nämlich Pflegedokumentation zu einem Lieferschein verkommen. Das ist das Problem. Die wollen anhand unserer Pflegedokumentation die Abgabe einer Leistung überprüfen. Und wenn die da nicht drin steht, dann machen die Ärger. Also das heißt, die Schwestern werden gezwungen, so einen Blödsinn zu machen."

"Grundlegend wichtige Informationen werden dokumentiert: der Allgemeinzustand des Kunden jeden Tag, und wenn man da dreimal täglich hinfährt, dann wird dreimal täglich dokumentiert, wie der Allgemeinzustand ist, Werte: Einfuhr, Ausfuhr, Blutdruckwerte."

"Wir haben ein Berichtsblatt, erstmals müssen wir vorne das für die Krankenkasse ausfüllen mit Uhrzeit und Handkürzel. Dann haben wir dieses blaue Berichtsblatt, da müssen wir haargenau in Kurzform rein schreiben, was wir gemacht haben, gewaschen, angezogen, eingecremt, Frühstück zubereitet, hingestellt, Notruftaste gedrückt. Da werden wir auch sehr streng kontrolliert. Das haben wir immer mit langen Gesichtern gemacht, Heute sind wir froh, dass wir das gemacht haben, weil aufgrund dessen kann die Krankenkasse also sagen, das und das ist gemacht worden, das und das bezahlen wir, und sobald, z.B. Medikamentengabe steht da nicht drin, müssen sie laut [PDL] Aussage nicht bezahlen, und deswegen achtet sie akribisch darauf, dass wir wirklich jeden popeligen Handgriff da in Kurzform eintragen, so dass jeder lesen kann, das ist gemacht worden, das ist gemacht worden."

"Bei uns besteht ein Zwiespalt, ob man täglich einträgt oder nur einmal oder zweimal die Woche und wenn Veränderungen der Wunde sind, da ist man sich noch nicht 100%ig einig. Was kann ich über eine Wunde schreiben, die sich nicht verändert. Man kann nicht dauernd hinschreiben: Wunde unverändert, es würde also ausreichen, wenn zweimal die Woche einmal am Ende der Woche, dass der, der am Wochenende Dienst hat, oder der, der die Runde eine Woche später fährt, Bescheid weiß, wie die Wunde aussieht, ob die sekretiert oder ob sie sich langsam schließt, ob da nur eine Rötung ist, das war da so ein Zwiespalt.",

"Bei manchen Patienten, wo sich jetzt nicht all zu viel ändert, was trägst du jetzt da ein? Das ist dann manchmal so das Problem, was ist dir jetzt aufgefallen. Da fällt dir nichts auf, der Patient, 'dem geht's heute mal wieder gut', in Anführungsstrichen. Aber er äußert keine Beschwerden und dementsprechend trage ich das dann so ein. Es besteht auch die Möglichkeit, 'Zustand unverändert' einzutragen. Bei manchen Patienten muss der Pflegedienst 4 mal täglich kommen."

"Ich dokumentiere vorwiegend Besonderheiten. Bei manchen Patienten ist auch immer alles gleich, und man bräuchte eigentlich gar nichts zu schreiben."

Fasst man die Kritik zusammen, dann ergeben sich zwei Sachverhalte, die als problematisch betrachtet werden:

1. Nach den Kassenvorgaben soll sich die Pflegeplanung auf alle Lebensäußerungen beziehen. Daher sollen auch Bereiche überprüft werden, die von den Pflegepersonen als nicht pflegerelevant betrachtet werden. Dies gilt für der Pflegemodell von Krohwinkel insbesondere für die Bereiche "Sich als Mann oder Frau fühlen" und "Umgang mit dem Tod". Jedes neu in das Modell eingeführte AEDL vergrößert den Planungsaufwand. Als Alternative dazu wird vorgeschlagen, nur für die Bereiche zu planen, für die auch der Pflegedienst zuständig ist. Nur wenn Tätigkeiten in Zusammenarbeit mit anderen übernommen werden, wie z.B. Lagerungen, dann soll auch der Pflegedienst für die Planung zuständig sein. Würden nur pflegerelevante Lebensäußerungen erfasst, wurde auch eine bessere Evaluierung der Pflege ermöglicht.

2. Im Berichteblatt muss bei jedem Besuch der Zustand des Patienten beschrieben werden. Auch wenn der Zustand gleich bleibt, müssen die Pflegekräfte jeweils den Zustand schriftlich darstellen. Gerade dieser Sachverhalt wird als aufwendig empfunden. Daher haben einige Pflegedienste Modelle entwickelt, die zwar die Pflegekräfte anhalten, genau zu beobachten, die aber den Schreibaufwand reduzieren, indem entweder nur noch eingetragen werden soll, wenn sich der Zustand verändert hat oder eine Übergabe ansteht, oder indem Vorgaben gemacht werden, die bei gleichbleibendem Zustand ein Abhaken ermöglichen und bei Abweichungen Verschriftlichung verlangen. Da solche Verfahren aber von den Krankenkassen beanstandet wurden, wird häufig der Vorwurf erhoben, die Dokumentationen seien zu Leistungsnachweisen für die Kassen verkommen, ohne der Pflege selbst zu dienen. Gerade dann aber würde die Motivation für die Dokumentation insgesamt beeinträchtigt.

3.5.7 Beeinträchtigung der Intimsphäre durch Dokumentation

Beziehen sich diese Kritikpunkte im Wesentlichen auf pragmatische Probleme und den für die Dokumentation erforderlichen Zeitaufwand, so gibt es auch grundsätzlichere Einwände. Hier wird insbesondere genannt, dass durch die Dokumentation die Informationskontrolle des Patienten beeinträchtigt würde, dass damit die Gefahr von Eingriffen in die Intimsphäre des Patienten gegeben sei.

"Wenn ich bei dem Erstgespräch eine Anamnese aufnehme, gehe ich Punkt für Punkt durch und frage das, was machbar ist. Ich werde sicher nicht fragen, wie fühlen Sie sich als Mann, wie fühlen Sie sich als Frau, wie gehen Sie mit Tod und Sterben um. Und das werde ich auch nicht dokumentieren. Wenn ich dann noch gehalten bin, eine Biographie zu dokumentieren, dann geht das für mich wirklich so weit ins Intime, dass ich mich weigere, die in die Patientenakte vor Ort zu legen. Wir kriegen Sachen erzählt aus dem Leben der Patienten, die wirklich nach drei, vier Monaten sich vielleicht öffnen und erzählen: die Frau, die ihren Sohn gekriegt hat nach Vergewaltigung in einem Lager und deswegen vom Mann nicht gepflegt werden will, oder sonst was, der Mann, der Alkoholiker war und sich das Leben genommen hat, also wirklich harte Sachen. Soll ich das in die Patientenmappe schreiben und jeder, der ins Haus kommt, kann dadrin rumblättern, und das durchlesen. Das darf ich nicht. Also haben wir diese Biographie zu den Patienten nicht in den Mappen. Wenn es uns wichtige Sachen sind, haben wir eine Patientenkartei, da kann man nachlesen, was es Besonderes gibt, sagen wir Alkoholismus, wo wir einfach wissen: ist Alkoholiker. Das steht nicht in der Mappe vor Ort, ist aber wichtig zu wissen, und diese ganzen Informationen zur Biographie, die sind für mich zu behandeln wie ein anvertrautes Geheimnis, so gehe ich damit um, es hat auch nicht jeder im Team immer alles zu wissen, manche Sachen weiß ich nur, und weiß sie auch erst nach langer Zeit der Pflege, oder die weiß Schwester X,Y , und die muss nicht jeder wissen. Und das möchte ich auch wahren."

"Es gibt ja mit Einführung der Pflegeversicherung diese ganzen Qualitätsstandards, die erst mal für die Betroffenen aus unserer Sicht z.T. unsinnig waren. Einführung von Pflegedokumentationen in diesem individuellen Schwerbehindertenbereich, das ist absurd. Was soll das? Diese ganzen Dinge oder ein Leistungsnachweis über die Stundenaufteilung über die Leistungen, die in den Stunden dort erbracht werden, Toilettengänge, aus Sicht vieler Betroffener eine Qual, auch unsinnig, praxisfremd. Und damit so umzugehen, ohne einen Schnitt für die Betroffenen zu erreichen, dass man das ohne Nachteile hinkriegt. ... Wir müssen jetzt alles dokumentieren, wir haben unsere Wege gefunden, wie wir dokumentieren können, dass es einerseits natürlich den Qualitätsstandards gerecht wird, auch den Kunden gerecht wird und uns und vor allen Dingen unserer PDL gerecht werden kann, die ihren Kopf für alles hinhalten muss. ... Wenn ich die Dokumentation aufbaue oder entscheidend verändern muss, beziehe ich immer den Kunden mit ein, und erkläre ihm die wichtigsten Dinge, die wichtigen Kriterien, die eine Dokumentation erfüllen muss. Wir haben hier etliche Kunden, die haben anhand dieser Kriterien ihre eigene Dokumentation entwickelt, um eben auch diesen Spagat aufzufangen. Eine Dokumentation ist ja immer so etwas wie ein Bruch der Intimsphäre, eine Zerstörung der Intimsphäre. Und um diesen Spagat etwas aufzufangen, machen wir das so. Deshalb sehen die z.T. auch sehr unterschiedlich aus, aber eben die Pflegeversicherung verlangt u.a., dass erst mal dargestellt wird: was wird geleistet, dann wird auch dargestellt, in welchen Dingen benötigt der Kunde Hilfe, welche Fähigkeiten kann er nutzen, dass dann das alles in seiner Prozesshaftigkeit sich darstellt. ... Sonst hätten wir sicherlich eine ganze Menge, die zu Recht sagen würden: ich weigere mich. Ich kann das auch verstehen. Stellen Sie sich einmal vor, es würde auf einmal zu Ihnen jemand kommen und sagen: also jetzt dokumentieren Sie zuerst mal Ihren Stuhlgang, wenn Sie den gehabt haben, wenn nein warum nicht und wie gehen Sie damit um. Das ist einfach unmöglich. In der Regel wird es so gehandhabt, wenn keine Besonderheiten vorkommen, dass da auch keine Besonderheit steht, oder es ist wie am Tag zuvor, also es ist ein Standard da, wie so ein Tag abläuft, und dann wird da dokumentiert: keine Abweichung."

"Pflegedokumentation ist bei manchen Menschen schwierig: Wo soll man diese Dokumentationen aufbewahren. Bei einigen Patienten, wo Angehörige manchmal auch Aggressionen entwickeln den Pflegenden gegenüber, stellt sich die Frage, wo diese Pflegedokumentationen hingehören. Was schreibt man da rein? Wie plant man? Ich finde Planung total gut, aber man muss es doch immer recht individuell machen, bei jedem Menschen wieder unterschiedlich sehen. Was für den einen gut und förderlich ist, ist für den anderen manchmal ein Problem. Wenn z.B. die Familie in die Dokumentation mit reinguckt. In der Kinderklinik war das klar, da gab es einen Kasten, da waren die ganzen Dokumentationen drin. Hier hat man das alles gar nicht vor Ort, es liegt beim Patienten. Es besteht immer noch eine große Unsicherheit, was da rein kommt und was nicht. Die Schwierigkeit liegt zwischen Ausführlichkeit und Übersichtlichkeit. Wie schützt man die Pflegedokumentation vor den Angehörigen? Der Patient fühlt sich manchmal auch selber gekränkt, wenn er sieht, was da drin steht. Manchmal darf man bei einigen Leuten gar nichts schreiben, das hat man alles im Kopf, z.B. bei psychisch Kranken, manchmal ist da ja die ganze Familie betroffen, da kann ich nichts schreiben."

Die Dokumentation muss berücksichtigen, wer Zugang zu ihr hat. Da die Dokumentation beim Patienten lagert, kann jeder Besucher Einsicht nehmen. Bestimmte Informationen können den Patienten diskriminieren. Daher widerspricht die Eintragung solcher Informationen dem informationellen Selbstbestimmungsrecht des Patienten. Die Dokumentation darf solche Informationen, auch wenn sie pflegerelevant sind, nicht enthalten.

3.5.8 Schriftliche Übergabe

Der Aufwand für Dokumentation wird nun noch dadurch erhöht, dass neben der Pflegedokumentation, die beim Patienten liegt, noch Übergabebücher oder Patientenkarteien geführt werden, an denen sich die Mitarbeiter orientieren sollen.

"Also ohne Patientenübergabe geht das nicht."

"Es gibt also auch noch mal Tourenmappen, wo noch mal alles drin ist, ... wo Daten drauf sind, erst mal, wo sie wohnen, ob Angehörige da sind, ob Schlüssel vorhanden sind, welcher Arzt zuständig ist, so Sachen halt. Und auch noch mal Besonderheiten, zum Beispiel: Es ist ganz oft, ist mir jetzt aufgefallen, wo wir Tour gefahren sind. Du fährst eine Tour, und da steht nur: Patient wohnt Straße sowieso. Und du stehst dann da im Aufzug oder im Treppenhaus und du weißt gar nicht, wo du hin musst. Und an ganz vielen Türen stehen keine Namen dran, und du hast einen Schlüssel in der Hand, aber du weißt nicht, in welche Tür steckst du den. Das ist dumm. Und dann morgens um 7 oder so. Und dann ist es schon hilfreich, wenn du weißt: 3. Etage rechte Tür oder linke Tür. Ist dann schon praktisch, wenn man das weiß. Und so Sachen stehen dann halt da drin."

"Besser als Orientierung an der Pflegedokumentation beim Patienten ist eine Information durch das Übergabebuch: Ich kann mich hier im Büro schon darauf einstellen: da ist etwas mit dem Patienten und dann von hier aus eventuell schon agieren. Wenn z, B. ein Patient einen Rückfall hat, wo ich morgens zur Grundpflege hin muss, der ist wieder inkontinent, dann packe ich mir hier schon die Inkontinenzeinlagen unter den Arm und nehme die dann mit zu dem Patienten, wenn ich beim Patienten sitze, da habe ich keine."

"I: Werden Ihnen bei der Übergabe auch Dinge mitgeteilt, die Sie nicht in eine Dokumentation schreiben würden?
B: Ja, sicher, z.B. Animositäten vom Patienten, die man nicht direkt aufschreibt, wenn er sehr schnell irgendwo empfindlich drauf reagiert. Oft ist es ja auch so, dass die Patienten die Unterlagen lesen. Dann können die sehr aggressiv reagieren. Solche Animositäten kann man nicht aufschreiben, die werden dann mündlich übermittelt."

"Bei manchen Patienten ist das schon besser, wenn Sie vorher schon vorgewarnt sind. Man kriegt ja auch einige Patienten, die ein bisschen unangenehmer sind. Dann ist das schon gut, wenn die Information dann kommt: Mensch, das und das passiert, wenn du ihn rumdrehst, er kneift dich oder so. Oder die Information, der Patient wohnt rechts oder links auf der Etage. Das wird immer bei den Dienstbesprechungen oder Übergaben gemacht."

"Bei Übernahmen eines Patienten kriege ich meistens im Vorfeld hier im Büro eine Information. Teilweise ist es so, dass die Pflegeplanungen kopiert und hier hinterlegt sind, damit ich mir im Vorfeld die durchlesen kann. Weil: das beim Patienten selber zu tun, ist immer ein bisschen schwierig. Wenn man da rein kommt, erwarten die Leute, dass man etwas tut, dass man sich in irgendeiner Form um sie kümmert. Und wenn man sich da erst hinsetzt und sagt, ich muss hier mal erst nachlesen, dann sind die immer schon ein bisschen komisch. Das ist wirklich so. Die erwarten einfach, dass ich jetzt da bin und mich in irgendeiner Form um sie kümmere. Also das finde ich schwer zu praktizieren, mir da zuerst die Pflegeplanung durchzulesen. Ich kann an diesem Leistungsnachweis grob sehen, was zu tun ist. Das ist schon sehr übersichtlich, und ansonsten kriege ich hier die Information vom Büro oder wenn das jemand ist, den ich gar nicht kenne, dann spreche ich die Kollegin an, die in der letzten Woche bei dem gewesen ist."

Anders als die Dokumentation wird der Sinn eines Übergabebuches in der Verbesserung der Pflegeabläufe gesehen. Eine gute Übergabe erleichtert die Orientierung, enthält pflegerelevante Informationen, die nicht beim Patienten dokumentiert werden können, und ermöglicht es, sich direkt dem Patienten zuwenden zu können. Übergabebücher werden von allen als sinnvoll angesehen. Doch in Verbindung mit der Dokumentation erhöhen sie den bürokratischen Aufwand.

3.5.9 Qualitätsmanagement

Stärker aber als die Dokumentationsanforderungen werden andere Vorschriften des Qualitätssicherungsgesetzes kritisiert.

"Es ist also inzwischen so, dass die Krankenkassen vor Ort schon Krankenpflegepersonen angestellt haben, die den Bedarf vor Ort noch einmal überprüfen. Dann gibt es die Überprüfung durch den MDK, und dann demnächst den Leistungs- und Qualitätsnachweis noch dazu. Es ist inzwischen so, dass unsere Dokumentationspflicht die Zeit bald übersteigt der eigentlichen Pflegeleistung. Also unsere Dokumentationen, was wir dokumentieren müssen, dauert bald länger als das, was wir an Zeit für die Pflege verbringen. Und ich weiß noch nicht, wann sich die Pflegeeinrichtungen irgendwann mal zusammensetzen müssen und sagen: jetzt ist Schluss, jetzt aber nicht mehr. Es ist sicherlich gut, und auch uns hat das gut getan, dass es Qualitätsüberprüfungen gibt. Die Pflege war es nicht gewohnt, überprüft zu werden. Im gesamten sozialen Bereich war das nicht üblich. Aber, dass wir jetzt diejenigen sind, an denen man sich da austoben kann, das sehe ich dann bald auch nicht mehr ein. Dann gehören auch andere Einrichtungen mit dazu. Und ich habe manchmal das Gefühl, man nutzt uns aus, um die Verordnungspraxis von Hausärzten zu überprüfen, oder man macht uns so lange mürbe, bis wir keinen Antrag mehr stellen, weil wir es Leid sind, damit sie dadurch Geld einsparen. Eine gewisse Form der Überprüfung ist sicherlich notwendig, das halte ich auch absolut für gut, aber allmählich reicht es."

"Die bisherige Kontrolle durch den MDK ist ausreichend. Deswegen ist das ja affig mit diesem Qualitätssicherungsgesetz alles. Mit Zirkel hier, Zirkel da, wissen Sie, und, und, und. Dieses ganze Zirkel-Gedöhne, das ist das, was die Leute machen müssen, die Belegschaft muss dann ja eintrudeln. Dann wird Smalltalk gemacht, wie kann man dieses verändern, jenes verändern. Soll ich Ihnen was sagen, wenn die Leute schon soviel private Freizeit draußen lassen bei den Patienten, und die gehen noch arbeiten, und Sie haben noch die Fahrerei an der Mütze und dann gehen Sie noch hin und sagen, o.k. – ob die das bezahlen oder nicht, interessiert hier überhaupt nicht, sondern hier geht's einfach darum, ist es erforderlich. Und dann kommen die hier rein, und dann müssen Sie hier noch so etwas über die Bühne bringen."

"Das Qualitätssicherungsgesetz ist ein guter Ansatz, aber leider nicht umsetzungsfähig."

"Wir müssen ein Qualitätsmanagement haben. Wir haben im vergangenen Jahr damit angefangen. Das muss ja alles neben der Arbeit gemacht werden. Und das ist sehr mühsam und sehr aufwendig. Wir haben eine Mitarbeiterin jetzt zur Qualitätsmanagerin schulen lassen. Die hat auch das Zertifikat, aber hat jetzt noch nicht richtig mit der Arbeit beginnen können, weil eben so viele praktische Tätigkeiten zu machen sind. Ich kann nicht sagen, wenn wir jetzt wirtschaftlich nicht so gut dastehen: Sie können jetzt mal eine Woche durch die Pflegestellen gehen. Das geht einfach nicht. Ich meine, ich weiß, was wir alles erfüllen müssen. Das erfüllen wir auch nach und nach. Aber jetzt jemanden dafür nur freizustellen, das ist im Moment uns nicht möglich.

I: Bringt das Qualitätsmanagement denn eine Verbesserung?

B: Überhaupt nicht! Also, Entschuldigung, also ich muss das einfach mal so sagen. Ich halte das für sehr, sehr überzogen. Es ist derartig verbürokratisiert."

Diese Zitate bringen die wichtigsten Einwände gegen das Qualitätsmanagement zum Ausdruck. Sie richten sich weniger gegen das Qualitätsmanagement an sich, sondern thematisieren die damit verbundenen zusätzlichen Kosten, die insbesondere kleinere Pflegedienste treffen. Kontrolle bedarf der Bürokratie. Bürokratie kostet Zeit und Geld. Die Frage ist: wer bringt die dafür bereitzustellenden Mittel auf? Allgemein wird kritisiert, dass diese Kosten allein auf die Pflegedienste verlagert würden, ohne ihnen aber die Möglichkeit zu geben, diese Kosten in die Preise der Leistungen einzurechnen, da sich die Preise nicht auf dem Markt bilden, sondern administriert sind. So wurde immer wieder der für die Dokumentation aufzubringende Zeitaufwand beklagt. Stärker aber noch trifft die Pflegedienste die Forderung nach Freistellung von Qualitätsbeauftragten, die Einrichtung von Qualitätszirkeln und die Forderung nach externer Zertifizierung. Anteilsmäßig werden diese Kosten bei großen Pflegediensten geringer:

"Das ist das Positive an dieser Organisation, für kleine Pflegedienste ist das schwerer zu organisieren. Es können Qalitätszirkel gebildet werden, es sind jetzt 15 [Träger]-stationen, das ist eine gravierende Verbesserung."

Hinzu kommt, dass einige Vorschriften mehr der Außendarstellung dienen als der Organisation interner Abläufe. Das lässt sich besonders aus den Stellungnahmen zum Leitbild der Dienste ermitteln.

"Von Regierungsseite ist verlangt worden: Ihr müsst ein Leitbild haben. Von oben wird gesagt: Ihr müsst ein Leitbild haben. Gut, es wird ein Leitbild gemacht. Aber das ist für mich eigentlich Kokolores, wofür ein Leitbild? Das entscheidende ist die Arbeit, die gemacht wird, das Entscheidende ist die Qualität der Arbeit, die gemacht wird, das Entscheidende ist, dass die Qualität der Arbeit in regelmäßigen Abständen kontrolliert wird, und es gibt ja so etwas wie Qualitätsmanagement, Qualitätssicherung, Qualitätssicherungsgesetz, das ist für mich im Prinzip etwas, was ich für sinnvoll erachte, aber das ist für mich wieder eine typische Entscheidung, die der Gesetzgeber getroffen hat, ohne sich dabei zu überlegen, dass eine Qualitätssicherung auch mit erhöhten Kosten verbunden ist. Und die Umsetzung der Qualitätssicherung, daran hapert es enorm, überall. Das hört sich für die Öffentlichkeit gut an, Qualitätssicherung, wir tun was, aber an der Umsetzung der Qualitätssicherung, da hapert es überall."

Bürokratie wird akzeptiert, wenn sie die Abläufe im Betrieb vereinheitlicht und erleichtert:

"Thema Qualitätssicherung, Zertifizierung war auf den Weg gebracht worden, Wir haben mit einer Unternehmensberatung 1 1/2 Jahre jede Woche unsere Sitzungen gehabt, um ein Handbuch zu erstellen mit einem Riesenzeitaufwand. Und die Zertifizierung ist meiner Meinung nach, Gott sei dank, nicht erfolgt. Das war dermaßen aufgebläht das Ganze, so künstlich. Ich wusste das so auch aus meiner Weiterbildung her, es muss alles in schriftliche Form gepackt werden. Wir haben ein schmales Lehrhandbuch für uns erstellt, ohne all diese Kriterien zur Zertifizierung, weil ich das so sehe: Ob ich das Siegel habe oder nicht, da pflege ich nicht anders, das bringt mir auch keine Kunden und macht mir auch die Pflege nicht griffiger, eine gute Struktur zu kriegen. Wichtig ist Durchschaubarkeit und vor allem was Schriftliches zu kriegen, was ich Schülern, neuen Mitarbeitern, überhaupt Mitarbeitern, an die Hand geben kann. Denn was ich hier übernommen hatte, war alles Mundpropaganda, der eine rechnete seine Kilometer so ab, der andere so, der andere noch anders. Der eine machte so seinen Urlaub, der andere anders. Überstundenfrei gab es hier und da, und keiner wusste weshalb. Ich sag, das muss doch irgendwo schriftlich vorliegen. Da ist ganz viel schriftlich jetzt da, wo wir auch zur Klärung dadurch beitragen, innerbetrieblich zur Klärung, dass man sieht: wo bin ich dran, welche Rechte habe ich, wie muss ich verfahren, wenn ich mich krank melde. Das war also alles sehr desolat bis dahin."

Bürokratische Vorgaben werden in der Lebenswelt unter dem Gesichtspunkt beurteilt, ob sie es ermöglichen,

"mit den Dingen und Menschen umzugehen, damit die besten Resultate in jeder Situation mit einem Minimum von Anstrengung und bei Vermeidung unerwünschter Konsequenzen erlangt werden können." (Schütz 1972, 58)

Das letzte Zitat verdeutlicht diesen Zusammenhang. Der Zertifizierungsprozess wird kritisiert, weil er mit zu viel Aufwand verbunden sei, der für die konkrete Pflege oder die Kundengewinnung nichts bringt. Gefordert werden kurze, praktikable, prägnante Vorschriften, die die Arbeitsabläufe vereinheitlichen und transparent machen, ohne unverhältnismäßige Kosten zu verursachen. Diese aber seien mit den verlangten Maßnahmen der Qualitätssicherung verbunden.

Dieser Sachverhalt trifft auch die Forderung nach einem Pflegeleitbild. Eine Pflegedienstleiterin antwortet auf die Frage:

"I: Haben Sie ein Pflegeleitbild?

B: Ja, das haben wir vorne auf dem Flur hängen, unsere Kurzfassung. Und wir haben auch eine Langfassung, wobei ich die Langfassung nicht so gelungen finde. Das ist eine Reaktion auf die Begutachtung. Das war denen [dem MDK] zu kurz, unser Pflegeleitbild. Das wäre nicht aussagekräftig, zu allgemein."

Auch hier wird die Forderung nach einem Pflegeleitbild akzeptiert, doch werden die Anforderungen des MDK kritisiert. Das Pflegeleitbild war über Diskussionen im Pflegedienst erstellt worden

"Ich glaube, dass wir in dem Pflegeleitbild das formuliert haben, wie wir arbeiten. Nicht dass wir unsere Arbeit nach dem Leitbild orientieren, sondern in dem Leitbild das dargestellt haben, wie wir arbeiten, dass das Pflegeleitbild gewachsen ist aus unserer Arbeit und nicht so von oben: Da haben wir jetzt ein Leitbild, da müssen wir uns jetzt tunlichst nach richten."

Dieses Leitbild wurde vom MDK zurückgewiesen. Es wurde dann von einem Verwaltungsmitarbeiter erweitert und daraufhin vom MDK akzeptiert. Diese Erweiterung blieb aber für die internen Abläufe folgenlos. Kritisiert werden weiterhin die Qualitätsmaßstäbe. Qualität in der Pflege lasse sich im Wesentlichen nur durch Personalauswahl regeln:

"I: Haben Sie es auch schon einmal gehabt, dass eine Pflegerin gesagt hat, unter dem Leitbild arbeite ich nicht?
B: Nein. Ich bin in der glücklichen Lage: inzwischen behaupte ich, so viel Menschenkenntnis zu haben, dass ich ein tolles Team inzwischen habe. Es hat auch Leute gegeben, die die Probezeit nicht überstanden haben. Und dann war eine ganz schnelle Trennung. Das ist das einzig Sinnvolle. Und ich habe unser Team im Augenblick so homogen, dass man sagen kann: die arbeiten in eine Richtung mit einem Bewusstsein. Von daher entfällt ganz viel, was alles geschrieben, erklärt, dargestellt werden muss, dass solche Fragen gar nicht erst aufkommen: Mitmenschliches Verhalten, Selbstverständnis von, Respekt vor, Anerkennung der Intimsphäre von, sein Lassen von, Akzeptanz von tausend verschiedenen Möglichkeiten. Das kann man kaum erzwingen. Ich habe immer wieder gemerkt, wenn wir Schülerinnen kriegten aus Ostblockländern, wenn wir russische Schülerinnen kriegten: die haben ein ganz anderes Verständnis. Und dann habe ich immer gesagt: ich möchte die hier nicht als Mitarbeiterinnen haben, weil die immer gegen ihr Gefühl arbeiten müssen. Die haben mitgekriegt von zu Hause: ein alter Mensch ist schützenswert, der muss alles abgenommen kriegen, dem muss man alles von den Lippen ablesen, der darf nichts mehr alleine machen. Und das heißt: da ist eine Distanzlosigkeit, da ist keine aktivierende Pflege möglich. Und das alles muss ich denen immer über den Kopf sagen: lass ihn doch, lass ihn doch alleine machen. Und die müssen sich zwingen: Hände auf den Rücken und machen lassen. Das ist so schwer, dass ich sage, die sind von ihrer Erziehung so anders eingestellt in der Pflege, dass es über den Kopf kaum umsetzbar ist."

Qualitätssicherung erfolgt nach diesem Verständnis überwiegend durch Personalpolitik und persönliche Anleitung:

"I: Und wenn jetzt Neue kommen, wie arbeiten Sie die ein?
B: Wir haben unsere Mappe mit Anweisungen nebenan. Im Prinzip gehe ich die Mappe durch, was das Tagtägliche anbelangt. Und

die kriegen die auch zum Blättern erst mal mit nach Hause und können dann ihre Fragen stellen. Da sind viele Details drin, die kann man nicht alle vorlesen. Und dann kommen mit der Zeit, wenn die Neuen kommen, auch erst die Fragen: wie läuft das? Und dann sage ich: Guck mal da nach, wenn Du unsicher bist. Bei mir kriegt jeder neue Mitarbeiter so eine Art Praxisanleiter, wie bei Schülern kriegt der so eine Art Praxisanleiter. Das ist also ein Ansprechpartner für: Wie läuft das? Wie mache ich das? Wie ist das üblich?"

Qualitätssicherung erfolgt nach diesem Verständnis durch Personalauswahl und Personalführung. Das Personal bedarf bestimmter routinisierter Haltungen und Einstellungen, die nicht kurzfristig erlernt oder verändert werden können, sondern stabil habitualisiert sind. Qualitätssicherungskonzepte, die von diesem Sachverhalt absehen, werden als unbrauchbar bewertet.

Ähnlich stellt eine andere Pflegedienstleiterin fest:

"Ich weiß nicht, ob man Mitarbeiter auf ein Leitbild verpflichten kann. Aber die Probezeit dient ja immer auch dazu, herauszufinden, ob man zueinander findet oder nicht. Und ich denke, man kriegt da schon in der Probezeit heraus, kann sich der Mitarbeiter mit uns identifizieren und wir uns mit ihm. Und dann muss man nach der Probezeit halt schauen."

Auch hier erfolgt die Qualitätssicherung weniger über die Orientierung an einem Leitbild als über die Personalauswahl.

Insgesamt ist das Interesse der Mitarbeiter an einem Leitbild gering:

"Das Pflegeleitbild war für mich [bei der Einstellung] nicht so maßgeblich: Für mich war wichtig, Arbeit zu haben, ich war vorher arbeitslos einen Monat und ich wollte einfach nur wieder arbeiten."

"Ein Leitbild des Pflegedienstes ist vorhanden, ich weiß aber nicht, was drin steht."

"Das Leitbild des Pflegedienstes ist mir nicht bekannt. Ich bin aber erst zwei Monate hier."

"Ein Leitbild? Ja, aber fragen Sie mich nicht. Es geht hauptsächlich um die Würde des Menschen."

"I: Fragen neue Mitarbeiterinnen nach dem Leitbild?
B: Nein, die fragen nach Arbeitszeit, Schichtdienst, Wochenenddienst, Nachtrufbereitschaft, Geld."

"Pflegeleitbild? Ich weiß nicht, welches wir haben."

"Fragen Sie mich jetzt nicht danach. Ich kann es Ihnen gerne zeigen."

"Die Erarbeitung des Pflegeleitbildes erfolgt durch die Pflegedienstleitungen des [Verbundes]. Auf Wunsch können sich die Mitarbeiter beteiligen. Die meisten wollen das nicht."

"Es ist wohl gesagt worden, dass an einem Pflegekonzept gearbeitet wird. Und wir sind auch alle aufgerufen worden, uns daran zu beteiligen. Da konnte jeder mitwirken, der da Spaß dran hatte. Aber im Grunde war da kein Außendienstmitarbeiter mit dran beteiligt."

"Wenn wir Leute einstellen oder wenn wir interne Fortbildung machen, die wir wirklich betreiben, dann wird grundsätzlich unsere Philosophie und unser Pflegeleitbild raus gelegt. Wir waren dann immer entsetzt, dass sich keiner das Ding angeguckt hat, und wir dann Nächte lang darüber gebrütet haben, wie wir am besten das den Leuten beibringen. Das ist eine Schwierigkeit, mit der wir immer kämpfen werden, da rennen wir auch wirklich gegen Windmühlen. Es wird auch für die Köpfe der Mitarbeiter einfach zu viel, und wenn der die einarbeitet und unsere Philosophie zu Tage trägt, mehr kann ich nicht erwarten. Sozialarbeiter fragen ganz qualifiziert nach dem Konzept. Ich stelle niemanden ein, der nicht hospitiert hat. Unser erstes Konzept umfasste 60 Seiten, unser neues Konzept umfasst 80 Seiten. Ich bin mir sicher, dass das in irgendeinem Schrank landet."

Deutlich wird, dass die Mitarbeiter/innen wenig Interesse an einem Leitbild haben. Erklärt wird dieses mangelnde Interesse mit der Arbeitssituation:

"I: Und wie vermitteln Sie das Pflegeleitbild an Ihre Mitarbeiterinnen und Mitarbeiter?
B: "Indem wir da in Dialog kommen. Das ist mit den Mitarbeitern nicht unkompliziert. Das ist tatsächlich so, weil natürlich der Bereich Pflege ein Bereich ist, der stark unter Druck steht, wo der einzelne Mitarbeiter auch stark unter Druck steht, weil es einfach an vielen

Stellen immer schwieriger wird. Die Mitarbeiter müssen vielmehr dokumentieren, vielmehr schriftlich darstellen als früher. So was, was ich vorhin so leichthin dargestellt habe, mit der Pflegeplanung, das kann man mal eben so schnell darstellen. Wenn man das für den einzelnen Patienten in der einzelnen Pflegesituation dann machen muss, schreiben muss, ist das einfach viel Zeit, die drauf geht. Das in Zusammenhang damit, dass der Personalschlüssel eh sehr eng ist, dass wir Schwierigkeiten haben, examiniertes Personal zu kriegen, also dass wir durchaus auch freie Stellen haben, wo wir keine Mitarbeiter für kriegen, weder examiniert noch nicht-examiniert. Und wo dann die einzelnen Mitarbeiter auch sehen, dass dafür viel Zeit investiert werden muss, für den ganzen schriftlichen Bereich, dass der Verkehr immer schwieriger wird. Früher war es noch so, dass, wenn man sich dann ins Auto setzte, dann hatte man so einen Erholungseffekt. Wenn man von Patient A nach Patient B fuhr, das war dann noch so ein Stück weit erholsam. Mittlerweile ist die Verkehrssituation auch – und gerade hier in [Stadt] – so, dass es überhaupt nichts Erholsames an sich hat. Das ist einfach schwierig geworden. Und von daher ist der Druck bei dem einzelnen Mitarbeiter extrem, so dass die Frage, wie sich das verändert dargestellt hat und wie wir das den einzelnen Mitarbeitern vermitteln [das Leitbild] eine ganz schön schwierige Frage ist. Wir versuchen, es vorzuleben, wir versuchen es, denen auch immer wieder zu spiegeln. Und wir versuchen, es denen auch deutlich zu machen, dass die uns natürlich auch drauf festnageln können. Also wenn es eine Situation gibt bei einem Patienten, wo womöglich tatsächlich überhaupt keine Zeit dafür ist, für das Schwätzchen, also wo die Zeit völlig eng ist, dann gibt es für die Mitarbeiter immer die Möglichkeit, dann hinzugehen und zu sagen: halt, das Zeitkorsett ist zu eng, das müssen wir jetzt doch anders planen. Damit der nächste nicht gleich auf der Matte steht und das gleiche Problem hat, der nächste Patient dann auch unter Druck gerät. Das ist immer möglich und machbar. Aber ich erlebe es auch oft so, dass Mitarbeiter sich da so ein Stück weit auch selbst mit unter Druck setzen. Das gibt es auch."

"Bei meiner Bewerbung ist das Leitbild vorgestellt worden. Irgendwo gehen wir schon danach. Nur, es hapert eben daran, dass genug Personal nicht bezahlt werden kann. Dadurch ist eine enorme

Arbeitsbelastung vorhanden. Man müsste ja eigentlich auch Qualitätsbeauftragte haben usw., die sich nur darum kümmern, aber statt dessen bekommen die Leute, die schon da sind, noch mehr Aufgaben zusätzlich. Die machen dann zusätzlich noch den Qualitätsbeauftragten, und die Arbeit als solche wird nicht mehr geschafft, z.B. muss ja jeder Patient nach unserem Leitbild nach den AEDLs eingestuft werden und eine entsprechende Pflegeplanung geschrieben werden, was aber von der Pflegeversicherung nicht entsprechend vergütet wird, weil, wenn man es vernünftig macht, dann dauert das, da macht man das nicht innerhalb von einer halben Stunde."

Personalknappheit, Verkehrssituation und neue Vorschriften würden die Mitarbeiter so unter Druck setzen, dass ihr Interesse an einem Pflegeleitbild sich in Grenzen hielte.

Um den Realitätsgehalt des Pflegeleitbildes zu erhöhen, haben eine Reihe Pflegedienste versucht, es so zu umschreiben, wie sie schon immer gearbeitet haben:

"Eigentlich stehen da ganz normale Dinge drin, aber anscheinend muss man das mal aufschreiben, weil das so nicht überall der Fall ist. Da steht nicht drin, wo man denkt: aha, also da stehen nur Banalitäten drin. Partnerschaftlicher Umgang miteinander, diese ganzen Sachen, da ist eben nichts Konfessionelles oder so drin, da steht nichts von Beten oder ähnlichen Dingen. Das gehört aber auch wahrscheinlich da nicht mit rein, da geht es um einen professionellen aber trotzdem herzlichen Umgang, das ist, glaube ich, keine Frage."

"Das Pflegeleitbild betont die Würde des Menschen. Natürlich steht der Patient im Vordergrund, aber auch der Mitarbeiter. Durch das Leitbild hat sich Arbeit nicht verändert, wir haben nur das niedergeschrieben, was immer bei uns schon spürbar war, was immer schon das Ziel des Verbandes war."

"Das Pflegeleitbild hängt aus. Es ist vom Arbeitgeber vorgegeben und soll zeigen, wie wir den Menschen sehen und welches Pflegeverständnis wir haben. Wir haben immer schon nach einem inhaltlichen Pflegeleitbild gearbeitet, wir haben es jetzt nur in Worte gefasst. Jeder Mensch, denke ich, hat sein eigenes Leitbild und seinen Umgang in der Pflege in sich, das trägt er in sich. Das ist auch wieder so ein Prozess, so was aufzuschreiben, und das haben wir einfach nur getan."

"Also, als ich hier angefangen bin, kann eigentlich nur sagen, dass wir hier einen festen Personalstamm haben und dass unsere Mitarbeiter unwahrscheinlich hoch motiviert sind und sehr das beste für ihre Patienten wollen. Und dieses hohe Anspruchsdenken, was unsere Mitarbeiter haben, das steht im Pflegeleitbild, glaub ich, drin, die haben das sehr gut, glaube ich, umgesetzt."

"Das Leitbild wurde so aufgebaut, wie wir schon die ganze Zeit pflegen, das wurde nur schriftlich fixiert und aufgearbeitet."

"Mitarbeiter, die hier anfangen, scheinen diesen Pflegegedanken schon mit sich zu tragen."

Werden durch einen solchen Erstellungsprozess die daran Beteiligten leichter zu einer Identifikation mit dem Leitbild motiviert, so stellt sich das Problem bei neuen Mitarbeitern anders. Sie sollen ohne Beteiligung an der Erarbeitung auf dieses Leitbild verpflichtet werden. Hier gehen die Pflegedienste verschieden vor.

Eine PDL schildert das Problem:

"Wir müssen im Grunde immer wieder von vorne anfangen. Das ist zeitaufwendig und mühselig. Die Vermittlung erfolgt in Qualitätszirkeln. Ich bin seit vier Jahren Qualitätsbeauftragte. Ein Qualitätszirkel trifft sich zweimonatlich für zwei Stunden. Daran nehmen alle Pflegemitarbeiter teil."

Die Verpflichtung der Mitarbeiter auf das Leitbild ist verschieden:

"Natürlich haben wir eins. Das müsste jedem Mitarbeiter bei der Dokumentation zur Hand liegen. Allerdings glaube ich nicht, dass es jedem Mitarbeiter bewusst ist, dass er es in der Mappe drin hat. Wir mussten es vorlegen, jetzt als der MDK da war. Aber ich habe auch noch nie dieses Leitbild abgefragt oder so, ich habe es mir bei der Einstellung ein, zweimal durchgelesen, aber ich habe dem nie große Beachtung geschenkt."

"Ich brauchte nicht nach dem Leitbild zu fragen, weil es von Anfang an Thema des Chefs war."

"Neue Mitarbeiter werden auf das Leitbild verpflichtet. Es gibt eine Einführung neuer Mitarbeiter anhand einer Einführungsmappe."

"Wir haben ein Einarbeitungssystem. Wir haben ein Qualitätshandbuch. Und die werden dadurch in Kenntnis gesetzt, wie wir uns die Pflege vorstellen."

"Das Leitbild bekommen sie am ersten Tag, das Einarbeitungskonzept, alle Unterlagen. Das Einstellungsgespräch führe ich selbst. Nach vier Wochen erfolgt ein weiteres Gespräch, das Einarbeitungsabschlussgespräch, in dem auch Fragen nach dem Leitbild gestellt werden. Das Leitbild muss einfach bekannt sein. Es hängt aus und wird bei Gesprächen auch abgefragt sowohl bei internen Kontrollen wie auch bei MDK-Prüfungen."

Ein Teil macht die Leitbilder zum Bestandteil des Arbeitsvertrages:

"Wenn das Leitbild fertig ist, soll es Bestandteil des Arbeitsvertrages werden. Das ist jetzt noch nicht der Fall."

Nur in einem der befragten Pflegedienste wird der Leitbildprozess positiv beurteilt:

"I: Hat der Leitbildprozess jetzt auch schon Auswirkungen auf die konkrete Arbeit?
B: Also, ich denke schon. Also ich habe vielleicht nicht so die Vergleichsmöglichkeiten, weil ich erst seit fünf Jahren hier bin. Aber mir fällt schon auf, als ich hier anfing, dass die hier sehr festgefahrene Verhaltens- und Arbeitsstrukturen hatten. Und diese ganzen Diskussionen haben bei uns schon sehr viele Fragen losgetreten. D.h. wir ziehen uns im Grunde jetzt mehr in Zweifel als noch vor vier, fünf Jahren, als ich hier noch sehr neu war. Es ist zeitweise etwas nervenaufreibend, aber eigentlich eine ganz gute Sache, weil sich bei uns im Moment sehr viel tut, und gerade auch im pflegerischen Bereich, wo wir jetzt immer wieder an unsere Grenzen stoßen, auch weil wir dieses Thema aus verschiedenen Perspektiven diskutieren, ich mehr vom pflegerischen Bereich, ich komme halt aus der Krankenpflege und habe natürlich auch meinen Blickwinkel, der natürlich sehr mit dem Blickwinkel anderer kollidiert. Und das ist manchmal eine gute Sache. Für mich ist diese Diskussion auch eine Orientierungshilfe, zu

gucken: was tue ich hier eigentlich und wie weit darf ich überhaupt gehen, na ja, so eine Art Standortbestimmung."

Bezeichnend ist, dass die Leistungen dieses Dienstes überwiegend nicht von den Kassen, sondern durch die Stadt oder privat entgolten werden, so dass der Kostendruck geringer ist.

Ansonsten erscheinen die Kosten für die Leitbilddiskussion allen als unangemessen, zumal da die Leitbilder so allgemein formuliert sind, dass Operationalisierungen als ziemlich beliebig erscheinen:

"Ja, was ist menschenwürdig? Die Würde des Menschen ist unantastbar. Was ist die Würde des Menschen, worin besteht sie? Sie ist sicherlich nicht immer erfüllt bei den Möglichkeiten, die auch wir nur haben."

"Wir haben ein Leitbild, ja, ein Leitbild ist immer so eine Sache halt, für uns ist dieses partnerschaftliche miteinander Arbeiten wichtig, wir machen uns sicherlich nicht für eine Pflege zum Affen oder zum Idioten, es gibt eigentlich keine oder wenige Pflegen, die wir ablehnen."

Die Inhalte der Leitbilder sind entweder so allgemein, dass sie beliebig operationalisiert werden können, oder sie enthalten Sachverhalte, die schon gesetzlich vorgeschrieben sind, wie den Hinweis auf den Abschluss von Verträgen mit den zu Pflegenden, auf Arbeitsverträge oder die Tatsache, Pflegeübernahmen nicht ablehnen zu können, es sei denn aus Kapazitätsgründen oder gefährlicher Pflege.

Von hier aus erklärt sich auch, dass die Leitbilddiskussion als sekundär betrachtet wird.

"Ja, das hat auch eine Geschichte, das Pflegekonzept, wir haben 1900, ja das ist jetzt schon etwas länger her, 1995 oder 96 eine interne Fortbildung gemacht, da war aber die Besetzung des Personals komplett anders als heute. Danach kamen eben die betriebsbedingten Kündigungen. Und da ist das bewusst erstellt worden, erarbeitet worden mit der Dozentin. Das war da so eine Wochenendveranstaltung, die wurde [von Verband] finanziert. Und dann habe ich im Grunde genommen mit der Dozentin das schriftlich fixiert und bis heute habe ich das immer wieder modifiziert."

Treten andere Probleme auf, so tritt die Leitbilddiskussion in den Hintergrund:

"Dann kam die Expansionsphase durch Unternehmenszukauf. Dadurch war keine Zeit für Diskussion, dadurch wurde der Unternehmensleitbildprozess abgebrochen. Wir haben mal eine Leitbilddiskussion gemacht Unternehmensleitbilddiskussion, was jetzt kommt ist die Pflegeleitbilddiskussion und die sich daraus ergebende Spezifizierung auf ein Pflegemodell, das wird im Laufe dieses Jahres angegangen, weil es ist ein Ziel des Unternehmens, uns im nächsten Jahr zu zertifizieren."

Das Pflegeleitbild ist nur relevant für Prüfungen durch den MDK oder für externe Zertifizierungen. Darüber hinaus kann es im Flyer des Pflegedienstes der Außendarstellung des Dienstes dienen. Ansonsten wird ihm geringe Bedeutung zugeschrieben, außer dass damit unangemessene Kosten verbunden sind. Wenn dann ein Leitbild durch den MDK zurückgewiesen wird, erscheint das als lächerliche Schikane.

Über die Qualität der Arbeit sagt das Leitbild nichts aus. Ähnlich wird auch eine externe Zertifizierung beurteilt:

"Im Prinzip zertifizieren uns unsere Kunden. Wenn Sie genug zu tun haben und die Leute zufrieden sind, ist das die größte ISO-Norm, die Sie haben können, besser geht gar nicht."

"Für mich ist ein Qualitätssiegel ein Siegel, weil da kommt auch ein Mensch, der mich nicht kennt, der für ein paar Stunden in diesen Betrieb rein schaut. Pflicht soll es irgendwann werden, also die Pflegekassen möchten wohl 2004, dass irgendwie ein bestimmter Bogen erarbeitet wird, anhand dessen dann unsere Einrichtung kontrolliert wird, dass man dann sagt, die haben das erfüllt und dann ist es gut. Also ich brauche kein Siegel für Qualität auf dem Dienstauto. Die Qualität macht der Mitarbeiter mit seinem Tun draußen."

3.6 Spezifische Probleme im Arbeitsfeld "ambulante Pflege"

3.6.1 Unregelmäßiger Arbeitsanfall

Der Arbeitsanfall in der ambulanten Pflege ist sehr unregelmäßig. Häufig ist er nicht planbar. Ob ein Patient gesundet, ins Krankenhaus eingewiesen wird oder stirbt, ist durch den Pflegedienst nicht steuerbar. Von einer größeren Pflegestation wurde berichtet, dass in einem Monat 18 Patienten verstorben seien.

"Den unregelmäßigen Arbeitsanfall kann man nicht auffangen. Wir müssen damit leben. Im Moment haben wir ein Loch. Viele Patienten sind ins Krankenhaus eingewiesen worden. Es kann sein, dass manche davon nie mehr wieder kommen, es kann sein, dass die meisten wieder in unsere Pflege hineinkommen. Das können wir nicht beeinflussen. Wir stehen in ständigem Kontakt mit dem Informationsbüro Pflege, geben dort unsere Kapazität, unsere Auslastung an. Ich habe es auch schon erlebt, dass wir wochenlang gewartet haben, ja, dass wir wirklich gebetet haben: wir brauchen Patienten, wir müssen ja als Arbeitgeber auch unsere Mitarbeiter beschäftigen. Die Mitarbeiter bauen jetzt Überstunden ab. Arbeitsorganisatorisch ist das schwer. In Zeiten, wo Hochbetrieb ist, das gibt es, dass hier plötzlich das Telefon nicht mehr still steht. Das bedeutet dann natürlich in dem Fall Überstunden für die Mitarbeiter und in Zeiten der Flaute werden diese Überstunden abgebaut. Meistens passiert das in der Sommerzeit. Dann ist eh Urlaubszeit, dann ist es nicht so schlimm, Es ist ein sehr schwankendes Geschäft, was eine sehr große Flexibilität der Mitarbeiter voraussetzt."

"Wir haben diese Woche alleine vier Leute, die ins Krankenhaus gekommen sind. Ja, das reißt Löcher, da kann ich aber auch nicht neue Pflegen nehmen. Da kann ich nicht sagen, jetzt nehme ich neue Pflegen auf. Kommen die aus dem Krankenhaus zurück, muss ich denen sagen, wir haben keinen Platz mehr, geht nicht. Ich muss denen Kapazitäten frei halten, weiß aber gar nicht: kommen die überhaupt zurück, und eine ist auf der Intensivstation: überlebt die überhaupt, kommt die ins Hospiz? Das sind hier die Fragen, und den alten Kunden wollen wir schon gerecht werden, das machen wir auch, schaffen wir auch. Aber das sind Schwankungen, die sind enorm."

"Der Arbeitsanfall ist nicht kalkulierbar. Mal muss ich mir von anderen Mitarbeiter holen, mal geben wir auch Patienten ab. Wir übernehmen Patienten von anderen Pflegediensten. Wir geben aber auch wieder ab."

"Der unterschiedliche Arbeitsanfall ist strukturell ein großes Problem. Wir haben keine Antwort darauf."

"Wir haben Patienten, die im Monat 2000 Eu erbringen. Und wenn davon zwei oder drei wegfallen, dann haben Sie ja gleich Verluste."

"Das Problem ist gegeben, wenn eine Kollegin krank wird. Dann muss die Leiterin die Patienten dieser Kollegin verteilen, sofort, das ist dann eben das Tagesgeschäft, das kann manchmal morgens passieren oder abends, man muss sofort reagieren. Dann kann es schwierig werden, weil das dann in den Zeitabläufen nicht mehr stimmt, da ist dann nicht das Problem, dass die andere Schwester dann eine Stunde länger arbeiten muss, aber die Patienten wollen um 11 nicht mehr gewaschen werden, also das dann rein zu quetschen, da muss mit viel Verständnis gesprochen werden, wenn jemand etwas später oder früher schon kommt."

"Ein hohes Maß an Flexibilität muss da sein, nicht im Sinne von Willkür. Das muss ein sehr einvernehmliches Gefüge sein von Leiterin und Mitarbeiterinnen, dann funktioniert das auch."

Dieses Problem des unregelmäßigen Arbeitsanfalls war den Gesetzgeber bewusst. Er wollte es dadurch lösen, dass er den Krankenkassen die Gewährleistungspflicht übertrug, d.h. die Sicherstellung für eine gleichmäßige und bedarfsgerechte Versorgung. Um das zu erreichen, sollen die Kassen Versorgungsverträge und Vergütungsvereinbarungen mit den Pflegeeinrichtungen abschließen. Wenn diese die gesetzlich geforderten Qualitätsmaßstäbe erfüllen, besteht für die Kassen ein Kontrahierungszwang. Auf diese Weise sollte die Vorhaltung von Überkapazitäten im Pflegebereich sichergestellt werden, mittels dessen auch ein Wettbewerb zwischen den Leistungsanbietern gefördert und Innovationen beschleunigt werden sollten. Diesem Ziel dient auch die Vorschrift (§ 72 Abs. 5), nach der die Pflegekasse mit dem Bescheid über die Bewilligung des Pflegeantrages dem Pflegebedürftigen eine Preisvergleichsliste über die Leistungen und Vergütungen der zugelassenen Pflegeeinrichtungen im Einzugsbereich zu übermitteln und ihm eine Beratung darüber anzubieten hat, welche Pflegeleistungen für ihn in Betracht kommen.

3.6.2 Grad der Gewährleistung der Pflege

Nach Aussagen fast aller Befragten ist dieses Ziel nicht erreicht worden. So stellte ein Dienst, der überwiegend Betreuung anbietet und für Pflegeleistungen andere Dienste einschaltet, fest:

"Wir legen Wert darauf, dass sich die Kunden selber einen Pflegedienst aussuchen. Das ist allerdings nicht immer möglich, wenn die Pflegedienste sagen, tut mir leid, wir haben jetzt Annahmestop, davon sind wir auch abhängig, das ist auch ein Problem hier in [Ort], man bekommt eigentlich sehr selten den Pflegedienst, den man haben möchte."

"I: Haben Sie Ablehnungskriterien für Patienten?

B: Zu große Entfernung, und wenn wir natürlich voll sind, keine Kapazitäten bieten können, oder wenn Patienten eine bestimmte Zeit fordern, die wir nicht bedienen können. Ich sage dann, das geht nicht, Sie haben natürlich eine Option, sobald da etwas frei wird, kommen Sie da hin. Ich biete dann eine Zeit an und sage: eher geht es leider nicht. Dann wird dann halt meistens gesagt, dann gucken wir nach einem anderen Pflegedienst. Ablehnen darf ich nicht, aber was soll ich den Leuten da erzählen, ich kann nicht zusagen, was wir gar nicht können."

Der Wettbewerb zwischen den Pflegediensten um Kunden verliert nach allgemeiner Auffassung an Bedeutung:

"I: Fühlen Sie sich im Wettbewerb?

B. Ein Stückchen ja, es ist das, was ich auch vorhin gesagt habe, die Leistungen zu erbringen wunschgerecht, zügig und so was, das ist sicherlich ein Stück Wettbewerb gewesen, wobei wir auf Zukunft gesehen nicht den Wettbewerb bei den Patienten, sondern den Wettbewerb bei den Mitarbeitern kriegen werden. Es gibt zu wenig Mitarbeiter demnächst und das, was jetzt ist, dass der Patient, sage ich jetzt mal, sich den Pflegedienst aussuchen kann, wird er demnächst etwas anderes vorfinden, dass er gucken muss, wer kann mich noch übernehmen, und wer kann mich überhaupt noch verstehen: also mit der Öffnung der EU gegen Osten wird die Pflege osteuropäisch werden."

"Aber es wird in Zukunft kein Problem sein, an Kunden zu kommen, sondern eher an qualifiziertes, motiviertes Personal. Der Bedarf an Pflegepersonen wird immer größer. Je mehr Patienten zur Neuaufnahme kommen, desto mehr Kräfte brauchen wir. Andersrum ist natürlich in den letzten Jahren ein Markt entstanden, der einen größeren Personalbedarf hat, sei es die Krankenkassen durch ihren MDK, die schöpfen Krankenschwestern ab, sei es große Sanitätshäuser, die beratende Pfleger und Schwestern brauchen oder Altenpflegerinnen, der Pflegedienst schlechthin usw., auf der anderen Seite werden zwar ein paar Stellen abgebaut im Krankenhaus, aber nicht so viele, dass das das Problem lösen würde."

"Der Zustand in der Pflege ist untragbar, skandalös. Die ambulante Pflege ist längst zusammengebrochen. Das lässt sich festmachen am Fachkräftemangel. Der wird sich verschärfen. Die Ausbildungskapazität ist in Münster von 170, 180 auf 80 heruntergefahren worden. Neues Personal werden wir, wenn wir es brauchen, nicht kriegen. Wir arbeiten bis zur Leistungsgrenze, hochmotiviert, ohne Gewinn, andere Dienste drehen an den Pflegezeiten. Das ist eine schreckliche Vorstellung."

"Neue Mitarbeiter zu finden, ist schwer. Wir haben uns für drei entschieden, die nicht vom Arbeitsamt gekommen sind. Die müssen bei uns reinpassen, die müssen jung und dynamisch sein, eigenständig sein, denken können."

"Also wir bezahlen relativ normale Gehälter tarifnah. Was wir nicht haben, sind die Sonderzahlungen. Und das ist auch der Punkt, warum man viele Mitarbeiter nicht für die Firma gewinnen kann: kein Urlaubsgeld, kein Weihnachtsgeld, keine Zulagen, und das ist der große Punkt, warum wir Schwierigkeiten haben, Mitarbeiter zu finden, verständlicherweise, wo man dann sagt, wir vergüten das eben über das Gehalt allgemein, wir setzen das ein bisschen höher. Aber da sagen Ihnen viele, das möchten wir nicht haben.

I: Warum halten Sie das System trotzdem bei?

B: Wegen der Personalkosten, sonst komme ich über das Limit. Das kann ich mir nicht erlauben. Dann kommt jemand vorbei und kontrolliert mich und sagt: Herr X, die Personalkosten sind zu hoch, tun Sie was. Und wenn wir dies so machen würden, hätten wir auf längere Sicht auch Probleme, was die Rentabilität angeht.

I: Sind die Wohlfahrtsverbände für Sie eine große Konkurrenz?

B: Was die Marktpräsenz angeht ja, was die Qualität angeht: nein. Deswegen ist unsere Idee mit der Kooperation, wir versorgen schon Kunden gemeinsam, wir haben schon einmal Runden gefahren für [Wohlfahrtsverband], wenn jemand fragt, sind wir die letzten, die sagen, wir möchten mit euch nicht zusammenarbeiten."

"Um jeden Kunden muss gekämpft werden. Woanders ist das offensichtlich nicht so nötig. Inzwischen wird der Pflegedienst aber sogar von [Wohlfahrtsverband] oder [Wohlfahrtsverband] kontaktiert, ob er Patienten übernehmen kann, weil diese es aufgrund der Menge, die sie zu versorgen haben, nicht mehr schaffen. Aber auch, weil die Versorgungen immer komplizierter werden, und sie damit überfordert sind."

Alle Befragten weisen darauf hin, dass es für sie zunehmend schwieriger wird, qualifiziertes Personal zu finden, dass die Konkurrenz um das Personal größer wird als die Konkurrenz um Kunden. Daher sehen sie auf Dauer die Versorgung gefährdet. Ein Überangebot an Pflegekapazitäten sei schon jetzt nicht mehr gegeben.

3.6.3 Kostendruck durch Kassen

Erklärt wird dieser Zustand mit dem zunehmenden Druck, den die Kassen auf die Pflegedienste ausüben, der die Dienste in wirtschaftliche Schwierigkeiten gebracht habe. Diesen Druck geben die Dienste in mehr oder weniger starkem Ausmaß an ihre Mitarbeiter weiter, so dass die Attraktivität der Arbeit in der ambulanten Pflege nachgelassen habe.

"Also, es hat angefangen 97/98 mit massivsten Einbrüchen. Es hat hier in NRW eine Umstellung der Vergütungsstruktur gegeben im Bereich der Behandlungspflege. Man muss vielleicht vorausschicken, dass ein Pflegeunternehmen nur dann wirtschaftlich arbeiten kann, wenn es einen gesunden Mix zwischen grundpflegerischen und behandlungspflegerischen Leistungen gibt, optimal ist ein Mix 50:50. Man muss klar und deutlich sagen, damit bezuschusst die Krankenkasse die Pflegeversicherung. Das liegt aber an der Systematik der Pflegeversicherung, eben Obergrenzen, gedeckeltes Ausgabenbudget. Und es hat eine Umstellung gegeben im Bereich der Behandlungspflege von einer einzigen Pauschalvergütung, die lag damals bei ca. 21 DM, zuzüglich 3,10 DM Fahrtkosten. Mittlerweile haben wir eine Situation, in der die Behandlungspflegen in drei Kategorien eingeteilt sind, Behandlungspflegen leichterer Natur, die werden vergütet zwischen 16,80 DM und 17 DM, Behandlungspflege Stufe 2, also Verbandswechsel und so was, 21,50 DM und Stufe 3, schwere Behandlungspflegen, z.B. Infusionen, Beatmung bei Beatmungspatienten, 28 DM, alles eingeschlossen. 75% der Behandlungspflegen laufen im Bereich Gruppe 1. Sie sehen, wenn das vorher 24-25 DM waren und jetzt 16,80-17,00 DM, wie problematisch es geworden ist, ein Pflegeunternehmen wirtschaftlich zu führen."

Auch die Verschiebung von Leistungen von der Kranken- in die Pflegekasse soll der Entlastung der Kassen dienen. Da die Leistungen der Pflegeversicherung gedeckelt sind, läuft eine solche Verschiebung auf höhere Selbstzahlungen der Patienten hinaus.

"Ja, also seit Einführung der Pflegeversicherung wird darauf hin gearbeitet, viele Behandlungspflegen in die SGB XI-Leistung hinein zu manövrieren, so nach dem Motto, also die Sprüche hören wir tatsächlich auch von den Krankenkassen: Das können Sie doch mitmachen, wenn Sie sowieso da sind. Also speziell bei der Medikamentenvergabe wird das häufig gesagt. Wobei das jetzt ja auch in den Richtlinien festgelegt ist, wo tatsächlich die Medikamentenvergabe auch eine Behandlungspflege ist."

In diesem Zusammenhang wird oft auf das Urteil des Bundessozialgerichts zu den Kompressionsstrümpfen verwiesen:

"Mit wem wir andauernd Kontakte haben, sind die Krankenkassen. Das ist ein dickes Problemthema. Die Krankenkassen versuchen konsequent alles abzulehnen, was möglich ist, verhalten sich da sehr formvollendet. Wir – in unserer Funktion auch so ein Stück weit als Anwalt des einzelnen Patienten – versuchen, alles mögliche umzusetzen für den Patienten, und das passt einfach nicht zusammen. Also das aktuellste Beispiel sind die Kompressionsstrümpfe von Patienten, wo es jetzt auch aktuell ein Bundessozialgerichtsurteil gibt, das einfach auch die Frage beantwortet, ob das jetzt Teil der Behandlungspflege ist oder nicht, wo das Bundessozialgericht gesagt hat, das ist nicht verordnungsfähig, wenn jemand gleichzeitig in der Pflegestufe I ist. Da haben die Krankenkassen zwei Tage gebraucht, um uns alles abzulehnen in dem Zusammenhang, was möglich war. Also das war blitzschnell möglich, da die Verordnungen wieder zurückzufahren. In anderen Situationen erleben wir dann, dass es relativ lange dauert, bis eine Verordnung genehmigt wird. Es ist immer ein Stein des Anstoßes – Krankenkassen und [Wohlfahrtsverband]."

"Es wird so bleiben, dass die Kostenträger versuchen, die Leistungen nicht erbringen zu müssen, preiswerter zu erbringen, ganz zu streichen, Es ist sicherlich die hehre Absicht, Geld zu sparen, die Beitragssätze zu halten, vermute ich mal, hoffe ich wenigstens."

Immer wieder wird auf das gespannte Verhältnis der Dienste zu den Krankenkassen verwiesen:

"Ich empfinde meinen Beruf nicht, dass ich fürs Geld da bin, aber im Moment muss ich ums Geld kämpfen. Das mache ich nicht so gerne. Der Trend ist für mich, der SGB V Bereich, der kränkelt und schwächelt. Die wollen das Geld kürzen."

"Also ich weiß zum Beispiel, dass bei den Verhandlungen mit den Pflegekassen auch gesagt wurde: Sie sind ja selbst Schuld, wenn Sie nach BAT bezahlen und wenn sich das hinten und vorne nicht rechnet."

Es wird weniger beklagt, dass die Krankenkassen wirtschaftliches Arbeiten fordern, sondern dass sie Leistungen verweigern, erbrachte Leistungen nicht bezahlen oder die Zahlungen so weit herauszögern, dass die Dienste in Liquiditätsschwierigkeiten kommen.

"Was aber schwerwiegender war, waren die praktischen Schwierigkeiten, die uns die Krankenkassen machten, sprich: in teilweise völlig ungesetzlicher Art und Weise wurden einfach Leistungen versagt, die den Patienten einfach zustanden, sprich: psychiatrische Pflege wurde verordnet von einem Arzt und die Krankenkasse lehnte das ab auf Sachbearbeiterebene. Wenn dann dahinter einer stand, z.B. ein Berufsbetreuer/eine Berufsbetreuerin, die sich auf die Hinterbeine stellten und sagten: so, mit mir nicht, dann ging es zum Medizinischen Dienst der Krankenkasse. Und dann gab es zuerst gar keinen Psychiater da, und da wurde es da abgelehnt. Und da haben wir gesagt: wie will ein Arzt für Allgemeinmedizin oder Innere ein Gutachten eines Fachpsychiaters ablehnen, das ist uns jetzt einmal unverständlich. Dann wurde eine Psychiaterin eingestellt, ich glaube, für ganz NRW. Und die lehnt jetzt am Schreibtisch mit einer hohen fachlichen Qualifikation diese Pflegen ab. Und wenn Sie jetzt sehen, was sich bei uns in der Praxis abspielt: Wir haben heute von einem Berufsbetreuer einen Fall genannt bekommen, da sollte psychiatrische Pflege gemacht werden. Der hier niedergelassene Fachpsychiater schreibt da eine Verordnung und dies und das und jenes. Und da sagen wir, wir fangen mit der fachpsychiatrischen Pflege nicht mehr an, weil die sowieso abgelehnt wird, und dann haben wir nur ein Kostenrisiko und schicken da teure Mitarbeiter erst mal hin für eine Woche oder zwei, das machen wir gar nicht mehr. Sprich: die psychiatrische Pflege gibt es eigentlich fast nicht mehr. Also ich glaube, wir hatten mal 40, 50, 60 Patienten, wir haben jetzt noch 8, glaube ich. Wir haben jetzt auch nur noch zwei Mitarbeiter. Und ich glaube, Ziel der Krankenkassen ist – es ist teuer, die vorzuhalten, diese Mitarbeiter, die kosten mehr Geld, die sind fachlich besser qualifiziert. Wir setzen die jetzt schon nicht mehr nur in der Psychiatrie ein, sondern wir setzen die jetzt schon psychiatrisch und somatisch ein. Bei acht Fällen ist das gar nicht anders zu machen. Wir müssen aber mindestens zwei haben, um die Zulassung für die Psychiatrie zu wahren. Und ich sag mal, absehbar haben wir nur noch 4 psychiatrische Fälle. Und das wird anderen Kollegen auch so gehen, und in [Stadt] weiß ich, die hatten eine riesige psychiatrische Abteilung, die haben, glaube ich, nur noch drei Fachkollegen da. Und so durch die Genehmigungspraxis der psychiatrischen Pflege wird die psychiatrische Pflege völlig ausgehebelt, die gibt es nicht mehr in NRW."

"Pflege ist teuer. Die Einstufung dauert Wochen, erst dann kann ein Antrag ans Sozialamt gestellt werden. Das Sozialamt will das Gutachten des MDK vorliegen haben. Bis dahin gehen wir in Vorleistung. Selbst bei Behandlungspflegen, bei Krankenkassen wechseln die Sachbearbeiter dauernd, das verlängert die Bearbeitungszeiten. Wir arbeiten mit einem Rechenzentrum zusammen, damit unsere Mitarbeiter pünktlich ihr Gehalt erhalten, Das Problem der Vorleistungen ist: Die Kosten laufen weiter. Außerdem müssen Behandlungspflegeleistungen häufig vor der Genehmigung erbracht werden, z.B. Insulinspritzen. Wegen der Vorleistungen haben die meisten Unternehmen

Disposition und Verschuldung. Als Pflegedienst hat man keine Chance gegenüber der Krankenkasse. Die Krankenkassen sparen Personal ein, dadurch ergeben sich längere Bearbeitungszeiten. Dadurch erhöhen sich die Vorleistungen der Pflegedienste. Die Pflegedienste sind aber durch den Versorgungsvertrag verpflichtet zu pflegen."

"Wenn jetzt nach einem Krankenhausaufenthalt eine Pflegeversicherungsleistung zu erbringen ist, da ist ja der Hausarzt nicht involviert. Dann erfolgt natürlich das Gespräch, wenn eben möglich, noch im Krankenhaus, wie es dann zu Hause weiter läuft, oder sofort zu Hause bei Entlassung. Wenn es krankenpflegerische Leistungen sind, sprich Leistungen, die mit der Krankenkasse abgerechnet werden, das sind Leistungen, die der Verkürzung des Krankenhausaufenthaltes dienen oder die der Sicherung der ärztlichen Behandlung dienen, dann kann das Krankenhaus eine Empfehlung an den Hausarzt weiterleiten, er möchte dieses oder jenes verordnen. Ob er das tut, ist seine eigene Entscheidung, ob er auch der Ansicht des Krankenhausarztes ist, dass das notwendig ist oder nicht. Und dann muss der niedergelassene Arzt die Verordnung schreiben und mit der Verordnung des niedergelassenen Arztes und dem Einverständnis des Patienten, dass er diese Leistungen zulassen wird, unserer Unterschrift, dass wir sie erbringen können, muss diese Verordnung an die Kasse geschickt werden. Die Kasse muss dem zustimmen. Und dann können wir es erbringen mit der Sicherheit, dass wir es auch vergütet bekommen. In der Phase dazwischen wissen wir nicht, ob wir da nicht für null hinfahren."

"Bis zur Antragsgenehmigung gehen wir in Vorleistung. Bei Ablehnung haben wir manchmal die Arschkarte gezogen, aber im Vordergrund steht erst mal die Versorgung des Patienten."

"Die Finanzierung der Qualitätssicherung ist schwierig. Die Kassen zahlen unpünktlich. Wir haben Mahnverfahren eingeleitet. Die Leistungen für Juli werden von Kassen im September bezahlt, Wir warten lange auf die Kassen, aber das Geld kommt."

Die Beurteilung des Verhältnisses zu den Krankenkassen fasst folgendes Zitat zusammen:

"Ich sage einmal: Wer das Geld hat, hat auch die Macht. Bei den Richtlinien für die Erbringung ambulanter Krankenpflegeleistungen ist die Pflege nicht involviert gewesen. Das ist eine Vereinbarung erstellt von der Bundesarbeitsgemeinschaft der Krankenkassen und der Bundeskassenärztlichen Vereinigung. Pflegedienste haben dagegen Widerspruch eingelegt und sind eben abgeschmettert worden. Da sieht man ein Stück unsere Rolle: wir können zwar die Leistungen erbringen, aber was wir erbringen dürfen und was sinnvoll ist, bestimmen andere. Die Richtlinien sind bindend jetzt für uns, für die Ärzte auch, für die Kassen auch. ... Wir hier vor Ort haben da keine Möglichkeiten."

Fazit einiger ist:

"Diese gute Arbeit ist gefährdet dadurch, dass die Abrechnungssätze mit den Krankenkassen und den Pflegekassen sehr, sehr gering sind. Und wir müssen auch Arbeitsverdichtungen machen, wir müssen also unsere Mitarbeiter dazu anhalten, kürzer zu arbeiten, schneller zu arbeiten, was zweifellos auf die Qualität geht. Wir sind noch in so einem Stadium, wo ich sagen kann, wir können es noch vertreten, wir machen gute Arbeit."

"Wir machen im Moment unglaubliche Klimmzüge, um über die Bühne zu kommen. Ich muss die Mitarbeiter zwingen, auf das Geld zu achten. Es ist nicht mehr schön: Druck auf Mitarbeiter, alles ist qualitätsmindernd. Trotzdem verlange ich von den Mitarbeitern, gleiche Qualität zu erbringen. Nach sechs Jahren gab es die erste Anhebung der Leistungssätze in der Pflegeversicherung. Die Situation ist unerträglich. 1998 haben die Krankenkassen die Leistungssätze um 4,9% gekürzt."

Insgesamt haben viele Pflegedienste den Eindruck, die Krankenkassen würden ihre Ohnmacht gegenüber den gut organisierten Ärzten an den Pflegediensten kompensieren. Einige fühlen sich, wie weiter oben dargestellt, von den Krankenkassen als Kontrollmittel für die Verordnungspraxis der Ärzte missbraucht. Dabei gelänge es den Kassen zusätzlich, die Begründung für die Leistungseinschränkungen auf die Pflegedienste zu verlagern:

"Im Moment ist wieder eine Entwicklung eingetreten durch das Stützstrumpfurteil. Diese anzuziehen, gehört jetzt zur Pflege, ist keine

Behandlungspflege mehr. Die Krankenkasse erklärt es nicht den Pflegebedürftigen. Der Pflegedienst bekommt den Schwarzen Peter zugeschoben. Der Pflegedienst muss dann den Pflegebedürftigen erklären, warum sie jetzt für das Anziehen der Stützstrümpfe zahlen müssen."

Diese Klagen werden verstärkt durch die Anforderungen des Qualitätssicherungsgesetzes. Durch dieses Gesetz werden, wie oben dargestellt, die Kosten der Pflegedienste erhöht, ohne dass sie diese auf die Preise umlegen könnten. Einige Vorschriften, wie die Pflegeplanung und Dokumentation, werden als sinnvoll eingestuft. Doch andere, wie die Zertifizierungspflicht, werden als völlig überzogen angesehen. Sie erhöhen die Kosten, ohne einen Qualitätsgewinn zu erreichen. Prüfungen von außen werden, auch wenn sie nicht gerade als angenehm empfunden werden, durchaus akzeptiert. Zur Qualitätssicherung sei aber die Prüfung durch den MDK völlig ausreichend. Den Umfang dieser Prüfung beschreibt folgendes Zitat:

"MDK-Prüfung: Prüfung der Organisation des Büros, sehr lobend erwähnt, Kürzellisten, Dienstplan, Stundenpläne, Pflegeplanung, Urlaubsplan, Begutachtung des Lagers, Prüfung der Aushänge, Befragung der Sekretärin über Stundenkonten, Prüfung von Dokumentationen, Auswahl von 7 Patienten, Befragung der Patienten."

"Es ist also inzwischen so, dass die Krankenkassen vor Ort schon Krankenpflegepersonen angestellt haben, die den Bedarf vor Ort noch einmal überprüfen, dann gibt es die Überprüfung durch den MDK, und dann demnächst den Leistungs- und Qualitätsnachweis noch dazu, es ist inzwischen so, dass unsere Dokumentationspflicht die Zeit bald übersteigt der eigentlichen Pflegeleistung, also unsere Dokumentationen, was wir dokumentieren müssen, dauert bald länger als das, was wir an Zeit für die Pflege verbringen, Und ich weiß noch nicht, wann sich die Pflegeeinrichtungen irgendwann mal zusammensetzen müssen und sagen: jetzt ist Schluss, jetzt aber nicht mehr."

Umgekehrt würden sinnvolle Kontrollen unterbleiben:

"Also wir machen eine Anzeige, wenn ich mit einem Patienten, der eine Pflegestufe hat, einen Vertrag mache, mache ich gleichzeitig eine Kopie für die Pflegekasse und sage: der Patient bekommt jetzt

Montag, Mittwoch und Freitag die und die Leistung und damit habe ich meine Pflicht erfüllt. Die Pflegekassen kontrollieren nicht, weil der Patient jetzt nicht zuzahlen will, ob der jetzt unter- oder überversorgt ist. Ich sag mal, ich würde einem Patienten sagen, wir kommen sechsmal am Tag, er würde jetzt sagen, ja gut, ich bezahle ihnen über 1000 Eu dazu, dann kriegt er das. Da würde die Pflegekasse nicht sagen, jetzt zockt ihr den ab, oder wenn ich unter einem Betrag der Pflegestufe liege, kommt auch keine Nachfrage. Es kann sein, ein Patient kann ja alle Jahre von seiner Pflegekasse zu Hause kontrolliert werden. Dann kann es sein, dass die sagen, ja, aber wenn es so weitergeht, dann kriegen Sie keine Pflegestufe."

Der Kostendruck, den die Krankenkassen den Pflegediensten durch immer neue Qualitätsprüfungsverfahren und immer neue Prüfungen durch verschiedene Instanzen auferlegen, belastet das Verhältnis zwischen Pflegediensten und Kassen. Dieser Kostendruck hat mit dazu beigetragen, dass eine Reihe der Dienste um ihre wirtschaftliche Existenz fürchten. Insgesamt wird registriert, dass immer mehr Pflegedienste Insolvenz anmelden.

"Wir versuchen, Wirtschaftlichkeit über unser Haus zu erreichen. Wir bekommen ein zweites Haus hinzu. Dadurch können wir unseren Arbeitsstil aufrechterhalten. Nur einen ambulanten Sektor kann man nicht mehr tragen. Dann müssten wir Insolvenz anmelden."

Finanzstärkere Unternehmen warten auf solche Insolvenzen:

"Worauf wir uns spezialisiert haben: wir kaufen ständig Pflegedienste, die im Bereich der Insolvenz sind, es sind ja immer mehr."

"Langfristig trägt sich nur das Setzen auf Qualität. Pflegedienste, die kein Haus haben, sind auf Dauer nicht tragbar. Je näher das Jahr 2010 rückt, desto mehr Insolvenzen wird es geben, weil die aufgrund der demographischen Entwicklung in Deutschland nicht mehr die Möglichkeit haben werden, allein durch diese Patienten sich aufrecht zu erhalten."

"Z.B. [die verbandliche Sozialstation] in [Stadt] wird gerade übernommen von [Pflegedienst]. Die kriegen das nicht mehr hin. Die haben bei uns angerufen, haben gesagt, wir können nicht mehr. Der [Inhaber] sagt immer: das ist die Richtung, wir übernehmen nach und nach alle [Verbands-] Stationen. Also der ist da Visionär. Der sagt, wir brauchen eigentlich gar nicht viel machen, wir müssen alle Wohlfahrtsverbände übernehmen, die nicht mehr klar kommen, die eben ihre Personalkosten von 85% haben, und da macht es bumm, und dann ist es vorbei. Da müssen Sie eben die Strukturen haben, so was dann auffangen zu können. Ich kann bis morgen 5 oder 10 Neukunden übernehmen, aber nicht 50, so viele Bewerbungen habe ich nicht, dass man dann guckt, wie können Sie das überhaupt, wenn das dann soweit ist. Die [Verbands]-stationen werden eine GmbH oder schließen sich zusammen oder was weiß ich, oder private Pflegedienste hier in [Stadt] fusionieren. Dann wird das irgend ein lateinisches Pro vita oder vita nova oder was weiß ich. Da passiert ja viel, um da irgendwie zu überleben. Wir machen das einfach noch mal durch gute Arbeit, wir machen einfach unseren Job und machen wenig Werbung."

Wie schwierig die wirtschaftliche Situation der Pflegedienste ist, wird daran deutlich, dass von den befragten 20 Pflegediensten sieben aktuell oder vor kurzer Zeit rote Zahlen schreiben oder schrieben. Einer bewegte sich auf rote Zahlen zu. Alle beklagen eine Verschlechterung der wirtschaftlichen Situation, die sie zurückführen auf die Reduzierung der Leistungen der Krankenkassen, auf die Erschwerung der Bewilligung von Behandlungspflegen, auf die Verschiebung von Leistungen aus der Kranken- in die Pflegekasse, auf die Konstanthaltung der Punktwerte über sieben Jahre, auf das Einfrieren der Leistungen der Pflegekasse und auf die schlechte Zahlungsmoral der Krankenkassen.

3.6.4 Weitergabe des Kassendrucks an die Mitarbeiter

3.6.4.1 Flexibilität der Arbeitsverhältnisse

Die Pflegedienste geben diesen durch die Kassen erzeugten Druck mehr oder minder stark an ihr Personal weiter. Sie halten für neue Bedarfsfälle keine Pflegekräfte vor:

"Wir arbeiten nicht im Rahmen eines Stellenplanes, sondern sehr bedarfsorientiert."

So lässt sich die Strategie aller befragten Pflegedienste umschreiben. Das Risiko der unterschiedlichen Nachfrage wird auf das Personal abgewälzt. Die Verfahren dieser Verlagerung des Risikos auf die Mitarbeiter sind unterschiedlich.

"Wir machen das einfach über den größten Posten, den jede Firma hat: Personalkosten. Also wir können es uns nicht leisten, keine Gewinne zu machen. Da haben es die Wohlfahrtsverbände teilweise schon einfacher. Gut, die haben auch finanzielle Probleme, aber andere Möglichkeiten, das zu lösen. Als private Anbieter müssen Sie einfach selbständig überleben, anders geht das einfach nicht. Die Sätze sind niedriger als bei Wohlfahrtsverbänden, das ist das Problem. Wir haben eine Finanzprognose, mit der wir arbeiten über ein Jahr. Da gibt es gewisse Limits für Fuhrpark und Personal, die dürfen einen Prozentsatz nicht übersteigen, z.B. Personalkosten 55, höchstens 60%, und eben nicht die 75 oder 80, die anderswo schon einmal gefahren werden. Dann passt es. Aber Sie schaffen dies aber nur durch einen Mitarbeitermix mit einem Maß von qualifizierten Leuten und einem anderen von, ich will nicht sagen, schlechter, sondern anders qualifizierten Leuten, die dementsprechend günstiger sind, die für weniger Geld die gleiche Arbeit machen. Die müssen dann natürlich betreut werden von der Pflegedienstleitung und examinierten Leuten, dass sie dann bei der Qualität keine Schwierigkeiten bekommen. Der Mitarbeitermix regelt die Personalkosten, und so können wir mit diesen Sätzen arbeiten, also wir haben nicht nur examinierte Mitarbeiter ...

I: Wie gehen Sie mit dem unregelmäßigen Arbeitsanfall um?

B: Das regeln wir über die Flexibilität der Mitarbeiter. Bei Neukunden: Anruf bei Aushilfen, Mitarbeiter auf Abruf, das ist der klassische Krankenpfleger, der jetzt Medizin studiert, der sitzt zu Hause und wartet, bis ich anrufe. Ich fahre selber Pflegeeinsätze. Bevor ich irgend etwas absage, fahre ich selber los. Bei uns ist jeder Büromitarbeiter so geschult, dass der, wenn es brennt, auch mit losfährt. Das ist so die Variable, die Sie haben, anders können Sie es gar nicht regeln. Das Gegenteil davon ist: es sterben Leute. Dann können Sie immer gucken, dass Sie Mitarbeiter verleihen, d.h. bevor ich jemandem kündigen muss, rufe ich bei den Kollegen an und frage, braucht ihr noch einen Mitarbeiter. Dann wird der Mitarbeiter verliehen, dann kann der wählen, ob er gekündigt wird, weil wir nichts zu tun haben, oder ob er bereit ist, für eine Zeit lang in einer anderen Stadt zu arbeiten, und 98% arbeiten dann in [Stadt] oder [Stadt]. Da nutzen wir einfach die Stärke des Systems, dass sie sich Mitarbeiter ausleihen oder verleihen. Und so können Sie auch die Personalkosten ziemlich gut variieren. Dann stellt der Kollege einen fairen Satz für die Mitarbeiterausleihe, und den Betrag zahlen wir, die Mitarbeiter kennen das System, die Dokumentation ist die gleiche.

Sie haben für ca. 8000 DM Umsatz einen Mitarbeiter in Vollzeitstelle, und dann gucken Sie in die Prognose: das ist der Stand heute, so viele Mitarbeiter haben Sie, wird das reichen. Da sind immer die Unwägbarkeiten bei, die Leute sterben oder werden gesund, das können Sie nicht steuern, das sind die Variablen, da sind sehr viele Leute mit Teilzeitstellen, 20 Stunden, 30 Stunden es gibt auch 25 Stunden, so ganz krumme Sachen, weil Sie so am besten arbeiten können, natürlich haben Sie zwischen 7 und 10 mehr zu tun als zwischen Elf und Eins."

Hier werden mehrere Strategien, das Risiko auf die Beschäftigten zu verlagern, vereint: Taylorisierung der Arbeit, Einstellung von gering qualifizierten Mitarbeitern, Vorhaltung einer Reservearmee, Verleihung von Mitarbeitern, Teilzeitarbeit. Gleichzeitig wird aber die Schwierigkeit beklagt, qualifiziertes Personal zu finden.

Diese Strategien werden einzeln oder in Kombination auch von anderen Pflegediensten eingesetzt.

"Wir haben spezielle Arbeitsverträge dann in so einem Fall, anders ist das nicht zu regeln, dass wir sagen: Für die Betreuung von Herrn X oder Frau Y. Nach Wegfall dieser Tätigkeit ist dieser Arbeitsvertrag auch hinfällig. Das ist nicht so richtig schön, aber das sind auch keine Fachkräfte, sondern das sind hauswirtschaftliche Kräfte, die auch auf dem Arbeitsmarkt ihre Probleme haben, die dann auch dankbar sind, mal für anderthalb Jahre zu arbeiten, und die dann auch wissen, wenn der Herr [Name] noch mal wieder so einen Job hat, dann kommt der vielleicht in einem Vierteljahr noch einmal wieder oder in ein paar Monaten. Ich weiß auch schon, wo ich da anrufen kann. Das ist dann kein wunderschönes Arbeitsverhältnis, aber der hat dann immer was. Das weiß aber jeder: wenn der Fall zu Ende ist,

ist auch das Arbeitsverhältnis zu Ende. Anders ist das für uns auch nicht zu regeln."

Die am häufigsten verwandte Strategie ist aber die Forderung nach flexiblen Arbeitszeiten. Nur einer der befragten Pflegedienste, der auch nur Vollzeitarbeitskräfte einstellte, verzichtete auf diese Forderung:

"Die Mitarbeiter haben mehr frei, als ihnen arbeitsvertraglich zustehen würde. Dadurch haben Mitarbeiter nie Überstunden. Das erzeugt eine hohe Zufriedenheit. Beispiel: Freitags mittags ins freie Wochenende, Dienstanfang ist erst wieder Dienstagmorgen. Bei vielen Krankheitsfällen seitens der Mitarbeiter springt eher der Chef ein als dass von Mitarbeitern zusätzliche Dienste verlangt werden. Es ist ein Geben und Nehmen. Wenn Sie immer nur derjenige sind, der vom Mitarbeiter nimmt, dann wird das nicht funktionieren. Das setzt natürlich voraus, dass die Verwaltung wieder gut organisiert ist."

Ansonsten wird die Möglichkeit, die Arbeitszeiten flexibel zu gestalten, als das A und O der Einsatzplanung angesehen.

"Wir haben von den Mitarbeitern her zwei dabei, die sehr flexibel sind, so von der Stundenzahl her. Die könnten rein theoretisch Vollzeit arbeiten, es ist aber auch o.k., wenn sie nur halbe Stelle fahren oder sogar noch weniger. Diese Möglichkeit, diese beiden Leute zu haben, das ist richtig Gold wert. Ja, da ist wirklich ein Stundenpotenzial da, was aber nicht laufende Kosten im Monat hat, sondern individuell angepasst werden kann."

Andere schließen Verträge ohne feste Arbeitszeitvereinbarungen ab

"Die Angestellten stehen im Stundenlohn, haben kein Festgehalt. Bezahlt wird nach tatsächlich geleisteter Arbeit, Feiertagszuschläge, verschiedene Dienstzeiten. Zwei Festangestellte arbeiten eine Woche früh, eine Woche spät, zwei Halbtagskräfte arbeiten 14 Tage am Streifen, die decken auch zwei Wochenenden ab, haben dann 7 Tage frei. Ein Wochenende bringt den Leuten nicht sehr viel zur Erholung. Dann haben wir auch Halbtagskräfte, die ganz normal ihren Rhythmus fahren, in der Woche 2,5-3 Stunden, am Wochenende eine Tour von 5-6 Stunden, dann montags wieder ganz normale Kurztour. Die haben ein Wochenende Dienst, ein Wochenende frei. Für Vollzeitkräfte gibt es leider kein solches Modell. Ein Pfleger arbeitet nur ein Wochenende im Monat, an diesem Wochenende fährt der Teildienst, deckt zwei Schichten ab und arbeitet so sein anderes Wochenende raus, der macht wöchentlich wechselnd Dienst und frei. Die vereinbarten Arbeitszeiten werden vom Dienst vorgegeben. Bei Krankheitsfällen müssen alle mehr ran, bei Ausfällen haben Touren Lücken. Wenn zu wenig Stunden anfallen, werden die Touren umorganisiert. Auf die volle Arbeitszeit kommen sie an sich immer. Die Stundenlöhne werden verhandelt. Es ist schwer, examiniertes Personal zu finden. ich lasse mich aber nicht auf horrende Preise ein, dann ist die Wirtschaftlichkeit nicht mehr gegeben. Leute, die pokern, bringen Unruhe ins Team."

"Es gibt Mitarbeiter, die es nicht stört, wenn sie mal weniger Stunden arbeiten. Wichtig ist, dass die Mitarbeiter in solchen Fällen mitziehen. Lasst uns alle ins Rad packen, gemeinsam, wir schaffen das jetzt. Das wird sehr unkonventionell und flexibel gehandhabt und das ist ein großes Plus für uns. Das ist besser, als wenn jetzt alle Mitarbeiter ein festes Monatsgehalt bekämen und ich müsste immer ausrechnen wie viel Überstunden hat der jetzt, wie viel Unterstunden hat der jetzt, das wäre eine Wahnsinns-Hin-und-Her-Rechnerei. Deshalb haben wir uns auch für diese Art der Bezahlung entschieden. Das ist auch so im Arbeitsvertrag drin, und auch, dass man eine ca.-Stundenzahl hat. Da können wir besser mit umgehen, wir sind damit flexibler und wir müssen flexibel sein. ... Die Bezahlung erfolgt nach Einsatz, d.h. wir haben keine Arbeitsverträge mit festen wöchentlichen Arbeitszeiten. Die Bezahlung erfolgt nach den tatsächlich geleisteten Stunden im Monat. Jeder Mitarbeiter hat die Möglichkeit auch mehr oder weniger zu arbeiten."

"Arbeitszeitregelungen stehen in den Verträgen Schichtregelungen, bei 20-Stundenverträgen: bis 40 Stunden ist Mehrarbeit, dann werden es Überstunden. Bei Spitzen ist Mehrabeit angesagt. Eine Spitze kann schnell kommen. Das Personal dann zu beschaffen, das ist schon ganz schön schwierig, darauf reagieren zu können."

Auch diejenigen, die nach Tarif oder in Anlehnung an den BAT bezahlen, fordern eine Bereitschaft zur Mehrarbeit ein.

"Bereitschaft zur Mehrarbeit muss gegeben sein. Einige lassen sich Stundenkonto auszahlen, andere feiern Stunden ab, je nach Wunsch der Mitarbeiter."

"Unterschiedliche Arbeitszeiten lassen die AVR zu. Wir arbeiten mit einem Arbeitszeitkonto, Plus- und Minusstunden, Überziehungsmöglichkeiten von 40 Stunden, die AVR sehen vor das Dreifache der wöchentlich vereinbarten Arbeitszeit. Im Plusbereich überschreiten wir das hoffnungslos, im Minusbereich nicht, das ist auch erschreckend für Mitarbeiter, wenn sie zu sehr ins Minus kommen. Das Dreifache der wöchentlichen Arbeitszeit, das sind 115,5 Stunden bei vollzeitbeschäftigten Mitarbeitern. Wann der das wieder aufholen soll, das weiß ich auch nicht,

I: Gibt es die Möglichkeit, Überstunden auszuzahlen?

B: Nicht gerne, von Seiten der Mitarbeiter nicht gerne, wenn es nicht anders geht, müssen wir auszahlen, aber die haben das nicht gerne,

I: Dann erlangen Sie Flexibilität durch die Arbeitszeitordnung?

B: Ich sag mal, wenn heute drei Patienten einer Station ins Krankenhaus kommen oder ins Altersheim gehen oder sterben, dann ist einfach weniger da. So schnell kriegen Sie nicht wieder Ersatz, dann ist die Tour kürzer, und dann in den meisten Fällen, bauen sie dann Überstunden ab. Es ist selten, dass die Minusstunden aufbauen. Bei Neuaufnahmen geht das nicht sofort zu den Zeiten, die der Patient am liebsten hat, so 100%ig wunderschön. Dann müssen die Mitarbeiter in Vorleistung gehen. Es ist schwierig, auf dem Arbeitsmarkt, Teilzeitbeschäftigte zu kriegen, die zu Zeiten arbeiten wollen, wo wir sie auch brauchen. Sie kriegen Mitarbeiter, die von montags bis freitags von 9-12 arbeiten wollen, das nützt uns nichts, das mache ich auch nicht, denn da kriegen Sie nur Ärger im Dienst. Aber dann ist es tatsächlich so, dass man erst mal ein bisschen in Vorleistung treten muss durch Überstunden. Und dann, wenn sich das stabilisiert, dass die Station auf Dauer gesehen jetzt tatsächlich mehr Patienten hat, kommt wieder jemand dazu bei der nächsten Gelegenheit. Und dann werden nach der Einarbeitung die Überstunden abgefeiert. Ich glaube, die wirtschaftliche Lage aller Pflegedienste ist nicht so, dass man jemand einstellen kann und sagen: der ist jetzt zusätzlich da, jetzt seht mal zu, dass ihr den mit Aufgaben erfüllt, die er erbringen kann. Es gibt auch viele Ideen, die man hat, was man noch mal anbieten könnte, was auch angenommen würde, wo einfach die wirtschaftliche Möglichkeit fehlt, dafür jetzt jemand einzustellen, um dann diesen Dienst vorzubereiten und anzubieten. Ich könnte mir z.B. vorstellen, einen Hausmeisterdienst mit Zivis in die Wege zu leiten, der im Winter Schnee fegt oder solche Dienste. Und ich könnte mir gut vorstellen, dass wir eine Zentrale aufbauen mit Bildliteratur, die technischen Möglichkeiten sind sehr ausgewogen inzwischen, mit Kamera, die nach Bewegung oder Lautstärke vorgeht. Da könnte ich mir vorstellen, dass das eine Sache wird, die Zukunft hat. Aber dafür müssten Sie zunächst jemand einstellen, der nicht der Preiswerteste von allen ist, der das mit der Telecom bespricht, der das mit den Patienten bespricht, dann installiert und was nicht alles. Das hat eine teure Vorlaufzeit, ich könnte mir das gut vorstellen, aber schade, dass das an solchen Dingen dann scheitert, das Angebot zu erweitern. Was wir machen, ist Urlaub mit Pflegebedürftigen."

"I: Wie gehen Sie auf die Schwankungen der Kundenzahl ein?

B: Mit Einsatz der Mitarbeiter, wir haben eine sehr gesunde Mischung zwischen Vollzeit- und Teilzeitmitarbeitern , auch eine ganze Reihe geringfügig Beschäftigter, die sehr flexibel eingesetzt werden können. Das so generell. Hinzu kommt noch die Tatsache, dass wir hier in der glücklichen Lage sind, dass wir mit einem Arbeitszeitkonto arbeiten können, aber das bedarf der Offenheit der Mitarbeiter, die müssen damit umgehen können. Wir sind mittlerweile so weit, dass wir sagen können: es klappt hervorragend, Der Kontoausgleich erfolgt nach 6 bis 9 Wochen. Es besteht die Möglichkeit der Auszahlung. Das wird aber nicht so gerne gesehen, die bessern damit lieber ihre Freizeit auf, aber die Möglichkeit besteht, da ist die Geschäftsführung sehr kulant."

"I: Wie gehen Sie mit dem unterschiedlichen Arbeitsanfall über den Tag um?

B: Wir haben unterschiedliche Anfangszeiten der Mitarbeiter, es gibt Mitarbeiter, die um 6 Uhr anfangen, um 7 Uhr, um 8, um 9, also diese Möglichkeit haben wir.
I: Bezahlen Sie nach Tarif?

B: Die AVR haben sich bewährt, wobei ich könnte mir vorstellen, dass man demnächst andere Möglichkeiten einbaut, dass man auch besondere Leistungen besonders honoriert, könnte ich mir vorstellen,
I: Ist die tarifliche Bezahlung ein Vorteil auf dem Arbeitsmarkt?
B: Ich bin nicht so gut informiert, wie private Anbieter die Mitarbeiter bezahlen. Es wird öfter darüber gesprochen, dass die übertariflich bezahlen, aber ich kann mir das nicht vorstellen. Ich denke, das ist ein Stück Absicherung für die Mitarbeiter, ja, das denke ich schon: zu wissen: das bekomme ich monatlich, ich verdiene hier nicht weniger als in einem Krankenhaus."

"I: Welche Rationalisierungsmöglichkeiten haben Sie?
B: Wir haben schon alles ausgereizt. Wir sind schon sehr gut strukturiert, also vielmehr darf da nicht mehr passieren. Ich denke, wir kommen zurecht, noch, aber wir haben alle Register gezogen: Personaleinsatz, vernünftige Planung der Touren, so wenig Wechsel der Touren wie möglich, denn der Wechsel bedeutet auch Zeitverlust. Je länger ein Mitarbeiter in einer Tour bleiben kann, desto besser ist er drin, desto weniger Gespräche muss ich dann auch führen."

"Bei Auslastung können Nachbarstationen unterstützend eingreifen, entweder durch direkte Übernahme des Patienten oder durch Mitarbeiteraustausch, das ist der Vorteil einer großen Organisation."

"Die Mitarbeiterzahl ist immer der Nachfrage angepasst, wenn wir mehr Patienten haben, brauchen wir auch mehr Mitarbeiter. Wir haben mehr Mitarbeiter, wobei, wir sind von Vollzeit auf mehr Teilzeit gegangen. Das ist dann auch schöner für uns, ist effektiver. Das bedeutet für mich immer mehr Arbeit: ich muss dann mehr Mitarbeiter betreuen mit Gesprächen, und die Planung ist schwieriger. Aber für den Dienst ist das natürlich optimal, wenn man dann mehrere Köpfe zur Verfügung hat, die man dann auch nach Bedarf besser einteilen kann. Wenn sich jemand nur für Vollzeit meldet, nehmen wir die auch, aber nur examinierte Kräfte. Ich glaube nicht, dass wir Pflegehelfer in Vollzeit nehmen würden, weil die nicht so einsetzbar sind. Aber auch das lässt sich gut in einer so großen Organisation regeln: sollten wir einmal einen Überhang haben an Vollzeitkräften und die Patientenzahlen nehmen ab, dann kann man das auch regulieren, das ist dann nicht das Problem. Ich sehe wirklich in der Größe des Dienstes enorme Vorteile des Dienstes insgesamt. Ich meine, auch unsere Station ist schon eine große Station, wir haben schon alleine hier gute Möglichkeiten, entsprechende Angebote zu machen, aber die Organisation als solche mit ihrer Größe, das gibt auch etwas her.

Wir kriegen unsere Planstellen besetzt, ich denke aber, dass der Trend in die andere Richtung geht, dass demnächst es also einen Mangel an Pflegekräften geben wird. Der Beruf ist vielleicht nicht so attraktiv, die Arbeitszeiten, die Bezahlung. Gerade im Krankenpflegebereich verabschieden sich viele nach ein paar Jahren, junge Frauen, die dann andere Ziele haben, die dann aber irgendwann, wenn sie sich hier wohlgefühlt haben und gerne hier gearbeitet haben, gerne wieder als Teilzeitkräfte oder als geringfügig Beschäftigte zurückkommen. Da profitieren wir dann auch, also wir haben schon sehr viele Mitarbeiterinnen, junge Frauen, junge Schwestern gehabt, die schwanger wurden, die dann eine Weile ausgesetzt haben und dann nach ein paar Jahren wiedergekommen sind, also das ist oft.

I: Haben die so ein traditionelles Familienbild?

B: Das war vielleicht einmal, nein, ich glaube nicht, ich glaube schon, dass das mit unserer Station, mit den Menschen, die hier arbeiten, zusammenhängt. Wir haben hier ein sehr gutes Arbeitsklima. Wir haben sicherlich gut zu tun. Hier muss man sich schon anstrengen und eine gute Leistung erbringen. Aber ich denke, auch die Voraussetzungen sind hier gut, weil die Größe der Station ermöglicht mir auch, die Wünsche der einzelnen Mitarbeiter zu berücksichtigen: Wenn ich eine Mutter habe, die ihr Kind vorher in den Kindergarten bringen muss, und vielleicht noch ein anderes Kind zur Oma bringen muss, die kann dann erst um viertel nach 8 und nicht um viertel vor 7, dann kann ich das einrichten. Wir haben für die Vollzeitkräfte auch die 5,5 Tagewoche. Ich muss versuchen, die so umzusetzen, dass die die Plusstunden, die entstehen, am Wochenende abbauen, so dass die Vollzeitkräfte am Wochenende nur alle 4 Wochen arbeiten müssen, Freizeitausgleich dann immer schön am Stück, für eine Woche, zwei, dass das wirklich ein bisschen Erholung besitzt. Einige Dienstplanwünsche können vorher bekannt gegeben werden, das kann alles umgesetzt werden, also ich denke, dass das Arbeiten hier auch Spaß macht.

I: Wie setzen Sie Teilzeitkräfte ein?

B: Das ist ganz individuell. Wenn ich Mitarbeiter habe, die nur dienstags oder donnerstags eingesetzt werden können, dann machen wir das. Die können sagen, ich arbeite nur samstags oder sonntags, im Spätdienst oder im Frühdienst oder wie auch immer. Wir haben sogar geringfügig beschäftigte Mitarbeiter, die sind gar nicht eingeplant, die rufen dann an, wenn die Tante oder Oma zur Verfügung steht für die Kinder. Dann bekomme ich ein, zwei Tage vorher ihren Anruf: ich kann da und da. Dann nehme ich das gerne an, und dann können andere frei nehmen, das ist schon sehr, sehr offen alles.

I: Welche Arbeitsverhältnisse haben Sie?

B: Wir haben alles, wir haben Vollzeitstellen, wir haben Teilzeitstellen ab 10 Stunden wöchentlich, 20, 30, 25, wie gewünscht wird. Wir machen mit allen Stundenanteilen, wir haben auch geringfügig beschäftigte Mitarbeiterinnen, die z.Z. im Erziehungsurlaub sind, die am Wochenende ein bisschen noch arbeiten möchten, weil der Ehemann dann zu Hause ist und auf die Kinder aufpasst und die nicht ganz aus dem Beruf rausrutschen möchten.

I: Wer bestimmt, wie viele Stunden die jetzt kriegen?

B: Die Stelle wird ja meistens ausgeschrieben, das geht dann über die Geschäftsführung, und ich als Stationsleitung sage, ich brauche eine Vollzeit- oder ich brauche zwei Teilzeitkräfte oder in Stunden, je nachdem. Oder wenn Bewerbungen von neuen Mitarbeitern und Mitarbeiterinnen kommen, und die möchten gerne nur 20 Stunden und hier wäre jetzt keine Stelle frei, dann haben wir ja noch andere 12 Niederlassungen in ganz [Stadt], wo ich immer noch so eine Stelle finden könnte.

I: Und haben Sie es schwer, Personal zu finden?

B: Also Fachkräfte sind schwer zu finden, es gibt kaum Alten- und Krankenpflegefachpersonal, es ist sehr schwierig, Nichtfachkräfte, die bewerben sich immer, aber durch die Gesetze sind wir gebunden und Fachkräfte sind schwer zu finden."

"I: Wo sehen Sie die Hauptprobleme der Mitarbeiter? Pflege ist ja keine leichte Tätigkeit, im körperlichen Bereich, im psychischen Bereich?.

B: Ja, ich würde sagen, das ist noch nicht mal der Punkt so sehr. Ich meine, da gibt es ja Hilfsmittel, und die kann ich ohne Probleme über die Pflegekasse bekommen. Und das machen wir auch. Das ist der Schichtdienst. Ich denke, wenn Mitarbeiter jetzt auch befragt werden, wird das als erstes kommen: die leidigen Abenddienste und der vierzehntägige Wochenenddienst. Und wenn man dann noch einen Teildienst hat, ja, das sprengt eben das ganze Privatleben. Das, denke ich, ist das Hauptproblem."

"Ich habe eine Wut auf die Arbeitsbedingungen, denen ich und meine Kollegen unterlegen sind. Es gibt ja dieses wunderschöne Wort der Flexibilität, und ich muss sagen: Pflegekräfte sind dermaßen flexibel, leitende Angestellte in der Wirtschaft oder so würden unsere Tätigkeit nach vier Wochen nicht mehr durchführen, weil sie diese Flexibilität gar nicht leisten können, glaube ich. Ich habe mittlerweile seit September ca. 220, 230 Überstunden, die ich nicht abgebaut bekomme. Im Vertrag steht auch drin, dass ich die nicht ausbezahlt bekomme. Die wollte ich auch gar nicht ausgezahlt bekommen, weil mir die Freizeit wichtiger ist, jedes zweite Wochenende wird gearbeitet, man springt. Wenn jemand z.B. kurzfristig krank wird, wird die Tour länger oder man wird aus seinem Frei geholt. In Verwaltungsjobs, im Großraumbüro, wo zehn Leute irgendwelche Sachen bearbeiten, wenn da zwei fehlen, sind es eben acht. Und dann werden die Sachen eben etwas länger bearbeitet, dann dauert das eben etwas länger. Bei uns ist es so, in der ambulanten Pflege natürlich extrem, jeder Patient muss versorgt werden. Ja und wir reagieren darauf. Und normalerweise müsste man jemanden haben, der dann so eine Art Springertätigkeit macht. Das ist aber nicht finanzierbar mit dem Geld, was von der Pflegeversicherung bezahlt wird. Das ist aber in der Öffentlichkeit nicht bekannt. Das ist den Angehörigen auch nicht zu vermitteln, die Angehörigen sind nur sauer, wenn man statt um 8 Uhr, wie normalerweise üblich, dann erst um 9 Uhr kommt. Ich sage dann in aller Regel, hören sie mal, das ist jetzt so und so, die Kollegin ist kurzfristig krank geworden, ich habe jetzt statt 10 Patienten morgens, habe ich jetzt 14 Patienten zu betreuen, aus dem Grund komme ich heute etwas später. Es gibt Angehörige, die können es nachvollziehen, die sind dann auch nicht mehr sauer. Andere können sich gar nicht mehr beruhigen. Da steht dann so ein Servicegedanken im Vordergrund, Ihr habt dann zu kommen, wie es vereinbart ist, wie das auch normalerweise üblich ist, und sehen gar nicht die Schwierigkeiten, denen wir unterlegen sind. Ich sage dann in aller Regel als Beispiel, überlegen Sie mal: ein Handwerker oder jemand von der Telecom, wenn es um einen Telefonanschluss geht, die sagen, zwischen 8 und 12 kommen wir, da sagen sie nichts, aber bei uns, von uns wird erwartet, wenn wir normalerweise um 8 Uhr kommen, wenn durch Krankheit jemand ausgefallen ist und wir uns um eine Stunde verspäten, da ist sofort großes Theater, und da bin ich absolut sauer drüber."

Es gibt nur wenige Berufsfelder, in denen von den Mitarbeiterinnen eine so hohe Flexibilität verlangt wird, wie in der ambulanten Pflege. Die Personalpolitik der Dienste ist bedarfsorientiert. Für die Einstellung zusätzlicher Kräfte muss der Bedarf schon vorhanden sein. Die Bedarfsschwankungen müssen durch die vorhandenen Mitarbeiter aufgefangen werden. Wächst der Bedarf, müssen die Mitarbeiter Mehrarbeit leisten. Erst wenn sich der Bedarf stabilisiert hat, werden neue Mitarbeiter eingestellt. Dann müssen Überstunden abgefeiert werden. Die Mitarbeiter können daher, je nach Art des Vertrages, nicht abschätzen, welche Arbeitszeit sie tatsächlich aufbringen müssen oder wieviel Geld sie tatsächlich verdienen. Die sich aus diesen Unsicherheiten ergebenden Risiken sind ein wesentlicher Grund für den Nachwuchsmangel an qualifizierten Fachkräften.

"Eine neue Tour wird eingerichtet, wenn die Kapazitäten der alten ausgelastet sind, wenn die Überstunden über die zwanziger Marke in zwei Monaten steigen, merke ich, hier ist eine Überlastung. Dann erfolgt eine Absprache mit [der Geschäftsführung] wegen Neueinstellungen."

Erleichtert wird die Flexibilisierung z.T. dadurch, dass Teilzeitarbeit den Wünschen der Mitarbeiterinnen entgegenkommen kann, da sie Beruf und Familie koordinieren müssen. Die Möglichkeit der Teilzeitarbeit ist ein wichtiges Argument für die Wahl des Berufsfeldes. Das Arbeitsklima hängt dann auch im wesentlichen davon ab, ob sich die Einsatzleitung bemüht, bei der Einsatzplanung den Wünschen der Mitarbeiter zu entsprechen.

Besonders problematisch wird die Lage sowohl für die Pflegedienste wie auch für ihr Personal, wenn Pflegekräfte erkranken:

"Also das erste halbe Jahr war das so, , ja, das hatten wir sehr hohe Krankheitsstände. Und dann mussten die anderen das natürlich auffangen. Und die waren natürlich aufgeregt. Es kommt dazu, dass wir sehr lange nach Personal gesucht hatten."

"Eine Vollzeitkraft, die nicht bereit ist, im Splitting zu arbeiten, ist am ungünstigsten zu händeln und am ungünstigsten zu ersetzen. Eine Vollzeitkraft muss sieben, acht Patienten pro Tag haben. Wenn die ausfällt durch Krankheit oder was auch immer, muss die Leiterin sieben, acht Patienten übergeben und auf die anderen verteilen. Das ist wesentlich schwieriger als wenn man in Teilzeit arbeitet. Morgens drei oder vier Patienten kann ich auf die anderen besser verteilen. Wir haben sowohl als auch. Aber ein Stück Teilzeit lässt sich besser händeln. Mitarbeiter müssen die Bereitschaft zur Flexibilität aufbringen."

Bei dem hohen Kostendruck kann der Ausfall einer Pflegekraft durch Krankheit aber auch den Pflegedienst in seiner Existenz gefährden:

"Aber ich kann Ihnen das ja sagen, in [Stadt] haben wir 2001 etwa 50.000 Eu Minus. Damit sind aber die Arbeitsplätze nicht gefährdet. Wir müssen daran arbeiten, dass es besser wird. Das hat auch Strukturbedingungen: eine Mitarbeiterin, die in Rente gegangen ist, war vorher ein dreiviertel Jahr krank. Das sind Sachen, wo volle Lohnfortzahlung war. Da können Sie sich schon ausrechnen, da ist kein Erlös und volle Lohnfortzahlung. Und damit stehen wir im Feld, wenn ich andere Bedingungen oder andere Arbeitsvertragsbedingungen habe, passiert mir das nicht. Da hat also die eine Mitarbeiterin einen Kostenfaktor von 20.000 Eu ausgemacht."

"Unternehmensprobleme im Sommer waren: Knapp 30 % des Pflegepersonals wurden krank. Das waren schwerwiegende Erkrankungen. ... Das sind Belastungen, die das Unternehmen tragen muss. Das bedeutete Personalmehrkosten von über 40.000 Eu in drei Monaten."

Der Inhaber dieses Pflegedienstes weist darauf hin, dass er dieses Risiko nicht versichern kann:

"Die Umlage, die an Krankenversicherung für Lohnfortzahlung geleistet wird, bezieht sich aber nur auf Arbeiter. Krankenschwestern gelten jedoch als Angestellte."

Für viele Pflegekräfte gilt folgende Feststellung:

"Wenn Mitarbeiterinnen unter dem Damoklesschwert, sag ich mal, stehen: sind am Ende des Jahres unsere Arbeitsplätze noch da oder kann ich im Januar nicht mehr arbeiten, das kann mal passieren, das ist auch mal passiert, aber das muss irgendwann mal zu Ende sein, dieses Damoklesschwert: Da kann man unter solchen Bedingungen mittel- und langfristig nicht mit arbeiten."

3.6.4.2 Zeitvorgaben für einzelne Patienten

Der Druck auf die Mitarbeiterinnen wird auch beeinflusst durch die Art der Zeitvorgaben, die ihnen für die einzelnen Patienten gemacht werden:

"Die Arbeitszeit wird mit dem Computer errechnet. Ein Programm errechnet Tagesarbeitszeit, Anfahrtszeiten, Zeiten bei Kunden, Heimfahrt. Die Vorgaben werden dann vom Mitarbeiter korrigiert. Wenn die Vorgaben passen, wird nur unterschrieben, wenn nicht, müssen Korrekturen eingearbeitet werden. Bei Abweichungen wegen Mehrleistungen, z.B. Hund rausführen, Blumengießen, Rollladen Hochziehen, müssen Verträge geändert werden, dann muss sich der Kunde entscheiden."

"Zeitvorgaben werden gemacht. Das Problem der Zeit ist aber nicht durch den Arbeitgeber bedingt, sondern eher durch den Gesetzgeber, durch Einteilung der Pflegestufen. Und die dafür zur Verfügung stehende Zeit reicht vorne und hinten nicht.
I: Was passiert, wenn Zeit für ein Gespräch benötigt wird, wird die Zeit für das Gespräch bezahlt?
B: Ich habe kürzlich ein Gespräch von 1,5 Stunden geführt, weil ich der Meinung war, dass es für den Patienten wichtig ist, habe dann im Büro angerufen und durfte länger bleiben. Ich weiß aber noch nicht, inwiefern es sich auf die Bezahlung niederschlägt. In diesem Moment war es mir wichtiger, diesen Patienten aufzuklären, und da interessieren mich die paar Mark dann auch nicht. Prinzipiell würde ich dafür nicht ständig auf Geld verzichten, aber in diesem Fall war es wichtig."

"Zeitvorgaben ergeben sich zwangsläufig daraus, wie viel Geld wir für die Module bekommen. Und wenn man 30 DM für eine Tätigkeit bekommt, kann man sich da nicht 60 Minuten aufhalten. Und ich persönlich komme meistens mit den vorgegebenen Zeiten klar, wobei die

Fahrzeiten, die zwischen den Patienten sind, besonders im Berufsverkehr sehr, sehr eng sind. Wenn ich mir anschaue, was ein Handwerker als Wegezeit abrechnet, und was wir als Anfahrtspauschale bekommen, das ist ein Skandal, das dürfte eigentlich nicht sein, das ist eine unheimliche Diskrepanz."

"Der Zeitdruck ist tagesabhängig, verkehrsabhängig. Manchmal ist ein Ausgleich möglich. Wenn man bei einem Patienten länger braucht, bleibt man bei dem nächsten nicht so lange, sofern er damit einverstanden ist. Zeitvorgaben durch den Pflegedienst gibt es theoretisch ja, in der Praxis sieht es anders aus. Und das ist etwas, was ich hier auch eigentlich unheimlich gut finde, weil ich weiß es von anderen Kollegen anders, so dass durchaus eben keiner hier was sagt, wenn ich dann eben die 35 Minuten bleibe und dann vielleicht bei einem anderen Patienten, wo es mal schneller geht oder weil der eben sagt: Mensch, heute habe ich gar keine Lust zu baden, nur waschen, das reicht.... Ja, dann ist man da halt mal kürzer. Also irgendwie letztendlich sagt keiner was, so lange ich nicht irgendwie bei jedem Patienten irgendwie eine Stunde bleibe, das würde ja absolut die Grenzen überschreiten. Also irgendwie hab ich bis jetzt nie etwas Negatives gehört, dass mir gesagt wurde: Also hör mal, da haben wir festgestellt, da bleibst du zu lange, also das geht nicht. Das ist also bisher nicht gewesen. Wenn Zeitvorgaben gemacht worden wären, hätte ich nach ein bis zwei Wochen gekündigt. Ich fahre nicht umsonst von [Wohnort] nach [Arbeitsort]. So einen Zeitstress möchte ich nicht haben, weil das sind für mich Menschen und irgendwo muss man einfach eine gewisse Zeitspanne haben, die man auch mal dazu tun kann, ohne dass man dann unter Druck gerät."

"Für Gespräche zwischendurch ist genug Zeit vorhanden. Das war übrigens auch ein Punkt, als ich hier angefangen habe. Ich habe mich ja bei vielen Pflegediensten beworben, und es gibt Pflegedienste, da hat man genau wirklich die Zeit vorgegeben und wenn dann irgendeine Abweichung ist, muss man das sofort begründen, warum. Und das war hier bei diesem und auch bei dem in [Stadt], wo ich mich da beworben habe, wo ich vorher auch gearbeitet habe, bei dem ist es auch nicht so. Man kann sich hier wirklich, wenn, zum Beispiel, es geht einem Patienten wirklich ganz schlecht, man kann sich da wirklich mal hinsetzen und die Zeit nehmen. Gut, man hat immer im Hinterkopf: die nächsten warten. Aber hier vom Pflegedienst her, vom Chef her, hat der gleich gesagt: Es ist kein Zeitdruck da. Du kannst machen, so wie du meinst und wie es die Patienten brauchen. Und das war eigentlich für mich auch ein Grund."

"Also es gibt natürlich Zeitvorgaben, in denen Mitarbeiter Pflegen durchführen sollten, aber diese Zeitvorgaben werden im Dialog auch immer wieder überprüft zwischen Pflegedienstleitung, Einsatzleitung und den einzelnen Mitarbeitern. Das stellt sich nicht als wirkliches Problem dar."

"Aber die Touren sind schon so voll, dass wenn sie da noch einen reinschieben, dann kommt es zu Fehlern, ob es beim Autofahren ist, weil man zu schnell fährt. Ich habe ja auch einen Schutz gegenüber den Mitarbeitern zu tragen, oder ob es dazu kommt, dass der Patient nicht seine angemessene Leistung, die er ja auch bezahlt, erhalten kann."

Starre Zeitvorgaben erhöhen durch Fremdsteuerung den Druck auf die Mitarbeiter. Sie nehmen ihnen die Autonomie, situationsgerecht entscheiden zu können. Wie wichtig diese Faktoren für die Beurteilung der Arbeitssituation sind, verdeutlicht das folgende Zitat:

"Wir haben eine feste Tourenzuteilung: Zwei Kollegen teilen sich eine fest zugeordnete Tour. Der Vorteil ist: Sie können sich mit dem Kollegen absprechen, haben eine hohe Autonomie, hohes Verantwortungsbewusstsein. Sie sind für eine Woche komplett für ihre Kunden verantwortlich. Es ist reizvoll, ein höheres Verantwortungspotenzial zu haben, das macht die Arbeit lange im Voraus planbar. Der Erholungsfaktor in der Woche frei ist deutlich höher als im klassischen Schichtsystem."

3.6.4.3 Bezahlung und soziale Sicherung

Die Attraktivität eines Pflegedienstes für das Personal steigt, wenn er dem Sicherheitsbedürfnis der Mitarbeiter hinsichtlich der Lebensrisiken entspricht:

"I: Hat es auch eine Rolle gespielt, dass es ein kirchlicher Träger ist?"
B: "Ja, auf jeden Fall, weil die soziale Absicherung wesentlich besser ist."

"Die Bezahlung erfolgt nach Tarif, BAT, mit Alterszulagen. Die Leute werden entsprechend ihres Alters eingruppiert, mit Ortzuschlägen, Urlaubsgeld. Aber es wird kein Weihnachtsgeld gezahlt. Aber eigentlich doch: Das ist ein bisschen schwierig, und zwar machen wir das seit 5 Jahren. Das war einfach so eine Diskussion hier. Die Leute haben sich darüber aufgeregt, dass, wenn sie halt ihr 13. Gehalt kriegen, dass dann eben entsprechend Netto da nichts mehr übrig blieb. Und wir sind dann hergegangen und dann hat man halt überlegt und dann haben wir halt so eine innerbetriebliche Altersvorsorge gemacht und eigentlich den Betrag, den wir brutto an Weihnachtsgeld zahlen, den zahlen wir halt in diese Altersversorgung ein. Von daher gibt es für unsere Mitarbeiter auch keine Veranlassung, da über Riester-Rente oder so nachzudenken. Die haben da so eine gute Altersversorgung, die brauchen das einfach nicht. Das hat auch dazu geführt, dass wir hier eine sehr geringe Mitarbeiterfluktuation haben."

"Die AVR sind dem BAT angeglichen. Das ist ein Vorteil wegen der kontinuierlichen Steigerung nach Altersgruppen. Der Bewährungsaufstieg ist gegeben. Bei bestimmten Positionen, die Sie bekleiden, da ist die Stufe fest, da kann Sie keiner drunter bezahlen. Eine gute Freizeit ist wichtig für die Mitarbeiter, ein überarbeiteter gestresster Mitarbeiter ist nicht gut auf Dauer. Ein bisschen Stress ist immer gut, aber auf Dauer nicht."

"Für die Personalwerbung ist die tarifliche Bezahlung vorteilhaft. Da können wir heute mit werben. Wenn die, entfallen, es keinen Sonntagszuschlag mehr gibt, kein Urlaubsgeld, kein Weihnachtsgeld, dann sind wir immer noch relativ gut dran. Das ist auch mein Ziel, und das ist auch Vorgabe gewesen, dass ich zu Herrn [Geschäftsführer] gesagt habe, solange wir hier unsere Erträge einfahren, gehen wir nicht aus dem BAT raus. Wie gesagt, da sieht er auch keinen Anlass zu. Zuschläge das möchte ich wahren, nicht nur für mich selber, sondern auch für die Mitarbeiteranwerbung, weil ich denke, das ist ein ganz gutes Plus, wenn man das hat."

Sind schon die Arbeitszeiten flexibel, so soll zumindest das Gehalt konstant und berechenbar sein. Insbesondere die Zulagen, eine angemessene Altersvorsorge und die Sicherheit des Arbeitsplatzes im

Krankheitsfall spielen bei der Entscheidung um den Pflegedienst eine wichtige aber nicht die einzige Rolle.

"I: Ist der BAT für Sie, sagen wir mal, für die Mitarbeitergewinnung ein Vorteil?

B: Noch nicht mal, das ist ja das Schlimme. Also es ist ja offensichtlich so, dass es genügend Anbieter gibt, die schlechtere Konditionen haben, wo examinierte Mitarbeiter zu schlechteren Konditionen durchaus bereit sind, bei privaten Anbietern zu arbeiten. Also das ist für uns nicht unbedingt der Wettbewerbsvorteil. Wir haben schon oft Situationen gehabt, wo wir Stellen ausgeschrieben hatten, seien es 30-Stunden-Stellen oder Vollzeitstellen – Vollzeitstellen sind mittlerweile echte Mangelware geworden, in der ambulanten Pflege – in einer Zeit, in der wir wussten, dass auch private Anbieter echte Finanzierungsprobleme hatten, also wo die einfach die Gehälter der Leute nicht mehr bezahlen konnten. Und das hat nicht dazu geführt, dass das Nicht-Bezahlen der Gehälter dann dazu führt, dass die sich woanders beworben haben. Der Impuls fehlte da.

I: Wie kommt das? Müsste man doch eigentlich annehmen.

B: Das müsste man mal erforschen, woran das liegt. Das finde ich auch völlig faszinierend.

I: "Liegt das am Image?

B: Weiß ich nicht. Unser Image ist ja so, dass wir ein zuverlässiger, kompetenter Anstellungsträger sind. Wir haben eine Zusatzversorgungskasse, wo man fair behandelt wird, wo es eben die faire Regelung des BAT gibt. Also das kann es alles nicht sein. Es ist einfach – keine Ahnung. Richtig zuordnen kann ich das auch nicht, es gibt eine Reihe von Erklärungsversuchen, die vor allen Dingen an soft-skills anknüpfen. Und es hat auch viel mit der Zufriedenheit des Einzelnen in so einem Team zu tun. Und dann erträgt man auch mal, dass man auf sein Gehalt verzichten muss. Also kein regelmäßiges Gehalt kriegt, also nicht richtig verzichtet, das muss ja keiner in Wirklichkeit, aber der Zahlungsrhythmus ist dann gefährdet, das gibt es immer wieder."

Wenn die tarifliche Bezahlung und Absicherung auch ein wichtiges Argument für die Wahl des Arbeitsplatzes ist, so zeigt dieses Zitat, dass das nicht der einzige Gesichtspunkt ist.

Arbeitsbedingungen und Arbeitsklima spielen gerade in der ambulanten Pflege eine wichtige Rolle, wie auch aus den Ausführungen der PDL eines Pflegedienstes, der nicht nach BAT zahlt, hervorgeht.

"Wir haben einen hausinternen Tarif, der deutlich niedriger ist als der BAT. Das zeigt uns, dass Geld nicht die einzige Motivation ist, irgendwo in der häuslichen Pflege zu arbeiten. Wir haben keine Probleme bei der Mitarbeitersuche, erstaunlicherweise nicht. Es kommen Anfragen von Mitarbeitern anderer Pflegedienste, die aussteigen wollen und anderswo neu beginnen möchten Geringerer Lohn wird in Kauf genommen zugunsten anderer Kriterien."

Eine Mitarbeiterin dieses Dienstes berichtet:

"In diesem Pflegedienst sind die Arbeitszeiten gut geregelt, es bauen sich nicht so viele Überstunden auf. Bei dem anderen Pflegedienst kam ich teilweise auf 300 Überstunden. Ich hatte eine 25-Stunden-Stelle, es war aber klar, dass ich 30 Stunden arbeiten musste. In diesem Pflegedienst ist genügend Personal vorhanden. Das gefällt mir hier ganz toll, ist super hier geregelt. Ich glaube, ich bin einmal angerufen oder zweimal angerufen worden, dass ich einspringen musste, als jemand im Abenddienst sich den Fuß dermaßen umgeknickt hatte. Und das ist o.k. Wenn ich krank werde, springen sie auch für mich ein, das ist vollkommen o.k. Der Krankenstand in diesem Pflegedienst ist nicht hoch. Das liegt sicherlich auch am Arbeitsklima. Hier weiß man, wenn man nach Hause geht, dass Feierabend ist, keine Anrufe von Kollegen, die Nachfragen haben, oder von der Leitung, weil man einspringen soll. Sehr entspannt. Man wird freundlich begrüßt, egal von wem, wenn man zum Dienst kommt, sehr angenehm. Die Bezahlung ist hier allerdings erheblich schlechter als bei [früherem Pflegedienst]. Bei [früherem Pflegedienst] wurde nach Tarif öffentlicher Dienst bezahlt. Die Bezahlung hier ist miserabel. Ich hoffe, dass sich das nach der Probezeit ändert. Das wäre für mich der einzige Grund, weiter zu suchen."

Insgesamt zeigt sich, dass die Pflegedienste den Kostendruck mehr oder weniger stark entweder durch die Arbeitsorganisation oder durch geringe Bezahlung an ihre Mitarbeiter weitergeben. In je stärkerem Ausmaß dies erfolgt, um so schwieriger wird es für sie. Mitarbeiter zu gewinnen oder zu halten. Diese Strategie führt auch dazu, dass die ambulante Pflege für die Mitarbeiter/innen an Attraktivität verliert, so dass die Zukunft der Dienste von allen mehr oder weniger pessimistisch 'beurteilt wird. Der Arbeitsmarkt im Bereich der ambulanten Pflege ist sehr flexibel. Wirtschaftstheoretisch interessant ist, dass diese Flexibilität auf einem stark lokal orientierten Markt auftritt, also nicht aus der Globalisierung abgeleitet werden kann, sondern sich aus dem Machtverhältnissen zwischen Kassen, Pflegediensten und Arbeitskräften ergibt.

Vergleicht man den Pflegebereich mit den Krankenhäusern und Ärzten, so lässt sich die schwache Position der Pflegedienste und Pflegekräfte auf den geringen Organisationsgrad in diesem Bereich zurückführen. Pflegedienste haben zu viele unterschiedliche Interessenvertretungen, die in Verhandlungen leicht gegeneinander ausgespielt werden können. So wurden in den Verhandlungen um die Punktwerte 1995 von Seiten der Kassen versucht, Kollektivverhandlungen zu vermeiden, Abschlüsse mit einzelnen Verbänden oder Einzelstationen abzuschließen, um die Position der Verhandlungsführer auf der Gegenseite zu schwächen.

Der Organisationsgrad der Pflegekräfte ist sowohl, was die Gewerkschaftsmitgliedschaft wie auch Betriebsrats- oder Personalratsvertretung angeht, extrem gering. So stehen die Beschäftigten nicht organisiert, sondern als Einzelne ihren Arbeitgebern gegenüber. Gerade angesichts der schwierigen wirtschaftlichen Situation vieler Pflegedienste ist dieser Sachverhalt für das Personal bedrohlich, da nur ein Betriebsrat Sozialpläne bei Insolvenzen verhandeln kann.

Der geringe Organisationsgrad der Beschäftigten ist nicht nur auf den Zeitdruck der Beschäftigten, der sich innerbetrieblich ergibt und verstärkt wird durch die Abstimmungsprobleme zwischen Beruf und Familie bei den Mitarbeiterinnen, zurückzuführen. Stärker als diese Faktoren behindert die Erwartung persönlicher Beziehungen zwischen den Kollegen und der Betriebsleitung die Gründung einer speziellen Arbeitnehmervertretung, da angenommen wird, dass dadurch das gute Verhältnis zwischen Leitung und Personal beeinträchtigt würde. So waren z.B. einige Geschäftsführer oder Pflegedienstleitungen stolz darauf, dass ihr Betrieb keines Betriebsrates bedürfe, da Probleme zwischen Geschäftsführung und Mitarbeitern ausdiskutiert würden, ohne dass es eines Betriebsrates bedürfe. Eine Formalisierung der Arbeitsverhältnisse mit einer starken Interessenvertretung der Mitarbeiter würde die Attraktivität des Berufsfeldes ambulante Pflege erhöhen.

Das Ziel der Vorhaltung von Pflegekapazitäten wurde unter diesen Bedingungen nicht erreicht. Um solche Vorhaltungen zu ermöglichen, müssten die finanziellen Mittel für die Pflege erheblich gesteigert werden. Die Einführung der Pflegeversicherung hatte zur Ausweitung der Kapazitäten beigetragen. Doch anders als bei den Ärzten, die durch eine starke Interessenvertretung ihr hohes Einkommen sichern können, haben die Kassen den Druck auf die Unternehmen im ambulanten Pflegebereich so erhöht, dass deren finanzielle Situation problematisch wurde. Die Unternehmen geben diesen Druck an die Mitarbeiter weiter, so dass die Attraktivität des Berufes stark vermindert wurde. Als Hauptproblem sehen fast alle die Gewinnung von Mitarbeitern an.

3.7 Einsatzplanung

Für die Existenz eines Pflegedienstes ist nicht nur die gute Pflegeplanung und -ausführung von Bedeutung, sondern auch die Einsatzplanung. Gerade auch über die Einsatzplanung wird die wirtschaftliche Situation des Unternehmens entscheidend gesteuert.

Ein Gesichtspunkt der von allen genannt wird, ist die Optimierung der Wegstrecken in den einzelnen Touren.

"Bei der Tourenplanung gilt als erstes: die Fachlichkeit. Danach richtet sich schon die Tour, weil bestimmte Verträge auch nur von bestimmten Fachkräften gemacht werden dürfen. Dann nach dem Wohnort des Kunden, einige Touren sind nur in [Stadtteil A], einige rein nur in [Stadtteil B], [Stadtteil C] und [Stadtteil D], damit man nicht hin und herfahren muss. Es ist wichtig, dass die Mitarbeiter nur kurz fahren müssen. Der Zeitfaktor spielt eine Rolle. Wir müssen einen gewissen Teil von Arbeit in unserem Zeitablauf schaffen, sonst sind wir nicht mehr wirtschaftlich."

Hier spielen weniger die Entfernungen zwischen den einzelnen Einsatzstätten eine Rolle, als die für die Fahrten notwendigen Arbeitszeiten der Mitarbeiter. Die Pflegedienstleitung eines Dienstes, der Niederlassungen im ländlichen Bereich und im städtischen Bereich hat, erklärt:

"Ja, wir haben ja jetzt ganz gut den Vergleich, weil wir in [Stadt] jetzt auch fahren, und da die Wege nicht so lang sind. Nur die Fahrzeiten sind in [Stadt] genau so lang, weil wir hier ja zügiger fahren können. Wir haben zwar viele Kilometer, dadurch mehr Verbrauch, aber die Fahrzeiten sind im ländlichen Bereich eigentlich nicht länger. Ich bin genau so schnell in [Ort, ca. 12 km entfernt] wie in [Stadt] von einem Ende zum anderen. Es gibt zwar höhere Kosten durch den Verschleiß vom Auto und Spritverbrauch und so was, aber das ist ja nicht das, was so teuer ist. Das Teure ist ja die Arbeitskraft, die da im Auto sitzt während der Zeit. Und wenn ich in [Stadt] von Ampel zu Ampel schleiche, verliere ich mehr Zeit, als wenn ich von hier nach [Ort A] fahre oder nach [Ort B]. Wir sind von hier in zehn Minuten in [Ort A] zum Pflegen, und das sind zehn oder zwölf Kilometer. Und in [Stadt], was weiß ich, von A nach B sind es nur drei Kilometer, und da brauche ich 20 Minuten."

Aufgrund der Entfernungen im ländlichen Bereich erklärte der Geschäftsführer eines anderen Dienstes:

"Wir konzentrieren uns bei Übernahmen auf große Anbieter gerade im städtisch urbanen Bereich. Den ländlichen Bereich überlassen wir gerne den freien Wohlfahrtsträgern, der hat lange Fahrzeiten, das ist so, lohnt sich für uns nicht, aber im städtischen Bereich wird es eine massive Konzentration geben durch Aufkäufe und Insolvenzen. Den Verbänden ist das egal, die nehmen das faktisch hin."

Die Minimierung der Wegzeiten in den einzelnen Touren ist ein wesentlicher Gesichtspunkt für die Wirtschaftlichkeit eines Dienstes. Doch steht dieser Gesichtspunkt in Konkurrenz mit mehreren anderen.

"Oder nehmen Sie lange Wegezeiten, Wenn wir in [Dorf in der Umgebung der Stadt] oder [Stadtteil A] überhaupt keine Patienten hätten, oder nur eine, und keine Mitarbeiterin wohnt in [Stadtteil A], dann ist die Frage, ob sie [die PDL] da eine Anfrage annimmt, ob sich das rechnet. Kalkulativ kann das so sein, dass wir da einmal anfahren, damit sich das rumspricht, damit wir da möglicherweise eine Tour zusammen kriegen. Also das ist, wenn Sie so wollen, das Management der Leiterin, zu probieren, kann ich oder kann ich nicht. Solche Dinge besprechen wir auch, weil ich dann ja auch sage, Frau [PDL], warum gehen Sie denn da nach [Stadtteil B], das kann doch nicht richtig sein. Aber ich ermuntere eigentlich die Einsatzleiterinnen zu sagen, wenn du die Idee hast, dann lasst uns darüber diskutieren, dann decke ich das auch, weil dann weiß ich ja, warum wohl. Wenn du vielleicht mit einer Patientin mal nach [Stadtteil B] gehst, wenn wir das mal versuchen, in einem halben Jahr kommt da was, machen wir ein bisschen Werbung in [Stadtteil B], und wenn wir da eine Tour zusammen kriegen, dann spielt es eigentlich keine Rolle, ob das hier im [Innenstadtviertel] ist oder in [Stadtteil B], weil, wir haben ja das System, dass die Schwester nicht von hier aus fährt, sondern der Arbeitsweg der Schwester ist von zu Hause zur ersten Patientin. Wenn wir noch den Umstand haben, dass eine noch von denen in [Stadtteil B] wohnt, dann haben wir vielleicht sogar eine bessere Situation, als wenn sie nach [Innenstadtbezirk] müsste, Also daran lässt sich schon erkennen, welche Bedeutung das Management der Leitungskraft hat. Und da ist auch kaufmännisches Management gefragt. Es gibt sicherlich auch die Fachkontrolle, natürlich hat sie die auch über die Schwestern, aber es geht auch in hohem Maße um diese administrativen, kaufmännischen Gesichtspunkte, das Ding zu managen, ohne das geht es nicht, das kann ich auch nicht erbringen aus meiner Position."

Zur Erschließung eines neuen Gebiete für den Pflegedienst wird es hier als gerechtfertigt angesehen, auch weitere Anfahrtswege vorübergehend in Kauf zu nehmen.

Andere Gesichtspunkte, die eine Minimierung der Wege in den einzelnen Touren erschweren, ergeben sich aus der Situation der Patienten, aus der sich Prioritäten für die Versorgung ergeben:

"Zuerst ist wichtig: wie ist die Versorgungsnotwendigkeit, nicht der Wunsch, ein entscheidender Punkt: Ist das ein insulinpflichtiger Diabetiker, wird er halt relativ früh versorgt. Unsere Maßgabe ist einmal: ist der insulinpflichtig oder nicht. Das ist so die erste Frage, die wir abarbeiten. Das Zweite ist, ob das einer ist, der alleine aufstehen kann oder nicht und ob es jemand ist, der alleine aufstehen kann und schon mal alleine frühstücken kann. Und wenn er das alles kann, dann ist er relativ spät in der pflegerischen Versorgung dran, das heißt so neun bis halbzehn Uhr. Ist jemand, wie gesagt, insulinpflichtig, wird er sehr früh versorgt, kann er nicht alleine aufstehen, ist er der nächste, wo wir dann hinfahren, kann derjenige alleine aufstehen und frühstücken, dann kann er das schon mal tun, bevor wir kommen."

Eine solche Prioritätensetzung kann allerdings das Ziel einer Minimierung der Wege verhindern. Sie ist vorrangig gegenüber der Wegeplanung.

Ein weiterer Gesichtspunkt ergibt sich aus dem Geschlecht der Pflegekraft. Einige Patienten lehnen Pflege durch männliche Mitarbeiter ab. Diesem Anliegen wird, soweit möglich entsprochen, wenn auch immer mehr Pflegedienste versuchen, der Ablehnung von Männern durch ihre Patienten entgegen zu wirken. Insgesamt wird registriert, dass die Ablehnung von männlichen Pflegekräften abnehme. Darauf steuern die Pflegedienste auch bewusst hin:

"Die [Patientin] wurde einmal oder zweimal in der Woche gebadet. Und an diesen Tagen hat man dann gesagt: gut, an dem Tag fährst du [Pfleger] nicht hin, sondern die und die Schwester und macht das Bad. Und wir haben sie jetzt mit viel Gespräch so weit, aufgrund des Vertrauens, das sie zu dem Pfleger hat, lässt sie sich jetzt von einem Pfleger pflegen, wobei wir die schon ein bisschen überrumpelt haben. Manchmal geht das einfach nur so. Da, wo Ehemänner im Haus sind, kriegen Sie das nicht hin."

Fast alle versuchen, das Problem der Patienten mit männlichen Pflegekräften möglichst herunterzuspielen.

"Bei uns sind auch Kranken- und Altenpfleger beschäftigt. Es werden immer mehr. Am Anfang meiner Zeit hieß es bei den meisten Patientinnen: bloß kein Mann. Diese Aussagen höre ich heute auch, das akzeptiere ich auch, das müssen wir auch, das ist auch völlig legitim. Aber es kommt immer seltener. Ich habe mir abgewöhnt zu fragen, ob ein Pfleger kommen darf. Bei den Patientinnen, wo ich gedacht habe, da bekommt ein Mann keine Schnitte, die waren hoch zufrieden, die wollen keine Schwestern mehr haben, es kommt auf die Sensibilität der Pfleger an."

Mehrmals wurde darauf verwiesen, dass junge Frauen schwanger werden können und dass Frauen öfter erkranken oder Rücksicht auf ihre familiale Situation bei der Einsatzplanung erwarten:

"Als erstes steht Fachlichkeit, die Fachlichkeit ist gefordert. Und dann für die Fachlichkeit nach ökonomischen Gesichtspunkten eine Tour zusammenstellen, die möglichst wenig Fahrzeit beinhaltet, und von dieser Person auch erfüllt werden kann. Da ist ein Haufen junger Frauen: junge Frauen werden schwanger. In dem Moment ist die Tourenplanung schon wieder völlig anders, weil sie nicht mehr heben dürfen, sie dürfen kein Bett beziehen, sie dürfen nicht mit Ausscheidungen in Kontakt kommen, je nachdem, was sie für Patienten haben, sie dürfen keine Injektionen machen."

" Es geht auch darum, wie das Personal ist. Manche Kollegen, unsere Halbtagskräfte, haben z.T. kleine Kinder. Die müssen vorher noch in den Kindergarten gebracht werden, die können dann nicht vor acht Uhr ihre ersten Patienten anfahren, während andere Pflegekräfte durchaus um sechs Uhr beginnen können."

Daher bemühen sich einige Pflegedienste, verstärkt Männer einzustellen. Ihr Einsatz sei problemloser planbar.

Einen wichtigen Gesichtspunkt für die Einsatzplanung stellen die von den Kassen gestellten Anforderungen an das Pflegepersonal dar.

"Wir haben auch unterschiedliche Versorgungsverträge mit den Krankenkassen, AOK und BEK sind in Verträgen großzügiger als die BKKs. Bei den BKKs darf die Behandlungspflege nur von qualifiziertem Personal übernommen werden. Wir haben eine BKK-Tour. Bei den anderen Kassen ist das etwas gelockerter: langjährige Pflegehilfskräfte können Medikamentengabe machen, oder Verbandswechsel. Die Einsatzplanung erfolgt nach Kasse und nach Qualifikation der Mitarbeiter, Patientenwunsch, z.B. ob Mann oder Frau oder bestimmte Frau."

"Der Einsatz der Helferinnen erfolgt nur in den Bereichen, wo sie eingesetzt werden dürfen, Verbände machen und Injektionen nicht, es wird nach den Verträgen, die wir mit den Krankenkassen abgeschlossen haben, gearbeitet."

Da Fachkräfte, insbesondere die mit dreijähriger Ausbildung, teuer sind, werden sie überwiegend zur Behandlungspflege eingesetzt. Fallen andere Tätigkeiten gleichzeitig an, werden sie von diesen Kräften nur ausgeführt, wenn die Anfahrt einer billigeren Kraft teurer würde:

"Ich weiß bei jedem Patienten den Leistungskomplex, der geht auch aus der Plantafel hervor, und ich weiß, wie lange so eine Pflege dauert. ... Die Planung berücksichtigt zunächst die Qualifikation. Dann wird so geplant, dass die Wege so kurz wie möglich sind. Wir trennen zwischen Pflege und hauswirtschaftlichen Tätigkeiten. Bei kurzen hauswirtschaftlichen Tätigkeiten, z.B. Frühstückmachen, wird das aber auch von Krankenschwester übernommen. Wir versuchen, den Wünschen zu entsprechen. Wenn Wünsche teurer werden, bezahlen sie [die Patienten] das auch. Der Preis regelt dann auch einiges, deshalb spreche ich gerne von Kunden, im Gespräch mit den Mitarbeitern ist das dann der Patient, von Anforderungen und Ansprüchen her, die ich erfüllen möchte, sind das Kunden, die Forderungen stellen, die kontrollieren, die auch immer wieder etwas verändern können."

Weiter wird meistens auch bei der Einsatzplanung die Beziehung zwischen Pflegekraft und Patient berücksichtigt:

"Wir haben Fälle sexueller Belästigung gehabt, da wird die Mitarbeiterin nicht mehr zugeordnet, in einem anderen Fall schlimme Distanzlosigkeit eines Patienten gehabt, oder Mitarbeiter sagen, da kann ich jetzt nicht mehr hingehen."

Die aufgeführten Gesichtspunkte werden schon bei der Aufnahme neuer Patienten berücksichtigt, wobei hier die Wirtschaftlichkeit eine besondere Priorität erlangt:

"Ein dritter Punkt wäre vielleicht die Zusammensetzung der Klienten, welche Leistungen insgesamt abgefragt werden. Wenn man also, wie auch immer, nur Anfragen hat von Leistungen, die, ich sage mal, an der Grenze der Rentabilität liegen, also keine Kombileistungen und solche Dinge mehr, dann wird es schwierig. Das erleben wir zwischen den verschiedenen Stationen auch, wenn also ein höheres Maß an Kombileistungen da ist, weil das Klientel einfach anders ist, die Nachfrage einfach anders ist, ist es wirtschaftlich günstiger. Das hat auch eine Logik: wenn ich also nur eine Leistung, eine Dienstleistung erbringe, die im Prinzip nur 20 Minuten , 18 Minuten abrechenbar ist, dann ist der Anteil der Wegzeiten an diesen abrechenbaren 18 Minuten einfach höher als wenn ich eine Kombileistung habe, die ich mit 45 oder 50 Minuten abrechnen kann. Das spielt eine Rolle, das ist ein bisschen steuerbar, unter dem Aspekt, wie ich das vorhin vermittelt habe, dass natürlich eine Leitungskraft auch aufpassen muss, nicht zu viele Dienstleistungen zu erbringen, die mehr oder weniger solitär sind, in kleinerem Umfang und solitär sind. Da wird sie im Einzelfall auch sagen müssen, ja unter Vermeidung der vollen Wahrheit, ja, wir können das nicht, wir sind besetzt, wir sind voll ausgelastet, oder nehmen Sie lange Wegzeiten."

Der Aufwand für die Einsatzplanung ist abhängig von der Zusammensetzung des Personals und der Art der Arbeitsverhältnisse im Pflegedienst. Er ist geringer bei Pflegediensten, die Vollzeitstellen in feste Touren eingeteilt haben.

"Wir kennen das Tourenklientel, kriegen auch Rückmeldungen von den Mitarbeitern: zwischen 10 und 11 passt noch jemand rein, wir geben grundsätzlich zu den Neuaufnahmen keine Zeitangaben, und sagen: wir fahren ins Büro, wir reden mit der Schwester, die zu Ihnen kommt, und die Schwester ruft Sie am selben Tag noch an, und sagt Ihnen, wann sie kommt. ... Wenn nichts besonderes ist, außer im Urlaub, die Tour bleibt im Grunde genommen immer die gleiche. Es ändert sich nur etwas bei Neuaufnahmen, wenn eine Neuaufnahme dazu kommt, Blick auf die Plantafel, wo etwas frei ist, Anbieten einer Gruppe um die und die Zeit, Rücksprache mit der Gruppe, Besprechung mit der Tour, Rückruf beim Patienten, Kontaktaufnahme des Mitarbeiters mit dem Patienten, Vorstellung beim Patienten, man muss sich vor der ersten Pflege schon einmal gesehen haben."

"Wir haben insgesamt 6 Pflegetouren, davon 4 frühe und 2 späte Pflegetouren. Diese Touren werden immer betreut von 4 Schwestern. Es wird versucht, innerhalb der Tour eine Urlaubsvertretung zu gewährleisten, Krankheitsvertretung. Pflegetouren sind ortsgebunden. Bei neuem Kunden wird geschaut wo er wohnt und wie er in die Tour passt. Das gewährleistet auch, dass der Patient immer nur einen bestimmten Kreis von Mitarbeitern kennen lernt. Das hilft, ein bestimmtes Vertrauensverhältnis zur Schwester aufzubauen. So besteht ein enges Vertrauensverhältnis zwischen Pflegern und Kunden."

"Wir haben sechs feste Touren, die immer besetzt werden müssen. Vier Runden sind ganz fest, da fummelt man nicht dran rum. Die anderen beiden sind offen und abends einen Spätdienst, wir haben Leistungserfassungsgeräte, Zeit- und Leistungserfassung."

Bestehen feste Frühdienst und Wechselschichttouren, ist die Einordnung neuer Patienten relativ leicht:

"Und dann guckt man, auch wenn ich bei den Patienten vor Ort bin, was ist das für ein Mensch, mache auch oft an den folgenden Tagen die Versorgung selbst, bis auch alle Hilfsmittel vor Ort sind. Da macht man sich natürlich auch ein Bild von den Patienten. Man hat ja auch hier von den einzelnen Mitarbeitern so ein Bild, wo man dann auch sagt, es wäre am allerbesten, wenn der und der den jetzt versorgen würde. Dann geht man auch danach, wie oft wird der Patient versorgt, ist es einmal, dann kommt er in eine reine Frühdiensttour rein, ist es zweimal, oder man sieht schon vom Zustand: im Moment ist es zweimal, es könnten aber drei bis vier Anfahrten werden im Laufe der Zeit, dass man auch so nach den Touren sieht, damit der Patient auch nicht so oft verlagert wird."

Zusätzlich zum geringeren Planungsaufwand bringt ein solches System auch weitere Vorteile:

"Zwei Kollegen teilen sich eine fest zugeordnete Tour: Vorteil: Sie können sich mit Kollegen absprechen, haben hohe Autonomie, hohes Verantwortungsbewusstsein, sind für eine Woche komplett für ihre Kunden verantwortlich. Es ist reizvoll, ein höheres Verantwortungspotenzial zu haben, Es macht die Arbeit lange im Voraus planbar,

Im Gegensatz dazu ist der Planungsaufwand bei laufend wechselndem zur Verfügung stehenden Personal erheblich größer:

"Die Mitarbeiter werden nach Qualifikation eingesetzt. Die Touren werden so geplant, wie die Mitarbeiter zur Verfügung stehen. Das wird dann immer angepasst. Das bedeutet dann eine hohe Anforderung immer an die Leitung, dass sie ständig umplanen muss. Also wir haben keine starren Strukturen, das ist alles variabel nach Anzahl der Patienten, nach Anzahl der Mitarbeiter und Qualifikation der Mitarbeiter."

Immer wieder wird für die Tourenplanung pflegerisches und kaufmännisches Wissen verlangt. Ein Geschäftsführer, dessen Betrieb gerade große finanzielle Schwierigkeiten überwunden hat, stellt fest:

"Hätte die Bank nicht so geholfen und die Unternehmensberatung nicht stark Einfluss genommen, hätte es nicht geklappt. Eine kaufmännische Sichtweise zu entwickeln ist nicht leicht. Ich habe in meiner Ausbildung nie was von Rentabilitätsberechnung, Liquiditätsplanung, gehört. Pflegedienste sind letzten Endes aber Wirtschaftsbetriebe. Diese Dinge musste ich erst bitter und schmerzlich lernen."

4 Markt oder Wettbewerb

Es wird viel vom Pflegemarkt gesprochen. Wie oben dargestellt ist das Kennzeichen von Marktbeziehungen die Konkurrenz, die über den Preismechanismus gesteuert wird. Eine solche Steuerung über den Preismechanismus ist im Arbeitsfeld ambulante Pflege nicht gegeben, da die Preise administrativ, wenn auch für einzelne Pflegedienste verschieden, festgelegt sind. So wird häufig darauf verwiesen, dass der Pflegebereich kein Markt sei. Diese Feststellung kann normativen, aber auch indikativen Charakter haben. Ist sie normativ, so wird postuliert, dass der ambulante Pflegebereich nicht so geschaffen sei, über Marktbeziehungen geregelt werden zu können.

"Für mich ist Alten- und Krankenpflege kein Markt. Das ist etwas, was man tut, aber daran soll man nicht verdienen können, weil es aus meiner Sicht sich nicht verträgt. Wenn ich Pflege mache, um Geld zu verdienen, heißt das, dass ich irgendwo ja schnell sein muss, noch schneller sein muss, und ganz, ganz schnell sein muss. Und das sind so die Abschnitte: wenig Geld, mehr Geld, richtiger Profit. Und das passt uns nicht. Dieser Zug ist abgefahren, wir [die Wohlfahrtsverbände] haben das gemeinsam nicht hingekriegt, wir waren uns auch nicht einig. Und wir haben jetzt in [Stadt] eine Situation, dass es ganz, ganz viele gewerbliche Anbieter gibt, die immer mal wieder Pleite machen, dann sich wieder zusammentun und wieder neu sind. Aber wir haben etwa 150 Anbieter hier in [Stadt], wovon über die Hälfte gewerblich sind, und das ist also schon ein heiß umkämpfter Markt, das tut dem Ganzen nicht sehr gut."

Hier wird festgestellt, dass der Pflegebereich eigentlich nicht über Marktgesetze gesteuert werden dürfe, dass sich aber dennoch ein Markt etabliert habe. Diese Umstellung habe sich allerdings negativ auf die Pflege ausgewirkt.

Andere bestreiten die Existenz eines Marktes, weil hier wesentliche Definitionselemente für einen Markt nicht vorlägen:

"Die Pflegeversicherung hat den Markt geöffnet. Das ist kein Wettbewerb: Wettbewerb würde bedeuten: sie können die Preise frei aushandeln, sie können die Qualität frei aushandeln, sie sind frei. Sind wir ja gar nicht, wir haben ja festgelegte Preise, gut, die anderen sind sogar noch ein bisschen billiger als wir und verdienen trotzdem mehr Geld als wir. Dann frage ich mich natürlich: wie machen die das denn? Wenn ich also in einer Stunde eine Grundpflege erbringe, ich glaube 42 DM, so ungefähr, großes Modul, in einer Stunde 42 DM, bin ich, wenn ich noch eine Behandlungspflege dabei habe, vielleicht gerade soeben dabei. Wenn ich zwei Grundpflegen in einer Stunde mache, habe ich schon ein bisschen was über. Wenn ich drei Grundpflegen in der Stunde habe, habe ich richtig verdient, und wenn ich vier in einer Stunde mache, bin ich oben auf. Und deswegen ist das kein Markt. Sie können mit dem Elend der Leute keinen Markt aufbauen, denn, wissen Sie, die Patienten wissen ja nicht, was ist eigentlich gute Pflege. Sie kommen durch Zufall an irgendeinen Pflegedienst, sie gewöhnen sich an den, der macht irgend was, dann ist das für die Leute eigentlich die häusliche Pflege. Ob ein anderer Pflegedienst das anders und besser macht, das weiß der ja gar nicht. Und wenn er erst mal bei einem ist, wechselt er auch nicht, da hat er sich dran gewöhnt, wie wechselt man das denn, das wissen die ja gar nicht. Und das ist schade."

Hier werden das Fehlen des Preismechanismus als Definitionsmerkmal eines Marktes und die fehlende Übersicht über den Markt bei den Nachfragern festgestellt. Marktübersicht wird aber von allen Markttheoretikern als Bedingung für das Funktionieren des Marktes postuliert.

"Ich sehe das auch noch einmal unter einem anderen Aspekt. Ich denke, die Pflegeversicherung ist vordergründig auf den Weg geschickt worden, um einen Markt zu schaffen, den es definitiv gar nicht gibt, weil die Preise sind ja festgeschrieben, d.h. es ist gesagt worden, wir öffnen diesen Markt für freie Anbieter, um da einem Markt entstehen zu lassen, was aber tatsächlich, jetzt unter wirtschaftlichen Aspekten überhaupt nicht entstehen kann, weil nämlich die Kassen die

Preise diktieren, d.h. die Preise entwickeln sich nicht wie in der freien Wirtschaft über Angebot und Nachfrage, sondern sind festgezurrt. Und das Angebot- und Nachfragereglement passiert eigentlich hintenrum, d.h. das kehrt sich eigentlich um, das Verhältnis, dass nämlich Auflagen erfunden werden, die z.T. private Anbieter oder kleinere Anbieter überhaupt nicht erfüllen können, weil die Kapazitäten nicht da sind und sich der Markt über Konkurs regelt und so die Wohlfahrtsverbände letztendlich übrig bleiben.

I: An welche Auflagen denken Sie da?

B: Es geht los mit dieser Qualitätssicherungsgeschichte, die also mit Riesenschritten auf uns zukommt, mit dieser Zertifizierungspflicht, die bis 2004 geregelt sein muss, das kostet unendlich viele Personalkapazitäten. Ein kleinerer Betrieb, ein privater Betrieb, der einen Eigentümer hat, der zugleich Pflegedienstleiter ist, der kann sich nächtlich im Büro einschließen, um diese Aufgaben, also auch was an Behörden- und Schriftkram da ist, zu erledigen, um das alles neben dem Tagesgeschäft zu erledigen. Wir haben da einfach andere Kapazitäten.

Wir sind auf keinem Markt. Ein Markt heißt immer: ein freies sich Entfalten der Kräfte, und das sehe ich einfach nicht, wir sind gedeckelt, wir sind auf keinem Markt."

Hier wird das Nichtvorhandensein eines Marktes mit den administrierten Preisen und den Auflagen der Kassen für Pflegedienste begründet. Gleichzeitig wird angenommen, dass die Kassen bestrebt sind, mit diesen Auflagen die kleinen Pflegedienste vom Markt zu verdrängen. Gestützt wird diese Annahme insbesondere durch das Verhalten der Betriebskrankenkassen:

"Erklärtes Ziel der BKKs war der Abschluss von Exklusivverträgen. Ziel ist es, den Markt zu bereinigen, die wollen nur mit den großen Diensten arbeiten. Denen bieten sie im Moment ein paar Cent mehr für die Leistung. Der Effekt, der dadurch entsteht, ist: man steuert knallhart bei der BKK. Der aktuelle Sachstand ist im Moment der, dass die großen Kassen da nicht mitziehen und auch die BKKs mit ihrem Frontalangriff insbesondere in NRW Ende 99 gescheitert sind. Es wurden ja alle Verträge gekündigt, es wurden Einzelverhandlungen geführt. Ich war Verhandlungsführer für die privaten Pflegedienste [in Stadt]. Und man hat sich an dieser Geschichte die Zähne ausgebissen bis dahin, dass die BKKs die Verhandlungen abgebrochen haben. Die Möglichkeit für Pflegedienste war: unterschreiben oder nicht unterschreiben, oder mit dem entsprechenden Know-how in die Verhandlungen herein zu gehen, dass die Herrschaften dort merken, dass auf der Seite der Pflegedienste keine Krankenpfleger/Krankenschwestern sitzen, die keine Ahnung von Verhandlungsgeschick haben. Vielleicht grenzt uns das auch hier ein bisschen ab, weil wir als Unternehmen [Name] ein Stück weit mit meiner Person auch dieses Know-how haben. Man hat sich schon gewundert, im ersten Gespräch habe ich mehr oder weniger in Pflegeklamotten gesessen, im zweiten Gespräch saß ich mit der Justiziarin einer bundesweiten BKK im Zweireiher hier, und sie hat den Vertrag nicht unterschrieben mitgenommen, sondern so ein Vertragswerk hat 25 Paragraphen, und wir waren gegen Abend um 1/2 11 Uhr bei Abschnitt 9. Daraufhin haben die Damen dann die weiße Fahne gehoben und ich habe gesagt, ich mache jetzt weiter, wir spielen jetzt das Spiel: Tarifverhandlungen, die auch bis morgens um vier dauern, durch und haben einen Abschluss. Ich will jetzt einen Abschluss haben. Aber das findet man nicht oft in Pflegediensten."

Hier wird unterstellt, die Kassen, insbesondere die BKKs machten die Auflagen, um die kleinen Pflegedienste auszuschalten. Ein zweiter Vorwurf liegt in der Feststellung, die Kassen würden das Harmoniebedürfnis der Krankenschwestern in Verhandlungen ausnutzen, um die Preise zu drücken.

Häufig werden Markt und Wettbewerb als synonym betrachtet. Dann kommt es zu schwierigen Abgrenzungen:

"I: Wie ist das Verhältnis zu Pflegediensten in ärztlicher Trägerschaft?

B: Es ist ein Markt, auch wenn die Kostenträger eine andere Situation herbeigeführt haben aufgrund des Systems. Man sagt immer der Begriff Markt sei systemimmanent. Es ist es nicht, wir haben einen klassischen Markt, was die Kundschaft angeht, wir haben keine Marktfunktion, was unsere Preise angeht. Marktpreissteigerungen können wir nicht weitergeben, wir sind da abhängig von den uns aufoktroyierten oder mit uns ausgehandelten Preisen. Wenn man einen klassischen Neoliberalisten fragt, sagt der, jeder hat die freie Wahl, ob er einen solchen Vertrag unterschreibt oder nicht. Aber, was den Patientenwechsel, den Kundenwechsel angeht, das ist eine Marktsituation, und da muss man sich dem Markt stellen, und daher sehen wir das sehr, sehr gelassen an, was Pflegedienste in ärztlicher Trägerschaft angeht. Die werden auch immer weniger, weil Ärzte feststellen, dass entweder nicht die Umsatzrendite da ist, die sie sich vorstellen, weil sie nicht vom Fach sind, oder sie gehen ein, und da können auch Ärzte rechnen und sagen, das lohnt sich nicht."

Hier wird dargestellt, dass der Preismechanismus nicht greift, dass aber dennoch Wettbewerb zwischen den Anbietern herrscht. Dieser Wettbewerb wird allerdings nicht über die Preise geregelt:

"Wir haben unsere Patienten in diesem Jahr informiert, dass eine Punktwerterhöhung stattgefunden hat nach vorausgegangenen Verhandlungen. Praktisch hätte jeder unserer Patienten kündigen können. Es hat aber niemand gemacht. Es hat keinen Unmut gegeben. Es gab überhaupt keine Reaktionen. Also wir haben schon damit gerechnet, dass die Leute hier anrufen oder schreiben oder sonst was. Es gab eigentlich eine Null-Reaktion auf dieses Schreiben.
I: Die Preise bestimmen also nicht die Nachfrage?
B: Für uns gilt das jedenfalls nicht. Ich habe hin und wieder am Telefon mit Anfragen zu tun gehabt, wo dann in einem Nebensatz gesagt wurde, na ja, Sie sind ja auch ein bisschen teurer als z.B. der und der Betrieb. Das sind dann Leute, die sich gut informiert haben, die vom Informationsbüro Pflege die gesamte Liste sich haben geben lassen, wo dann drauf steht, wie teuer eine einzelne Leistung im Vergleich zu anderen Betrieben ist."

Wenn auch der Preismechanismus außer Kraft gesetzt ist, stehen die Anbieter dennoch in einem Wettbewerb, der sich auch auf ihr Angebot auswirkt:

"I: Hat sich durch das Aufkommen privater Pflegedienste die Arbeit verändert?
B: Ich bin jetzt 10 Jahre dabei, da gab es die schon. Deswegen kann ich letztendlich gar nichts dazu sagen. Aber was ich nur immer gehört habe, dass es die Landschaft verändert haben soll bei den Wohlfahrtsverbänden, weil es vorher so eine gewisse – ja wenn man so alleine am Markt ist, ich sage das jetzt mal übertrieben – eine ge-

wisse Hypertrophie der Wohlfahrtsverbände gab in der Erfüllung der Bedürfnisse der Patienten. Noch als ich hier anfing, war immer die Frage, ich habe die nie verstanden, ja, kommen Sie denn auch am Wochenende? Das war hier üblich, das muss nicht überall üblich gewesen sein. Und der Gedanke, dass wir beide aufeinander angewiesen sind, der war am Anfang, glaube ich, nicht so. Da war so das Gefühl, der Patient braucht uns, und noch mal etwas übertrieben ausgedrückt: wir gewähren ihm die Gnade, dass wir diesen Auftrag annehmen. Das war hier sehr früh, dass man wusste, dass das eine Sache der Gegenseitigkeit ist, dass wir genauso Patienten brauchen, wie Patienten Schwestern. Und das ist aber auch kein ganz großes Thema mehr, dass man guckte, die Wünsche nach Zeiten zu berücksichtigen oder auch sehr zügig zu handeln, dass der Patient oder das Krankenhaus anrief: wir entlassen heute Nachmittag einen Patienten, so und so, übernehmen Sie da die Pflege? Das ist hier sehr zügig gewesen, also vor 10 Jahren schon. Das war schon gut in den Köpfen, das ist auch heute kein Problem mehr. Also, wir haben auch gerne einen Tag vorher eine Info, aber auch wir wissen, dass auch Krankenhäuser heute unter diesem Druck stehen. Und wenn dann Mittwoch mittags die Laborergebnisse in Ordnung sind, muss der Arzt diesen Patienten entlassen, auch wenn nachmittags kein Arzt zu erreichen ist. Das sind die schwierigen Fälle, die Entlassungen Mittwoch nachmittags und Freitag nachmittags."

Wie in Kapitel 1 dargestellt, gibt es Wettbewerb auch ohne Markt. Und dieser Wettbewerb wird von vielen als hart empfunden. Doch spielt sich der Wettbewerb nicht unmittelbar um den Kunden ab, sondern um Personen und Institutionen, die die Kunden an die Pflegedienste vermitteln, also insbesondere Ärzte und Krankenhäuser. Pflege ist, wie oben dargestellt, ein Vertrauensgut. So erfolgt die Vermittlung von Pflegediensten häufig über Vertrauenspersonen oder -institutionen der Patienten oder ihrer Angehörigen. Auch die Sichtbarkeit eines Pflegedienstes in der Wohnumgebung schafft Vertrauen in den Pflegedienst:

"Die Zusammenarbeit mit Ärzten ist sehr gut. Man muss Kontakt suchen und fragen, was wünschen Sie, wie soll die Zusammenarbeit an diesem Patienten aussehen. Die Mitarbeiter fahren dahin, stellen sich vor, holen die Verordnung ab, und wenn der noch was wissen will, haben Sie auch noch Zeit, wenn der was fragt. Unsere Frage ist: wo können wir Sie noch unterstützen, das klappt eigentlich recht gut. Die Mitarbeiter sind in gewissen Praxen bekannt, es geht viel durch persönlichen Kontakt."

"Wir machen das einfach noch mal durch gute Arbeit. Wir machen einfach unseren Job und machen wenig Werbung. Wir schalten an und für sich gar keine Anzeigen. Wir machen Werbung durch Fahrzeuge, die irgendwo stehen und durch Kontakte zu Krankenhäusern oder Ärzten."

"I: Wie kommen Sie an Ihre Patienten?
B: Im Prinzip durch Kontakte zu den Krankenhäusern und Arztpraxen. Man ist bekannt durch die Besuche, die man dort macht, durch die Pflegeüberleitung im Krankenhaus. Wir bieten an, wenn jemand entlassen wird, das Gespräch schon im Krankenhaus zu führen, das wird teilweise gewünscht, teilweise nicht, wenn nicht, dann natürlich nicht, sonst wird das aber recht gerne gesehen, dass man schon mal da war, sich vorstellt, gewisse Dinge erklärt, Wunschzeiten klärt, was soll gemacht werden, und über diesen Bereich kontaktet. Und da haben die Sozialarbeiter/innen im Krankenhaus und oft auch die Arzthelferinnen, von denen kriegen wir ständig was ab. Die Kontakte zu Krankenhäusern sind sehr unterschiedlich. Es gibt welche, mit denen haben wir nichts zu tun. Das Problem ist, dass die meisten Krankenhäuser in katholischer Trägerschaft sind. Die vermitteln natürlich alles an die Caritas, an die Diakonie vielleicht noch, dass man da teilweise Schwierigkeiten hat, als privater Anbieter einen Fuß in die Tür zu bekommen. Das geht einfach nur durch guten Ruf und dass man merkt, irgendwie, die Dinge funktionieren. Die selber vermitteln oft nach räumlicher Nähe zum Büro, die gucken auf den Stadtplan: wo hat das Pflegebüro sein Büro und sagen, aha, der wohnt zwei Straßen weiter, rufen wir die an. Das ist nicht irrelevant, aber wir fahren durch [die ganze Stadt], aber danach wird oft entschieden."

"Der wichtigste Kundenvermittler ist die Mundpropaganda. Die Pflege am Krankenbett muss gut sein Das spricht sich rum. Das ist ganz eindeutig: wenn wir zwei, drei Patienten in einer Straße haben, dann kommen mit Sicherheit zwei bis drei dazu, Bestimmte Straßen sind wie von uns gemietet quasi. Es ist so: die gute Pflege vor Ort ist ausschlaggebend. Die Patienten müssen zufrieden sein. Das wird dann weitergegeben, und dann kommen sehr viele Nachfragen über die Nachbarschaft, über diese private Vermittlung, sicherlich auch über Hausärzte, aber bei weitem nicht so viele wie durch private Vermittlung."

Gerade weil ambulante Pflege ein Vertrauensgut ist und weil keine Marktübersicht herrscht, spielt die Vermittlung über Vertrauenspersonen eine so wichtige Rolle. In dieser Frage sind sich alle Befragten einig. Daher waren auch alle anderen Anbieter in einer der Städte, in denen die Befragung stattfand, entsetzt, als die konfessionellen Krankenhäuser in eine Trägergemeinschaft mit den Sozialstationen der jeweiligen Konfession eintraten. Sie befürchteten eine Zugangsbeschränkung zu den Krankenhauspatienten. Ein Pflegedienst führte den Rückgang seiner Patientenzahl von 200 auf 80 auf diese Zusammenschlüsse zurück.

Die Geschäftsführung eines dieser Träger erklärt diesen Zusammenschluss folgendermaßen:

"Das war Wunsch der jetzt an der gGmbH beteiligten Krankenhäuser, dass sie im Rahmen eines besseren Angebotes für ihre Häuser auch einen ambulanten Pflegedienst haben wollten. Und um nicht etwas neu aufzubauen und für einzelne Krankenhäuser viele kleine Konkurrenzunternehmen zu machen, hat man sich entschlossen, diese gemeinsame Form zu wählen, die bestehenden Strukturen und Kenntnisse des [Wohlfahrtsverbandes] in der ambulanten Pflege zu verbinden mit den Bedürfnissen der Krankenhäuser und der Empfehlung an den Patienten, den eigenen Pflegedienst auch für die weitere Betreuung zu wählen, als ein Angebot des Krankenhauses."

Die Wirkungen dieses Zusammenschlusses werden so beschrieben:

"Ich denke ja, muss ich sagen, [Verband] ist ja schon einmal in der Bevölkerung in sich ein Wert, wenn man in Not ist, und damit versetzte man die zugehörigen Krankenhäuser, die Zusammenarbeit mit den Krankenhäusern wird sich ja auch in einer ständigen Patientenzufuhr auswirken, so dass die Substanz des Dienstes gesichert ist. Wenn die Krankenhäuser eigene Pflegedienste hätten, würden sie sicherlich dann eher diesen Dienst empfehlen. Und irgendwann kommen auch unsere Patienten ins Krankenhaus. Und es könnte sein, dass ein Patient sich dann für einen anderen Pflegedienst entscheidet. Und wenn man viele Strecken fährt: mehrere Autos von mehreren [gleichkonfessionellen] Pflegediensten in einer Straße, das ist dann nicht nötig, denn je näher die Patienten zueinander wohnen, desto weniger Fahrzeit verbrauchen wir, die ja unwirtschaftlich ist.

Die meisten Patienten bekommen wir durch persönliche Empfehlungen: Sie haben doch damals von der Tante meiner Freundin die Oma gepflegt oder sonst irgendwas. Das ist der größte Anteil oder dass uns jemand aus dem Telefonbuch heraus sucht, und der nächst größte Teil ist dann aus den Krankenhäusern. Die Krankenhäuser können uns empfehlen, also aus den Krankenhäusern darf der Sozialdienst keine Empfehlung aussprechen, die Sozialdienste der Krankenhäuser sind nach dem Landespflegegesetz verpflichtet, neutral zu beraten. Aber die Krankenhäuser können natürlich Werbung des eigenen Pflegedienstes im Krankenhaus machen. Und die Schwestern dürfen auch den Patienten sagen, ach, das wäre doch am besten, wenn Sie von unserem eigenen Dienst weiter gepflegt würden, das darf sein.

I: Hat sich durch solche Empfehlungen das Verhältnis zu den anderen Verbänden verändert?

B: Ach ja, man hat das schon mit etwas Skepsis beobachtet. Es gab auch sofort einige schriftliche Beschwerden adressiert an [die Kirchenleitung], und alle unsere Bemühungen, dass man uns die konkreten Fälle nennt, sind nicht passiert. Wir werden nicht einen Patienten von einem anderen Pflegedienst abwerben. Der Patient hat natürlich das Recht zu wechseln."

Hier wird also versucht, durch die Bildung eines vertikalen Kartells die Wettbewerbssituation zu verbessern. Die Gründung von vertikalen Kartellen ist eine Strategie, einmal aufgenommene Patienten im eigenen Pflegedienst zu halten. So wiesen eine Reihe Pflegedienste darauf hin, eigene Häuser für betreutes Wohnen oder Altenheime gegründet zu haben oder gründen zu wollen, um die Patienten nach der ambulanten Pflege weiter betreuen zu können. Die Einbeziehung von Krankenhäusern in ein solches Kartell ist allerdings wirtschaftlich besonders attraktiv, weil damit der Zugang von Behandlungspflegen in den Dienst gesichert werden kann.

Um verloren gegangene Chancen in den Krankenhäusern wieder zu gewinnen, versuchen einige Pflegedienste, sich auf besonders schwere Behandlungspflegen zu spezialisieren.

"Wir haben Intensivpfleger für Beatmung. Und wenn die DRGs kommen, dann brauche ich die Leute, denn selbst nach drei Tagen ist eine Blinddarmwunde noch nicht geheilt, da muss fachkompetentes Personal drauf gucken. Z. Z. haben wir da vier Leute. Wir haben einen guten Kontakt zu den Unikliniken. Wir kriegen alle Patienten von denen. Die haben uns schon angesprochen für einen Kooperationsvertrag in Richtung DRGs."

"Ich war vor kurzem im [Name] Krankenhaus. Von da haben wir einen neuen Kollegen, der meinte, wir könnten unser Standbein erweitern, indem wir uns auf Beatmungspatienten spezialisieren. Wir haben uns mit dem Chefarzt und Oberarzt unterhalten und die sagten. Sie bekommen die Patienten. Ich kenne die Sozialarbeiter in den Krankenhäusern, die machen das schon gerecht, die gehen zu den Patienten und fragen: haben Sie einen Pflegedienst und kennen Sie einen Pflegedienst. Und wenn die sagen, da ist [der Pflegedienst Name], da wird in der Regel Rücksicht drauf genommen. Und dann rufen uns die Sozialarbeiter auch an, Im Moment haben wir noch keine Spezialisierung. Wir sind dabei, für Beatmung gezielt Personal einzustellen, um da gezielt einzusteigen. Dann haben wir Erfahrung, da haben wir noch keine Werbung mit gemacht, mit Patienten im Wachkoma. Das könnte auch ein Standbein werden. Wir machen auch Rundumbetreuung."

"Wir haben uns z.B. auf Port-Versorgung spezialisiert. Port-Versorgung wurde von Anfang an angeboten. Patienten werden zunehmend mit Port aus dem Krankenhaus entlassen: Krebspatienten, Hospizpatienten. Der Pflegedienst ist in den Krankenhäuser dafür bekannt und bei den Sanitätsfirmen, die das Material dafür liefern. Sicherlich ist das auch für die Nachfrage förderlich."

Allerdings wird auch darauf verwiesen, dass mit einer Spezialisierung auf bestimmte Krankheiten Risiken verbunden sind:

"Eine Spezialisierung ist schwierig, weil man dann auch immer neue Patienten mit dem Krankheitsbild haben muss. Das ist aber nicht immer gegeben. Daher müssen wir uns immer wieder auf neue Situationen flexibel einstellen."

Der Ruf, qualitativ hochwertig zu arbeiten, verbessert die Wettbewerbssituation:

"Aber Qualität ist für uns eine ganz, ganz wichtige Sache, weil wir einfach sehen: Wir können nur überleben und bestehen, wenn wir gute Qualität bieten. Das ist einmal die menschliche Seite, gute Qualität, und zum anderen aber auch fachlich gute Qualität, weil auch inzwischen ganz schön gesiebt wird und kontrolliert wird und auch Pflegedienste – bis hin zu – dichtgemacht werden, wenn die Qualität nicht stimmt, und dass auch die Patienten und Angehörigen immer mehr darauf achten. Und uns kommt das eigentlich entgegen, weil: Wir wollen Qualität bringen. Wir wollen nicht einfach nur unsere Arbeit machen und unser Geld verdienen, sondern wir wollen Qualität bringen, wir wollen auf dem Markt bleiben und dann ist uns das ganz lieb, dass das auch geprüft wird. Nur es ist viel Arbeit und wir haben zusammen mit einem Pflegedienst in [Stadt] einen Qualitätszirkel, wo wir uns austauschen."

Der Druck, im Wettbewerb bestehen zu können, steigert also die Bemühungen um die Pflegequalität. Dabei spielen Preise nicht die wichtigste Rolle:

"Gespräche mit Patienten und Angehörigen sind wichtig, können jedoch nicht bezahlt werden, wir können es nicht abrechnen. Wir versuchen die Einsatzzeiten beim Patienten so zu gestalten, dass wir nicht, um der billigste Anbieter zu sein, die Module so legen, dass es ganz knapp ist."

Wenn die Preise auch nicht unmittelbar für die Kundengewinnung von Bedeutung sind, so werden sie aber über die in den Modulen implizierten Zeitvorgaben relevant. Darauf weisen insbesondere Pflegedienste hin, die ihr Personal nach oder in Anlehnung an den BAT bezahlen:

I: Wollen Sie im BAT bleiben, oder bestehen da Tendenzen da lieber rauszugehen?

B: Die Frage ergibt sich nicht für uns als [Station], weil die [Station] eine Einrichtung des [Regionalverbandes] ist. ... Und zur Satzung des [Regionalverbandes] gehört es, dass eine Mitgliedseinrichtung nur dann Mitglied sein darf, wenn sie den BAT anwendet. ... Dass es da auf der Ebene [des Regionalverbandes] natürlich Überlegungen, Impulse, Ideen gibt, sich damit auseinander zu setzen, und zu sagen, der Pflegebereich, so wie er sich zur Zeit darstellt, lässt sich auf Dauer einfach nicht finanzieren, das ist ein anderes Thema. Das ist tatsächlich so, es lässt sich einfach nicht finanzieren. Es lässt sich vor allen Dingen auf Dauer nicht finanzieren, wenn man sich anguckt, dass es im privaten Pflegebereich tatsächlich so ist, dass die Mitarbeiter oft zu schlechteren tariflichen Konditionen beschäftigt werden, sei es auch nur eine andere Urlaubsgewährung, andere Stundenanzahl – wir haben 38,5 Stunden-Woche – Was meinen Sie, was das kalkulatorisch schon ausmacht, wenn man bei einem Stab von 100 Mitarbeitern nicht von einer 38,5-Stunden-Woche, sondern von einer 39-Stunden-Woche oder 40-Stunden-Woche ausgeht. Für den einzelnen ist es nur eine halbe Stunde oder nur anderthalb Stunden, das macht für den einzelnen den Kohl nicht fett, sag ich mal so. Aber das macht kalkulatorisch natürlich einen Hammer, der dann auch wettbewerbseinschränkend wirkt, wo man dann sagen kann und muss, dass der BAT für uns, zumindest als [Verband], so fair der auch ist, so richtig der auch ist, tatsächlich reformbedürftig ist. Also da muss sich was ändern, in welcher Form auch immer. ...

Also die Sätze für die Pflegegeld- und Pflegesachleistungsempfänger haben sich nicht verändert. So dass wir an der Stelle in Anführungsstrichen einfach nur das Problem haben, dass sich der Selbstzahleranteil sukzessive erhöht, weil wir ja unsere Preise anpassen müssen. Wir haben im Moment 4,2 Cent pro Punkt, was uns zu einem der teureren Anbietern macht in dem Bereich. Ja und dann muss man auch deutlich sagen, selbst diese 4,2 Cent sind für uns immer noch nicht kostendeckend. Das ist einfach ein Problem, das auch mit unserer Mitarbeiterstruktur zu tun hat. Der BAT ist einfach da ein Korsett, das es einfach notwendig macht, teuer zu sein. Und von daher müssen wir das immer wieder anpassen.

I: Tragen Sie sich denn noch selber?

B: Nein. Schaffen wir nicht. Also als [Verbands-]station schaffen wir es nicht. Man geht in der ambulanten Pflege davon aus, dass neunzig Prozent Personalkosten sind – neunzig Prozent, und der BAT bindet uns dann derart, das es da die Entscheidung gibt, hängen wir

im BAT und gibt es da keine Reform, bedeutet das, dass wir uns auf Dauer nicht alleine tragen können, sondern dass es da andere Lösungen gibt, andere Lösungen geben muss. ...
I: Wie sehen Sie die Zukunft Ihres Dienstes?
B: Ich sag es mal so. Es muss sich tatsächlich am Tarifgefüge was verändern. Also entweder wird der BAT für allgemeinverbindlich erklärt, wäre ja auch eine Entscheidung, dass man sagt, wie im Metallbereich oder im Chemiebereich, da ist ein allgemeiner Tarifvertrag, der da angewandt wird, oder wir müssen uns nach unten hin anpassen. Diese beiden Varianten gibt es eigentlich nur. Weil auf Dauer auf Rücklagen oder Zuschüsse von anderen angewiesen zu sein, das funktioniert einfach nicht. Von daher müssen wir da irgendwas ändern. Und wir haben mit unseren Preisen durchaus ja das obere Limit erreicht. Also da können wir nicht noch weiter gehen. Wir hätten durchaus die Möglichkeit gehabt, jedenfalls formal, bei der Pflegekasse noch höhere Preise anzuwenden, erheblich höhere Preise anzuwenden. Theoretisch geht das alles, können wir nachweisen. Aber es ist wettbewerbstechnisch gar nicht möglich. Das sollten wir mal wagen. Schneller könnten wir gar nicht vom Markt verschwunden sein. Diese Grenze ist noch akzeptabel, es wird auch noch akzeptiert, aber wenn wir um zwanzig, dreißig Prozent teurer sind als jetzt, da ist selbst der größte goodwill dann vorbei."

Obwohl der Pflegebereich kein Markt im ökonomischen Sinne ist, ist der Wettbewerb in diesem Bereich ruinös. Nicht nach Tarif zahlende Pflegedienste klagen insbesondere über die Schwierigkeit Personal zu gewinnen, nach Tarif oder in Anlehnung an Tarif zahlende Betriebe – und das sind nicht nur die verbandlichen Pflegedienste – klagen über die Kostensituation. Sie können den Druck der Kassen nicht ungebremst auf ihr Personal abwälzen. Daher ist es aber für sie leichter, Personal zu gewinnen.

Soll die Pflege auf Dauer sichergestellt werden, bedarf es zunächst eines erheblich besseren Schutzes der Arbeitnehmer. Dazu wären für alle Betriebe verbindliche Tarifverträge, insbesondere Manteltarifverträge, die Arbeitsbedingungen regeln, erforderlich. Im Grunde gilt im Pflegebereich eine kapazitätsorientierte variable Arbeitszeitordnung. Die Flexibilität oder auch Beliebigkeit der Arbeitszeiten wird als unerträglich, teilweise als Angriff auf das Privatleben, erlebt.

Der Vorschlag, für alle verbindliche Tarifverträge abzuschließen, gewinnt in dieser Situation an Gewicht. Insbesondere würde dadurch auch die Verhandlungsposition der Pflegedienste gegenüber den Kassen gestärkt, da mit Tariflöhnen die Kosten besser legitimiert werden können. Hinweise, bei zu hohen Kosten aus dem Tarif auszusteigen, verlören dann an Gewicht, da Tariflöhne Mindestlöhne sind.

Dazu müssten sich die Pflegedienste zu einem Arbeitgeberverband zusammenschließen. Andererseits müssten sich die Pflegekräfte stärker gewerkschaftlich organisieren. Ob ein solcher Tarifvertrag sich am BAT orientieren sollte, ist diskutabel. Die sich für am BAT orientierte Betriebe ergebenden Schwierigkeiten sind allerdings meistens nicht durch die Höhe der Löhne bedingt, sondern durch die lange Lohnfortzahlung im Krankheitsfall. Da Pflegekräfte einem hohen Krankheitsrisiko ausgesetzt sind, ist für sie die Lohnfortzahlung von großer Bedeutung. Um das sich daraus für die Betriebe ergebende Risiko berechenbar zu machen, wäre es angebracht, eine Versicherung für die Lohnfortzahlung zu gründen.

Organisatorisch wäre eine solche Umstellung zu bewältigen. Zwei der befragten Pflegedienste hatten nur Vollzeitbeschäftigte eingestellt, die sie zudem in Anlehnung an den BAT bezahlten. Einer dieser Dienste hatte ein eigenes Arbeitszeitmodell entwickelt, mit dem er die Arbeitsspitzen in der Pflege voll abdecken konnte. Dieses Modell sieht verschiedene Tagesarbeitszeiten und Freizeitblöcke vor:

"Ich habe feste Touren eingeführt, feste Zuordnung von Autos und Patienten zu den Mitarbeitern, analog zum Krankenhaus. Jede Tour bedeutet zwei Mitarbeiter, die arbeiten 7/7, d.h. geteilter Dienst früh und spät, das war auch ganz neu für die Mitarbeiter, Ich habe es damals erst als Modellprojekt laufen lassen. Ich habe gefragt, wer daran interessiert ist, es meldeten sich auch prompt 8, und da haben wir vier 7/7 Touren aufgemacht. Die Mitarbeiter können sich gar nicht mehr vorstellen, anders zu arbeiten. Die arbeiten dann also wirklich 7 Tage früh und spät und haben dann 7 Tage frei, dann arbeitet der Gegenpart, der Teamkollege die Woche. Und dann mittwochs ist hier Übergabe, der eine kommt aus dem Frühdienst, der andere geht in den Spätdienst, und dann geht der andere ins Frei. Früher war das auf dem Sonntag, d.h. keiner der Mitarbeiter hatte irgendwie ein richtiges

Wochenende. Das habe ich als erstes abgeschafft: die Übergabe am Wochenende. Dann ist das Wochenende frei. Das ist natürlich ganz toll angekommen. Dann habe ich auch Frühdiensttouren eröffnet mit festen Patienten und festem Personal dazu, mit festen Vertretungskräften, d.h. die Kollegin, die in den Frühdienst fährt, hat auch eine feste Vertretungskraft, mit der sie dann praktisch ein Team bildet. Es gibt Ausnahmen, klar, Urlaub und Krankheit, da muss ich natürlich ein paar Abstriche machen. Aber das wissen die Patienten auch, und das wird auch so akzeptiert, und selbst da achte ich darauf, dass es nicht zu zu großen Wechseln kommt, sondern dass wirklich eine Urlaubsvertretung auch in der Tour bleibt.

Die Touren sind so eingeteilt: Dienstbeginn ist morgens um 6 bis um 12. Dann haben die 4 Stunden Pause, dann fangen die um 17 Uhr wieder an bis 21 Uhr. Und dann erfülle ich ja meine Zeit bis 9 Stunden. Und die meisten arbeiten auch gar nicht bis 21 Uhr, der späteste Patient ist um 20.30 Uhr fertig. Ich muss ja eine Strukturierung drin haben, von wann bis wann feste Arbeitszeiten sind, und für die, die nur Frühdienst fahren, ist der Frühdienst von 6 bis um 13 Uhr,

Die Patienten lernen erst mal nur zwei Mitarbeiter kennen, wenn sie nach der Urlaubszeit kommen, die ersten Tage nur einen."

Durch diese Toureneinteilung wird eine gewisse Konstanz erreicht:

"Wenn nichts besonderes ist, außer im Urlaub, die Tour bleibt im Grunde genommen immer die gleiche. Es ändert sich nur etwas bei Neuaufnahmen, wenn eine Neuaufnahme dazu kommt, werfe ich einen Blick auf die Plantafel, wo etwas frei ist. Ich biete eine Gruppe an um die und die Zeit. Dann erfolgt eine Rücksprache mit der Gruppe, Besprechung mit der Tour, dann Rückruf beim Patienten, Kontaktaufnahme des Mitarbeiters mit dem Patienten, Vorstellung beim Patienten. Man muss sich vor der ersten Pflege schon einmal gesehen haben."

Die Pflegedienstleitung evaluiert diese Umstellung bei einem Bericht über eine MDK-Prüfung:

"Beim MDK-Besuch stellte sich große Zufriedenheit über Patientenorientierung der Arbeit heraus, hervorgehoben wurden von den Patienten die Kontinuität und Qualität, ein schönes Arbeitsklima, die

Mitarbeiter wären sehr freundlich, weil der Druck von denen weg ist. Die Touren sind so geplant, dass Patienten nahe beieinander wohnen. Das geht nicht immer, wenn es nicht geht, wird die Tour später umgestellt. Dadurch haben die Mitarbeiter wenig Stress durch Straßenverkehr."

Auch für die Einstellung neuer Mitarbeiter gibt es Regeln:

"I: Wann überlegen Sie, eine neue Tour aufzumachen?

B: Spätestens dann, wenn die Kapazitäten der einzelnen Touren dermaßen ausgeschöpft sind. Ich sehe das ja an den Sollstunden, die erfüllt werden müssen, und den Überstunden. Spätestens dann werde ich hellhörig, wenn die Überstunden über 20 gehen, dann merke ich, hier ist eine Überlastung. Und dann schließe ich mit [der Geschäftsführung] kurz, weil dann geht es ja um Neueinstellungen. Ich eröffne jetzt zum [Datum] die Tour vier wieder, die war eine Zeit geschlossen, weil durch das große Urlaubsloch, was ja jeder ambulante Dienst kennt, alle gehen in Kurzzeitpflege, habe ich die geschlossen und habe jetzt eine neue Kollegin eingestellt, die wird jetzt zum [Datum] wieder aufgemacht.

I: Und die 20 Überstunden, in welchem Zeitraum müssen die anfallen?

B: Also das muss schon in zwei Monaten sein. Denn eine völlige Überforderung bringt mir nur – entschuldigen Sie den Ausdruck – die gelbe Karte, weil die Leute nicht mehr können, was ich auch sehr gut verstehe."

Umgekehrt werden die Überstunden bei geringerem Arbeitsanfall abgebaut:

I: Wie stellen Sie sich auf den unterschiedlichen Arbeitsanfall ein?

B: Erst mal ganz ruhig bleiben, man darf nicht die Nerven verlieren., Ich überlege: wer hat viele Überstunden zur Zeit, die müssen die abfeiern, deren Touren werden auf die mit Minus-Stunden verteilt. Ich selbst pflege auch, mache auch Vertretung, erkenne dann auch Pflegefehler, ich fahre so um die 5% mit, meine Stellvertretung liegt schon zwischen 40 und 50%.,"

5 Zurückdrängung solidarischer Steuerung

Die Umstellung der Finanzierungsart hat, wie auch die folgenden Zitate aufzeigen, die ambulante Pflege in ihrem Charakter wesentlich verändert.

Frühere Gemeindeschwestern berichten:

"In der Gemeinde hatte ich weniger Patienten. Ich habe pflegerische Leistungen erbracht, aber wir haben auch andere Leistungen erbracht: wir sind mit den Patienten zum Cafe gegangen, wir hatten Nachmittage in den Pfarrgemeinden, hatten Altentage zu organisieren, bestimmte Friedhofsbesuche haben wir gemacht. Wir haben dann auch mal einen Zivildienstleistenden zur Seite gestellt gekriegt. Und wir haben mit den Leuten also mehr Serviceleistungen erbracht als pflegerische Leistungen.

I: Gab es Änderungen nach der Überführung in Sozialstationen?

B: Ganz klar, von der Finanzierung her, weil jede Leistung, die der Patient oder die Patientin jetzt möchte, er bezahlen muss. Und dahinter steht eine Zeit, und in der Zeit habe ich oder haben die Mitarbeiter oder Mitarbeiterinnen diese Leistung zu erbringen. Das war vorher nicht, man hat sein Gehalt gekriegt und man hat die Patienten versorgt. Dann war man vielleicht mal 45 Minuten da und am nächsten Tag 1 1/2 Stunden, das machte nichts.

I: Was finden Sie besser?

B: Persönlich für mich ist es jetzt besser, weil damals war man ziemlich schon in jeder Familie integriert, so dass man auch nachts keine Ruhe hatte. Jetzt habe ich Kolleginnen und Kollegen, wo ich mich absprechen kann. Oder wenn eine Bindung so stark wird, dass ich das selbst nicht mehr aushalten kann, kann ich wechseln, ich musste damals alles aushalten, wenn ich dann am Wochenende mal frei hatte, haben dann die Patienten meistens auch abgesagt, da konnten sie das alleine, weil die andere Kollegin aus der Nachbarschaft nicht kommen sollte."

"I: Haben Sie da irgendwann mal so Einschnitte erfahren, dass Sie auf einmal etwas ganz anders machen sollten oder die Situation der [Arbeit] sich verändert hat?

B: Ja, also ein ganz konkreter Einschnitt ist ganz sicherlich die Pflegeversicherung gewesen. Das ist ein ganz konkreter Einschnitt gewesen. Und zwar vorher haben wir, wir haben natürlich auch einen gewissen Zeitrahmen gehabt, aber wir haben viel mehr Möglichkeiten gehabt, Gespräche mit Patienten zu führen. Ich habe zum Beispiel so einen Schwerpunkt für pflegende Angehörige gehabt innerhalb der Pflege und wenn ich bei der einen Patientin, bei dem einen Patienten mal eine halbe Stunde länger gewesen bin, konnte ich das ausgleichen bei den anderen, weil es mir überlassen war, mit der Zeit zu jonglieren. Und das ist jetzt, ist im Grunde überhaupt nicht mehr drin. Das ist seitdem überhaupt nicht mehr möglich. Das heißt, man könnte interne Absprachen treffen mit den Leuten, dass man sagt, ach, wissen Sie, heute habe ich mich verspätet oder aus welchen Gründen auch immer, könnte ich Sie morgen duschen. Das ist natürlich schon möglich. Aber eine halbe Stunde für ein Gespräch, das ist überhaupt nicht mehr drin. Das ist ganz ausgeschlossen. Das müsste man rechtfertigen das ist einfach auch nicht mehr drin, weil es auch nicht mehr bezahlt wird.

Und dieser Kosten-Nutzen-Faktor oder Angebot und Nachfrage, dass es sich rentieren muss, das hat mir total eingeleuchtet. Wenn es mein Betrieb wäre, dann müsste der Betrieb auch rentabel wirtschaften, um existieren zu können. Es geht gar nicht mal so um wahnsinnig viel Verdienst, sondern es muss einfach funktionieren können. Und wenn ich Leistung erbringe, für die ich kein Geld bekomme, dann kann es nicht funktionieren, und das hat mir ziemlich bald eingeleuchtet, habe ich bald kapiert.

I: Und wie war das früher, hat da die Kirche alles bezahlt?

B: Ja, das ist subventioniert worden. Aber – ich weiß gar nicht, ob ich befugt bin, darüber zu sprechen – aber die haben auch noch einen städtischen Zuschuss gekriegt, soviel ich weiß, der es uns ermöglicht hat, eben mit unserer Zeit flexibel umzugehen als Kirche, ganz bewusst. Wir hatten damals eine Chefin, die da sehr Wert drauf gelegt hat, diesen Aspekt mit zu bedenken.

I: Hielten Sie denn die Gespräche damals für wichtig?

B: Hab ich für unwahrscheinlich wichtig gefunden. Vielfach kriegt man in der ambulanten Pflege Situationen mit, weil da ein bestimmtes

Vertrauensverhältnis besteht. Und da kriegt man Situationen mit, da sind Konflikte, da sind ganz eindeutig Konflikte. Entweder, dass die Ehepartner im Konflikt miteinander sind oder dass der pflegende Angehörige einen Konflikt mit seiner Situation hat oder dass mit den Kindern oder den Angehörigen, dass da irgendwelche Konflikte sind. Und wir kommen da rein und wir kriegen das mit. Und im Anfang habe ich mich sehr engagiert, bis ich eine ganz besondere Erfahrung gehabt habe, wo ich mich für die behinderte zu Pflegende engagiert habe und mit ihr Partei gegen den 80jährigen oder über 80jährigen Ehepartner genommen habe. Und das hat ziemlich böses Blut gemacht, weil die Schwiegertochter hat nachher gesagt: 'Er mag zwar nicht behindert sein und er ist sicherlich ein Macho, aber sie hat trotz ihrer großen Schwäche Haare auf den Zähnen, und zwar ganz mächtig.' Sie hat fast nicht gehört, war fast blind und war ein ganz verkrümmter Körper. Von behinderten Menschen kann unter Umständen so eine Macht ausgehen, dass einem Hören und sehen vergeht. Und da habe ich mir geschworen, das ist vor Jahren schon gewesen, da habe ich mir geschworen: Das passiert mir nicht noch mal. Also ich rede nach wie vor, wenn jemand mir einen Konflikt präsentiert oder ein Problem oder was auch immer. Dann gehe ich kurz darauf ein. ... Also aber, es ist im Zuge der Pflegeversicherung für mich auch eine ganz große Erleichterung. Da hat sich was entschärft, entkrampft, entzerrt, möchte ich mal sagen: Dass das alles nicht mehr von mir verlangt wird, sondern ich gehe aufgrund der Pflegeversicherung oder der Neuregelung mit einem ganz klaren Auftrag in die Familie: Grundpflege, Teilwäsche oder was auch immer, ein ganz klarer zeitlich umrissener Auftrag. Und wenn ich drei Worte mit den Leuten reden möchte innerhalb dieses Auftrages, tue ich das, wenn nicht, dann ist für mich wichtig, die Aufgabe so gut wie möglich zu erfüllen und dann einen Abgang zu machen. Und wenn die Leute ein Gespräch brauchen, kann ich verweisen auf einen Pfarrer oder auf – hier, wir haben, [der Wohlfahrtsverband] hat ja Lebenshilfe, da in der [Name-]straße – oder hier ins Büro, dann sage ich: Rufen Sie im Büro an, oder was auch immer."

"Zu Anfang war ich in den einzelnen Gemeinden angestellt, als Gemeindeschwester mit 2-3 Patienten im ersten halben Jahr. Hauptarbeit war: Geburtstagsbesuche, Frauenhilfe, Seniorentreff, ab und zu ein Patient, der Insulin bekam, mal jemand baden oder Angehörige anleiten. Pflege war Nebensache. Dann kamen immer mehr Patienten hinzu. Dadurch wurde es das, was ich mal gelernt hatte. Mit der Einführung der Sozialstation waren wir angestellt bei den Gemeinden, aber abgestellt an die [Verbands]stationen wegen der Wochenendplanung, wegen der Nachmittagsdienste. Nachdem immer mehr Patienten hinzu kamen, wurde die Gemeindearbeit immer weniger. Die Frauenhilfe wurde abgegeben, Geburtstagsbesuche nur noch gemacht, wenn Zeit dazu da war, nur noch sporadisch. Jetzt ist zwar eine Beziehung zur Kirchengemeinde noch vorhanden, aber keine Anbindung. Es gibt nur noch Hilfe beim Gemeindefest, z.B. mit Stand für Zuckertest und Blutdruckmessen und Information.

I: Wie hat sich dadurch die Arbeit verändert?:

B: Es besteht schon ein Unterschied zwischen der Pflege von Patienten und der Leitung eines Frauenkreises oder einer Kindergruppe. Das jetzt ist auch die Arbeit, die ich gelernt habe.

Damals kam mir das sehr gelegen, weil die Kinder klein waren und man mal eben schnell nach Hause konnte, um nach dem Rechten zu sehen. Die Planung war ganz anders. Jetzt sind die Kinder aus dem Haus und ich bin unabhängig.

I: Welche Änderungen ergaben sich durch die Einführung der Pflegeversicherung?

B: Schlimm war, dass die Pflege bezahlt werden musste. Als Gemeindeschwester hat man mal jemand gebadet und es kostete nichts. Hinterher kostete es 5 DM und die Leute gingen schon auf die Barrikaden, weil das vor 20 Jahren viel Geld war. Dann kam das Pflegegeld über das Sozialamt. Als die Pflegeversicherung kam, bekam man auch reichlich Patienten, weil Geld für die Pflege da war, und das wurde auch genutzt. Es wurde bedeutend mehr. Der Bedarf war vorher schon da, nur vorher haben die Angehörigen mehr oder weniger recht und schlecht sich bis ans Ende ihrer Kräfte durchgewurschtelt."

"Der Vorläufer der Pflegeversicherung war ja die Leistung bei Schwerpflegebedürftigkeit, eine Leistung der Krankenkasse. Da hat man ja mal probiert zu sagen, wie kann das funktionieren. Da war definiert, wer schwerpflegebedürfig ist, der kriegt Leistungen aus der Krankenkasse bis zu 750 DM, Einsatz 30 DM. So. Es war nicht definiert, was schwerpflegebedürftig ist. Aber jeder Arzt hat gesagt: 'Sehe ich so.' oder 'Sehe ich so nicht.' Das hatte folgenden Vorteil: die Leute, die dann schwerpflegebedürftig waren, die haben bei uns angerufen und haben gesagt: Was kostet das? Dann haben wir gesagt: der Einsatz 30 DM. Was machen Sie dafür? Das, was Sie wollen. Wenn der sich heute waschen lassen wollte, wurde er gewaschen, wenn er aber nur geputzt haben wollte, wurde geputzt. Eine individuelle Pflege war viel mehr möglich als heute. Sie wussten, Sie können mit 30 DM rechnen, ganz egal, was Sie machen. Da konnte man auch mal nur eine Viertelstunde bleiben, denn es war nicht definiert, dass man eine Stunde bleiben müsste. Es war auch nicht definiert, dass Sie nicht anderthalb Stunden oder zwei bleiben könnten, je nach Umfang. Sie konnten das aber wunderbar einplanen und sagen: wir waschen oder duschen und nehmen uns vor: so und so. Da sind wir ein bisschen kürzer, da sind wir ein bisschen länger. Letztendlich regelt sich das alles am Patienten. Das war ein – aus meiner Sicht – hervorragendes Prinzip. Dann haben die Pflegekassen gesagt: Ja, das sind alles mündige Bürger, die müssen ja die Auswahl haben, die müssen ja ihre individuelle Pflege haben. Jetzt geben Sie denen einen Leistungskatalog mit groß und klein und klein und hinterher wieder groß. Die Leute sehen nur die Zahlen und sagen: das will ich – das Billigste – oder das. Dann machen Sie einen Pflegeplan, fangen an zu arbeiten. Dann sagen die Leute: so will ich das nicht, ich will das ganz anders. Dann müssen Sie theoretisch die Pflegeplanung wieder umstellen. Dann haben Sie das umgestellt, dann sagen die: heute will ich das aber nicht so, heute will ich das anders. Es ist ein ständiges Hin und Her. Und Sie können die Leute ja gar nicht so einplanen. Wenn Sie also immer Teilwäsche einplanen, das ist ja ein viel kürzerer Arbeitsaufwand als Ganzwäsche. Wenn Sie jetzt fünf Patienten hintereinander haben, die alle Teilwäsche haben, und dann sagen sie, sie wollten jetzt jeden Tag Ganzwäsche, dann kommt Ihr ganzer Plan durcheinander. Sie können eigentlich eine gesicherte Einsatzplanung überhaupt nicht machen, weil: der Wunsch des Patienten steht immer oben an. Wir können nicht sagen, wenn wir in die Wohnung kommen: wir haben vereinbart, heute wird gebadet, so, jetzt werden Sie in die Badewanne geschmissen. Das können wir nicht. Wir sind Gäste bei den Patienten. Und die Leute können noch so verwirrt sein, wir machen das, was die Leute wollen, – bis zu gewissen Grenzen natürlich – viele sagen ja, wenn man dahin kommt, ich habe mich heute schon gewaschen. Am vierten Tag fängt es an zu stinken. Dann muss man es halt versuchen. Wenn man nicht weiter kommt, muss man das Gesundheitsamt einschalten. Aber diese Wahlfreiheit oder Selbstbestimmtheit des Patenten muss erhalten bleiben. Und wenn man ein Pauschalsystem hätte, wären die Patienten freier und wir auch."

Mit der Einführung des Modulsystems wurde das Berufsfeld klarer definiert. Alle unmittelbar in der ambulanten Pflege Tätigen, die vor der Einführung von Sozialstationen als Gemeindeschwestern gearbeitet hatten, begrüßten diese Entwicklung, da durch sie ihre Position deutlicher beschrieben ist, so dass sie Anforderungen der Patienten, die sie auf andere Themenfelder beziehen, leichter zurückweisen können. Von daher gewinnt diese Änderung auch Zustimmung. Wenn Pflegepersonen jetzt zu einem Patienten kommen, wissen sie, dass sie es als Krankenschwestern/pfleger oder Altenpfleger/innen tun.

Mit der Änderung der Finanzierung der ambulanten Pflege haben sich darüber hinaus auch die Sinnbezüge, in die Pflege eingeordnet wird, verändert. Mit der Umstellung auf die Abrechnung von Modulen werden einzelne Leistungen abgerechnet, während vorher die Gemeindeschwestern die Leistungen unentgeltlich erbrachten bzw. seit der Einrichtung von Sozialstationen bis zur Einführung der Pflegeversicherung nur die jeweiligen Einsätze unabhängig von den zur Verfügung gestellten Zeiten und erbrachten Leistungen vergütet wurden. Dieser Änderung des Bezahlungsmodus einher ging eine stärkere Bürokratisierung der ambulanten Pflege. Jetzt müssen alle Vorgänge kategorisiert und schriftlich dokumentiert werden.

Die Kritik an der neuen Art der Entgeltung erklärt sich auch daraus, dass sich dadurch ein neues Verhältnis zwischen Pflegeperson und Patient herausgebildet hat, wie sich an der Diskussion um die Bezeichnung des zu Pflegenden als 'Kunde' oder 'Patient' zeigt. Die Umstellung auf den Begriff 'Kunde' soll, wie oben erörtert, ein anderes Verhältnis zum Ausdruck bringen, das die Selbständigkeit des zu Pflegenden stärker betont. Die sich in der neuen Begriffssuche für die Bezeichnung des zu Pflegenden ausdrückende Kritik an der bisherigen Begrifflichkeit impliziert eine Ablehnung des in der Pflege bis dahin geltenden traditionalen Herrschaftsmodells und die Orientierung an einem anderen, dem bürokratischen.

Oben ist aufgezeigt worden, dass sich die ambulante Pflege aus religiösen Wurzeln heraus entwickelt hat. Pflege wurde von Kirchengemeinden oder von weltanschaulich geprägten Organisationen geleistet. Wird Pflege so motiviert, dann wird sie über die Pietätsbindungen zwischen Gemeindemitglied und verbandlichem Personal legitimiert. Diakonische Aufgaben sind nach diesem Verständnis genuine Treuepflichten der Verbandsrepräsentanten gegenüber den Patienten. Sie sind die Gegenleistung des Personals für die Pietätsbindung der Klienten und daher nicht einzeln ab- bzw. verrechenbar. Daher setzt die Kritik am neuen Modell bei den Vertretern des alten am Abrechnungsmodus ein. Wenn ambulante Pflege Ausdruck der Pietätsbindung ist, muss sie unentgeltlich geleistet werden, da die Gegenleistung in der Form der Pietätsbindung bereits erbracht ist.

Nach traditionalem Herrschaftsverständnis ist es – idealtypisch gedacht – die Pflicht des verbandlichen Personals, persönliche Kontakte zu den Gemeindemitgliedern zu unterhalten. Das Personal muss über die persönliche Situation des einzelnen Klienten Bescheid wissen und Hilfen unter Ansehung der Person bereitstellen. Daher wird auch den Hausbesuchen eine so hohe Bedeutung zugeschrieben. Ähnlich wie vom Pfarrer werden solche Hausbesuche auch – und vielleicht sogar gerade – von der Gemeindeschwester erwartet. Ihre Entscheidungsfindung soll nach den Grundsätzen und Regeln der materialen ethischen Billigkeit und Gerechtigkeit oder utilitaristischen Zweckmäßigkeit erfolgen. Entschieden wird nach materialen nicht formalen Gesichtspunkten im Gegensatz zu den formalistischen Entscheidungskriterien in Bürokratien. (Weber [5]1976, 489) So funktionierte diakonische Arbeit in Gemeinden, die spezielle Besuchsdienste eingerichtet hatten, im Allgemeinen gut. Gemeindediakonie wird über solche Besuchsdienste über Kranke und zu Betreuende informiert. Gemeindediakonie rekrutiert ihre Klienten also überwiegend über Hausbesuche und persönliche Kontakte der Gemeindemitglieder zum Gemeindepersonal.(Geller/Pankoke/Gabriel 2002, 136-146)

Die heutigen Pflegedienste rekrutieren ihr Personal überwiegend auf anderen Wegen:

"Es läuft hier sehr viel über die Station, auch von Anrufen aus den Krankenhäusern, wenn die entlassen. Das ist nun so von den Krankenhäusern, von den Sozialämtern, das läuft dann hier über die Station. ... Die haben eine Anlaufstelle. Wir sind jetzt praktisch [Zahl] Schwestern. Und da müssten im Grunde genommen die in den Krankenhäusern, in den Ämtern wissen, wo welche Schwester arbeitet. Von daher ist das dann jetzt einfacher: Die rufen hier an, und ich gebe das dann weiter. Und das ist für die Krankenhäuser und überhaupt diese Institutionen einfacher, die haben eine Anrufnummer, und dann geht das weiter."

Durch die Sozialstation wurde die Zusammenarbeit mit den Krankenhäusern und der Sozialverwaltung erleichtert. Jetzt werden die Klienten unmittelbar von diesen Systemen und über Ärzte, also nicht mehr durch persönliche Kontakte, rekrutiert. Die Einbeziehung in das Medizinsystem, die schon durch die Abrechnung mit den Krankenkassen verstärkt wurde, wurde weiter gefestigt. Krankheit und Krankenpflege bzw. Altenpflege werden so enger in die medizinische Organisation eingebunden, die weltanschaulichen Deutungshorizonte treten in den Hintergrund. Die Interpretation der Krankheit im medizinischen Paradigma wird so weiter abgestützt.

Auch bezieht sich die Arbeit der Sozialstationen nicht mehr allein auf die Mitglieder der Weltanschauungsgruppen, sondern ihr Anspruch ist, sich an alle im Einzugsbereich Wohnenden zu richten. Diese Umstellung ist wichtig für die Durchsetzung bürokratischer Gleichheitsgesichtspunkte. Die Klienten werden allein nach räumlichen Gesichtspunkten eingeteilt. Andere Organisationsprinzipien, wie konfessionelle Zugehörigkeit bzw. Weltanschauungsgleichheit, Verwandtschafts- oder Freundschaftsorganisationen, die jeweils untereinander einen festen, organischen und vom gemeinsamen Boden allzu unabhängigen Zusammenhalt haben (Simmel 1908, 513), werden auf diese Weise neutralisiert. Der Bezug der Sozialstationen zur Kirchengemeinde oder Weltanschauungsgruppe wird immer weiter zurückgedrängt. Er wird weniger durch arbeitsrechtliche Bezüge als durch ehrenamtliche Mitarbeit des Personals in den Gemeinden oder Verbänden hergestellt. Damit ändert sich auch das Verhältnis des Personals der Stationen zu den Patienten. Immer mehr tritt der Patient als Kunde, weniger als Gemeindemitglied oder Anhänger einer Weltanschauung auf. Dieser Umorientierung entspricht auch die Überführung der Sozialstationen in gGmbHs.

Die organisatorische Umstellung von Gemeindeschwestern auf Sozialstationen und die Bezahlung von fest definierten Leistungen hatten auch programmatische Konsequenzen. Tätigkeiten wurden scharf voneinander abgegrenzt und mit Zeitvorgaben versehen. Krankenpflege soll geplant und evaluiert werden, wobei für die Evaluation eine genaue Dokumentation erforderlich ist. Damit treten messbare Phänomene in den Vordergrund. Der Klient wird zum Fall, nicht seine Person interessiert primär, sondern der Typ seiner Erkrankung. Jeder wird als Typ und als solcher gleich behandelt. Entscheidend für die Ausübung der Pflege wird sachliche Kompetenz, die "sine ira et studio" ausgeübt wird.

Diese Umstellung der Entscheidungskriterien von materialen Gesichtspunkten unter Ansehung der Person auf formale Kriterien unter Absehung der Person wird insbesondere für die MDK-Einordnung in Pflegestufen registriert

Nach dem traditionalen Verständnis steht die Pietätsbindung zwischen Pflegeperson und zu Pflegendem im Vordergrund. Daher sind die persönlichen Beziehungen zwischen den Beteiligten von entscheidender Bedeutung. Die persönlichen Beziehungen zwischen der Pflegeperson und zu Pflegendem, vor allem Sympathie und Vertrauen, spielen die wesentliche Rolle. Liegen diese vor, dann werden auch sachliche Differenzen leichter ertragen, fehlen sie aber, dann helfen auch Konsense in Sachfragen wenig.

Die Umstellung vom traditionalen System zum bürokratischen System wurde von den Pflegekunden noch nicht oder nur zum Teil mit vollzogen. Bei der Befragung der zu Pflegenden oder ihrer Angehörigen ergab sich z.B. bei den Anforderungsprofilen an Pflegepersonen auf einer Skala von "unbedingt (1)" über "in hohem Maße (2)", "egal (3)", "eher nicht (4)" und "auf keinen Fall (5)" folgende Reihenfolge:

Anforderungen an Pflegepersonen	Durchschnittliche Zustimmung
Sie sollten zuverlässig sein	1,42
Sie sollten freundlich sein	1,45
Sie sollten Zeit haben	1,51
Sie sollten verschwiegen sein	1,60
Sie sollten vertrauenswürdig sein	1,66
Sie sollten hilfsbereit sein	1,77
Sie sollten fachlich qualifiziert sein	1,85
Sie sollten an der Person interessiert sein	1,86
Sie sollten pünktlich sein	2,00
Sie sollten auf Wünsche der Patienten eingehen	2,09
Sie sollten entspannt sein	2,39
Sie sollten bereit sein, etwas über ihre Pflicht hinaus zu tun	2,85
Sie sollten auf Wünsche der Angehörigen eingehen	3,19
Sie sollten einfühlsam sein	3,23
Sie sollten nur den Pflegebedarf betrachten	3,85
Sie sollten ökonomisch arbeiten	3,93
Sie sollten nur das Vereinbarte tun	4,02
Sie sollten nur das Nötigste tun	4,90

Wichtiger als die Anforderungen an die fachlichen Qualifikationen werden Eigenschaften angesehen, die der Beziehungsaufnahme dienen oder die das persönliche Verhältnis zu Interaktionspartnern beeinflussen. Ganz am Ende stehen Qualifikationen, die sich auf wirtschaftliches Arbeiten richten. Dieser Sachverhalt verdeutlicht, dass sich die Patienten überwiegend noch am traditionalen Modell orientieren. Dagegen sind die Pflegepersonen angehalten, sich am bürokratischen Modell auszurichten. Aus diesem Orientierungsgegensatz ergeben sich eine Reihe typischer Konflikte.

Die meisten Patienten oder Angehörigen lehnten den Satz "Sie sollten nur das Vereinbarte tun" ab. Diese Ablehnung ergibt sich aus der

Orientierung an dem traditionalen Modell, nach dem die Pflegepersonen das gerade Anfallende tun sollen. Die Patienten beurteilen die Handlungen der Pflegepersonen als Ausdruck der Beziehung zu ihnen. Ablehnung von Wünschen werden dann als Ausdruck einer gestörten Beziehung gedeutet. Die Pflegedienste müssen aber, wenn sie wirtschaftlich arbeiten sollen, sich möglichst auf die vereinbarten bezahlbaren Leistungen beschränken. Für sie soll der sachliche Aspekt einer professionellen Arbeit im Vordergrund stehen. Aus dieser Spannung ergeben sich für alle Pflegedienste Probleme.

"Die Mitarbeiter haben schon ihre Patienten. Das ist einerseits positiv. Ich sehe da aber auch immer Negatives: die Leute sind hinterher so in der Familie involviert, die machen so viel, die können dann gar nichts mehr abschlagen. Und da ist bei Nichtexaminierten eine niedrigere Hemmschwelle als bei Examinierten: da halt schnell die kalten Platten abholen und ich weiß nicht, was alles ist. Mit unserem neuen Programm sehe ich das ganz genau, da ist eine Kollegin, die geht seit Jahr und Tag immer zu der Patientin hin, und die braucht wesentlich längere Zeit als andere, die weniger dahin gehen, oder eine andere Kollegin ist jetzt im Urlaub, da kriege ich dann zu hören, ja Frau X ist jetzt in Urlaub, was machen wir denn da jetzt. Wen schicken Sie mir denn überhaupt? Ich weiß, was Qualität ist, aber was unsere Patienten als Qualität empfinden, das ist etwas ganz anderes: Die freuen sich ja immer, wenn ihre Schwester kommt, dann sind die auch zu Hause. Diese Woche sind mal so einfach drei Einsätze abgesagt worden, bei einer anderen Patientin, die wird jeden Tag gewaschen, da ist der Leistungskomplex 19 angesetzt, das wird jeden Tag von der Kollegin durchgeführt, und jetzt wird das nur zweimal in der Woche durchgeführt. Wenn die da fünf, sechs Jahre hingehen, dann haben die sich so an die eine Schwester gewöhnt."

Hier wird die Differenz zwischen den Qualitätsmaßstäben zwischen Pflegedienstleitung und Patienten deutlich hervorgehoben. Aufgrund der wirtschaftlichen Bedingungen ist die Pflegedienstleitung primär an einer sachlich guten Pflege interessiert, an Leistungen, die auch abrechenbar sind. Dagegen sehen die Patienten primär den Beziehungsaspekt zwischen ihnen und der Pflegeperson. Wenn nicht die vertraute Pflegeperson kommen kann, werden Einsätze abgesagt. Aufgrund der Vertrautheit mit der Pflegeperson wird die Inanspruchnahme von nichtbezahlten Leistungen als selbstverständlich angesehen, sie sind eben Ausdruck einer guten persönlichen Beziehung.

Aus diesen unterschiedlichen Bewertungsmaßstäben können sich für die Pflegedienste Konflikte ergeben:

"Also, wenn ich mit einem Patienten vereinbare, bzw. mit Angehörigen und dem Patienten vereinbare, dass wir die Patientin z.B. zweimal die Woche baden, und den Rest der Woche möchten die eben nur, dass da morgens das Frühstück gemacht wird und abends Abendbrot gemacht wird und eben die Medikamente verabreicht werden, weil es eben eine Demenzpatientin ist, dann, ja, kommen dann so Sachen zustande, dass z.B. der Kleiderschrank total unordentlich ist, und dass das dann nicht an uns liegt, ja, und das auch nicht unsere Aufgabe ist, weil nur in dem Moment, wo ich da richtig HWD-mäßig mit drin bin, kann ich auch sagen: hier, wieso liegt die dreckige Wäsche im Schrank. Wenn ich aber zweimal die Woche komme und den Patienten nur bade, kann ich mich nicht um die Wäsche kümmern, dass die gewaschen wird. Das haben sie ja nun vorher so festgelegt. Ja, dann müssen, ich sage jetzt mal, dann doch zwischendurch Gespräche geführt werden. Und da muss man denen auch ganz klar machen, dass wir ja nun auch verdienen müssen bzw. wirtschaftlich arbeiten müssen. Und sicherlich werden wir gerne da mehr machen, nur, die Leistung muss einfach auch bezahlt werden. Und das sehen viele Ältere einfach nicht so, weil es früher einfach mal anders war. Früher gab es noch viele, die haben das ehrenamtlich gemacht. Ich meine, der [Wohlfahrtsverband] hat es ja heute noch, dass er viele Ehrenamtliche einsetzen kann. Die haben wir aber nicht: Ehrenamtliche."

Der Pflegedienst orientiert sich am bürokratischen Modell und fühlt sich daher auch nur für die vereinbarten Leistungen zuständig. Die Ablehnung der Ausführung nicht vereinbarter Leistungen deutet er auch als Schutz des Patienten vor Übergriffen. Nicht nur, weil unvereinbarte Leistungen nicht bezahlt werden, kann er sie nicht ausführen, sondern weil er dadurch auch seine Kompetenzen überschreiten würde, lehnt er solche Leistungen ab. Die Entscheidung, den Schrank nicht aufzuräumen, ergibt sich auch aus dem formalen Kriterium der Nichtzuständigkeit, die geradezu die Ausführung verbietet.

Je vertrauter die Patienten mit ihren Pflegepersonen sind, desto eher gelingt es ihnen, Sonderleistungen durchzusetzen. In einem Pflegedienst wurde das Problem so dargestellt:

"Es sind unsere Patienten auf einige Mitarbeiter eingespielt, auf ein Mitarbeiterteam und zwar immer auf zwei. Und somit ist es so, was wir in letzter Zeit festgestellt haben, dass die Touren unsere Mitarbeiter selbst festlegen, ja, die legen ihre Touren selbst fest, egal ob sie Spät- oder Frühdienst haben und packen sich die Patienten da einfach rein. So, da, wo das Feeling gut ist, gehen sie hin. Da haben wir im Moment keinen Einfluss drauf, da sind wir gerade dabei, das zu ändern. Und wir stellen fest, dass die da drauf sitzen wie Patex. Die wollen also nicht davon ab, weil sie einfach das Gefühl zu diesen Patienten, die Empathie, empfinden. Die möchten die nicht abgeben. ... Wir haben vor vierzehn Tagen so einen Zeitfresser rausgegeben, so ein Blatt für Zeitfresser, wo wir einfach mal unseren Mitarbeitern so einen Zeitfresser mitgegeben haben, wie viel Zeit man wofür benötigt. Und wir haben dann festgestellt, da kommen locker anderthalb Stunden für Blödsinn raus. Das ist einfach so: z.B., was weiß ich, Schlüssel nicht gefunden oder Schlüssel nicht richtig weg gehangen. Der Nächste kommt rein, der Schlüssel ist nicht im Schlüsselkasten. Das passiert, draußen ist Verkehr, irgendwo im Stau gewesen. Wir haben einfach so nach Zeitfressern gefragt: Telefonate sind Zeitfresser, die eigentlich von der Pflege abgehen oder Arztbesuche oder Rezepte oder Einkäufe oder, was weiß ich, Kanarienvogel füttern oder mit dem Hund Gassi gehen, weil keiner da ist. Das sind Zeitfresser. Da holen wir locker anderthalb bis zwei Stunden raus, die man betriebswirtschaftlich, wie [Geschäftsführer] sagen würde, anders nutzen müsste. Nur, wir nutzen das nicht anders, sondern wir nehmen das einfach hin als Serviceleistung."

Doch wurden aus dieser Erhebung dennoch Konsequenzen gezogen:

"Jetzt möchten wir, dass man eigentlich nicht immer zu denselben Patienten gehen soll, eigentlich mehr mischt, ja, weil dann schleichen sich ja so viele negative Aspekte ein bei der Durchführung der Pflege: Jeder pflegt anders, jeder hat ein anderes Händchen, so dass die Pflege einheitlich wird, dass das ein Standard wird. Also wir haben für uns so eine Art Standard entwickelt."

Hier werden die Zusatzleistungen als Ausdruck der intensiven Beziehungen zwischen Pflegeperson und Patient interpretiert. Um diese zu reduzieren und um die Pflege aller zu vereinheitlichen, sollen in Zukunft die Pflegekräfte der einzelnen Patienten öfter gewechselt werden. Um das zu erreichen, lehnen andere Pflegedienste eine Bezugspflege generell ab. So erklärte ein Geschäftsführer:

"Wir vermieten keine Mitarbeiter, sondern wir machen Dienstleistungen. Das ist manchen Leuten schwer zu erklären, aber es hat bisher noch jeder verstanden, warum das so ist."

Mit der Definition von Zusatzleistungen als Ausdruck der Beziehungen zwischen Pfleger und Patient gewinnt der Patient eine stärkere Machtposition gegenüber der Pflegeperson:

"Jeder Mitarbeiter hat durchaus seine Lieblingspatienten. Und da können Sie davon ausgehen, da werden immer Zusatzleistungen erbracht, und wenn nur mal eben zur Bude gegangen wird. Die Mitarbeiter sehen das so, morgens werden die Brötchen mitgebracht oder: 'Ich habe gar nichts mehr zu trinken im Haus, können Sie nicht mal mir eben drei Flaschen Sprudel an der Bude drüben holen?' Ich sage mal so: rein wirtschaftlich gesehen dürfte ich das nicht zulassen. Aber ich gehe selber mit in die Pflege und sehe selber, dass da auch noch ein bisschen Menschlichkeit hinter bleiben muss. Und wenn er das dann kann: es ist immer das Problem: man reicht dem Patienten den kleinen Finger und er nimmt die ganze Hand. Und da muss man ganz klar abgrenzen, dass das nicht überhand nimmt. Das muss auch jeder für sich so ein bisschen entscheiden. Das nimmt dann irgendwann überhand. Und dann sagt der Patient: 'Aber die Schwester bringt mir immer ein halbes Hähnchen mit. Das haben Sie die ganze Woche noch nicht getan.'"

Wenn auch die Pflegepersonen dem Beziehungsaspekt in der Pflege Priorität einräumen und die Sachleistungen im Rahmen der Beziehung interpretieren und diese Interpretation als "Menschlichkeit" verstehen, wird es für sie schwierig, Zusatzleistungen zu verweigern. Dann kann der Patient in eine Position kommen, einzelne Pflegekräfte gegeneinander ausspielen zu können.

Um diese Möglichkeit, einzelne Pflegepersonen gegeneinander ausspielen zu können, zu vermeiden, bemühen sich einige Pflegedienstleitungen, auch solche Leistungen zu vereinheitlichen:

"Und so kommt oft so ein ganzes Paket an Arbeiten oft dazu, die ich jetzt bei der Bedarfserhebung nicht mit aufgenommen habe. Das kommt so klammheimlich hinterher, denn das liegt in der Natur der Sache, dass die Leute dann versuchen, sich die Mitarbeiter auch zu krallen und zu sagen: Können Sie mir das noch oder können Sie mir das Rezept eben mitnehmen, der Apotheker wohnt nur drei Ecken hier um die Straße herum, geben Sie das da doch eben ab. Und da können Mitarbeiter oft schlecht Nein sagen, weil das klingt ja schrecklich, unhöflich und ungefällig, wenn man sagt: Es tut mir leid, es gehört nicht dazu. Das verstehen die dann oft nicht. Also es gibt Stationen, das habe ich jetzt erfahren, die bieten einfach so ein kleines Paket mit an, an Sonderleistungen, die nicht über Module abgerechnet werden können, sondern im Monat dann von den Patienten privat bezahlt werden, sprich: Rollläden hoch machen, Müll mit runter nehmen, Briefkasten leeren, Zeitung mit hoch holen, so, dass man sagt: Da gibt es so ein Paket, da zahlen Sie einen Betrag im Monat dafür und dann machen wir das mit. Das haben wir noch nicht, das empfiehlt sich aber, so was zu machen. Dann kommen noch die Diskrepanzen, der eine macht es, der andere nicht: Da haben Sie aber einen ganz gefälligen Mitarbeiter, der bringt mir den Müll mit runter, der nimmt auch meine Post mit, und die anderen machen das nicht. Solche Geschichten kommen dann auch. Und von daher ist es auch ganz wichtig, dass die Leistungen wirklich einheitlich sind. Wir haben so einen Ablaufplan in der Pflegedokumentation, wo Punkt für Punkt aufgelistet wird, was getan wird. Da sind dann auch die Punkte dabei: Mülleimer mit runter nehmen. Wenn jemand der inkontinent ist und der auch mit Vorlagen versorgt werden muss, die hinterher da in der Wohnung stehen, da tut man ihm auch keinen Gefallen mit. Da denke ich, da ist es recht und billig, wenn man die Tüte schnürt und mit runter nimmt. Das wird dann aber mit aufgenommen. Das macht dann jeder. Das finde ich eben wichtig, dass da auch einheitlich gearbeitet wird. Da bemühen wir uns zumindest drum. Aber es gibt so ein ganzes Paket, sag ich mal, an Handlungen, die nicht dazu gehören, aber mit gemacht werden."

Mit der Einführung der Pflegeversicherung und der Einführung der Module für die Abrechnung von Pflegeleistungen hat der Gesetzgeber versucht, ambulante Pflege in einen neuen Beziehungsrahmen zu stellen. Die Pflegedienste sollten sich nicht mehr im Sinne traditionaler Herrschaft, sondern bürokratischer Herrschaft verstehen. Diese Umorientierung haben viele Patienten und einige Pflegedienste nicht ganz mit vollzogen. Sie interpretieren Pflege weiterhin im Sinne des traditionalen Herrschaftsverständnisses. Daraus ergeben sich, wie dargestellt, unterschiedliche Erwartungen an Pflegeleistungen und Qualitätsmaßstäbe an Pflegeleistungen. Immer wieder wurde betont, dass sich die Erwartungen der Patienten aus ihren früheren Erfahrungen mit der Pflege ableiten lassen. So ist auch zu erwarten, dass sich mit der Zeit die Anforderungen an Pflege bei den Patienten verändern. Mehrmals wurde auf solche Änderungen hingewiesen. Besonders prägnant wird eine solche Änderung im folgenden Zitat dargestellt

"Man kauft Leistungen. Und ein bisschen auch unter dem Zeitdruck, unter dem auch wir stehen, ist der Aufbau der Beziehungen etwas schwerer geworden. Die Patienten haben ja recht, sie kaufen diese Dienstleistungen bei uns, aber der Dienstleister und der Dienstleistungsempfänger sind ja trotzdem Menschen, und da scheint es einen gewissen Bruch zu geben, dass das nicht mehr so als eine, ja, mitmenschliche Handlung gesehen wird, sondern: als Kauf und Verkauf einer Dienstleistung, dass das etwas mehr geworden ist. Eine Stationsleitung hat mir gesagt: wir haben noch heute Kontakt zu Angehörigen, wo wir die Eltern vor acht Jahren gepflegt haben. So etwas kommt kaum noch vor, also da ist anscheinend irgendwie eine andere Haltung eingetreten, die auf der einen Seite gesund ist. Ich kann das nicht haben, wenn Pflegekräfte sagen: und dann hat der sich noch nicht mal bedankt. Wenn ich bei einem anderen Dienstleister bin, wenn ich mich da bedanke, dann muss die Leistung gut gewesen sein, ansonsten bezahle ich sie, fertig."

Hier wird ein Verschwinden der Pietätsbindung zwischen der Pflegeperson und den Angehörigen der Patienten festgestellt. An deren Stelle sei eine Beziehung getreten, wie sie für den Äquivalententausch auf dem Markt üblich ist. Die neue Form des Angebotes bewirkt eine neue Einstellung der Patienten zur Pflegeperson.

Diese Systemumstellung könnte man als Übertragung des Kapitalismus auf den Pflegebereich interpretieren. So charakterisierte Marx den Übergang von der feudalen zur kapitalistischen Gesellschaft als eine Umorientierung in der Zielsetzung der Produktion. Ziel vorkapitalistischer Produktion war nach seiner Analyse der Gebrauchswert, die Versorgung der Bevölkerung mit Gütern. Kapitalistische Produktion dagegen ist nicht primär am Gebrauchswert, sondern am Tauschwert einer Ware und an dem über den Tausch erzielbaren Profit ausgerichtet.

Diese Ziel-Mittel-Vertauschung ist keine rein individuelle, sondern eine gesellschaftlich gültige, also objektive Gedankenform. Sie ist institutionalisiert, oder - wie Marx sagt - verobjektiviert, fetischisiert, insofern versachlicht und entfremdend sowie zugleich in gesellschaftliche Verhältnisse verwandelt, die das Individuum bestimmen und subordinieren. Im Sinne M. Webers bildet Marx also einen Idealtyp, dem bestimmte Motive unterstellt werden, beansprucht für diesen Idealtyp Geltung und untersucht, wie die Entwicklung verlaufen wird, wenn diese Motive weiterwirken.

Die genannte Ziel-Mittel-Umkehrung im Wirtschaftsprozess ist der Motor für die Entwicklung des Kapitalismus und für seine Überlegenheit gegenüber früheren Gesellschaftsformen. Die Profitorientierung im Zusammenhang mit der Konkurrenz bewirkt, dass die Produktionsweise andauernd revolutioniert wird.

"Die wirkliche Ökonomie – Ersparung – besteht in der Ersparung von Arbeitszeit, diese Ersparung aber ist identisch mit der Entwicklung der Produktivkraft" (Marx 1974, 594).

"Die fortwährende Umwälzung der Produktion, die ununterbrochene Erschütterung aller gesellschaftlichen Zustände, die ewige Unsicherheit und Bewegung zeichnet die Bourgeois-Epoche vor allen früheren aus" (Marx/Engels 1970).

Dagegen waren die früheren Epochen gekennzeichnet durch die unveränderte Beibehaltung der Produktionsformen.

In seiner Trendanalyse stellt Marx Ungleichzeitigkeiten fest. Es existieren verschiedene Produktionsweisen in verschiedenen Ländern, aber auch innerhalb der einzelnen Länder zwischen verschiedenen Branchen. Doch prognostiziert er, dass sich die kapitalistische Wirtschaftsweise sowohl regional als auch sektoral ausdehnen wird.

"Die Bourgeoisie reißt durch die rasche Verbesserung aller Produktionsinstrumente, durch die unendlich erleichterten Kommunikationen alle, auch die barbarischen Nationen in die Zivilisation. Die wohlfeilen Preise ihrer Waren sind die schwere Artillerie, mit der sie alle chinesischen Mauern in den Grund schießt, mit der sie den hartnäckigen Fremdenhaß der Barbaren zur Kapitulation zwingt" (Marx/Engels 1970).

Mit der Einführung der Pflegeversicherung soll die neue Produktionsweise auch auf den Pflegebereich übertragen werden.

Doch solange dieser Mentalitätswechsel sich noch nicht vollständig durchgesetzt hat, wirkt die Orientierung am traditionalen Modell als Störung der Pflegeabläufe. So ist eine wichtige Forderung, die sich aus der Orientierung am traditionalen Modell ergibt, dass die Pflegekräfte Zeit für ihre Patienten haben, während es Ziel der neuen Produktionsform ist, möglichst Zeit zu sparen.

Wichtiger aber noch ist, dass im traditionalen Modell ein anderes Steuerungsmedium Priorität hat, die solidarische Steuerung. Diese steuert nach anderen Kriterien und kommt dadurch immer wieder in Konflikt mit dem bürokratischen Steuerungsmedium Planung, wie sich insbesondere an den dargestellten Forderungen nach Zusatzleistungen zeigt. Diese Charakterisierung als Zusatzleistung ist nur nach den Maßstäben einer wirtschaftlich orientierten Pflege angemessen, im traditionalen Modell werden solche Leistungen als normal angesehen.

Entscheidungen in der Pflege werden im traditionalen System unter Ansehung der Person getroffen

"Jeder, den ich anfahre, ist für mich ein eigenständiger Mensch mit seinen eigenen Wünschen, Bedürfnissen, Wut, Trauer, alles das."

Eine andere Krankenschwester, die früher im Krankenhaus gearbeitet hat und jetzt in der ambulanten Pflege tätig ist, stellt fest:

"Früher bin ich mit Scheuklappen durch die Welt gelaufen. Beispiel: Galle von Zimmer 17, heute: ganzer Mensch steht im Blickpunkt. Rückblickend habe ich das Gefühl: nur einen kleinen Teil der Welt mitbekommen zu haben. Das hat sich geändert in den letzten fünf

Jahren, ich habe gelernt, durch die Brille anderer Menschen zu sehen."

Hier werden die für das Krankenhaus und die ambulante Pflege für typisch gehaltenen Blickweisen auf die Patienten gegenübergestellt. Im Krankenhaus würden sie nach dem Gesichtspunkt ihrer Krankheit typisiert. Die Krankheit wäre sozusagen Definitionsmerkmal, unter dem die Patienten betrachtet würden. Dagegen stehe in der ambulanten Pflege der Patient als einmalige Person im Blickpunkt. Daher gewinne Empathie eine hervorragende Bedeutung für das Verhältnis zu den Patienten und die Handlungen an und mit ihnen.

Diese Sichtweise entspricht der der Patienten. Sie wollen zunächst als Person und dann erst als Hilfsbedürftige wahrgenommen werden. Die Empathie zwischen Pflegeperson und Patient tritt in den Vordergrund.

"I: Und was machen Sie da [bei Hoffnungslosigkeit]?

B: Gut, ich muss halt in dem Rahmen versuchen, aufzumuntern und bei Laune zu halten, dass die nicht verzweifeln an ihrer Situation. Man muss sich immer anpassen und gar nicht so viel auf den Patienten einreden, ihn kommen lassen und Bedürfnisse äußern lassen, einfach nur zuhören, gar nicht unbedingt dagegen reden, das einfach hinzunehmen, zu bejahen, wenn sie irgendwelche Ängste äußern, dass man das einfach mal annimmt, und der merkt, dass man das annimmt, dass der merkt, dass man versucht, sich in seine Situation rein zu versetzen, das ist sehr wichtig. Man muss nicht unbedingt dagegen reden."

Die sachlichen Aspekte werden im Lichte der Beziehung und Ansprache des Patienten gedeutet

"Die Motivation ist das A und O. im Prinzip. Die Pflege an sich, das ist ja das, was so fatal ist, die Pflege an sich ist gar nicht wichtig, wichtig an sich ist der Mensch an sich und wie ich den motivieren kann, ihn aus seinem Dilemma, in das er aus dem Nichts hereingekommen ist, wieder raus zu holen. Die Pflege an sich ist ganz normal. Ich wasche mich ja auch jeden Morgen. Das ist Pflege, aber die Menschen zu motivieren, diese Pflege zu akzeptieren und zu verändern, dazu bin ich da. Das ist der Unterschied."

Der Mensch an sich, seine Gefühle und Empfindungen, nicht sachliche Aspekte stehen im Vordergrund. Pflege muss darauf eingehen, auch wenn dadurch die Organisation erschwert wird. Dieser Sachverhalt zeigt sich insbesondere daran, dass alle sagen, auf Peinlichkeits- und Schamgefühle Rücksicht nehmen zu müssen. Sachlich kann die Pflege auch von einem Mann geleistet werden. Doch wenn Pflege durch Männer von einer Patientin als peinlich empfunden wird, werden in den meisten der befragten Pflegedienste nur Frauen für diese Pflege eingesetzt. Rücksicht auf Peinlichkeiten werden als wichtiger angesehen als eine rationelle Arbeitsweise:

"Mir ist es wichtig, Peinlichkeiten zu vermeiden. Ich denke immer, ich bin selber in der Situation. Die wasche ich erst mal oben und ziehe die dann oben wieder an, bevor ich dann unten weitermache, weil ich mal in so einer ähnlichen Situation gewesen bin, ein Belastungs-EKG, alle Fenster und Türen offen und alle paar Minuten kam da jemand rein, da dachte ich auch, die können dir ja erst mal ein Handtuch geben oder so, das ist von mir auch so eine Macke: erst mal ein bisschen auf Diskretion achten."

Handlungen werden im Lichte der Gefühle, die sie auslösen, interpretiert und geplant. Sympathie zwischen Patient und Pflegeperson spielen eine wichtige Rolle. Dagegen sollen Gefühle nach dem Marktmodell für die Interaktionen neutralisiert werden. Die gegenseitigen Rechte und Pflichten werden verbindlich durch Vertrag geregelt. Erst die vertragliche Abrechnung nach Modulen lässt das Problem aufkommen, wie sich ein Pflegedienst bei der Annahmeverweigerung von vertraglich vereinbarten Leistungen oder der Forderung nach Zusatzleistungen verhalten soll. Die Vereinbarung von Serviceleistungen ist der Versuch eines Kompromisses zwischen dem bürokratischen und dem traditionalen Modell.

Mit der Einführung der Pflegeversicherung sind die Pflegedienste vor die Entscheidung gestellt, an welchem Modell sie sich primär orientieren. Für beide Modelle spricht etwas, für das bürokratische die klare Abgrenzung des Berufsfeldes und die Möglichkeit, sich stärker an betriebswirtschaftlichen Gesichtspunkten orientieren zu können. Für das traditionale Modell spricht dagegen die höhere Entsprechung zu den Erwartungen der zu Pflegenden.

6 Probleme der „Vermarktlichung" ambulanter Pflege und der Umstellung auf die kapitalistische Produktionsweise

Als 1994 die Pflegeversicherung als fünfte Säule des deutschen Systems der sozialen Sicherung eingeführt wurde, galt dies als Zeichen robuster Stabilität der deutschen Tradition des Sozialstaats als Sozialversicherungsstaats. Die offensichtliche Bindung an die Tradition ließ leicht übersehen, dass die Pflegeversicherung unter dem Dach der Kontinuität gleichzeitig einen tiefgreifenden Umbruch im deutschen Sicherungssystem auf den Weg brachte (Lessenich 2003, 211-248; Meyer 1996). Mit der Absicherung des Pflegerisikos ging es zum ersten Mal um eine Gefährdung, die keinen inneren Zusammenhang zum Arbeitnehmerstatus besitzt. Knüpfen Unfall-, Kranken-, Renten- und Arbeitslosenversicherung an die Rolle des Arbeitnehmers und den Arbeitsvertrag an, so geht es bei der Pflege um ein Lebensrisiko ohne inneren Bezug zur Erwerbsarbeit. Gleichzeitig spielten bei der Einführung der Pflegeversicherung die Interessen an einer Umstellung der Finanzierung eine zentrale Rolle. Die Kommunen als Träger der örtlichen Sozialhilfe sollten entlastet werden und die Sozialhilfe sollte ihre ursprüngliche Funktion als Auffangnetz für schwer voraussehbare, individuelle Lebensrisiken zurückerhalten. Die Furcht vor unlösbaren Finanzierungsproblemen der Pflegeversicherung führten zum Bruch mit dem Prinzip einer bedarfsgerechten Risikoabsicherung. An dessen Stelle trat eine strikte Begrenzung auf eine an den Einnahmen orientierte Ausgabenpolitik. Die Pflegeversicherung führte in Folge dessen einerseits zu einer Anerkennung des Pflegerisikos als einer sozial zu bewältigenden Gefährdung, zielte aber gleichzeitig von vorne herein auf eine strikte Begrenzung der sozialen Risikobewältigung. Insofern lässt sich die Pflegeversicherung mit einem gewissen Recht als soziale „Teilkaskoversicherung" bezeichnen, die auf einen Mix von privater und öffentlicher Risikoabsicherung setzt.

Nicht nur in der Finanzierung zeigt die Pflegeversicherung einen gewissen „Systembruch im System" an. Auch in der Art der Bereitstellung und Steuerung der Pflegedienstleistung lässt sich die Pflegeversicherung als ein neuartiges Experiment in der deutschen Wohlfahrtsproduktion kennzeichnen. Sie bildet die Speerspitze in der Tendenz zu einer verstärkten „Vermarktlichung" der sozialen Dienstleistungsproduktion im deutschen Sozialstaat (Rothgang 2000; Lessenich 2003, 229). Zwar handelt es sich um einen sozialstaatlich regulierten Markt. Die Preise sind rechtlich administriert, die Dienstleistungsprodukte gesetzlich als Pflegemodule standardisiert und öffentliche Regelungen dienen der Sicherung der Qualität in der Erstellung der Dienstleistung. In diesem Rahmen soll die Steuerung durch einen Pflegemarkt dazu führen, dass leistungsstarke Anbieter sich gegenüber leistungsschwachen durchsetzen und die Dienstleistung ökonomisch rationaler und kostengünstiger angeboten und durchgeführt wird. Die Installierung des Pflegemarktes durch die Pflegeversicherung implizierte eine radikale Veränderung des Charakters und der Rolle der bisherigen Anbieter von Pflegedienstleistungen: aus milieugeprägten Wertgemeinschaften wurden Dienstleistungsanbieter und –produzenten auf einem Dienstleistungsmarkt, der durch einen Wettbewerb zwischen privaten, gewinnorientierten und frei gemeinnützigen Produzenten geprägt ist.

Ordnungspolitisch wirft die „Vermarktlichung" sozialer, personenbezogener Dienstleistungen eine Reihe von Problemen auf. Es handelt sich weder um normale Sachgüter, die sich nachgewiesener Maßen mit tatsächlichen Effizienzgewinnen marktlich steuern lassen, noch um „öffentliche Güter" wie die Gewährleistung öffentlicher Sicherheit, deren Herstellung als Staatsaufgabe unumstritten ist (Kaufmann 1994; 2002). Wie Beispiele zeigen, sind personenbezogene Dienstleistungen prinzipiell auch der marktlichen Steuerung zugänglich. Allerdings ist keineswegs gesichert, dass Markt und Konkurrenz im Bereich personenbezogener Dienstleistungen zu einer Steigerung der Effizienz in der Dienstleistung führen. Vielmehr muss mit spezifischen kontraproduktiven Wirkungen gerechnet werden, wie sie für die Sachgüterproduktion nicht gelten. Sie stehen mit spezifischen Rationalisierungsgrenzen im Zusammenhang, die mit dem Charakter personenbezogener Dienstleistungen verbunden sind. An erster Stelle ist hier an das Vertrauen der Adressaten in die persönliche Integrität und Verlässlichkeit der Leistungserbringer zu denken (Kaufmann 2002: 58). Das Vertrauen und die Gewinnung des Klienten als Mitproduzenten gehört zu den unabdingbaren Elementen der Produktivität und Effizienz der Leistungserbringung. Deshalb ist damit zu rechnen, dass die Vermarktlichung immer dort kontraproduktive Wirkungen hervorruft, wo der Kostendruck nicht nur auf der Ebene der Organisation wirksam wird, sondern auch auf die unmittelbare Interaktion durchschlägt, in der die Dienstleistung notwendig erbracht wird. Ordnungspolitisch gibt es deshalb für die personenbezogenen Dienstleistungen keine klare und nachweisbare Überlegenheit marktlicher Steuerung. Dasselbe gilt auch für reine Formen staatlicher, rechtlich-bürokratischer Steuerung. Vielmehr erscheinen gerade gemischte Formen der Wohlfahrtsproduktion, die solidarische und professionelle Steuerungsformen mit einschließen, den reinen Typen überlegen (Kaufmann 2002: 58ff.).

Wie kein anderer Sektor der personenbezogenen Dienstleistungsproduktion im deutschen Sozialstaat ist die ambulante Pflege seit der Einführung der Pflegeversicherung durch eine wettbewerbliche, kapitalistische Produktionsweise geprägt. Damit zeigen sich hier die Spannungen und Widersprüche zwischen der kapitalistischen Produktionsweise und den Effizienzbedingungen des personenbezogenen, pflegerischen Handelns als soziale Interaktion besonders nachdrücklich. Bei der Warenproduktion wird auf Materialien eingewirkt, ohne dass diese selbst Einfluss auf die Arbeitsgänge ausüben könnten. Ambulante Pflege dagegen ist vom Mitwirken des "Konsumenten" abhängig. Produktion und Konsum der Pflege erfolgen uno actu im Zusammenwirken von Pfleger und Kunden. Ohne Anwesenheit, ja Einwilligung und Mitwirkung des Kunden bleibt Pflege unmöglich bzw. mehr oder weniger unwirksam. Die Beziehung zwischen Pfleger und Kunden und die Kommunikation zwischen ihnen werden zu wichtigen Produktionsfaktoren, um die Koproduktion effektiv auszurichten. Stehen bei Marktbeziehungen allein sachliche Aspekte im Vordergrund, so spielen bei der Produktion von Pflege die menschlichen Beziehungen zwischen Pfleger und Kunden eine wesentliche Rolle. Sind Marktbeziehungen ihrem Wesen nach anonym, so sind persönliche Beziehungen in der Pflege konstitutiv. Die gegenseitige Anerkennung als Person ist Voraussetzung für eine "gute Pflege". Die Koproduzenten müssen ein Vertrauensverhältnis zueinander aufbauen.

Dieser Sachverhalt erschwert eine Leistungsmessung und damit auch eine Bezahlung der Pflegenden nach Leistung, ja erschwert die Abgrenzungen von Tätigkeitsmerkmalen überhaupt. Da die Leistung vom Zusammenwirken der Koproduzenten abhängt, können Erfolg und Misserfolg nicht einseitig zugeschrieben werden. Um die Erfolgsbedingungen zu optimieren, müssen Vertrauensbeziehungen zwischen Pfleger und Kunden aufgebaut werden. Dazu ist Zeit erforderlich. Zwar wird von Geschäftsführern immer wieder darauf verwiesen, dass Kommunikation auch während der Pflege erfolgen kann und erfolgt, doch zeigen einige Beispiele, dass für den Vertrauensaufbau auch eigene Zeit angesetzt werden muss, besonders dann, wenn der Kunde habituell misstrauisch ist. Zum Aufbau von Vertrauensbeziehungen sind Informationen auch über die sachliche Pflegetätigkeit hinaus erforderlich. Fast alle Befragten verweisen darauf, dass sie während der Pflege Informationen über die gesamte Biographie ihrer Patienten erhalten und dass es notwendig ist, auch über sich selbst und die eigene Lebenssituation zu berichten. Dieser Sachverhalt erschwert eine genaue Abgrenzung der Pflegetätigkeit, die aber zur Leistungsermittlung erforderlich wäre.

Soll Pflege nach kapitalistischen Gesichtspunkten organisiert werden, dann muss ein wichtiges Ziel sein, Arbeit so zu organisieren, dass sie in möglichst kurzer Zeit erbracht werden kann. Zeitersparnis ist ein wesentliches Merkmal kapitalistischer Produktionsweise. Dem steht in der Pflege entgegen, dass für den Aufbau persönlicher Beziehungen gerade der Aspekt des "Zeithabens" als besonders wichtig eingeschätzt wird. Zeit für den anderen haben, wird als Ausdruck der Beziehungsqualität interpretiert. Zeithaben für den anderen wird als Ausdruck der Menschlichkeit gedeutet. Soll Pflege kapitalistisch produziert werden, dann muss dieser Widerspruch aufgelöst werden.

Ein dritter Aspekt erschwert die Transformation der Pflege in eine kapitalistische Produktionsweise. Pflegekapazitäten müssen vorgehalten werden, auch wenn sie akut nicht abgerufen werden. Der Arbeitsanfall in den Betrieben ist unregelmäßig und durch die Betriebe nur bedingt steuerbar, da die Arbeitsergebnisse nicht hortbar sind. Krankenhauseinweisungen oder Heimunterbringungen führen zu Verlusten von Kunden, für die aber unter Umständen freie Kapazitäten vorgehalten werden müssen, da sie wieder übernommen werden müssen, auch wenn nicht klar ist, wie lange die Aufenthalte in den Einrichtungen dauern. Auch der plötzliche Tod mehrerer Kunden zur gleichen Zeit kann nicht von hier auf jetzt mit neuen Kunden aufgefangen werden. Pflege ist situativ bedingt. Sie fällt unkontinuierlich an. Diese Unregelmäßigkeiten müssen bei ihrer Organisation berücksichtigt werden.

Aber nicht nur der Arbeitsanfall ist situativ bestimmt, sondern auch die Organisation der Pflege selbst lässt sich nur in Grenzen vom Ziel her bestimmen, zu viele Faktoren müssen bei der Planung berücksichtigt werden. Es ist aufgezeigt worden, dass auch die Pflegeplanung wesentlich situativ bestimmt ist.

Aufgrund dieser Probleme kommt der Personalauswahl in den Pflegeberufen eine besondere Bedeutung zu. Pflegedienste brauchen professionelles Personal, da die Zieldefinitionen der Arbeit meistens mehrdeutig, die anzuwendenden Methoden häufig unbestimmt und die Ergebnisse der Arbeit nur schwer messbar sind. Das Personal muss über systematisches Wissen verfügen, dessen abstrakte Kategorien in unterschiedlichen Situationen konkretisiert werden müssen. Wie schon im ersten Kapitel dargestellt, sind Professionen dann zuständig, wenn es sich um Probleme von einzelnen Menschen in einem konkreten Lebenszusammenhang handelt, die ohne spezialisiertes Wissen nicht mehr zu bewältigen sind. Sie setzen kulturelle Traditionen (Wissens- und Deutungsmuster sowie Problemperspektiven) handlungsmäßig und interpretativ für die Bewältigung von individuellen Krisen und die Wiederherstellung bzw. Erhaltung der physischen, psychischen und sozialen Integrität sowie Identität von Personen ein. Professionen zeichnen sich ferner durch eine am Gemeinwohl ausgerichtete Handlungsorientierung aus und handhaben die jeweilige Berufsidee reflexiv. (Krech 2000) So ausgebildetes Personal kompensiert Programm- und Strukturprobleme der Organisation.

Eine wichtige Voraussetzung für die Umstellung der Produktionsverhältnisse ist die Beschränkung der Pflegetätigkeit auf körperliche Funktionen. Diese Abkehr von einem ganzheitlichen Pflegeverständnis erlaubt die Ausklammerung von Gesichtspunkten, die für die Tätigkeit irrelevant sein sollen. Dadurch wird eine leichtere Prioritätensetzung möglich. Andererseits bleibt der wichtigste Einwand, dass dadurch psychische Aspekte der Pflegetätigkeit nicht mehr berücksichtigt werden können. Insbesondere kann der pflegerische Aufwand, der für Demenzkranke notwendig ist, nicht mehr angemessen in Rechnung gestellt werden.

Mit der Einführung der Pflegeversicherung und insbesondere mit der Definition der Module ist jetzt trotz der dargestellten Schwierigkeiten der Versuch unternommen worden, die kapitalistische Produktionsweise auf die Pflege zu übertragen. Die Ergebnisse dieser Übertragung wurden von den im Pflegebereich Tätigen unter bestimmten Gesichtspunkten begrüßt. Hervorgehoben wurde insbesondere die dadurch ermöglichte Begrenzung des Berufsfeldes, die die Position der Pflegepersonen verdeutlicht hat. Sie haben eine Möglichkeit erhalten, an sie gerichtete Erwartungen nach ihrer Legitimität zu beurteilen und damit inadäquate Erwartungen zurückzuweisen. Auf diesen Vorteil weisen insbesondere frühere Gemeindeschwestern hin.

Als Hauptproblematik der Umstellung wird weniger die Definition der Module als die Verknüpfung der Module mit bestimmten Preisen angesehen. Mittels dieser Verknüpfung wird davon abgesehen, dass ambulante Pflege eine personenbezogene Dienstleistung ist, deren Produktion von der Mitwirkung des Kunden sowie von anderen Konditionen abhängig ist. Völlig unberücksichtigt bleibt dadurch die Bedeutung der Kommunikation zwischen Pfleger und Kunden für die Erstellung des Produktes.

Die Preisbildung im ambulanten Pflegebereich erfolgt nicht über den Markt, sondern die Preise sind administriert. Wie in Kapitel 1 bereits festgestellt, ergibt sich die Notwendigkeit, die Preise zu administrieren aus der Tatsache, dass funktionsfähige Märkte Konsumenten voraussetzen, die kompetente Entscheider sind. Das ist im Bereich der ambulanten Pflege häufig nicht vorauszusetzen. Außerdem handelt es sich hier um Vertrauensgüter, zu deren Erzielung sich der Klient in einem besonderen Maße offenbaren muss, wodurch er leicht ausbeutbar wird. Den Missbrauchsmöglichkeiten müssen Marktregulierungen durch Preisvorgaben, strafrechtlich sanktionierte berufsspezifische Normen und berufsethische Normen entgegenwirken. Daraus darf aber nicht geschlossen werden, dass die Preise willkürlich festgelegt werden könnten.

Die Preise müssen einmal den qualifikatorischen Ansprüchen an das Personal entsprechen, zum anderen aber berücksichtigen, dass sich die Leistungserbringung nicht standardisieren lässt, da sie sowohl vom Konsumenten wie auch von den besonderen Umständen, unter denen sie erbracht wird, abhängt. Sollen Preise für bestimmte Module einheitlich festgelegt werden, dann müssten Zeiten für die Erbringung unter verschiedenen Umständen ermittelt werden, und dann daraus ein Mittelwert gebildet werden. Für Kunden mit Krankheiten, von denen bekannt ist, dass sie besonders viel Zeit und Aufmerksamkeit erfordern, könnten Aufschläge gezahlt werden. Auf diese Weise würden sich Zeitkorridore ergeben, die den Pflegepersonen gewisse Spielräume gewähren, die sich aber insgesamt ausgleichen würden.

In der Anfangszeit der Pflegeversicherung scheinen die Preisfestsetzungen einen solchen Spielraum ermöglicht zu haben. Doch da die Preise über mehrere Jahre nicht angepasst wurden, hat sich dieser Spielraum immer mehr verengt, so dass die Pflegedienste unter finanziellen Druck geraten sind. Sie reagierten darauf mit Wettbewerbsstrategien, wie sie auch auf Märkten anzutreffen sind: Taylorisierung der Arbeit, Spezialisierung, vertikale Kartellbildung, Fusionen usw., um ihre Wettbewerbsposition zu festigen oder mit Konkurs. Insbesondere gaben sie aber den Druck an ihre Mitarbeiter weiter, indem sie die Arbeitsbedingungen immer stärker flexibilisierten und die Löhne senkten. Dadurch hat der Pflegeberuf an Attraktivität eingebüßt, so dass sich inzwischen Personalengpässe ergeben. Das Ziel, durch Wettbewerb im Pflegebereich Kapazitäten vorzuhalten, wurde dadurch konterkariert.

Diese Entwicklung wurde durch die starke Stellung der Pflege- und Krankenkassen im Pflegebereich gefördert. Durch Preisdiktate und die Übernahmeverweigerung von notwendigen Leistungen (z.B. Dekubitusvorsorge) oder durch Empfehlung an die Patienten, den Pflegedienst zu wechseln, können die Kassen einseitig den Druck auf die Pflegedienste erhöhen, ohne dass diese die Möglichkeit hätten, sich dagegen angemessen zu wehren. Daher wäre es angebracht, bei

Konflikten zwischen Krankenkassen und Pflegediensten Schiedsstellen einschalten zu können, über die die Verhandlungsparität hergestellt werden könnte.

Klarer geregelt werden muss auch die Überleitung von Patienten aus dem Krankenhaus in die ambulante Pflege. Die jetzt schon mögliche vorläufige Einstufung des Patienten in eine Pflegestufe im Krankenhaus sollte verallgemeinert und zum Normalfall werden, um Unsicherheiten sowohl beim Patienten wie auch bei den Pflegediensten zu vermeiden.

Hat die Neudefinition der Pflege auch zur besseren körperlichen Versorgung beigetragen, so bleibt dennoch das Problem der psychischen Betreuung der Patienten. Hier ist eine Neudefinition des Verständnisses von Ganzheitlichkeit erforderlich. War nach dem traditionalen Verständnis die Pflegeperson allzuständig für alles, was mit Pflege zu tun hatte, so könnte ähnlich wie bei der Hospizarbeit im Krankenhaus (vgl. Geller, Gabriel Pankoke 2002, 215f) die Lücke, die die anderen Systeme ausklammern, durch ehrenamtliche Besuchsdienste ausgefüllt werden. Es wäre dann auch Aufgabe von Pflegediensten, ehrenamtliche Besuchsdienste zu organisieren, die die psychische Betreuung übernehmen. Hier böte sich einen Zusammenarbeit mit Kirchengemeinden an.

Was also lässt sich zehn Jahre nach der Einführung der Pflegeversicherung zusammenfassend zu ihren Auswirkungen auf die ambulante Pflege als personenbezogene Dienstleistung sagen? Die administrierten Preise für die Pflegedienstleistungen sind seit Jahren der allgemeinen Preisentwicklung nicht mehr angepasst worden. Im Rahmen der Vermarktlichung der ambulanten Pflege hat dies dazu geführt, dass der Wettbewerb unter den Anbietern sich außerordentlich verschärft hat. Die Pflegeorganisationen sahen sich genötigt, den Wettbewerbsdruck in hohem Maße an die Pflegekräfte weiterzugeben. Es konnte deshalb nicht ausbleiben, dass der Konkurrenzdruck in steigendem Maße auch die Interaktionsbeziehungen der unmittelbaren Pflegeproduktion belastete. Aus der Perspektive personenbezogener Dienstleistungen muss die gegenwärtige politische Regulation des sozialstaatlich eingerichteten Dienstleistungsmarkts als nicht befriedigend eingeschätzt werden. Wie der rasante Attraktivitätsverlust der ambulanten Pflege bei den Pflegekräften zeigt, ist unter den gegenwärtigen Bedingungen der Marktregulation von erheblichen kontraproduktiven Wirkungen der Vermarktlichung der ambulanten Pflege auf den personenbezogenen Dienstleistungsprozess auszugehen.

Die Einrichtung eines Dienstleistungsmarkts mit administrierten Preisen und modularisierten Leistungen hat insgesamt die Fachlichkeit der Pflege gestärkt. Dies hat dazu beigetragen, dass die professionelle Steuerung in der ambulanten Pflege an Bedeutung gewonnen hat. Die Pflegekräfte haben durch erhöhte Professionalität einen Teil der negativen Folgen der einseitigen Vermarktlichung der ambulanten Pflege und der Durchsetzung der kapitalistischen Produktionsweise abgefangen. Wie die Anzeichen von Überlastung der Pflegekräfte und die verstärkten Strategien zur Reduktion der Personalkosten seitens der Pflegeorganisationen verdeutlichen, ist künftig eher mit einer Schwächung als mit einer Stärkung der professionellen Steuerung in der ambulanten Pflege zu rechnen. Wenn der Wettbewerb vornehmlich auf dem Feld der Personalkosten ausgetragen wird, muss dies für die professionelle Steuerung der Pflege negative Folgen haben, die sich unter den gegebenen Bedingungen effizienz- und produktivitätsmindernd auf die Dienstleistungsproduktion der ambulanten Pflege auswirken müssen.

Traditionell spielte für die Erbringung der ambulanten Pflegeleistung die solidarische Steuerung eine dominierende Rolle. Hatte schon die Einrichtung der Sozial- und Pflegestationen Anfang der 1970er Jahre für ein Zurücktreten des solidarischen Moments in der ambulanten Pflege gesorgt, so hat die mit der Pflegeversicherung installierte Vermarktlichung der Pflege der solidarischen Steuerung weitgehend die Grundlage entzogen. Der Ausfall soildarischer Steuerung macht sich in erster Linie in den psycho-sozialen Defiziten der gegenwärtigen ambulanten Pflegepraxis bemerkbar. Auf einem „asymmetrischen Markt" (Nullmeier 2004, 496) mit den privaten Anbietern in Konkurrenz gebracht, haben die aus der Tradition solidarischer Steuerung ambulanter Pflege stammenden verbandlichen Anbieter sich in den letzten Jahren darauf konzentriert, ihre ökonomischen und managerriellen Mängel auszugleichen und damit ihre Existenz als Marktanbieter zu sichern. In diesem Bemühen waren sie insgesamt erfolgreich und haben sich als anpassungsfähig erwiesen, zumal sie auch der professionellen Steuerung verstärkten Raum gegeben haben. Die Pflege und Weiterentwicklung der solidarischen Ressourcen, über die gerade die in den Kirchengemeinden verwurzelten Einrichtungen der kirchlichen Wohlfahrtsverbände in reichem Maße verfügten, sind dabei aus dem Blick geraten. Als Teil einer in den örtlichen kirchlichen Milieus strukturell verankerten Basiscaritas bzw. Basisdiakonie existiert die kirchlich gebundene ambulante Pflege faktisch nicht mehr. In der Nähe und im Kontakt zu den Kirchengemeinden unterscheiden sich die kirchlich gebundenen, die sonstigen frei gemeinnützigen und die privaten Anbieter ambulanter Pflege kaum mehr signifikant voneinander. In Einzelfällen sind es gerade die Leiter privater Dienste, die um die Bedeutung der Beziehungen zu den örtlichen Kirchengemeinden wissen und deshalb einen besonderen Kontakt zu den Gemeinden pflegen. Angesichts der Verknappung und der insgesamt großen Nachfrage nach gemeindlichen Ressourcen der Solidarität erscheint es fraglich, ob der gegenwärtige Trend wieder umgekehrt werden kann. In jedem Fall wären programmatisch gestützte und gezielte Anstrengungen notwendig, um etwa für die psycho-soziale Versorgung der zu Pflegenden in ähnlichem Maße ehrenamtliches Engagement aus den Kirchengemeinden zu gewinnen, wie dies gegenwärtig auf dem Feld der Hospizarbeit zu verzeichnen ist.

Die Vermarktlichung personenbezogener Dienste – darauf deuten unsere Ergebnisse hin – schafft erschwerte Bedingungen für das solidarische Element in der Steuerung sozialer Dienste. So erscheint es fraglich, ob die gegenwärtige Struktur der ambulanten Pflege einen für personenbezogene Dienstleistungen angemessenen Mix in den Steuerungselementen von Administration, Markt, Profession und Solidarität ermöglicht. Traditionell gehört es zu den Kernfunktionen und Stärken der Wohlfahrtsverbände in Deutschland, als intermediäre Akteure Ressourcen solidarischer Steuerung zu erschließen und zwischen Staat, Markt und Familie zu vermitteln. Wo sie auf asymmetrischen Wohlfahrtsmärkten mit privaten Anbietern in Konkurrenz gebracht werden, stellt sich die Frage, ob sie ihre Kernfunktion überhaupt weiter erfüllen können. Die zehnjährige Erfahrung mit dem politisch administrierten Wohlfahrtsmarkt ambulante Pflege lässt die Frage eher mit Nein beantworten. Es überrascht deshalb nicht, dass aus den Reihen der frei gemeinnützigen Träger immer wieder Stimmen zu hören sind, die sich für eine volle Vermarktlichung der Dienste aussprechen und die in ihrer Gemeinnützigkeit eher eine Last als ein Privileg sehen (Vgl. Ottnad/Wahl/Miehel 2000). Wenn die Gesellschaft dort, wo soziale Dienste es mit Menschen zu tun haben, deren personenbezogenen Charakter aufrecht erhalten will, darf die staatliche Regulationspolitik die Möglichkeiten solidarischer Steuerung nicht so weit einengen, wie dies für den gegenwärtigen Markt ambulanter Pflege zu konstatieren ist. Die Wohlfahrtsverbände wiederum müssen sich – nachdem sie ihre Lektionen ökonomischer Rationalisierung gut gelernt haben – auf ihren Auftrag und ihre Sendung als Akteure einer sozialen und personenbezogenen Rationalisierung und als Produzenten von Solidarität zurück besinnen.

Literatur:

Argyle, M., Soziale Interaktion, Köln 1972

Badura, B., Für eine umfassende Qualitätsstrategie. Die Bedeutung von Public Health für die Gesundheitsreform, in: Merke, K. (Hg.), Umbau oder Abbau im Gesundheitswesen?, Berlin 1997, 93-103

Bauer, R., Soziale Dienste und spezifische Zielgruppen, BMFSF; Arbeitspapier Nr. 3. Frankfurt/M. 2001

Bögemann-Großheim, E., Die berufliche Ausbildung von Krankenpflegekräften. Kontinuitäten, Verunsicherungen, Reformansätze und Zukunftsrisiken einer Ausbildung besonderer Art, Frankfurt/M. 2002

Elkeles, Th., Arbeitsorganisation in der Krankenpflege. Zur Kritik der Funktionspflege, Frankfurt 1991

Endreß, Vertrauen und Vertrautheit - Phänomenologisch-anthropologische Grundlegung, in: M. Hartmann u. C, Offe (Hg.) Vertrauen. Die Grundlage des sozialen Zusammenhalts, Frankfurt/M. 2001, 161-203

Evers, A.,: Die Pflegeversicherung. Ein mixtum compositum im Prozeß der politischen Umsetzung. In: Sozialer Fortschritt 44,(1995) H.2, 23-28

Geller, H., Gabriel, K., Pankoke E., Ökumene und Gemeinde. Untersuchungen zum Alltag in Kirchengemeinden, Opladen 2001

Goffman, E., Asyle. Über die soziale Situation psychiatrischer Patienten und anderer Insassen, Frankfurt/M. 1973:

Goffman, E., Interaktion: Spaß am Spiel. Rollendistanz, München 1973

Goffman, E., Interaktionsrituale. Über Verhalten in direkter Kommunikation, Frankfurt 1971

Goffman, E., Stigma, Über Techniken der Bewältigung beschädigter Identität, Frankfurt 21970

Goffman, E., Wir alle spielen Theater. Die Selbstdarstellung im Alltag, München 1969

Grunow, D., Organisationsdilemmata kirchlicher Wohlfahrtsverbände im gesellschaftlichen Umbruch, in: Gabriel, K. (Hrsg.), Herausforderungen kirchlicher Wohlfahrtsverbände, Berlin 2001

Hasenfeld, Y., Human Service Organisations, Englewood Cliffs NJ 1983

Hasenfeld, Y., The Nature of Human Service Organizations. In: Y.Hasenfeld (Hg.), Human services as complex organizations, Newbury Park und London 1992,1-44

Hegner, Friedhardt 1980: Fremdarbeit und Eigenarbeit in der ambulanten Sozial- und Gesundheitspflege: Sozialstationen als Versuch einer Kombination professioneller und nicht-professioneller Hilfen, Berlin (Wissenschaftszentrum).

Hengsbach, F., Die Ökonomisierung des kirchlichen Dienstes, in Gabriel, K., Krämer,W., Zöller, N.(Hg.),)Neoliberalismus als Leitbild kirchlicher Innovationsprozesse?, Münster 2001, 31-63

Kaufmann, F. X., Staat und Wohlfahrtsproduktion., in: H.-U. Derlien (Hrsg.), Systemrationalität und Partikularinteresse. FS Renate Mayntz, Baden-Baden 1994, 357-380

Kaufmann, F. X., Sozialpolitik und Sozialstaat: Soziologische Analysen, Opladen 2002

Kaufmann, F.X., Die freie Wohlfahrtspflege in der wohlfahrtsstaatlichen Entwicklung Europas, in: B. J. Güntert, F.X. Kaufmann u. U. Krolzik (Hg.), Freie Wohlfahrtspflege und europäische Integration, Gütersloh 2002, 49-67

Klie, Th., Krahmer, U., (Hrsg.), Soziale Pflegeversicherung. Lehr- und Praxiskommentar LPK-SGB XI, Baden-Baden

Kloos, B., Große Träger machen mobil, in: Neue Caritas 101, Heft 7 19.4.2000, 8-11

Kondratowitz, H.-J., Medizinische Definitionsmacht, Moralökonomie in der Pflege und hybride Formen der Koproduzentenschaft, in: U. Braun u. R. Schmidt (Hrsg.), Entwicklung einer lebensweltlichen Pflegekultur, Regensburg 1997, 201-218

Krech, V., Religiöse Programmatik und diakonisches Handeln. Erwägungen zur Spezifik kirchlicher Wohlfahrtsverbände, in: Gabriel, K. (Hrsg.), Herausforderungen kirchlicher Wohlfahrtsverbände, Berlin 2001

Lessenich, St., Dynamischer Immobilismus. Kontinuität und Wandel im deutschen Sozialmodell, Frankfurt a. M. 2003

Loose, A. Sydow, J., Vertrauen und Ökonomie in Netzwerkbeziehungen - Strukturationstheoretische Betrachtungen. In: Sydow J. u. A. Windeler (Hg.) 1994: Management interorganisationaler Beziehungen. Vertrauen, Kontrolle, Informationstechnik, Opladen 1994, 160-193

Luhmann, N., Vertrauen. Ein Mechanismus der Reduktion sozialer Komplexität, Stuttgart 1968

Luhmann, N., Zweckbegriff und Systemrationalität. Über die Funktion von Zwecken in sozialen Systemen, Frankfurt 1973 (

Mannheim, K., Mensch und Gesellschaft im Zeitalter des Umbaus, Darmstadt 1958

Markowitz, J., Die soziale Situation. Entwurf eines Modells zur Analyse des Verhältnisses zwischen personalen Systemen und ihrer Umwelt, Frankfurt/M. 1979

Marx, K. u. F. Engels, Manifest der kommunistischen Partei, Berlin 1970

Marx, K., Gundrisse der Kritik der politischen Ökonomie, Berlin 1974

Meyer, J. A., Der Weg zur Pflegeversicherung. Positionen – Akteure – Politikprozesse, Frankfurt a. M. 1996

Müller, R. u. Braun, B., Widersprüche zwischen gesundheitswissenschaftlichen Erkenntnissen und politischer Spardiskussion, in: Gabriel, K., Krämer, W., Zöller (Hg.),)Neoliberalismus als Leitbild kirchlicher Innovationsprozesse?, Münster 2001, 97-145

Müller- Kohlenberg, H., Laienkompetenz im psychosozialen Bereich Opladen 1996

Nullmeier, F., Vermarktlichung des Sozialstaats, in: WSI Mitteilungen 9 (2004), 495-500

Pankoke, E., Sozialethiken und Wohlfahrtskulturen: Grenzen und Schwellen wohlfahrtsstaatlicher Modernität, in: M. Prisching (Hrsg.), Ethische Probleme des Wohlfahrtsstaates, Wien 1999

Pankoke, E.u. H. Nokielski, Lebensraumorientierte Netzwerkhilfe für ältere Menschen. Forschungsprojekt gefördert aus Mitteln des Bundesministeriums für Familie und Senioren, Essen 1995

Pankoke, E., "Den Menschen nahe sein"; Diakonisches Engagement zwischen Macht, Geld und Sinn, in: Diakonisches Werk, Diakonie ist Kirche - Zur Konfessionalität eines Wohlfahrtsverbandes. Informationen und Materialien aus dem Diakonischen Werk 03/1999, 47-59

Pompey, H. u. P. St. Roß, Kirche für andere. Handbuch für die diakonische Praxis, Mainz 1998

Richtlinien der Spitzenverbände der Pflegekassen zur Begutachtung von Pflegebedürftigkeit nach dem XI. Buch des Sozialgesetzbuches (Begutachtungs-Richtlinien - BR) vom 21.03.1997 in der Fassung vom 22.08.2001

Rothgang, H., „Wettbewerb in der Pflegeversicherung", in: Zeitschrift für Sozialreform, in: Zeitschrift für Sozialreform 46 (2000), 423-448

Schreiber, H.L., Artikel: Patientenrecht, in: Lexikon für Theologie und Kirche, Bd. 7 Freiburg ³1998

Schüller, B., Die Begründung sittlicher Urteile. Typen ethischer Argumentation in der Moraltheologie, Düsseldorf ²1980

Schütz, A., Das Problem der Relevanz, Frankfurt/M. 1971a

Schütz, A., Gesammelte Aufsätze 1. Das Problem der sozialen Wirklichkeit, Den Haag 1971

Schütz, A., Gesammelte Aufsätze 2. Studien zur soziologischen Theorie, Den Haag 1972

Schütz, A., Gesammelte Aufsätze 3. Studien zur phänomenologischen Philosophie, Denn Haag 1971

Schütz, A. u. Th. Luckmann, Strukturen der Lebenswelt, Neuwied 1975

Siebel, W., Wohnen und Familie, in: R. Nave-Herz u. M. Markefka (Hg.), Handbuch der Familien- und Jugendforschung, Bd. 1, Neuwied 1985, 265-285

Simmel, G., Soziologie. Untersuchungen über die Formen der Vergesellschaftung, Leipzig 1908

Smith, A., Der Wohlstand der Nationen. Eine Untersuchung seiner Natur und seiner Ursachen. Aus dem Englischen übertragen und mit einer Würdigung von Horst Claus Recktenwald, München 1974

Strang, H., Sozialhilfebedürftigkeit. Struktur - Ursachen - Wirkung unter besonderer Berücksichtigung der Effektivität der Sozialhilfe, Hannover 1985: (Selbstverlag)

Strünck, Ch., Pflegeversicherung – Barmherzigkeit mit beschränkter Haftung, Opladen 2000

Wachtler, G., Die gesellschaftliche Organisation von Arbeit. Grundbegriffe der gesellschaftstheoretischen Analyse des Arbeitsprozesses, in: W. Littek, W. Rammert, G. Wachtler (Hg.) Einführung in die Arbeits- und Industriesoziologie, Frankfurt/M. ^{2}1982, 14-25

Wagner, A., Allgemeine oder theoretische Volkswirtschaftslehre 1. Grundlegung. Grundlagen der Volkswirtschaft; Volkswirtschaft und Recht, besonders Vermögensrecht, Leipzig ^{2}1879

Watzlawick, P., Wie wirklich ist die Wirklichkeit? München 1976

Weber, M., Wirtschaft und Gesellschaft, Tübingen ^{5}1976

Wiemeyer, J., Ökonomische Herausforderungen für kirchliche Wohlfahrtsverbände, In Gabriel, K. (Hrsg.), Herausforderungen kirchlicher Wohlfahrtsverbände, Berlin 2001

Zeman, P., Alter(n) im Sozialstaat und die Mikropolitik der Pflege, Regensburg 2000